시대에듀 독학학위연구소

## 영어영문학과 3단계 집필진 소개

■ **서지윤**

〈미국문학개관〉 | 〈20세기 영미소설〉

한양대학교 대학원 영어영문학과 석·박사
한양대학교 영어교육학과 학사
(현) 한양대학교 영어영문학과 강사
(현) 「한국 예이츠 저널」 편집간사
(현) 영문학술저널 번역 및 영작
(전) 한국연구재단 등재지에 다수의 논문 게재 및 학회 논문 발표

■ **김정연**

〈영어발달사〉

뉴욕주립대학교 스토니브룩 언어학과 박사
서강대학교 영어영문학과 석·박사
(현) 강원대학교 영어교육과 교수
(전) 연세대학교 영어영문학과 BK21교육연구단 연구교수
(전) 국민대학교 영어영문학부 초빙교수
(전) 뉴욕주립대학교 스토니브룩 언어학과 강사
(전) 성균관대학교, 세종대학교, 인천대학교, 강서대학교 등 다수 대학 출강

■ **김석훈**

〈고급영문법〉

텍사스대학교(알링턴) 대학원 언어학 박사
서강대학교 대학원 영어영문학과 영어학 석사
(현) 한양대학교 영어교육위원회 수석연구원
(전) 서강대학교 영미언어전공 책임연구원
(전) 서강대학교, 홍익대학교 대학원 영어영문학과 강사

■ **한승훈**

〈고급영어〉

서강대학교 대학원 영어학 박사
(현) 인하대학교 영어영문학과 초빙교수
(현) 가톨릭대학교 영어영문학부 특임교수
(현) 한양대학교, 한국외국어대학교 강사
(전) 서강대학교 영문학부 대우교수
(전) 경찰공무원 공채시험 및 다수 국가고시 출제위원
(전) 경찰외사특채요원 선발 및 다수 영어면접 심사위원
(전) 대전대학교, 배화여자대학교 등 다수 대학 출강

■ **윤규철**

〈영어통사론〉

오하이오 주립대학교 대학원 언어학 박사
(현) 영남대학교 영어영문학과 교수
(전) 경남대학교 영어학과 교수

▼ 정오표

※ [시대에듀] → [정오표]에서 정오사항을 확인하실 수 있습니다.

---

**끝까지 책임진다! 시대에듀!**

QR코드를 통해 도서 출간 이후 발견된 오류나 개정법령, 변경된 시험 정보, 최신기출문제, 도서 업데이트 자료 등이 있는지 확인해 보세요! 시대에듀 합격 스마트 앱을 통해서도 알려 드리고 있으니 구글 플레이나 앱 스토어에서 다운받아 사용하세요.
또한, 파본 도서인 경우에는 구입하신 곳에서 교환해 드립니다.

**편집진행** 천다솜 | **표지디자인** 박종우 | **본문디자인** 신지연·이다희

※ 이 책은 저작권법에 의해 보호를 받는 저작물이므로 동영상 제작 및 무단전재와 복제를 금합니다.

## INTRO
# 머리말

학위를 얻는 데 시간과 장소는 더 이상 제약이 되지 않습니다. 대입 전형을 거치지 않아도 '학점은행제'를 통해 학사학위를 취득할 수 있기 때문입니다. 그중 독학학위제도는 고등학교 졸업자이거나 이와 동등 이상의 학력을 가지고 있는 사람들에게 효율적인 학점 인정 및 학사학위 취득의 기회를 줍니다.

학습을 통한 개인의 자아실현 도구이자 자신의 실력을 인정받을 수 있는 스펙인 독학사는 짧은 기간 안에 학사학위를 취득할 수 있는 지름길로써 많은 수험생들의 선택을 받고 있습니다.

이 책은 독학사 시험을 준비하는 수험생들이 단기간에 효과적인 학습을 할 수 있도록 다음과 같이 구성하였습니다.

**01 단원 개요**
핵심이론을 학습하기에 앞서 각 단원에서 파악해야 할 중점과 학습목표를 정리하여 수록하였습니다.

**02 핵심이론**
시험에 출제될 수 있는 내용을 '핵심이론'으로 수록하였으며, 이론 안의 '더 알아두기' 등을 통해 내용 이해에 부족함이 없도록 하였습니다. (2025년 시험부터 적용되는 개정 평가영역 반영)

**03 실전예상문제**
해당 출제 영역에 맞는 핵심포인트를 분석하여 구성한 '실전예상문제'를 수록하였습니다.

**04 최종모의고사**
최신 출제 유형을 반영한 '최종모의고사(2회분)'를 통해 자신의 실력을 점검해 볼 수 있도록 하였습니다.

20세기 영미소설은 사회적·정치적 격변 속에서 인간 본성과 문명의 복합성을 탐구하는 특징을 보여줍니다. 모더니즘과 포스트모더니즘의 실험적 시도부터 사회 비판적 리얼리즘에 이르기까지, 작가들은 새로운 서사 기법과 주제 의식을 통해 시대를 반영하고 독자들에게 깊은 울림을 주었습니다. 20세기 영미소설의 학습은 내용의 이해를 넘어, 시대적 맥락과 작가 정신을 깊이 탐구하는 종합적인 학습 태도가 요구됩니다. 방대한 작품 수와 다양한 사조, 복잡한 서사 기법 등으로 인해 자칫 어렵게 느껴질 수 있지만, 작가가 왜 이러한 서술 방식을 선택했는지, 인물은 어떤 상징성을 가지는지 등을 분석하며 주제 의식을 탐구하고 작품의 본질적인 의미를 파고드는 것이 중요합니다.

편저자 드림

BDES

# 독학학위제 소개

Bachelor's Degree
Examination for
Self-Education

## 독학학위제란?

「독학에 의한 학위취득에 관한 법률」에 의거하여 국가에서 시행하는 시험에 합격한 사람에게 학사학위를 수여하는 제도

- 고등학교 졸업 이상의 학력을 가진 사람이면 누구나 응시 가능
- 대학교를 다니지 않아도 스스로 공부해서 학위취득 가능
- 일과 학습의 병행이 가능하여 시간과 비용 최소화
- 언제, 어디서나 학습이 가능한 평생학습시대의 자아실현을 위한 제도
- 학위취득시험은 4개의 과정(교양, 전공기초, 전공심화, 학위취득 종합시험)으로 이루어져 있으며, 각 과정별 시험을 모두 거쳐 학위취득 종합시험에 합격하면 학사학위 취득

## 독학학위제 전공 분야 (11개 전공)

※ 유아교육학 및 정보통신학 전공 : 3, 4과정만 개설
　(정보통신학의 경우 3과정은 2025년까지, 4과정은 2026년까지만 응시 가능하며, 이후 폐지)
※ 간호학 전공 : 4과정만 개설
※ 중어중문학, 수학, 농학 전공 : 폐지 전공으로, 기존에 해당 전공 학적 보유자에 한하여 2025년까지 응시 가능

※ 시대에듀는 현재 6개 학과(심리학과, 경영학과, 컴퓨터공학과, 간호학과, 국어국문학과, 영어영문학과) 개설 완료

INFORMATION
# 독학학위제 시험안내

## 과정별 응시자격

| 단계 | 과정 | 응시자격 | 과정(과목) 시험 면제 요건 |
|---|---|---|---|
| 1 | 교양 | 고등학교 졸업 이상 학력 소지자 | • 대학(교)에서 각 학년 수료 및 일정 학점 취득<br>• 학점은행제 일정 학점 인정<br>• 국가기술자격법에 따른 자격 취득<br>• 교육부령에 따른 각종 시험 합격<br>• 면제지정기관 이수 등 |
| 2 | 전공기초 | | |
| 3 | 전공심화 | | |
| 4 | 학위취득 | • 1~3과정 합격 및 면제<br>• 대학에서 동일 전공으로 3년 이상 수료 (3년제의 경우 졸업) 또는 105학점 이상 취득<br>• 학점은행제 동일 전공 105학점 이상 인정 (전공 28학점 포함)<br>• 외국에서 15년 이상의 학교교육과정 수료 | 없음(반드시 응시) |

## 응시방법 및 응시료

- 접수방법 : 온라인으로만 가능
- 제출서류 : 응시자격 증빙서류 등 자세한 내용은 홈페이지 참조
- 응시료 : 20,700원

## 독학학위제 시험 범위

- 시험 과목별 평가영역 범위에서 대학 전공자에게 요구되는 수준으로 출제
- 독학학위제 홈페이지(bdes.nile.or.kr) ➡ 학습정보 ➡ 과목별 평가영역에서 확인

## 문항 수 및 배점

| 과정 | 일반 과목 | | | 예외 과목 | | |
|---|---|---|---|---|---|---|
| | 객관식 | 주관식 | 합계 | 객관식 | 주관식 | 합계 |
| 교양, 전공기초<br>(1~2과정) | 40문항×2.5점<br>=100점 | – | 40문항<br>100점 | 25문항×4점<br>=100점 | – | 25문항<br>100점 |
| 전공심화, 학위취득<br>(3~4과정) | 24문항×2.5점<br>=60점 | 4문항×10점<br>=40점 | 28문항<br>100점 | 15문항×4점<br>=60점 | 5문항×8점<br>=40점 | 20문항<br>100점 |

※ 2017년도부터 교양과정 인정시험 및 전공기초과정 인정시험은 객관식 문항으로만 출제

## 합격 기준

■ 1~3과정(교양, 전공기초, 전공심화) 시험

| 단계 | 과정 | 합격 기준 | 유의 사항 |
|---|---|---|---|
| 1 | 교양 | 매 과목 60점 이상 득점을 합격으로 하고, 과목 합격 인정(합격 여부만 결정) | 5과목 합격 |
| 2 | 전공기초 | | 6과목 이상 합격 |
| 3 | 전공심화 | | |

■ 4과정(학위취득) 시험 : 총점 합격제 또는 과목별 합격제 선택

| 구분 | 합격 기준 | 유의 사항 |
|---|---|---|
| 총점 합격제 | • 총점(600점)의 60% 이상 득점(360점)<br>• 과목 낙제 없음 | • 6과목 모두 신규 응시<br>• 기존 합격 과목 불인정 |
| 과목별 합격제 | 매 과목 100점 만점으로 하여<br>전 과목(교양 2, 전공 4) 60점 이상 득점 | • 기존 합격 과목 재응시 불가<br>• 1과목이라도 60점 미만 득점하면 불합격 |

## 시험 일정

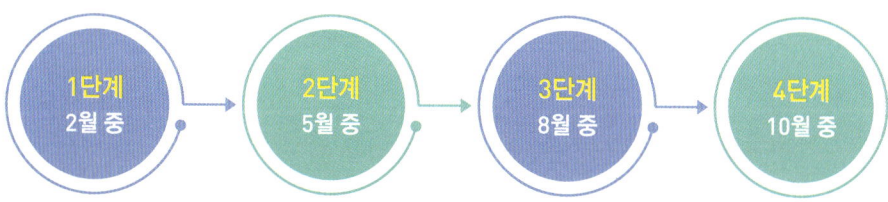

1단계 2월 중 → 2단계 5월 중 → 3단계 8월 중 → 4단계 10월 중

■ 영어영문학과 3단계 시험 과목 및 시간표

| 구분(교시별) | 시간 | 시험 과목명 |
|---|---|---|
| 1교시 | 09:00~10:40(100분) | 고급영문법, 미국문학개관 |
| 2교시 | 11:10~12:50(100분) | 영어발달사, 고급영어 |
| 중식 12:50~13:40(50분) | | |
| 3교시 | 14:00~15:40(100분) | 20세기 영미소설, 영어통사론 |
| 4교시 | 16:10~17:50(100분) | 20세기 영미시, 영미희곡Ⅱ |

※ 시험 일정 및 세부사항은 반드시 독학학위제 홈페이지(bdes.nile.or.kr)를 통해 확인하시기 바랍니다.
※ 시대에듀에서 개설되었거나 개설 예정인 과목은 빨간색으로 표시하였습니다.

STUDY PLAN

# 독학학위제 단계별 학습법

## 1단계 | 평가영역에 기반을 둔 이론 공부!

독학학위제에서 발표한 평가영역에 기반을 두어 효율적으로 이론을 공부해야 합니다. 각 장별로 정리된 '핵심이론'을 통해 핵심적인 개념을 파악합니다. 모든 내용을 다 암기하는 것이 아니라, 포괄적으로 이해한 후 핵심내용을 파악하여 이 부분을 확실히 알고 넘어가야 합니다.

## 2단계 | 시험 경향 및 문제 유형 파악!

독학사 시험 문제는 지금까지 출제된 유형에서 크게 벗어나지 않는 범위에서 비슷한 유형으로 줄곧 출제되고 있습니다. 본서에 수록된 이론을 충실히 학습한 후 '실전예상문제'를 풀어 보면서 문제의 유형과 출제의도를 파악하는 데 집중하도록 합니다. 교재에 수록된 문제는 시험 유형의 가장 핵심적인 부분이 반영된 문항들이므로 실제 시험에서 어떠한 유형이 출제되는지에 대한 감을 잡을 수 있을 것입니다.

## 3단계 | '실전예상문제'를 통한 효과적인 대비!

독학사 시험 문제는 비슷한 유형들이 반복되어 출제되므로, 다양한 문제를 풀어 보는 것이 필수적입니다. 각 단원의 끝에 수록된 '실전예상문제'를 통해 단원별 내용을 제대로 학습하였는지 꼼꼼하게 확인하고, 실력을 점검합니다. 이때 부족한 부분은 따로 체크해 두고, 복습할 때 중점적으로 공부하는 것도 좋은 학습 전략입니다.

## 4단계 | 복습을 통한 학습 마무리!

이론 공부를 하면서, 혹은 문제를 풀어 보면서 헷갈리고 이해하기 어려운 부분은 따로 체크해 두는 것이 좋습니다. 중요 개념은 반복학습을 통해 놓치지 않고 확실하게 익히고 넘어가야 합니다. 마무리 단계에서는 '최종모의고사'를 통해 실전연습을 할 수 있도록 합니다.

# COMMENT
# 합격수기

Bachelor's Degree
Examination for
Self-Education

> 저는 학사편입 제도를 이용하기 위해 2~4단계를 순차로 응시했고 한 번에 합격했습니다.
> 아슬아슬한 점수라서 부끄럽지만 독학사는 자료가 부족해서 부족하나마 후기를 쓰는 것이 도움이 될까 하여
> 제 합격전략을 정리하여 알려드립니다.

### #1. 교재와 전공서적을 가까이에!

학사학위 취득은 본래 4년을 기본으로 합니다. 독학사는 이를 1년으로 단축하는 것을 목표로 하는 시험이라 실제 시험도 변별력을 높이는 몇 문제를 제외한다면 기본이 되는 중요한 이론 위주로 출제됩니다. 시대에듀의 독학사 시리즈 역시 이에 맞추어 중요한 내용이 일목요연하게 압축·정리되어 있습니다. 빠르게 훑어보기 좋지만 내가 목표로 한 전공에 대해 자세히 알고 싶다면 전공서적과 함께 공부하는 것이 좋습니다. 교재와 전공서적을 함께 보면서 교재에 전공서적 내용을 정리하여 단권화하면 시험이 임박했을 때 교재 한 권으로도 자신 있게 시험을 치를 수 있습니다.

### #2. 시간확인은 필수!

쉬운 문제는 금방 넘어가지만 지문이 길거나 어렵고 헷갈리는 문제도 있고, OMR 카드에 마킹까지 해야 하니 실제로 주어진 시간은 더 짧습니다. 앞부분에 어려운 문제가 있다고 해서 시간을 많이 허비하면 쉽게 풀 수 있는 뒷부분 문제들을 놓칠 수 있습니다. 문제 푸는 속도가 느려지면 집중력도 떨어집니다. 그래서 어차피 배점은 같으니 아는 문제를 최대한 많이 맞히는 것을 목표로 했습니다.
① 어려운 문제는 빠르게 넘기면서 문제를 끝까지 다 풀고 ② 확실한 답부터 우선 마킹한 후 ③ 다시 시험지로 돌아가 건너뛴 문제들을 다시 풀었습니다. 확실히 시간을 재고 문제를 많이 풀어 봐야 실전에 도움이 되는 것 같습니다.

### #3. 문제풀이의 반복!

여느 시험과 마찬가지로 문제는 많이 풀어 볼수록 좋습니다. 이론을 공부한 후 예상문제를 풀다 보니 부족한 부분이 어딘지 확인할 수 있었고, 공부한 이론이 시험에 어떤 식으로 출제될지 예상할 수 있었습니다. 그렇게 부족한 부분을 보충해 가며 문제 유형을 파악하면 이론을 복습할 때도 어떤 부분을 중점적으로 암기해야 할지 알 수 있습니다. 이론 공부가 어느 정도 마무리되었을 때 시계를 준비하고 모의고사를 풀었습니다. 실제 시험시간을 생각하면서 예행연습을 하니 시험 당일에는 덜 긴장할 수 있었습니다.

학위취득을 위해 오늘도 열심히 학습하시는 수험생 여러분에게도 합격의 영광이 있으시길 기원하면서 이만 줄입니다.

PREVIEW
# 이 책의 구성과 특징

## 01 단원 개요

핵심이론을 학습하기에 앞서 각 단원에서 파악해야 할 중점과 학습목표를 확인해 보세요.

## 02 핵심이론

평가영역을 바탕으로 꼼꼼하게 정리된 '핵심이론'을 통해 꼭 알아야 하는 내용을 명확히 파악해 보세요.

## 03 실전예상문제

'핵심이론'에서 공부한 내용을 바탕으로 '실전예상문제'를 풀어 보면서 문제를 해결하는 능력을 길러 보세요.

## 04 최종모의고사

'최종모의고사'를 실제 시험처럼 시간을 정해 놓고 풀어 보면서 최종점검을 해 보세요.

CONTENTS

# 목차

## 핵심이론 + 실전예상문제

### 제1편 20세기 영국소설

| | |
|---|---|
| 제1장 20세기 영국소설의 개관 | 003 |
| 제2장 Joseph Conrad – Heart of Darkness | 007 |
| 실전예상문제 | 025 |
| 제3장 D. H. Lawrence – Sons and Lovers | 030 |
| 실전예상문제 | 053 |
| 제4장 James Joyce – A Portrait of the Artist as a Young Man | 058 |
| 실전예상문제 | 075 |
| 제5장 Virginia Woolf – To the Lighthouse | 080 |
| 실전예상문제 | 097 |
| 제6장 Kazuo Ishiguro – The Remains of the Day | 103 |
| 실전예상문제 | 120 |

## 제2편 20세기 미국소설

| | |
|---|---|
| 제1장 20세기 미국소설의 개관 | 127 |
| 제2장 Ernest Hemingway – *The Sun Also Rises* | 131 |
| 실전예상문제 | 153 |
| 제3장 William Faulkner – *The Sound and the Fury* | 157 |
| 실전예상문제 | 183 |
| 제4장 F. Scott Fitzgerald – *The Great Gatsby* | 187 |
| 실전예상문제 | 206 |
| 제5장 John Steinbeck – *The Grapes of Wrath* | 211 |
| 실전예상문제 | 236 |
| 제6장 Thomas Pynchon – *The Crying of Lot 49* | 241 |
| 실전예상문제 | 256 |
| 제7장 Toni Morrison – *Beloved* | 260 |
| 실전예상문제 | 277 |

## 최종모의고사

| | |
|---|---|
| 최종모의고사 제1회 | 283 |
| 최종모의고사 제2회 | 290 |
| 최종모의고사 제1회 정답 및 해설 | 297 |
| 최종모의고사 제2회 정답 및 해설 | 301 |

이성으로 비관해도 의지로써 낙관하라!

– 안토니오 그람시 –

# 제 1 편

# 20세기 영국소설

| 제1장 | 20세기 영국소설의 개관 |
| --- | --- |
| 제2장 | Joseph Conrad - *Heart of Darkness* |
| 제3장 | D. H. Lawrence - *Sons and Lovers* |
| 제4장 | James Joyce - *A Portrait of the Artist as a Young Man* |
| 제5장 | Virginia Woolf - *To the Lighthouse* |
| 제6장 | Kazuo Ishiguro - *The Remains of the Day* |

훌륭한 가정만한 학교가 없고, 덕이 있는 부모만한 스승은 없다.

— 마하트마 간디 —

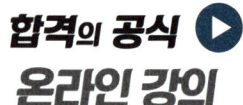 

보다 깊이 있는 학습을 원하는 수험생들을 위한
시대에듀의 동영상 강의가 준비되어 있습니다.
www.sdedu.co.kr ➔ 회원가입(로그인) ➔ 강의 살펴보기

# 제 1 장 | 20세기 영국소설의 개관

## 제1절 제2차 세계대전까지의 영국소설

1901년 빅토리아 여왕의 서거와 더불어 시작된 20세기는 격동의 시기였다. 다윈의 진화론, 마르크스주의, 프로이트의 정신분석학 등 새로운 사상의 출현과 과학기술의 발달은 도덕과 윤리 면에서 현대인의 가치관 혼란을 초래하였다. 이러한 현대인의 혼란과 불안에서 생긴 회의주의는 양차대전(제1·2차 세계대전)을 겪으며 더욱 가중되었다.

제1차 세계대전(1914~1918)은 이전의 전쟁과 달리 대량 살상 무기를 사용하면서 많은 이들이 희생될 만큼 매우 잔인하였고, 제2차 세계대전(1939~1945)은 핵무기의 등장으로 인류의 미래에 대한 전망을 더욱 어둡게 하였다. 전쟁이 끝났어도 완전한 평화를 이루기는 불가능해 보였고, 현대인들은 불안과 허무주의에 더욱 빠져들었다.

전후의 세계는 양 진영으로 갈라져 냉전이라는 새로운 대립의 상태가 되었다. 이 시기에는 절망과 혼란, 불안의 상태가 지속되었다. 이와 같은 20세기의 정치적·사회적 혼란은 인간을 소외 의식에 사로잡히도록 하였고, 개개인은 정신적으로 고독과 상실감, 불안을 겪으며 진정한 자신의 존재를 확인하기 위해 방황과 모색을 계속 해야만 했다.

20세기 초에는 여전히 전통적인 리얼리즘의 기법을 사용하면서 주로 사회 문제를 개혁하려 하거나 사회에 대해 비판적인 입장에서 작품을 쓰려는 작가들이 있었다. 대표적으로 허버트 조지 웰스(Herbert George Wells, 1866~1946), 아널드 베넷(Arnold Bennett, 1867~1931), 존 골즈워디(John Galsworthy, 1867~1933) 등이 있다. 이들과는 달리 헨리 제임스(Henry James, 1843~1916)와 조지프 콘래드(Joseph Conrad, 1857~1924)는 리얼리즘의 양식에서 벗어나 의식의 내면묘사 기법을 사용하면서 이전의 소설과는 다른 면을 보여주었다. 헨리 제임스(Henry James)와 조지프 콘래드(Joseph Conrad)는 소설의 무한한 가능성을 파고들어가 새로운 실험을 통하여 새로운 소설의 기법을 개발하고자 한 현대소설의 선구자이다.

### 1 의식의 흐름(Stream of consciousness) 중요

현대소설은 1920년대에 들어와 획기적이고 새로운 전개를 보여주었다. 그중에서도 대표적인 특징은 '의식의 흐름'(Stream of consciousness) 기법으로, 인간의 내면세계를 세밀하게 분석하고 표현한다. 이러한 새로운 경향의 소설을 주도한 대표적인 작가로는 제임스 조이스(James Joyce, 1882~1941), 버지니아 울프(Virginia Woolf, 1882~1941), D. H. 로렌스(D. H. Lawrence, 1885~1930) 등이 있다.

'의식의 흐름' 기법은 인간의 의식이 정지되어 있지 않은 것처럼, 소설에서도 이러한 인간의 의식을 전달할 때 연속적인 흐름이어야 한다고 보면서 그 흐름을 소설에서 실현하려는 기법이다. 개인의 의식 속에서 끝없이 흐르는 감각과 사고, 기억, 연상, 회상 등이 뒤섞여 있음을 반영한 '의식의 흐름' 기법은 Sigmund Freud의 무의식과 Henri Bergson의 시간 철학을 기반으로 탐구한다. 작가는 주인공의 의식의 흐름에 개입하지 않고, 인물의 내면에 주목하면서 표면적으로는 들리지 않는 내면의 대화를 진행시킨다.

## 2 주요 소설가들

### (1) 헨리 제임스(Henry James, 1843~1916)

미국 태생이지만 영국에 귀화한 작가로, 주로 미국과 유럽의 문화를 대비하는 주제를 다루었다. 그의 소설은 인물의 미묘한 성격묘사와 감수성, 심리적 국면의 세심한 처리 등을 특징으로 한다. 그가 시도한 인간 내면의 심리묘사 기법은 모더니즘 소설가들에게 많은 영향을 주었다. 그는 소설을 예술로 보았고, 소설 창작에서 예술적 완전을 추구하였다. 그는 세심하게 소설 작품을 다듬었는데, 감정을 전달할 수 있는 올바른 이미지나 은유를 찾으려 했고 자신이 뜻하는 바를 정확히 전달할 언어를 구상하였다.

### (2) 조지프 콘래드(Joseph Conrad, 1857~1924)

폴란드 태생인 그는, 젊은 시절 선원으로서 다양한 항해를 경험했다. 그 경험을 바탕으로 주로 바다나 먼 이국의 땅을 배경으로 하는 소설을 집필했다. 그의 작품에는 항상 비관적인 중압감이 깔려 있다. 정치적 권력을 둘러싼 음모와 배반, 폭력과 독재, 그리고 그러한 상황에 처한 정치가, 혁명가, 기회주의자 등의 행동과 동기, 인간의 도덕성에 대한 깊은 탐구가 콘래드 소설의 주제이다. 대표작으로는 *Heart of Darkness*(1899), *Lord Jim*(1900) 등이 있다.

### (3) 제임스 조이스(James Joyce, 1882~1941) 중요

모더니즘 문학의 새로운 길을 연 대표적인 작가이다. 그는 작품에서 보여주는 놀라운 독창성과 실험 정신으로 모더니즘의 기수로 평가받고 있다. 그의 자전적인 소설 *A Portrait of the Artist as a Young Man*(1916)은 내적 독백(interior monologue) 기법을 사용하면서 한 인간의 정신적 성장과정을 기록하는 작품이다. 20세기 소설에서 가장 대표적인 문제작으로 알려진 *Ulysses*(1922)는 호메로스(Homer)의 서사시 *Odyssey*의 구성을 빌려와, 각 소설의 장이 *Odyssey*의 각 에피소드에 대응하는 방식을 취하고 있다. 단 하루 동안에 세 명의 주요 인물의 의식 속에서 일어난 일을 기록하고 있는 이 소설은 다양한 문체의 실험과 '의식의 흐름' 기법을 이용하여 인간의 내면 심리를 표출하고 있다.

### (4) 버지니아 울프(Virginia Woolf, 1882~1941)

버지니아 울프(Virginia Woolf)는 전통적인 소설의 구성과 인물 묘사를 거부하는 실험적인 소설을 썼다. 그녀는 인생의 진실은 외면적인 경험에 있는 것이 아니라 내면에 존재한다고 보고, '의식의 흐름' 기법을 사용하여 인간의 복잡한 내면의 묘사에 주력했다. 그녀가 사용한 '의식의 흐름' 기법은 그녀의 첫 소설 *Jacob's Room*(1922)과 *Mrs. Dalloway*(1925)에서 성공을 거두었다. 그녀의 대표작인 *To the Lighthouse*(1927)에서는 여러 가지 상징이 등장한다. 그중에서도 등대는 여러 의미를 지닌 상징이며 이 소설 전체에 통일성을 불어넣고 있다.

## 제2절 제2차 세계대전 이후의 영국소설

제임스 조이스(James Joyce), 버지니아 울프(Virginia Woolf) 등 제1차 세계대전 이후 영국 문단을 주도했던 대가들이 모두 사라진 제2차 세계대전 이후의 영국 문단은 어떤 특별한 대가에 의하여 주도되기보다는 여러 작가들이 제각기 다양한 자신의 개성을 펼치는 시기였다. 따라서 그 전체적인 특징을 논하기는 쉽지 않다. James Joyce나 Virginia Woolf가 개척했던 언어의 실험 및 새로운 소설의 시도는 더 이상 관심을 끌지 못하였다. 이 시기의 영국소설은 실험성이 강한 모더니즘의 경향에서 벗어나 전통적인 사실주의적 소설의 경향으로 되돌아가는 듯했으며, 국제적이고 보편적인 소설의 주제도 영국적인 것으로 바뀌었다.

종래의 소설에서 중요한 주제였던 계급 간의 갈등이 개인 간의 갈등으로 바뀌었다는 점도 중요하다. 1950년대 이후의 소설들은 이전과는 비교할 수 없을 정도로 많은 작가들이 활동하면서, 그들 개개인의 개성으로 인해 동질성을 말하기 어려울 정도로 다양한 양상을 보이는 것이 특징이다.

제2차 세계대전 전후의 작가들로는, 전체주의를 비판하는 소설을 쓴 조지 오웰(George Orwell, 1903~1950)과 에블린 워(Evelyn Waugh, 1903~1966), 그레엄 그린(Graham Green, 1904~1991) 등이 있다. 1950년대 중반 이후에는 일련의 새로운 세대의 작가들이 등장하여 전후의 사회상을 그들의 작품에 반영하였다. 흔히 '성난 젊은이들'(Angry Young Men)이라고 불리는 이들 젊은 작가들은 새로운 시대에 매우 민감한 작가들이라는 공통점을 지닌다. 여기에 속하는 작가들로는 아이리스 머독(Iris Murdoch, 1919~1999), 윌리엄 골딩(William Golding, 1911~1993), 도리스 레싱(Doris Lessing, 1919~2013) 등이 있다.

20세기 후반에는 포스트모더니즘이라는 새로운 문화현상이 문학에도 큰 영향을 미쳐, 자의식적 기법이나 메타픽션(metafiction)의 특징을 보이는 새로운 실험소설들이 등장하였다.

### 1 20세기 영국 모더니즘 소설의 특징

(1) 모더니즘 소설은 이전의 소설에서 흔히 나타났던, 훈계하거나 도덕적 주장을 덧붙이는 작가의 직접적인 개입을 사용하지 않는다. 또한 전지적 작가의 시점에서 벗어나 다중(복합적) 시점을 사용한다.

(2) 모더니즘 소설은 주인공의 외적인 행동 묘사에 그치지 않고 **내면 의식의 흐름을 서술한다**. 이러한 '의식의 흐름' 기법은 William James가 제시한 '생각의 흐름 기법'이 그 시작이었다. 이러한 의식의 흐름에 대한 탐색은 정신분석학자인 Sigmund Freud와 Carl Jung의 심리 이론과 밀접한 관련을 지녔다.

(3) '의식의 흐름' 기법을 사용한 모더니즘 소설은 소설의 전개가 **시간 순서로 이루어지지 않게 되면서 파편적 구성**을 이루게 된다. 주인공의 의식의 흐름은 과거와 현재, 미래가 유동적으로 흐르면서 전개된다.

(4) 모더니즘 소설은 기존 사회에서 당연시되었던 가치관과 규범을 부정한다. 따라서 이전 시대의 소설에서 부각되었던 도덕성과 교양, 양심의 문제에 있어서 작가의 주장이 드러나지 않으며 일관된 가치관의 틀을 제시하지 않는다.

> **더 알아두기**
>
> ### 1. 에피퍼니(Epiphany, 현현)
> '에피퍼니'는 '나타남'이라는 뜻으로, 신적인 또는 초자연적인 것의 출현, 현시(顯示), 강림(降臨)을 뜻하는 영어 단어이다. 갑작스럽고 현저한 깨달음 혹은 자각을 뜻한다. 일반적으로 이 용어는 과학적으로 획기적인 성과 혹은 종교적이거나 철학적인 발견을 묘사할 때 사용된다. 그러나 이 용어는 어떤 문제나 현상을 더욱 새롭고 깊은 관점에서 이해했을 때의 계몽적인 깨달음을 경험하는 상황에서 언제나 사용될 수 있다. 제임스 조이스(James Joyce)는 *A Portrait of the Artist as a Young Man*(1916)에서 이 용어를 평범한 대상을 관찰하는 동안 갑작스럽게 경험하는 비전과 계시의 뜻으로 사용했다. 즉, '에피퍼니'는 평범한 현실 속에서 갑작스럽게 빛을 발하며 존재가 다가오는 순간 등장인물이 진리를 보게 되는 초월적 경험의 순간이다. Joyce의 단편소설과 장편소설은 많은 현현을 포함한다. 그중에서도 가장 강렬한 것은 *A Portrait of the Artist as a Young Man*(1916)에서 소녀가 물을 건너고 있는 것을 보고 있다가 Stephen이 겪는 장면이다.
>
> ### 2. 메타픽션(metafiction)
> 메타픽션 소설들이 나타난 시기는 대략 1950년대 중반부터로, 1960년대와 1970년대를 거치면서 '반(反)소설, 초(超)소설' 등으로 불리다가 1980년대에 들어서면서 메타픽션이라는 용어로 정리되었다. 이 소설들은 기존 소설에서 보이던 플롯 전개·시점·서술 방식 등의 형식과 기법을 거부하며, 현실이 지닌 확정성을 붕괴시키려는 하나의 경향을 보여준다. 종래의 관습적인 소설 양식을 탈피하기 때문에 짜임새 있는 구성이나 리얼리티의 재현, 보편적 진리 추구에 대한 지향 등을 거부한다. 메타픽션은 소설이 더 이상 현실의 리얼리티와 진실을 제시할 수 없다는 인식에서부터 비롯되었다. 작가는 스스로 글쓰기 행위에 대해 비판하고 반성하는 자의식적 행위를 글 속에 드러낸다. 존 파울즈(John Fowles)의 *The French Lieutenant's Woman*(1969), 로렌스 스턴(Laurence Sterne)의 *The Life and Opinions of Tristram Shandy, Gentleman*(1759)이나 블라디미르 나보코프(Vladimir Nabokov)의 *The Real Life of Sebastian Knight*(1941) 등이 메타픽션의 특징을 잘 나타내고 있는 대표적인 작품들이다.

# 제 2 장 | Joseph Conrad – Heart of Darkness

**| 단원 개요 |**

Marlow가 콩고강을 거슬러 올라가 상아 수집으로 유명한 Kurtz를 데려오는 임무를 맡았던 경험을 회상하며 배에 동승한 이들에게 들려준 내용을, 익명의 1인칭 화자가 서술하는 형식으로 구성되어 있다. 표면적으로는 당시 유행하던 이국적인 모험담처럼 보이지만, Marlow가 아프리카 오지에서 목격한 식민주의의 잔인함과 실상, 그 비인간적인 참상에 대해 서술하며 식민주의에 대한 혐오감을 드러낸다.

**| 출제 경향 및 수험 대책 |**

Kurtz가 자신의 타락을 인식하고 스스로 자신에 대한 심판을 내린다는 점에서, 물질주의에 눈이 먼 식민주의자들과 Kurtz의 차이점을 이해해야 한다. Conrad의 관심사는 도덕적으로 이상주의적인 인물들이 식민 사업에 뛰어들면서 어떻게 변질되고 파괴되어 가는가를 고찰하는 것이었다. 19세기 말 문명과 개화의 명목하에 이루어진 식민주의와 제국주의를 행한 서구 사회에 대한 반성과 비판의 작업을 수행하려는 작가의 의도가 본 작품을 파악할 때 중요하다.

## 제1절  작가의 생애

### 1  생애

조지프 콘래드(Joseph Conrad, 1857~1924)는 현재의 우크라이나 베르디치우에서 태어났다. 폴란드 독립운동가이자 애국주의자였던 아버지는 반정부 활동을 하며 고생하다가 일찍 세상을 떠났다. 이후 어려운 어린 시절을 보낸 Conrad는 러시아의 전제적인 정치체제에 반감을 품을 수밖에 없었고, 이러한 감정은 훗날 그의 정치소설에도 반영되었다.

1874년 17세에 프랑스 마르세유(Marseille)에서 선원 생활을 시작하였고, 4년 동안 프랑스 상선의 선원으로서 생활하다가 처음으로 영어를 배웠다. 1886년에 영국으로 귀화하고, 선장 시험에도 합격했다. 영어를 배운 지 8년 만인 1886년에 그는 런던의 대중 잡지에 자신의 단편소설을 기고하기도 하였지만 출판되지는 못했다. 1889년 가을에 Conrad는 아프리카의 콩고를 항해하였고, 그곳에서 그가 목격한 식민주의자들의 약탈 행위와 그가 겪은 경험들은 그에게 소설의 좋은 소재가 되었다.

1894년에 선원을 그만두고 영국에 정착하여 본격적인 작가의 길에 들어서게 된다. 초기에는 고생을 하기도 하였으나, 1913년 *Chance*가 출간되면서 그는 작가로서 입지를 굳히게 되었다.

## 2 조지프 콘래드(Joseph Conrad)의 중요성

Conrad는 후기 빅토리아조와 초기 모더니즘 문화의 전환기에 작품 활동을 하면서, 전통적인 사실주의 소설과는 달리 다양하고 혁신적인 소설 기법을 표현하고, 또한 현대의 삶과 문명에 대한 여러 고찰을 표현하였다. 그는 국외자로서 영어로 작품을 썼고, 20여 년 동안 선원 생활을 한 이력 등의 전기적 배경 때문에, 그의 작품을 영국소설의 전통적 관점에서 단일한 비평적 시각으로 분석하기는 어렵다. 그의 작품 세계는 심오하고 다양한 내용 때문에 단적으로 규정하기 어려운 복합적인 성격을 지닌다. 그러나 그의 소설에 대한 비평의 근저에는 하나의 공통된 인식이 깔려 있다. 그것은 그의 작품이 인간과 사회의 도덕적 문제에 대한 진지한 통찰을 담고 있다는 것이다. 그의 작품은 후세 영미권의 작가들뿐 아니라 현대 남미와 아프리카 작가들에게도 진지한 탐구의 대상이 되어 왔으며, 후기 제국주의 시대를 이해하려는 작가들이나, 서술과 언어의 문제를 탐구하고 서술 양식 및 장르를 실험하는 작가들에게 중요한 작품으로 작용하고 있다.

## 제2절 작품 세계

### 1 작품 세계

#### (1) 현대문명과 Joseph Conrad의 이상향[1]

Conrad의 지속적인 관심사는 물질적 이익을 추구하는 자본주의와 제국주의가 만연한 현대문명의 문제점이었다. 그가 이상적으로 추구하는 세계는 사회를 위해 헌신적인 노력을 행하는 평범한 인간들이 평범한 영웅으로 평가될 수 있는 세계지만, 현대사회는 공동체에 대한 헌신과 인간 결속에 대한 충실성 등을 상실해 버렸다. Conrad는 이러한 현대사회의 피폐함을 목격하면서 자신의 작품에서 현대인의 삶에 대한 회의주의적 인식론과 갈등을 표출하였다. 이러한 점에서 그는 전대의 소설가들과 차이점을 보여준다. 따라서 그의 작품에는 삶의 본질적 의미를 추구하는 낭만적 이상이 존재하지만, 작품의 등장인물들 간의 피할 수 없는 갈등이 발생한다. 이러한 그의 작가적 특징은 작품에서 역동적인 힘이 되는 동시에 구조적인 균열의 원인이 되기도 한다.

#### (2) Joseph Conrad와 모더니즘

Conrad가 작품에서 사용하는 언어는 암시적이고 다양한 의미를 담고 있다. 그의 문체는 쉽게 읽히지 않고 여러 번 읽어야 한다고 말하는 이들도 있다. Conrad는 작품에서 모호함과 암시를 전달한 후, 독자 스스로 그 의미를 판단하도록 이야기의 결말을 열어 놓는다. 이 부분은 결국 진실에 도달하는 것이 쉽지 않음을 나타내는 작가의 인식론적 회의를 보여준다. Conrad는 인식의 불확실성과 의사소통의 어려움, 언어의 불명확함에 대해 고민한 작가이다. 이러한 그의 고민은 그만의 독특한 서술방식으로 표현되는데, 화자와 독자, 작가 사이에 거리두기를 형성하며 이 틈을 독자가 참여하여 채우게 된다. 바로 이 점이 모더니즘 소설의 특징 중 하나이다.

---

[1] 윤희수, 『영미문학의 길잡이』, 부경대학교출판부, 2013.

### (3) 자전적 체험과 탐구

*Heart of Darkness*(1899)가 출판된 지 100년이 넘었지만, 지금도 이 작품은 많은 비평가들의 사이에서 논쟁의 대상이 되며 다양한 해석을 낳고 있다. 특히 탈식민주의에 대한 논의가 활발해지면서, 이 작품은 그 논의의 중심에 위치한 소설이 되었다. 이 소설은 작가 Conrad의 선원 생활 경험을 바탕으로 한 자전적 기록이다. 특히 아프리카 콩고로의 여행은 그의 삶과 인식에 전환점을 가져다준 중요한 사건이었으며, 그는 콩고에 가기 전의 자신을 두고 "나는 순전히 동물에 지나지 않았다"라고 말하기도 했다. Conrad는 아프리카 여행을 통해, 탐험에 대한 낭만적 동경이나 문명과 빛을 전파한다는 식민주의의 이데올로기가 허상에 불과하다는 사실을 깨달았다. 그가 느낀 식민주의의 실상에 대한 환멸과 의식의 혼란은 이 소설의 화자이자 작가의 대변인인 Marlow의 여행담을 통해 형상화된다.

Marlow, 즉 작가 Conrad는 식민주의 현실과 괴리된 허상을 인식하면서도, 선의적이고 도덕적인 이념의 가능성에 대한 믿음을 버리지 않는다. Kurtz의 이념이 변모하고 타락하기는 했으나 스스로 자신의 타락성을 인식하고 심판을 내린다는 점에서, Conrad는 이러한 인물의 행적을 통해 19세기 말의 서구 사회를 반성적으로 비판하는 작업을 수행하고 있다. 이상주의적 인물들이 어떻게 좌절하고 타락하는가, 그리고 이들이 실패할 수밖에 없는 내외적 요인이 무엇인가의 문제는 Conrad의 지속적인 탐구 주제이다.

## 2 주요 작품

### (1) *The Nigger of the 'Narcissus'*(1897)

봄베이에서 출항하여 영국으로 향하는 나시서스호에서, 병에 걸린 흑인 선원이 제멋대로 행동을 하면서 다른 선원들의 마음을 혼란스럽게 만든다. 더 나아가 바람이 없어 배가 움직이지 못하게 되지만, 흑인 선원이 죽은 후에 바람도 다시 불면서 배는 무사히 목적지로 간다.

### (2) *Heart of Darkness*(1899)

Marlow가 아프리카에서 Kurtz를 찾아가는 여정을 통해 제국주의의 위선과 인간 내면의 어둠을 탐구하는 소설이다. *Heart of Darkness*는 인간 본성의 심연을 직시하게 하는 모더니즘 소설의 대표작이다.

### (3) *Lord Jim*(1900)

한순간의 비겁함으로 배를 버린 Jim이 죄책감에 시달리며 구원을 찾는 이야기다. Jim은 명예를 지키기 위해 죽음을 택하며 자신을 구속하던 죄의식을 씻는다. 인간의 도덕성과 자아 회복을 다룬 Conrad의 심리적 탐구 소설이다.

### (4) *Nostromo*(1904)

항만 노동자 Nostromo는 영웅처럼 보이지만, 결국 은을 숨기며 타락한다. 제국주의, 자본주의, 혁명의 허상을 비판하며 이상과 현실의 괴리를 드러낸다. Conrad는 인간 욕망과 권력 구조의 어둠을 깊이 있게 탐구한다.

## (5) Under Western Eyes(1911)
러시아 혁명기, 학생 Rasumov가 체제 전복 음모에 연루되며 양심과 배신 사이에서 갈등하는 이야기이다. Conrad는 개인의 내면과 정치적 이념 사이의 갈등을 심리적으로 묘사한다.

## 제3절 Heart of Darkness의 줄거리

소설은 Marlow라는 인물이 런던 템스강(Thames River)의 유람용 범선 넬리호(Nellie)에서 썰물을 기다리면서, 이 배에 동승하고 있던 네 사람[회사 중역(Director of Companies), 변호사(Lawyer), 회계사(Accountant), 1인칭 화자(unnamed Narrator)]과 대화하는 것으로 시작한다. Marlow는 자신이 젊은 시절 아프리카 콩고강에서 경험했던 이야기를 그들에게 들려준다. Marlow는 어려서부터 콩고강에 관심이 있었고, 선원이 된 후 콩고강에 가려고 결심했다. Marlow는 벨기에 회사(The Company)에 소속된 콩고강의 증기선 선장(riverboat captain)이 된다. 브뤼셀(Brussels)의 사무실에 가서 검은 털실로 뜨개질을 하고 있는 두 여인을 만나는데 그들이 인상에 깊이 남는다. 그는 사무실에서 계약하는 과정에서, 자신이 이곳에서 일하게 된 이유가 토착민과의 충돌로 숨진 선장의 빈자리를 대신하기 위함이었다는 것을 알게 되었다.
Marlow는 비정상적인 사람들의 심리 변화를 연구하고자 두개골의 크기를 재는 의사를 만나는데, 이때부터 그는 불안감을 느낀다. Marlow는 프랑스 증기선(French steamer)을 타고 아프리카 대륙으로 떠나는데, 그는 마치 아프리카가 아닌 지옥(Inferno)으로 가는 것처럼 느껴질 뿐이다.
Marlow는 콩고로 가는 여정에서 반복되는 풍경들과 대포를 쏘는 군함, 생사에 관심 없는 승무원들과 그들의 광기 어린 행동들이 마치 연극처럼 느껴진다. Marlow는 배를 타고 떠난 지 30여 일이 지나 콩고강의 하구에 도착한다. 그곳에서 다시 스웨덴인 선장이 지휘하는 작은 증기선으로 바꿔 탄 후 콩고강의 상류로 간다. Marlow는 아프리카에서 목을 매고 죽은 스웨덴 사람에 대한 불길한 이야기를 들으며 불안감을 느낀다.
The Company's station(회사의 출장소, Outer Station)에 도착한 Marlow는 착취당하며 죽어가는 흑인과 다이너마이트만 터뜨리는 철도 건설 사업자들, 사람이 옆에서 죽어도 일에만 몰두하는 백인 회계주임(chief accountant)을 만난다. Marlow는 회계주임에게서 대리소장(first-class agent) Kurtz에 대한 이야기를 듣는다. 10여 일 후, Marlow는 60명의 무리와 함께 그 출장소를 떠나 중앙 출장소(Central Station)로 향한다. 가는 도중에 사람들은 사소한 말다툼을 벌이다가 살인까지 하려 하고, 사방에 죽어 있는 사람들도 보게 된다. Marlow는 자신도 이 오지에서 심리적 변화를 겪고 있음을 느낀다. 중앙 출장소에 도착한 Marlow는 자신이 지휘할 배가 강바닥에 가라앉아 있다는 말을 듣는다. 그는 배를 고치는 데 필요한 부품인 못(rivets)을 기다릴 수밖에 없었고, 보일러 제조공과 함께 배를 수리하기 시작한다. 중앙 출장소에는 지배인(manager)과 대리인들(agents), 순례자들(pilgrims)이 있었는데, 그들이 하는 대화는 욕심에 가득 차 음모를 꾸미는 듯 보였다. 지배인이라는 인물은 능력이 없음에도 단지 병에 걸리지 않았기 때문에 지배인까지 될 수 있었다. 그는 자신이 총애하던 일급 대리인을 부지배인으로 승진시킬 계획이었지만, Kurtz라는 유능한 대리인이 나타나자 전전긍긍하게 되었다. Marlow가 배를 고치는 데 필요한 못을 기다리며 출장소에 있는 동안 엘도라도 개발 원정대(Eldorado

Exploring Expedition)가 오는데, 이들의 대화에서 다시 Kurtz에 관한 말을 듣는다. 내륙 출장소(Inner Station)의 소장인 Kurtz가 상당한 양의 상아를 가지고 이 출장소로 오다가 건강이 위독해져서 되돌아갔다는 것이다.

몇 개월 후, Marlow는 드디어 Kurtz가 있는 내륙 출장소를 향해 떠난다. 아프리카로 오기 전까지의 여행이 Marlow에게 지옥으로의 여행처럼 느껴졌다면, 아프리카 오지로 들어가는 여행은 마치 세상의 초창기로 되돌아가는 것처럼 느껴졌다. Marlow는 지배인과 순례자 몇 명을 태웠고, 식인종들을 임시 선원으로 고용하고 있었다. 내륙 출장소에서 약 50마일 떨어진 곳에서 일행은 한 오두막집을 발견하는데, 그곳에서 Marlow는 선박 조종 기술에 대한 책을 발견하였고, 그는 그 책을 쓴 사람이 매우 진지하게 선박 조종 기술을 연구했음을 알게 된다. 내륙 출장소를 약 8마일 남긴 곳에서 Marlow는, 밀림에서 들려오는 원주민들의 함성을 듣고 불안해진다. 이때 임시 선원으로 고용되어 동승하고 있던 식인종들이 그 원주민들을 잡아 자신들에게 달라고 말한다. 이들은 오랫동안 굶주려 있었기 때문이다. 이 말을 듣고 Marlow는, 야만인이라고만 생각했던 식인종들이 배고픔을 참고 있었다는 사실에 놀라며 그들의 자제력에 감탄한다. 굶주려 있던 식인종들이 배에 함께 타고 있던 소수의 백인을 그동안 잡아먹지 않았다는 사실에 놀란 것이다. 함성을 지르던 원주민들이 습격해 오고, 러시아인 조타수(helmsman)가 투창에 맞아 죽는다. Marlow는 죽은 조타수를 보면서 Kurtz도 이미 죽었을지도 모른다는 생각을 한다. 배의 기적을 울리자 원주민들은 놀라서 사라지고, Marlow 일행은 내륙 출장소에 도착한다.

Marlow는 망원경으로 출장소를 둘러보다가 Kurtz의 집과 장식이 달린 기둥들을 본다. 내륙 출장소에서 어릿광대 같은 모습의 러시아인이 Marlow 일행을 마중 나왔는데, Marlow는 그 러시아인이 이러한 아프리카 오지에서도 천진함과 쾌활함을 가지고 있는 것도 신기하지만, 그가 바로 자신이 오두막에서 발견한 선박 조종술 책의 주인이라는 것을 알고 더 놀란다. 러시아인은 Marlow에게 Kurtz가 원주민들 사이에서 신처럼 군림하며 상아를 미친 듯이 수집했고, 매우 위독하다고 알려준다. Marlow는 망원경으로 다시 Kurtz의 집을 보다가 기둥 뒤에 달린 장식을 보는데, 처음에 봤을 때는 그것이 단순히 장식이라고 생각했는데, 다시 보니 해골임을 알게 된다.

마침내 원주민들을 대동한 Kurtz가 나타났고, 지배인과 순례자들은 선실에 그의 방을 마련한다. 그날 밤 Marlow는 몰래 도망치던 Kurtz를 다시 배로 데려오고, 다음 날 배를 출발시킨다. 배 위에서 Kurtz는 처음 오지에 들어와서 원주민을 계몽시키려 했고 사업적으로 큰 성공을 거둔 자신의 과거를 되돌아보는 듯한 말을 하고, 결국에는 "두려워! 두려워!"라는 말을 마지막으로 생을 마감한다. Marlow는 자신의 생을 그 한마디로 요약하며 죽어 간 Kurtz에게 정신적인 승리를 거둔 사람이라며 찬사를 보낸다. 또한 자신을 꿰뚫어 보고 자신의 일생에 대해 냉정하게 결론을 내린 Kurtz를 비범한 사람이라고 생각한다.

이후 Marlow는 영국으로 돌아오고, 콩고 여행 전에는 미처 깨닫지 못했던 유럽인들의 위선에 냉소한다. Kurtz가 남긴 유품들을 탐내는 사람들에게 주고 나서, Marlow는 마지막으로 남은 편지 뭉치와 사진 한 장을 들고 Kurtz의 약혼자를 찾아간다. Kurtz의 약혼자는 그가 죽으면서 Marlow에게 남긴 말이 무엇이었는지 묻는다. 이에 Marlow는 약혼자에게 그녀의 이름이었다고 거짓말을 한다. 이렇게 Marlow의 말이 끝나고, 그의 이야기를 듣던 1인칭 화자는 Marlow의 이야기에 정신이 팔려 기다리던 썰물 시간을 놓쳤음을 알게 된다.

## 제4절　작품의 주제

### 1　제국주의(imperialism)와 식민주의(colonialism) 비판 중요

백인 문명의 가치관과 그들의 시선에서 본 원시적 국가들의 가치에 대한 문명사회의 가치관과 폭력성을 들추어낸다. 식민주의 정책이 아프리카나 아시아인에게 문명을 전파한다는 명목으로 식민주의를 정당화한다 해도 그 실상은 탐욕과 정복욕으로 변모하고 원주민을 억압하고 착취하는 것임을 표현하면서 인간의 사악함과 제국주의의 이상의 변질을 드러낸다.

### 2　자아로의 여행

소설 속 항해의 과정은 내면 속 자아로의 탐구 과정이다. Marlow는 아프리카 오지에서의 경험을 통해 식민주의의 실체를 목격한다. Marlow가 Kurtz를 만나러 가는 과정에서 목격한 것은, Kurtz가 문명을 전파한다는 이상적 신념으로 원주민들을 교육하려 했지만, 결국 그 신념을 잃고 탐욕스러운 약탈에 빠진 모습이었다. 이를 통해 작가는 이상화된 꿈의 종말과 함께 환멸과 의식의 혼란을 형상화하고 있다.

### 3　내면의 악 탐구

*Heart of Darkness*(1899)는 문명의 흔적이 전혀 없는 오지나, 생과 사가 갈리는 극단적 상황에서 인간 내면에 도사리고 있는 악의 존재를 탐구한다. 이상주의적인(idealistic) Marlow는 아프리카 콩고강을 거슬러 가는 항해와 Kurtz를 통해 인간 내면에 존재하는 악을 인식한다. 그는 식민주의자들의 위선과 탐욕, 비인간적인 참상, 광기를 목격하고 인간 내면에 내재한 악의 모습을 Kurtz에게서 보게 된다. 그러나 식민주의에 대한 Marlow의 입장을 한마디로 규정하기는 어렵다. 소설에서는 여러 가지 상반된 해석을 가능하게 하는 애매한 진술과 복잡한 성격이 드러나기 때문이다. 이러한 모호한 진술로 인해 이 소설은 종종 모더니즘 문학 기법의 선구자로 간주된다.

## 제5절 등장인물

### 1 Charles Marlow

소설의 전개를 이끌어가는 화자이다. Kurtz를 만나기 전까지 그는 자아에 대한 의식이 구체적이지 않았다. 그러나 Kurtz를 만나기 위해 콩고강을 항해하면서 세상과 주변, 자신에 대한 새로운 깨달음을 얻는다. 선과 악에 대한 모호함과 제국주의라는 명목하에 벌어지는 잔혹함을 목격하면서 인간 내면의 악의 존재를 인식한다.

### 2 Kurtz

내륙 출장소(Inner Station)의 소장으로, 상아를 착취하는 데 대단한 능력을 지닌 자로 알려져 있다. 그는 서구 문명을 아프리카의 오지에 전파하겠다는 이상적 신념을 품고 아프리카에 왔지만, 식민주의의 실상과 비인간적인 참상을 목격하고 자신 역시 탐욕과 정복의 화신으로 변한다. 그의 이념은 변모하고 타락하기는 했지만, 도덕적 이념에서 출발했고 자신의 타락을 인식했다는 점에서 물질과 이익의 추구에 눈이 먼 식민주의자들과는 다르다고 볼 수 있다.

### 3 The Intended

Kurtz의 약혼자이다. 그녀는 기대를 품고 Kurtz가 죽으면서 한 말이 무엇이냐고 Marlow에게 묻는다. 그녀의 의도를 알고 있는 Marlow는 Kurtz가 죽으면서 그녀의 이름을 불렀다고 거짓말을 한다.

## 제6절 작품의 구조와 시점 및 기법

### 1 구조

**(1) 액자소설**

이야기 속의 이야기이다. Marlow가 진술하는 내용, 그리고 그 진술을 듣는 1인칭 화자의 이야기가 합쳐진 액자소설이다. 소설은 Marlow라는 인물이 유람용 범선인 넬리호에서 썰물을 기다리면서, 동승하고 있던 네 사람(회사 중역, 변호사, 회계사, 1인칭 화자)에게 젊은 시절 콩고강에서의 경험을 이야기하면서 시작된다.

**(2) 3장으로 구성**

① 1장

여러 사람들의 말을 듣고 그려낼 수밖에 없는 Kurtz의 형상

② 2장

Kurtz를 직접 만나고 싶은 Marlow의 갈망

③ 3장

Marlow와 Kurtz가 실제로 만남

### 2 시점

복합적 시점(multiple point of view)으로, 사건이나 인물에 대해 다양한 인물들의 언급이나 관점을 제시하면서 독자 입장에서는 진실 탐구의 어려움을 경험하게 한다. 본 소설에서 Kurtz는 여러 명의 인물과 화자에 의해 제시되면서 구체적으로 Kurtz라는 인물에 대한 해석을 지연시키고 있다.

### 3 Psychological Double

화자 Marlow는 Kurtz를 찾아가는 과정에서 그에 대하여 편애 혹은 심리적 동질감을 느끼게 되고, 이는 곧 Marlow의 자기발견이라는 작품의 핵심적인 주제로 이어진다. 이러한 두 사람의 관계를 지칭하는 문학 비평적 용어가 Psychological Double이다.

## 4 기법과 상징

### (1) 하얀 안개(White fog)

시야를 가리는 하얀 안개는 항해할 때 앞으로 나아가는 데 있어서 큰 장애물이자 빛을 가리는 위험한 존재이다. 안개의 하얀색은 피부색이 하얀 백인을 의미할 수도 있다. 식민주의로 아프리카를 휩쓴 백인은 아프리카 오지에 위험한 존재가 될 수 있는 것이다. 계몽이라는 명목하에 원주민들에게 문명이라는 빛을 주겠다는 의도는 원주민들의 삶을 더욱 비참하게 하는 것이기도 하다.

### (2) 회칠한 무덤(The whited sepulchre)

본래는 성경의 마태복음에서 위선자를 나타낼 때 사용되었던 단어이지만, 이 소설에서는 식민주의를 이끄는 회사의 본부가 있는 지역인 브뤼셀(Brussels)을 의미한다. 무덤은 죽음을, 회칠한 흰색은 백인을 의미한다. 문명의 빛을 전파한다는 '계몽주의'(Enlightenment)와 백인들의 도시는 비인간적이고 인간성이 말살된 죽음과 위선이 가득한 죽음의 도시라는 의미를 담고 있다.

### (3) 여자(Women)

소설에서 여성은 남성의 성공과 지위를 보여주는 대상으로 표현된다. 또한 여성은 남성들이 경험할 수 있는 진리와 경험에서 떨어져 있다. 여성에 대한 이러한 묘사는 그 이면에 가부장적 위계질서와 편견이 내포되어 있음을 알 수 있다.

### (4) 빛과 색의 대조

Conrad는 빛과 어둠이 주는 의미와 이미지를 강렬하게 대비시킨다. 암흑(darkness)은 계몽 이전의 상태로, 문명의 빛이 도달하지 않은 아프리카 콩고의 정글을 상징한다. 문명 세계를 상징하는 흰색과 아프리카 대륙을 상징하는 검은색의 강렬한 색상 대비가 인상적이다.

기존에 담고 있는 빛과 어둠의 의미에 대한 전복을 보여주기도 하는데, 어느 것이 진정한 빛이고 어둠인지에 대한 문제를 다루면서 Conrad는 역설적 상황을 드러내기도 한다. 이러한 빛과 색의 대조는 '문명과 비문명, 현실과 허상, 이성과 비이성' 등의 개념을 드러내기도 하고, 전복시키는 이미지로 작용한다.

## 제7절 *Heart of Darkness*의 일부

**III**

"I looked at him,[2] lost in astonishment. There he was before me, in motley,[3] as though he had absconded from a troupe of mimes[4], enthusiastic, fabulous.[5] His very existence was improbable, inexplicable, and altogether bewildering. He was an insoluble[6] problem. It was inconceivable how he had existed, how he had succeeded in getting so far, how he had managed to remain — why he did not instantly disappear. 'I went a little farther,' he said, 'then still a little farther — till I had gone so far that I don't know how I'll ever get back. Never mind. Plenty time. I can manage. You take Kurtz away quick — quick — I tell you.' The glamour of youth enveloped his parti-coloured rags, his destitution, his loneliness, the essential desolation of his futile wanderings. For months — for years — his life hadn't been worth a day's purchase;[7] and there he was gallantly,[8] thoughtlessly alive, to all appearances indestructible solely by the virtue of his few years and of his unreflecting audacity.[9] I was seduced into something like admiration — like envy. Glamour urged him on, glamour kept him unscathed.[10] He surely wanted nothing from the wilderness but space to breathe in and to push on through. His need was to exist, and to move onwards at the greatest possible risk, and with a maximum of privation.[11] If the absolutely pure, uncalculating, unpractical spirit of adventure had ever ruled a human being, it ruled this bepatched youth. I almost envied him the possession of this modest and clear flame. It seemed to have consumed all thought of self so completely, that even while he was talking to you, you forgot that it was he — the man before your eyes — who had gone through these things. I did not envy him his devotion to Kurtz, though. He had not meditated over it. It came to him, and he accepted it with a sort of eager fatalism. I must say that to me it appeared about the most dangerous thing in every way he had come upon so far.

"They had come together unavoidably, like two ships becalmed near each other,[12] and lay rubbing sides at last. I suppose Kurtz wanted an audience, because on a certain occasion, when encamped in the forest, they had talked all night, or more probably Kurtz had talked.[13] 'We talked of everything,' he said, quite

---

2) him : 러시아인
3) motley : 패거리
4) mimes : 광대극
5) fabulous : 전설적인(= mythical), 전설·신화 등에 나오는(= legendary), 황당한, 믿을 수 없는, 터무니없는, 엄청난
6) insoluble : 설명(해결)할 수 없는
7) his life hadn't been worth a day's purchase : 그는 단 하루도 더 살지 못할 것 같은 절박한 생활을 해왔다
8) gallantly : 용감하게
9) audacity : 뻔뻔스러움, 안하무인, 무례
10) unscathed : 상처가 없는, 다치지 않은
11) privation : 결여, 결핍, 궁핍
12) two ship becalmed near each other : 가까운 거리에서 항해가 중단된 두 척의 돛단배
13) more probably Kurtz had talked : Kurtz가 일방적으로 지껄였을 가능성이 높았다

transported at[14] the recollection. 'I forgot there was such a thing as sleep. The night did not seem to last an hour. Everything! Everything! ... Of love, too.'[15] 'Ah, he talked to you of love!' I said, much amused. 'It isn't what you think,' he cried, almost passionately. 'It was in general. He made me see things — things.'

"He threw his arms up. We were on deck at the time, and the headman of my woodcutters, lounging near by, turned upon him his heavy and glittering eyes. I looked around, and I don't know why, but I assure you that never, never before, did this land, this river, this jungle, the very arch of this blazing sky, appear to me so hopeless and so dark, so impenetrable to human thought, so pitiless to human weakness. 'And, ever since, you have been with him, of course?' I said.

"On the contrary. It appears their intercourse had been very much broken by various causes. He had, as he informed me proudly, managed to nurse Kurtz through two illnesses (he alluded to it as you would to some risky feat), but as a rule Kurtz wandered alone, far in the depths of the forest. 'Very often coming to this station, I had to wait days and days before he would turn up,' he said. 'Ah, it was worth waiting for! — sometimes.' 'What was he doing? exploring or what?' I asked. 'Oh, yes, of course'; he had discovered lots of villages, a lake, too — he did not know exactly in what direction; it was dangerous to inquire too much — but mostly his expeditions had been for ivory. 'But he had no goods to trade with by that time,' I objected. 'There's a good lot of cartridges left even yet,' he answered, looking away. 'To speak plainly, he raided the country,' I said. He nodded. 'Not alone, surely!' He muttered something about the villages round that lake. 'Kurtz got the tribe to follow him, did he?' I suggested. He fidgeted[16] a little. 'They adored him,' he said. The tone of these words was so extraordinary that I looked at him searchingly. It was curious to see his mingled eagerness and reluctance to speak of Kurtz. The man[17] filled his life,[18] occupied his thoughts, swayed his emotions.

'What can you expect?' he burst out; 'he came to them with thunder and lightning,[19] you know — and they had never seen anything like it — and very terrible. He could be very terrible. You can't judge Mr. Kurtz as you would an ordinary man. No, no, no! Now — just to give you an idea — I don't mind telling you, he wanted to shoot me, too, one day — but I don't judge him.' 'Shoot you!' I cried. 'What for?' 'Well, I had a small lot of ivory the chief of that village near my house gave me. You see I used to shoot game for them. Well, he wanted it, and wouldn't hear reason. He declared he would shoot me unless I gave him the ivory and then cleared out of the country, because he could do so, and had a fancy for it, and there was nothing on earth to prevent him killing whom he jolly well pleased.[20] And it was true, too. I gave him the ivory. What did I care! But I didn't clear out. No, no. I couldn't leave him. I had to be careful, of course, till we got friendly again for a time. He had his second illness then. Afterwards I had to keep out of the way; but I didn't mind.

---

14) transported at : ~에 열중한 채
15) Of love too : We had talked of love too
16) fidgeted : 안절부절못했다
17) The man : Kurtz
18) his life : 여기서 he는 Marlow가 대화를 나눈 상대방 젊은이
19) with thunder and lightning : 위협적으로
20) whom he jolly well pleased : anybody whom he chose to kill jolly

He was living for the most part in those villages on the lake. When he came down to the river, sometimes he would take to me, and sometimes it was better for me to be careful. This man suffered too much. He hated all this, and somehow he couldn't get away. When I had a chance I begged him to try and leave while there was time; I offered to go back with him. And he would say yes, and then he would remain; go off on another ivory hunt; disappear for weeks; forget himself amongst these people — forget himself — you know.' 'Why! he's mad,' I said. He protested indignantly.[21] Mr. Kurtz couldn't be mad. If I had heard him talk, only two days ago, I wouldn't dare hint at such a thing.[22] ... I had taken up my binoculars while we talked, and was looking at the shore, sweeping the limit of the forest at each side and at the back of the house. The consciousness of there being people in that bush, so silent, so quiet — as silent and quiet as the ruined house on the hill — made me uneasy. There was no sign on the face of nature of this amazing tale that was not so much told as suggested to me in desolate exclamations, completed by shrugs, in interrupted phrases, in hints ending in deep sighs.[23] The woods were unmoved, like a mask — heavy, like the closed door of a prison — they looked with their air of hidden knowledge, of patient expectation, of unapproachable silence. The Russian was explaining to me that it was only lately that Mr. Kurtz had come down to the river, bringing along with him all the fighting men of that lake tribe. He had been absent for several months — getting himself adored, I suppose — and had come down unexpectedly, with the intention to all appearance of making a raid[24] either across the river or down stream. Evidently the appetite for more ivory had got the better of the — what shall I say? — less material aspirations.[25] However he had got much worse suddenly. 'I heard he was lying helpless, and so I came up — took my chance,'[26] said the Russian. 'Oh, he is bad, very bad.' I directed my glass[27] to the house. There were no signs of life, but there was the ruined roof, the long mud wall peeping above the grass, with three little square window-holes, no two of the same size; all this brought within reach of my hand, as it were. And then I made a brusque movement, and one of the remaining posts of that vanished fence leaped up in the field of my glass. You remember I told you I had been struck at the distance by certain attempts at ornamentation,[28] rather remarkable in the ruinous aspect of the place. Now I had suddenly a nearer view, and its first result was to make me throw my head back as if before a blow. Then I went carefully from post to post with my glass, and I saw my mistake. These round knobs were not ornamental but symbolic; they were expressive and puzzling, striking and disturbing — food for thought[29] and also for vultures if there had been any looking down from the sky; but at all events for such ants as were industrious

---

21) indignantly : 분개하여
22) hint at such a thing : 그가 미쳤을지도 모른다는 말을 하다
23) There was no sign on the face of nature of this amazing tale that was not so much told as suggested to me in desolate exclamations, completed by shrugs, in interrupted phrases, in hints ending in deep sighs : 지금 자네에게 들려주는 이 놀라운 이야기는 내가 직접 들었다기보다도, 우리가 놀라서 어깨를 움츠리게 하는 그 처절한 외침이라든가, 계속 끊기기도 하는 말이나 한숨으로 끝나는 암시들을 통해 내게 은연중에 전달된 것이고, 자연의 표면 위에서 이 이야기의 내용을 가리키는 징후는 하나도 찾아볼 수가 없었다
24) the intention to all appearance of making a raid : 아무리 보아도 공격을 할 의도
25) less material aspirations : 덜 물질적인 욕망들
26) took my chance : 나는 성패 여부에 상관하지 않고 병구완을 해 보았다
27) glass : telescope
28) ornamentation : 장식
29) food for thought : 생각을 하게 하는 것

enough to ascend the pole. They would have been even more impressive, those heads on the stakes, if their faces had not been turned to the house. Only one, the first I had made out, was facing my way. I was not so shocked as you may think. The start back I had given[30] was really nothing but a movement of surprise. I had expected to see a knob of wood there, you know. I returned deliberately to the first I had seen — and there it was, black, dried, sunken, with closed eyelids — a head that seemed to sleep at the top of that pole, and, with the shrunken dry lips showing a narrow white line of the teeth, was smiling, too, smiling continuously at some endless and jocose dream of that eternal slumber.[31]

"I am not disclosing any trade secrets. In fact, the manager said afterwards that Mr. Kurtz's methods had ruined the district. I have no opinion on that point, but I want you clearly to understand that there was nothing exactly profitable in these heads being there. They only showed that Mr. Kurtz lacked restraint in the gratification of his various lusts, that there was something wanting in him — some small matter which, when the pressing need arose,[32] could not be found under his magnificent eloquence. Whether he knew of this deficiency himself I can't say. I think the knowledge came to him at last — only at the very last. But the wilderness had found him out early, and had taken on him a terrible vengeance for the fantastic invasion. I think it had whispered to him things about himself which he did not know, things of which he had no conception till he took counsel with this great solitude — and the whisper had proved irresistibly fascinating. It echoed loudly within him because he was hollow at the core. ... I put down the glass, and the head that had appeared near enough to be spoken to seemed at once to have leaped away from me into inaccessible distance.

"The admirer of Mr. Kurtz was a bit crestfallen. In a hurried, indistinct voice he began to assure me he had not dared to take these — say, symbols — down. He was not afraid of the natives; they would not stir till Mr. Kurtz gave the word. His ascendancy[33] was extraordinary. The camps of these people surrounded the place, and the chiefs came every day to see him. They would crawl. ... 'I don't want to know anything of the ceremonies used when approaching Mr. Kurtz,' I shouted. Curious, this feeling that came over me that such details would be more intolerable than those heads drying on the stakes under Mr. Kurtz's windows. After all, that was only a savage sight, while I seemed at one bound to have been transported into some lightless region of subtle horrors, where pure, uncomplicated savagery was a positive relief, being something that had a right to exist — obviously — in the sunshine. The young man looked at me with surprise. I suppose it did not occur to him that Mr. Kurtz was no idol of mine. He forgot I hadn't heard any of these splendid monologues on, what was it? on love, justice, conduct of life — or whatnot. If it had come to crawling before Mr. Kurtz, he crawled as much as the veriest savage of them all. I had no idea of the conditions, he said: these heads were the heads of rebels. I shocked him excessively by laughing. Rebels! What would be the next definition I was to hear? There had been enemies, criminals, workers — and these were rebels. Those rebellious heads

---

30) The start back I had given : 내가 놀라서 머리를 뒤로 젖힌 것
31) slumber : 잠, 선잠
32) when the pressing need arose : 급박한 필요가 있게 되었을 때
33) ascendancy : 지배력, 지배적 위치

looked very subdued to me on their sticks. 'You don't know how such a life tries a man[34] like Kurtz,' cried Kurtz's last disciple. 'Well, and you?' I said. 'I! I! I am a simple man. I have no great thoughts. I want nothing from anybody. How can you compare me to...?' His feelings were too much for speech, and suddenly he broke down.[35] 'I don't understand,' he groaned. 'I've been doing my best to keep him alive, and that's enough. I had no hand in all this.[36] I have no abilities. There hasn't been a drop of medicine or a mouthful of invalid food for months here. He was shamefully abandoned. A man like this, with such ideas. Shamefully! Shamefully! I — I — haven't slept for the last ten nights …'

"His voice lost itself in the calm of the evening. The long shadows of the forest had slipped downhill while we talked, had gone far beyond the ruined hovel, beyond the symbolic row of stakes. All this was in the gloom, while we down there were yet in the sunshine, and the stretch of the river abreast of the clearing[37] glittered in a still and dazzling splendour, with a murky and overshadowed bend above and below. Not a living soul was seen on the shore. The bushes did not rustle.

"Suddenly round the corner of the house a group of men appeared, as though they had come up from the ground. They waded waist-deep in the grass, in a compact body, bearing an improvised stretcher in their midst. Instantly, in the emptiness of the landscape, a cry arose whose shrillness[38] pierced the still air like a sharp arrow flying straight to the very heart of the land; and, as if by enchantment, streams of human beings — of naked human beings — with spears in their hands, with bows, with shields, with wild glances and savage movements, were poured into the clearing by the dark-faced and pensive forest. The bushes shook, the grass swayed for a time, and then everything stood still in attentive immobility.

"'Now, if he does not say the right thing to them we are all done for,'[39] said the Russian at my elbow. The knot of men with the stretcher had stopped, too, halfway to the steamer, as if petrified.[40] I saw the man on the stretcher sit up, lank and with an uplifted arm, above the shoulders of the bearers. 'Let us hope that the man who can talk so well of love in general will find some particular reason to spare us this time,' I said. I resented bitterly the absurd danger of our situation, as if to be at the mercy of that atrocious phantom had been a dishonouring necessity. I could not hear a sound, but through my glasses I saw the thin arm extended commandingly, the lower jaw moving, the eyes of that apparition shining darkly far in its bony head that nodded with grotesque jerks. Kurtz — Kurtz — that means short in German — don't it? Well, the name was as true as everything else in his life — and death. He looked at least seven feet long. His covering had fallen off, and his body emerged from it pitiful and appalling[41] as from a winding-sheet.[42] I could see the cage of

---

34) tries a man : subjects a man to suffering, 사람을 시련에 들게 하다
35) broke down : 의기소침했다
36) I had no hand in all this : 나는 이 모든 일에 익숙하지 못했다
37) abreast of the clearing : 숲속에 터놓은 공지와 나란히 놓인
38) shrillness : 날카로움, 강렬함
39) we are all done for : 우리는 끝장이다, 죽은 것이나 다름없다
40) petrified : 돌같이 굳은, 경직된
41) appalling : 섬뜩하게 하는, 질색인
42) winding-sheet : 수의

his ribs all astir, the bones of his arm waving. It was as though an animated image of death carved out of old ivory had been shaking its hand with menaces[43] at a motionless crowd of men made of dark and glittering bronze. I saw him open his mouth wide — it gave him a weirdly voracious aspect, as though he had wanted to swallow all the air, all the earth, all the men before him. A deep voice reached me faintly. He must have been shouting. He fell back suddenly. The stretcher shook as the bearers staggered forward again, and almost at the same time I noticed that the crowd of savages was vanishing without any perceptible movement of retreat, as if the forest that had ejected these beings so suddenly had drawn them in again as the breath is drawn in a long aspiration.[44]

"Some of the pilgrims behind the stretcher[45] carried his arms — two shot-guns, a heavy rifle, and a light revolver-carbine — the thunderbolts of that pitiful Jupiter.[46] The manager bent over him murmuring as he walked beside his head. They laid him down in one of the little cabins — just a room for a bed place[47] and a campstool or two, you know. We had brought his belated correspondence, and a lot of torn envelopes and open letters littered his bed. His hand roamed feebly amongst these papers. I was struck by the fire of his eyes and the composed languor of his expression. It was not so much the exhaustion of disease. He did not seem in pain. This shadow[48] looked satiated and calm, as though for the moment it had had its fill of all the emotions.[49]

"He rustled one of the letters, and looking straight in my face said, 'I am glad.' Somebody had been writing to him about me. These special recommendations were turning up again. The volume of tone he emitted without effort, almost without the trouble of moving his lips, amazed me. A voice! a voice! It was grave, profound, vibrating, while the man did not seem capable of a whisper. However, he had enough strength in him — factitious[50] no doubt — to very nearly make an end of us, as you shall hear directly.

"The manager appeared silently in the doorway; I stepped out at once and he drew the curtain after me. The Russian, eyed curiously by the pilgrims, was staring at the shore. I followed the direction of his glance.

"Dark human shapes could be made out in the distance, flitting[51] indistinctly against the gloomy border of the forest, and near the river two bronze figures, leaning on tall spears, stood in the sunlight under fantastic headdresses of spotted skins,[52] warlike and still in statuesque repose. And from right to left along the lighted shore moved a wild and gorgeous apparition[53] of a woman.

"She walked with measured steps, draped in striped and fringed cloths, treading the earth proudly, with a

---

43) menace : 위협
44) aspiration : 숨쉬기, 호흡
45) stretcher : 들것, 뻗는(펼치는) 사람
46) the thunderbolts of that pitiful Jupiter : 전지전능한 존재로 군림했으나, 지금은 비참한 Kurtz가 휘두르던 무기들
47) bed place : bedstead, 침대의 틀
48) This shadow : 이 그림자(유령) 같은 사람
49) it had had its fill of all the emotions : 그것이 모든 종류의 감정을 이미 만끽했다
50) factitious : 조작된
51) flitting : 훨훨 날며
52) spotted skins : 얼룩 모피
53) apparition : 유령, 귀신, 허깨비, 환영

slight jingle and flash of barbarous ornaments. She carried her head high; her hair was done in the shape of a helmet; she had brass leggings to the knee, brass wire gauntlets to the elbow, a crimson spot on her tawny cheek, innumerable necklaces of glass beads on her neck; bizarre things, charms,[54] gifts of witch-men, that hung about her, glittered and trembled at every step. She must have had the value of several elephant tusks upon her. She was savage and superb, wild-eyed and magnificent; there was something ominous and stately in her deliberate progress. And in the hush that had fallen suddenly upon the whole sorrowful land, the immense wilderness, the colossal body of the fecund and mysterious life[55] seemed to look at her, pensive,[56] as though it had been looking at the image of its own tenebrous and passionate soul.

"She came abreast[57] of the steamer, stood still, and faced us. Her long shadow fell to the water's edge. Her face had a tragic and fierce aspect of wild sorrow and of dumb pain mingled with the fear of some struggling, half-shaped resolve. She stood looking at us without a stir, and like the wilderness itself, with an air of brooding over an inscrutable[58] purpose. A whole minute passed, and then she made a step forward. There was a low jingle, a glint of yellow metal, a sway of fringed draperies, and she stopped as if her heart had failed her. The young fellow by my side growled. The pilgrims murmured at my back. She looked at us all as if her life had depended upon the unswerving steadiness of her glance. Suddenly she opened her bared arms and threw them up rigid above her head, as though in an uncontrollable desire to touch the sky, and at the same time the swift shadows darted out on the earth, swept around on the river, gathering the steamer into a shadowy embrace. A formidable[59] silence hung over the scene.

"She turned away slowly, walked on, following the bank, and passed into the bushes to the left. Once only her eyes gleamed back at us in the dusk of the thickets before she disappeared.

"'If she had offered to come aboard I really think I would have tried to shoot her,' said the man of patches, nervously. 'I have been risking my life every day for the last fortnight to keep her out of the house. She got in one day and kicked up a row[60] about those miserable rags I picked up in the storeroom to mend my clothes with. I wasn't decent. At least it must have been that, for she talked like a fury to Kurtz for an hour, pointing at me now and then. I don't understand the dialect of this tribe. Luckily for me, I fancy Kurtz felt too ill that day to care, or there would have been mischief. I don't understand. ... No — it's too much for me. Ah, well, it's all over now.'

"At this moment I heard Kurtz's deep voice behind the curtain: 'Save me! — save the ivory, you mean. Don't tell me. Save me! Why, I've had to save you. You are interrupting my plans now. Sick! Sick![61] Not so sick as you would like to believe. Never mind. I'll carry my ideas out yet — I will return. I'll show you what

---

54) charm : 부적
55) the colossal body of the fecund and mysterious life : the wilderness
56) pensive : 생각에 잠긴, 시름에 잠긴 듯한, 구슬픈
57) abreast : 나란히, 병행하여
58) inscrutable : 측량할 수 없는, 불가사의한
59) formidable : 무서운, 만만찮은, 얕잡을 수 없는
60) kicked up a row : 소동을 일으켰다
61) Sick! Sick! : 나의 병을 핑계 삼지 말라고!

can be done. You with your little peddling[62] notions — you are interfering with me. I will return. I. ...'

"The manager came out. He did me the honour to take me under the arm and lead me aside. 'He is very low, very low,'[63] he said. He considered it necessary to sigh, but neglected to be consistently sorrowful. 'We have done all we could for him — haven't we? But there is no disguising the fact, Mr. Kurtz has done more harm than good to the Company. He did not see the time was not ripe for vigorous action. Cautiously, cautiously — that's my principle. We must be cautious yet. The district is closed to us for a time. Deplorable![64] Upon the whole, the trade will suffer. I don't deny there is a remarkable quantity of ivory — mostly fossil. We must save it, at all events — but look how precarious the position is — and why? Because the method is unsound.' 'Do you,' said I, looking at the shore, 'call it "unsound method?"' 'Without doubt,' he exclaimed hotly. 'Don't you?' ... 'No method at all,' I murmured after a while. 'Exactly,' he exulted. 'I anticipated this. Shows a complete want of judgment. It is my duty to point it out in the proper quarter.'[65] 'Oh,' said I, 'that fellow — what's his name? — the brickmaker, will make a readable report for you.' He appeared confounded for a moment. It seemed to me I had never breathed an atmosphere so vile, and I turned mentally to Kurtz for relief — positively for relief. 'Nevertheless I think Mr. Kurtz is a remarkable man,' I said with emphasis. He started, dropped on me a heavy glance, said very quietly, 'he was,' and turned his back on me. My hour of favour was over; I found myself lumped[66] along with Kurtz as a partisan of methods for which the time was not ripe: I was unsound! Ah! but it was something to have[67] at least a choice of nightmares.

"I had turned to the wilderness really, not to Mr. Kurtz, who, I was ready to admit, was as good as buried.[68] And for a moment it seemed to me as if I also were buried in a vast grave full of unspeakable secrets. I felt an intolerable weight oppressing my breast, the smell of the damp earth, the unseen presence of victorious corruption, the darkness of an impenetrable[69] night. ... The Russian tapped me on the shoulder. I heard him mumbling and stammering something about 'brother seaman — couldn't conceal — knowledge of matters that would affect Mr. Kurtz's reputation.' I waited. For him evidently Mr. Kurtz was not in his grave; I suspect that for him Mr. Kurtz was one of the immortals. 'Well!' said I at last, 'speak out. As it happens,[70] I am Mr. Kurtz's friend — in a way.'

"He stated with a good deal of formality that had we not been 'of the same profession,' he would have kept the matter to himself without regard to consequences. 'He suspected there was an active ill-will towards him on the part of these white men that —' 'You are right,' I said, remembering a certain conversation I had

---

62) peddling : 대수롭지 않은
63) low : feeble, 약한
64) deplorable : 통탄할, 비참한, 애처로운, 당치도 않은, 괘씸한
65) in the proper quarter : 담당 부서에
66) lump : 한 묶음으로/하나로 취급되다
67) it was something to have : ~을 갖는다는 것은 무언가 괜찮은 일이었다
68) was as good as buried : 죽은 사람이나 다름이 없었다
69) impenetrable : 뚫을 수 없는(to/by), 지날 수 없는
70) As it happens : 우연히, 공교롭게도

overheard. 'The manager thinks you ought to be hanged.' He showed a concern at this intelligence which amused me at first. 'I had better get out of the way quietly,' he said earnestly. 'I can do no more for Kurtz now, and they would soon find some excuse. What's to stop them?[71] There's a military post three hundred miles from here.' 'Well, upon my word,' said I, 'perhaps you had better go if you have any friends amongst the savages near by.' 'Plenty,' he said. 'They are simple people — and I want nothing, you know.' He stood biting his lip, then: 'I don't want any harm to happen to these whites here, but of course I was thinking of Mr. Kurtz's reputation — but you are a brother seaman and —' 'All right,' said I, after a time. 'Mr. Kurtz's reputation is safe with me.' I did not know how truly I spoke.

"He informed me, lowering his voice, that it was Kurtz who had ordered the attack to be made on the steamer. 'He hated sometimes the idea of being taken away — and then again ... But I don't understand these matters. I am a simple man. He thought it would scare you away — that you would give it up, thinking him dead. I could not stop him. Oh, I had an awful time of it[72] this last month.' 'Very well,' I said. 'He is all right now.' 'Ye-e-es,' he muttered, not very convinced apparently. 'Thanks,' said I; 'I shall keep my eyes open.' 'But quiet — eh?' he urged anxiously. 'It would be awful for his reputation if anybody here —' I promised a complete discretion with great gravity. 'I have a canoe and three black fellows waiting not very far. I am off. Could you give me a few Martini-Henry cartridges?' I could, and did, with proper secrecy. He helped himself, with a wink at me, to a handful of my tobacco.[73] 'Between sailors — you know — good English tobacco.' At the door of the pilothouse he turned round — 'I say, haven't you a pair of shoes you could spare?' He raised one leg. 'Look.' The soles were tied with knotted strings sandalwise[74] under his bare feet. I rooted out[75] an old pair, at which he looked with admiration before tucking[76] it under his left arm. One of his pockets (bright red) was bulging with cartridges, from the other (dark blue) peeped 'Towson's Inquiry,' etc., etc. He seemed to think himself excellently well equipped for a renewed encounter with the wilderness. 'Ah! I'll never, never meet such a man again. You ought to have heard him recite poetry — his own, too, it was, he told me. Poetry!' He rolled his eyes at the recollection of these delights. 'Oh, he enlarged my mind!' 'Goodbye,' said I. He shook hands and vanished in the night. Sometimes I ask myself whether I had ever really seen him — whether it was possible to meet such a phenomenon! ...[77]

---

71) What's to stop them? : 그들이 그렇게 하지 못하게 할 도리가 있겠는가?
72) I had an awful time of it : 나는 혼이 났다
73) He helped himself with a wink at me to a handful of my tobacco : 그는 내게 윙크를 하며 내 담배도 한 줌 챙겼다
74) sandalwise : 샌들을 신듯이
75) rooted out : 찾아냈다
76) tucking : 접어 올리는
77) phenomenon : 특이한 인물

# 제 2 장 실전예상문제

**01** Heart of Darkness의 주제에 해당하지 않는 것은?

① 자아의 탐색
② 인간 내면에 존재하는 악의 문제
③ 유럽 제국주의에 대한 찬미
④ 식민주의에 대한 비판

> **01** Heart of Darkness는 유럽 문명과 식민주의에 대한 비판을 담고 있는 작품이다. 유럽은 문명 전파와 계몽을 이유로 아프리카의 오지에서 물질주의의 탐욕을 채웠기 때문이다.

**02** Heart of Darkness에서 Marlow의 모험과 자아에 대한 탐색의 과정이 이루어지는 장소로 알맞은 것은?

① England
② Kenya
③ Brussels
④ Congo

> **02** Marlow가 콩고강을 따라 여행하는 과정을 서술한다. 그 항해의 과정에서 콩고강은 자아를 알아가는 과정이자 빛과 어둠, 선과 악을 인식하게 하는 곳이다.

**03** Heart of Darkness에서 Marlow가 콩고강을 항해하던 중, 고장 난 증기선을 수리하는 데 필요했던 것으로 알맞은 것은?

① a new boiler
② steel
③ rivets
④ plates

> **03** Marlow는 중앙 출장소에 와서야 자신이 지휘할 배가 파손되어 강바닥에 가라앉아 있음을 알게 된다. 배를 고치기 위해서는 못(rivets)이 필요한데, 기다리는 동안 Kurtz에 대한 이야기를 듣게 된다.

**정답** 01 ③  02 ④  03 ③

04 Marlow는 Kurtz의 죽음을 알리고 편지와 유품을 돌려주기 위해 Brussels에서 Kurtz의 약혼녀를 만난다.

04 *Heart of Darkness*에서 Marlow가 Brussels에서 마지막으로 보게 되는 인물은?

① Kurtz
② old woman
③ his aunt
④ Kurtz's fiancee

05 Kurtz는 죽기 전에 "The horror! The horror!"라고 말한다. 그러나 Marlow는 Kurtz의 약혼녀에게 Kurtz가 죽기 전에 그녀의 이름을 불렀다고 거짓말을 한다.

05 *Heart of Darkness*에서 Kurtz가 죽기 전에 마지막으로 한 말은?

① His fiancee's name
② "The horror! The horror!"
③ "Help me!"
④ "Did I see it?"

06 Conrad가 *Heart of Darkness*에서 보여주는 여성에 대한 이미지는 여성에 대한 편견과 가부장적인 관점에서 보는 경향이 있다. 그의 소설에서 여성은 남성들의 모험과 탐구에서 소외되어 있다.

06 조지프 콘래드(Joseph Conrad)가 *Heart of Darkness*에서 보여주는 여성에 대한 태도의 특징으로 가장 적절한 것은?

① 모성애를 지닌 자애로운 대상이다.
② 남성과 동등한 자아 인식을 경험한다.
③ 남성의 성공과 지위의 부속물 같은 대상이다.
④ 남성이 추구하는 목적에 협동한다.

정답  04 ④  05 ②  06 ③

**07** *Heart of Darkness*의 첫 장면이 시작되는 장소는?

① A boat of the Thames river
② Outer Station
③ A boat of the Congo river
④ Marlow's company office

**08** *Heart of Darkness*에서 Kurtz의 외침 "The horror! The horror!"에 담긴 그의 심리 상태로 가장 적절한 것은?

① 죽기 전 통증에 대한 고통의 소리
② Marlow가 자신에게 어떤 행위를 할지도 모른다는 두려움
③ 죽고 싶지 않은 마음
④ 자신이 아프리카의 오지에서 저지른 행위에 대한 두려움

**09** 조지프 콘래드(Joseph Conrad)의 작품 세계에 대한 설명으로 가장 적절하지 않은 것은?

① 그의 소설에서 화자는 자신의 도덕적 입장과 주장을 직접적으로 노출시킨다.
② 그의 해양소설에서 배나 선상 생활은 인간 공동체의 축소로 형상화되고 있다.
③ 그의 현실 인식과 인간성에 대한 통찰은 회의주의나 비관주의에 가깝다.
④ 그의 작품은 작가 자신의 목소리를 드러내는 것을 대단히 자제하는 특징을 지닌다.

---

**07** *Heart of Darkness*의 첫 장면은 Marlow가 런던 템스강의 유람용 범선에서 썰물을 기다리는 동안, 그 배 안에 있던 네 사람에게 자신이 콩고강에서 겪은 경험을 들려주는 것으로 시작한다.

**08** Kurtz는 죽기 전에 "The horror! The horror!"라고 말한다. 자신이 아프리카의 오지에서 저지른 잔인한 행동에 대한 자책과 식민주의의 이상이 변질되어 버린 자신에 대한 환멸감이 뒤섞인 말이라고 볼 수 있다.

**09** Conrad는 이른바 심미적 거리의 중요성을 파악했던 현대 작가이다. 자신의 체험을 형상화하면서도 그 속에서 자신의 목소리를 드러내는 것을 대단히 자제했던 작가이다. 이런 태도는 현대 모더니즘 소설가들의 일반적인 경향이기도 하다.

**정답** 07 ① 08 ④ 09 ①

**주관식 문제**

01 *Heart of Darkness*의 독특한 구조에 대하여 설명하시오.

01 **정답**
이 작품은 템스강 하구 뱃전에 앉은 화자가 그 자리에 동석한 Marlow의 이야기를 옮겨 전달하는 방식이다. Marlow의 이야기가 작품의 대부분을 구성하고, 작품의 대부분은 따옴표 속에서 진행이 된다. Marlow 역시 자신의 이야기보다 Kurtz라는 인물을 만난 이야기에 초점을 맞추고, 그 사건을 통해 어떤 정신적 각성에 이르렀는지를 암시하고 있다. 그러나 작품에서 1차 화자의 각성에 대해서는 특별한 언급이 없다.

02 *Heart of Darkness*의 제목이 의미하는 지역은 어디인지 쓰시오.

02 **정답**
아프리카

**해설**
백인들은 문명의 혜택을 받지 못한 아프리카에 문명을 전파하여 계몽한다는 명목하에 식민지화한다. 문명을 빛이라고 보고, 문명이 도달하지 못한 아프리카를 어두운 땅이라고 보았다.

03 *Heart of Darkness*의 제목이 암시하는 내용을 서술하시오.

03 **정답**
작품 제목에 사용된 'Darkness'는 다양한 의미를 암시한다. 콩고강 밀림 깊숙이까지 거슬러 올라간다는 점에서 물리적 어둠을, Kurtz를 비롯한 유럽인들이 아프리카인들에게 저지른 극악한 학대와 착취라는 점에서 문명의 어두운 이면을, 그리고 인간 내면에 잠재한 악의 가능성이라는 점에서 내면의 어둠을 암시한다. 이처럼 이 작품의 제목은 다양한 암시와 의미를 지니고 있다.

04 *Heart of Darkness*에서 작품 전반에 나타나는 색의 대조, 즉 흰색과 검은색의 대조에 대한 의미를 서술하시오.

04 **정답**
*Heart of Darkness*에서 흰색은 문명과 개화, 검은색은 비문명과 원시를 의미하고 있다. 그러나 이 의미뿐만 아니라 '현실과 허상', '이성과 비이성'의 의미로도 볼 수 있으며, 무엇보다도 작가가 이분법적인 대조로 의미를 고정하지 않고, 두 의미의 전복을 보여주며 해석의 복잡함과 결론의 모호함을 나타낸다.

# 제3장 | D. H. Lawrence
## - *Sons and Lovers*

### | 단원 개요 |

Lawrence는 20세기 영국의 대표적 소설가로 평가되면서도 당대의 모더니즘과는 다른 경향의 작품을 썼다. 그의 작품은 19세기 사실주의 소설의 맥을 이어받았으나 인간 심층의 탐구를 현대 문명의 흐름과 연관 짓는 실험적 언어와 예리한 심리묘사 등을 보면 그를 전통적 작가로 한정 짓기 어렵다. 이러한 점에서 그의 특이한 위상을 발견하게 된다.

### | 출제 경향 및 수험 대책 |

이 작품은 Paul Morel의 성장을 그리면서 당대 사회에 대한 작가의 관찰과 문제의식을 고스란히 담고 있다. 특히 이 작품에서 치밀하게 묘사된 모자간의 특별한 애착 관계는 오이디푸스 콤플렉스에 대한 문학적 탐색의 탁월한 예로 받아들여지기도 한다. 이는 공동체적 토대가 희박해지면서 폐쇄적 가족 관계의 중압감이 가중됨을 그린 부분이다. Paul이 처한 곤경은 특수한 심리 증상이 아닌 현대 세계에서 진정한 자아를 찾는 과정임을 주목하고 작품 분석을 할 필요가 있다.

## 제1절 작가의 생애[1]

D. H. 로렌스(D. H. Lawrence, 1885~1930)는 영국 중부의 노팅엄셔(Nottinghamshire)의 이스트우드(Eastwood)에서 광부인 아버지와 교사로 지낸 어머니 사이에서 태어났다. 영문학사에서 Lawrence처럼 노동계급 출신으로 대작가의 반열에 오른 경우는 매우 드문데, 이런 배경이 그에 대한 온당한 평가를 가로막는 요인이 되기도 하였다. Lawrence가 뛰어나고 특이한 작가임을 인정하는 경우라 하더라도 당대에는 그의 작품 세계의 진정한 탁월성을 쉽게 인정하려 들지 않는 경향이 있었다. Lawrence의 아버지 Arthur는 무식하지만 육체적 건강과 본능적 활기를 지닌 사람이었고, 어머니인 Lydia는 청교도적 성향을 지녔으며 자식들을 노동계급에서 벗어나게 하려고 노력한 인물이었다. 공동체의 전통이 살아 숨 쉬는 탄광촌에서 자연스럽게 받아들여지던 생활 방식이 Lydia에게는 벗어나야 할 질곡으로 다가왔고 남편의 무절제한 생활과 술주정은 도덕적 타락으로만 보였다. 부모 사이의 이러한 정신적 갈등은 그의 초기 대표작인 *Sons and Lovers*(1913)에서 자세하게 묘사된다. 재능을 가진 병약한 아들에 대한 Lydia의 애정은 절대적이었고 Lawrence는 어머니의 바람을 실현하기 위해 노력하며 성장하였다.

Lawrence는 대학 진학 전후부터 습작에 열성을 기울였는데, 그의 작품들이 『잉글리시 리뷰』에 실리면서 유망한 청년 작가로 주목받았다. 그는 University College Nottingham을 장학생으로 졸업한 후 크로이든에서 교사 생활을 하였다. 이 무렵 그는 대학 시절에 프랑스어를 배운 Weekly 교수의 집을 방문하였고, 그의 아내 Frieda와 운명적 만남을 갖게 된다. Frieda는 독일 귀족 집안의 딸로서 인습에 구애받지 않는 자유분방한 여성이었다. Frieda는 남편과 이혼한 후 Lawrence와 결혼하였는데, 그녀는 Lawrence 작품의 풍부한 원천이었고 그녀와의 관계에서 오는 충만함과 갈등은 남녀 관계가 현대사회의 방향과 어떻게 맞물리는지를 탐구하는 Lawrence 작품의 배경이자 소재였다.

---

[1] 윤희수, 『영미문학의 길잡이』, 부경대학교출판부, 2013.

제1차 세계대전은 Lawrence의 일생에 결정적인 사건이 되었다. 그는 이 사건이 서구의 문명과 사상이 근본적으로 한계에 다다랐음을 나타낸다고 보았다. 그는 이 전쟁을 계기로 영국을 떠나 이탈리아, 오스트레일리아, 미국, 멕시코 등 각지를 다녔다. 말년에 Lawrence는 영국으로 돌아와 *Lady Chatterley's Lover*(1928)를 집필하였고 산업사회가 어떻게 인간성을 파괴하고 남녀 간의 따뜻한 교류를 가로막는지, 그리고 이에 맞선 두 주인공의 사랑이 어떻게 전개되는지를 사실주의적 필치로 그려내었다. Lawrence는 1930년 지병인 폐결핵으로 프랑스의 요양원에서 생을 마감하였다.

## 제2절 작품 세계

### 1 작품 세계

Lawrence는 소설의 기법 면에서 새로운 가능성을 탐색하기보다는 내용 면에서 혁신적인 것을 시도한 작가이다. 그의 작품은 기존의 사회질서와 양식에 대한 저항을 담고 있다. Lawrence는 당대의 영국 사회가 생명력이 결여되어서 진정한 인간적 욕구가 제대로 발현되지 못한다고 보았다. 더욱 뚜렷해진 계급 간 갈등은 개인의 진정한 삶과 관계 형성을 파괴했고, 산업화와 기계화로 인한 변화가 개인의 삶을 획일화한다고 보았다. Lawrence는 당대 사회가 개인의 자연스럽고 소박한 감정이나 열망의 발현을 억압한다고 판단하고, 자신의 작품에서 더 개인적이고 주관적인 세계를 서술하는 데 중점을 두었다. 그는 사회의 억압에서 탈피하고 근원으로 돌아갈 것을 주장하였는데, 이것을 '생명주의 원시 복귀의 사상'이라고 한다.

Lawrence가 당대의 모더니스트 작가들과 다른 점은, 그들의 작품에서 흔히 나타나는 '작가의 소멸' 현상이 그의 작품에서는 두드러지지 않는다는 것이다. 그는 작품 속에 자신의 개성을 뚜렷이 드러내며, 전지적 작가 시점을 통해 올바른 인간관계나 남녀 관계의 새로운 정립 같은 메시지를 직접적으로 전달한다.

### 2 주요 작품

(1) *Sons and Lovers*(1913)

자서전적인 작품으로 광부인 아버지와 중류 계급 출신인 어머니의 갈등을 다룬다. 어머니는 아버지를 체념하고 자식들에게 사랑을 집중한다. 어머니와 아들 간의 오이디푸스 콤플렉스를 묘사한 작품이다.

(2) *The Rainbow*(1915)

영국 Brangwen 가문의 3대에 걸친 개인의 자아 탐색과 성적 · 정신적 해방, 그리고 사회적 변화를 다룬 장편 소설이다.

### (3) *Women in Love*(1920)

*The Rainbow*의 속편으로, 성(性)·인간관계·존재론적 위기를 주제로 한다. *The Rainbow*에 등장했던 Ursula와 그녀의 여동생 Gudrun의 성숙한 삶과 사랑을 중심으로 이야기가 전개된다.

### (4) *Lady Chatterley's Lover*(1928)

Lawrence의 작품 중에서도 가장 논쟁적이고 금기적이었던 소설로, 성(性)·계급·인간의 본능적 욕망을 대담하고 직접적으로 다룬 작품이다.

## 3 *Sons and Lovers*의 특징

### (1) 자전적 소설(autobiographical novel)

이 작품은 Lawrence의 자전적 소설로, 주인공 Paul Morel의 삶은 Lawrence의 가정환경과 사춘기, 청년기 등을 반영하고 있다. 광부였던 Lawrence의 아버지와 중류 계급 출신인 어머니의 계급 차이에서 오는 지속적인 불화가 작품 속 Morel 부부의 모습으로 투영된다. 외과 의료기구 제조상에서 일하는 Paul의 모습 또한 Lawrence의 경험을 드러낸다. 제목의 '아들들'(Sons)은 Mrs. Morel의 입장에서 두 아들 William과 Paul을 의미한다. 남편에 대한 애정이 식어버린 상태에서 그녀는 아들들에게 모든 사랑과 정성을 쏟는다. 또한 주인공 Paul이 성장하면서 만난 그의 '연인들'(Lovers)인 Miriam Leivers, Clara Dawes와 어머니 Mrs. Morel과의 관계가 작품에서 그려진다.

### (2) 오이디푸스 콤플렉스(Oedipus Complex)

오이디푸스 콤플렉스(Oedipus Complex)는 Sigmund Freud의 이론으로, 유년기의 남자아이가 어머니와 애착 관계를 형성하면서 어머니의 파트너인 아버지에게 경쟁의식을 느끼고 적대적인 감정을 가지는 것을 의미한다. Freud는 아버지를 죽이고 어머니와 결혼한 오이디푸스 왕의 비극이 남자의 성적·정신적 발달단계의 한 시기와 일치한다고 보았다. 그리고 Freud는 오이디푸스 왕과 같은 수많은 서양의 고전(예 햄릿)이 이러한 인간의 성적·정신적 발달단계의 존재를 보여준다고 믿었다.

이 작품에서 주인공의 어머니인 Gertrude Morel은 첫째 아들 William, 둘째 아들 Paul과 마치 '연인'처럼 가까운 사이를 유지한다. 이러한 어머니와 아들의 관계는 Freud의 정신분석학 이론인 '오이디푸스 콤플렉스'로 해석할 수 있다. 작품에서 아내가 난폭한 남편에게 애정을 느끼지 못하고 억압된 애정이 아들에게로 가서 연인의 모습을 보인다거나, 그 아들이 자라서 애인이 생겨도 아들은 어머니와 애인 사이에서 정신적으로 분열하면서 관계가 자연스럽지 못한 모습을 보인다.

## 제3절 Sons and Lovers의 줄거리

Mrs. Morel은 광부인 남편 Walter Morel과 결혼한 지 8년째 되었고, Bottoms라는 탄광 지역에서 살고 있다. 그녀는 일곱 살 William과 다섯 살 Annie를 자녀로 두고 있으며, 셋째 아이를 임신 중이다. 결혼 전 그녀의 이름은 Gertrude Coppard로, 자존심이 강한 여성이었고 한때 사립학교에서 조교로 일한 적이 있었다. 그녀는 23살 때 크리스마스 파티에서 지금의 남편 Morel을 처음 만났는데, 엄격한 금욕주의자였던 자신의 아버지 George Coppard와는 다른 Morel에게 호감을 갖게 되었다. 그녀 또한 아버지처럼 엄격한 청교도였지만, Morel의 육감적인 매력에 끌려 그와 결혼하게 되었다.

Mrs. Morel은 결혼 후 몇 개월 동안은 행복했지만, 집안일에 무관심하고 술을 좋아하는 남편과의 관계는 점차 멀어졌다. 그녀의 사랑은 자식들에게로 향했고, 남편과의 갈등은 점점 깊어진다. 그녀는 남편에게 책임과 도리를 강조하지만, Walter Morel은 단순하고 본능적인 사람이다. 그는 자식들에게 화도 잘 내고 때때로 폭력도 저지른다. 술에 취한 채로 집에 돌아와 고함을 지르는 횟수도 더욱 많아졌다.

아이들이 성장하고 그녀는 시간을 내어 부인 조합에 가입하였다. 첫째 아들 William은 13살 때 어머니의 주선으로 조합 사무소에서 일을 하게 된다. 그 후 노팅엄에서 잠시 일하다가, 런던에 조건이 좋은 직장을 얻게 되면서 그는 20살에 부모의 곁을 떠난다. 첫째 아들이 떠난 후, Mrs. Morel은 둘째 아들 Paul에게 더욱 애정을 갖고 대한다. William은 런던에서 자신이 사귀고 있는 여성인 Lily Western에 대한 소식을 어머니에게 알린다. Paul은 노팅엄에 있는 Thomas Jordon의 외과 의료기구 제조상에서 일을 하며 아버지를 대신하여 집안의 경제적인 도움을 어머니에게 주고 있다. 이후 William이 약혼녀를 데리고 집에 찾아온다. Mrs. Morel은 상류사회 출신의 모습을 지닌 Lily Western을 좋아하지 않지만, William은 어머니의 반대에도 불구하고 결혼 의사를 밝힌다. 그러나 폐렴을 앓던 William이 갑자기 젊은 나이에 죽게 된다.

한편, Paul은 어머니와 지인 관계인 Mr. Leivers의 농장 Willey Farm에 초대받아 방문한다. Paul은 이곳에서 Leivers 부부의 환대를 받으며 그들 부부의 자녀들과 친해지는데, Miriam이라는 수줍음 많고 순수해 보이는 소녀와 사귀게 된다. Paul은 여러 번 Willey Farm을 방문하고, 이제 막 16살 정도 된 어린 Miriam에게 수학과 프랑스어를 가르쳐 주며 지속적으로 만난다. 또한, 그는 노팅엄의 직장에 다니면서도 그림 공부에 심취하여 전람회에서 일등상을 수상하기도 한다.

Paul은 Miriam과 사귀면서 사랑을 표현하려 하나, 사랑을 느끼려 할 때 묘하게도 그녀에게서 육체를 거부하는 듯한 순결하면서 성스러운 성모마리아 같은 느낌을 받고, 그의 열정은 차갑게 식는 것 같다. 그 와중에 Mrs. Morel은 Paul이 Miriam에게 점점 더 빠져들자 박탈감과 소외감을 느낀다. Paul은 자신이 Miriam을 사귀는 것을 어머니가 못마땅해 하고 심하게 반대를 하자, 모자간에 긴장감이 조성된다. Paul은 Miriam과의 만남에서 육체적인 욕망과 순결한 영혼 사이에서 갈등하고, 어머니의 반대에 고민하던 중 Miriam의 소개로 기혼이지만 남편과 별거 중인 Clara Dawes를 만나게 된다. 그녀의 남편 Baxter Dawes는 Paul의 직장에서 일하고 있는 사람이고, Clara는 Mrs. Leivers의 옛 친구의 딸이다. Paul은 Miriam과의 사랑이 육체가 배제된 정신적인 사랑을 강요하고 있다고 느낀다. 그래서 그는 Miriam에게 헤어지는 것이 좋겠다고 말하며, 친구 사이로 남기를 바란다고 전한다. 이러한 상황에서 Miriam이 Willey Farm에 Clara를 초대하였을 때, Paul은 육감적이고 관능적인 매력을 지닌 Clara에게 끌린다. 이후 점차적으로 Paul과 Clara는 자주 만난다.

Paul이 Clara라는 기혼 여성과 사귀고 있다는 사실을 알게 된 Mrs. Morel은, Miriam 때처럼 강하게 반대하지는 않지만 더 나은 환경의 여성과 사귀기를 권유한다. 그러나 Paul은 Miriam과의 사랑이 육체를 억압하고 정신만을 강요한다고 느낀 반면, Clara를 만날 때는 육체가 불타오르는 것을 느낀다. 그는 Clara와의 육체적이고 관능적인 관계에 탐닉한다. 하지만 그와 Clara의 사랑이 육체적으로 열정적이었던 만큼 그의 공허감은 더욱 커져가고, 그녀가 그에게서 차지하는 의미에 대해 회의감을 느끼게 된다.

어느 날 Paul은 술집에서 Clara의 남편 Baxter를 우연히 만나고, Baxter가 욕설을 퍼붓자 싸움을 벌이기도 하고, Clara를 만나고 가는 도중에 난투극을 벌여 Baxter를 흠씬 패주고 자신 또한 피투성이가 되기도 한다. 그사이에 아들에 대한 사랑이 지극했던 Mrs. Morel의 병이 깊어진다. Paul은 암으로 죽어가는 어머니에게 모르핀을 과다 투여해서 안락사시킨다. Baxter가 장티푸스로 병원에 입원하고 있다는 얘기를 들은 Paul은 이상한 연민을 느껴 그를 찾아가 위로하고, 본처인 Clara에게도 이 사실을 말한다. 이것을 계기로 Baxter와 Clara는 재결합하게 된다. 어머니의 죽음으로 외톨이가 된 Paul은 Miriam에게도, Clara에게도 안주하지 못한 채 어둠 속에서 고독하게 살아간다.

## 제4절 작품의 주제

### 1 사랑과 갈등, 자아[2]

Lawrence는 자신의 경험을 바탕으로, Paul을 중심으로 한 Mrs. Morel과 Miriam 사이의 사랑과 갈등을 그리면서 현대 청년의 비극적인 정신생활을 묘사하며 사실적인 필치로 구성하였다. 작가는 Paul Morel의 성장사를 그리면서 작가의 당대 사회에 대한 관찰과 문제의식을 고스란히 내비친다. 특히 이 작품에서 묘사된 모자간의 특별한 애착관계는 오이디푸스의 문학적 탐색의 탁월한 예로 받아들여진다. Paul은 어머니의 삶을 자신의 것과 동일시 한 결과 이성과의 원만한 관계 수립에 어려움을 겪는다. 이 과정은 공동체적 토대가 점차 희박해져가는 가운데 폐쇄적 가족 관계(이 작품에서는 모자 관계)의 중압감이 한층 더 가중되는 현상을 반영한다. 이 작품에서 Paul이 처한 곤경은 한 젊은이가 겪는 특수한 상황에 그치지 않고 현대 세계에서 진정한 자아를 찾는 과정이란 그 세계에 대한 전면적인 대응을 수반할 수밖에 없는 것임을 암시한다.

### 2 문명과 자연

Lawrence는 자본주의나 산업혁명, 공업화 및 이성중심주의에 거부감을 지니고 있었다. 그는 이 작품의 배경을 영국의 공업지대인 노팅엄셔를 중심으로 공업화에 의해 잠식되어 가는 자연의 모습으로 그린다. 그는 자연의 생명력이 공업화와 도시화를 통해 파괴되고, 인간의 삶 역시 피폐해지는 모습을 작품에서 보여준다. 또한 자본주의로 인한 당대 계급 간의 갈등과 인간성의 파괴 등의 내용을 다루고 있다.

---

[2] 윤희수, 『영미문학의 길잡이』, 부경대학교출판부, 2013.

### 3 성(性)에 대한 현대적 견해

Lawrence는 19세기 영국 빅토리아 시대의 가치관과 이상을 맹목적으로 따르지 않았다. 그는 당시 금기로 간주되는 성(性)을 문학의 소재로 삼아, 인간에 대한 원초적인 이해를 바탕으로 전통적인 도덕관에서 벗어나 인간의 사랑과 욕망에 대한 현대적 차원의 관점을 찾고자 하였다. Lawrence는 성(性)을 생명력 있는 삶을 살게 하는 원동력으로 표현한다. 주인공 Paul이 정신적 사랑과 육체적 사랑이 결합된 여인을 찾는 과정에서 빅토리아 시대의 여성들에게 보편적이던 억눌린 성(性)을 표면에 드러냈다.

## 제5절 등장인물

### 1 Gertrude Morel(Mrs. Morel)

Paul의 어머니이다. 작품의 중심인물 중 한 명으로, 지적이고 강한 자존심을 가지고 있다. 이에 따라 단호하기도 하며, 자신의 의지를 굽히지 않는 모습을 보인다. 성격이 급하고 감정적인 남편에게 실망하고, 자신의 두 아들이 재능을 발휘하여 광산촌을 벗어나길 원한다. 그녀의 모성은 아들의 성숙과 자아확립을 방해하는 폐쇄적이고 왜곡된 애정으로 나타난다.

### 2 Walter Morel(Mr. Morel)

Paul의 아버지이다. 광부이며 성격이 급한 인물이다. 파티에서 뛰어난 춤 실력으로 Mrs. Morel을 유혹해 결혼에 성공하나, 광부이고 노동계급에 속하기에 부인과 지적인 면에서 차이를 보인다. 또한, 낙천적이고 성실하여 동료들 사이에서 인기가 있다. 동료들과 자주 술집에 가며 술을 좋아한다. 한편, 무절제함과 성격 차이 때문에 결혼 생활에서 아내와 불화를 겪으며, 점차 가족들에게 소외된다.

### 3 William Morel(장남)

자신을 연인처럼 여기는 어머니의 사랑을 받으며 성장하였지만, 런던(London)에 조건이 좋은 직장을 구하고 집을 떠난다. 런던에서 Lily Western이라는 상류층 여인과 약혼하고 그녀를 집에 데리고 오지만, 그의 어머니는 그녀를 마음에 들어 하지 않는다. 어머니와 연인 사이에서 자신이 처해 있던 가치관의 분열적인 상황, 즉 한 성인 남성으로서의 자아와 어머니에게서 강요받은 가치관 사이에서 독립적인 판단을 내리지 못하다가 어느 날 갑자기 죽고 만다.

### 4 Paul Morel(차남)

작품의 주인공이다. 이 작품은 자서전적인 소설로, 작가 자신의 모습이 어느 정도 반영되어 있다. Paul은 어머니와 연인의 사랑 사이에서 안정을 제대로 찾지 못하는 모습을 보인다. 예술적 감성과 상상력이 풍부한 Paul은 사려 깊고 경건한 신앙심을 가진 Miriam Leivers와 사귀지만, 그녀와 대조적으로 육감적이며 매혹적인 유부녀 Clara Dawes와도 열정적인 사랑을 한다. 그러나 그는 이 두 여성 모두로부터 충만감을 얻지 못한다. 그는 병으로 고통스러워하는 어머니를 어쩔 수 없이 모르핀 과다복용으로 안락사시키고, 그 이후에도 여전히 어머니의 영혼이 살아 있다고 생각한다. 어머니의 죽음으로 좌절하지만, 마음을 다지며 현재의 삶을 살아가고자 한다.

### 5 Miriam Leivers

Paul의 첫사랑이다. 수줍어하고 헌신적이며, 깊은 신앙심을 가지고 있다. 육체가 배제된 정신적인 면을 나타내는 인물이다. Paul과 Miriam은 오랫동안 교제하지만, Paul이 Miriam과는 자신과 어머니의 관계와 같은 깊은 사랑을 할 수 없다고 느끼며 그녀에게 청혼하지 않는다. 두 사람이 헤어진 결정적인 원인은 Mrs. Morel이 아들이자 연인인 Paul을 Miriam에게 빼앗길 수도 있다는 두려움으로 인해 두 사람 사이에 개입했기 때문이다.

### 6 Clara Dawes

Paul의 두 번째 사랑이다. Clara는 친구인 Miriam과는 대조적으로 육감적인 매력을 가지고 있으며, 본능에 충실한 유부녀이다. 남편 Baxter Dawes와 별거 중에 Paul과 연인이 되지만, 후에 Clara는 Baxter와 재결합한다.

### 7 Baxter Dawes

Clara Dawes의 남편이다. Clara와 별거 상태이지만, Paul이 그녀와 사귀자 Paul에게 적대심을 보이며 격렬하게 싸운다. 그러나 Baxter가 병원에서 앓아누워 있는 동안, Paul은 그에게 동정의 손길을 내민다. 그로 인해 Baxter도 Paul에게 마음의 문을 열고, 두 사람은 친구가 된다.

## 8 기타 등장인물

(1) Arthur(막내아들)

(2) Lily Western(William의 연인)

(3) Miriam의 형제들 – Edgar, Agatha, Geoffrey, Maurice


## 제6절 작품의 구조와 시점 및 기법

### 1 구조

전체 15장(Chapter)으로 구성되어 있고, 플롯은 시간 순서(chronological order)로 진행된다.

(1) PART ONE(제1부)

- I. The Early Married Life of the Morels : Morel 부부의 신혼 생활
- II. The Birth of Paul, and Another Battle : Paul의 출생과 또 한 번의 싸움
- III. The Casting off of Morel — the Taking on of William : Morel 버리기와 William 택하기
- IV. The Young Life of Paul : Paul의 어린 시절
- V. Paul Launches into Life : Paul의 인생 출발
- VI. Death in the Family : 가족의 죽음

(2) PART TWO(제2부)

- VII. Lad-and-Girl Love : 소년과 소녀의 사랑
- VIII. Strife in Love : 사랑의 갈등
- IX. Defeat of Miriam : Miriam의 패배
- X. Clara : Clara
- XI. The Test on Miriam : Miriam에게 닥친 시련
- XII. Passion : 열정
- XIII. Baxter Dawes : Baxter Dawes
- XIV. The Release : 해방
- XV. Derelict : 방랑자

## 2 시점

전지적 작가 시점(omniscient point of view)이 지배적이지만, Paul의 내면과 심리가 작품의 중심이다.

## 3 제목

*Sons and Lovers*의 처음 제목은 *Paul Morel*이었다.

## 4 문체

반복적인 말을 사용하고, 지방 사투리가 자주 나오며, 다양한 이미지를 사용한다.

## 제7절  *Sons and Lovers*의 일부

### CHAPTER I
### THE EARLY MARRIED LIFE OF THE MORELS

"The Bottoms"[3] succeeded to "Hell Row." Hell Row was a block of thatched,[4] bulging cottages that stood by the brookside on Greenhill Lane. There lived the colliers[5] who worked in the little gin-pits[6] two fields away. The brook[7] ran under the alder trees, scarcely soiled by these small mines, whose coal was drawn to the surface by donkeys that plodded wearily in a circle round a gin. And all over the countryside were these same pits, some of which had been worked in the time of Charles II, the few colliers and the donkeys burrowing[8] down like ants into the earth, making queer mounds and little black places among the corn-fields and the meadows.[9] And the cottages of these coalminers, in blocks and pairs here and there, together with odd farms and homes of the stockingers, straying over the parish, formed the village of Bestwood.

Then, some sixty years ago, a sudden change took place, gin-pits were elbowed aside by the large mines of

---

3) The Bottoms : 광부들이 살고 있는 동네
4) thatched : 짚으로 이은
5) colliers : 광부들
6) gin-pits : 탄광
7) brook : 개울
8) burrowing : 굴에서 살고 있는, 숨은
9) meadows : 목초지

the financiers. The coal and iron field of Nottinghamshire and Derbyshire was discovered. Carston, Waite and Co. appeared. Amid tremendous excitement, Lord Palmerston formally opened the company's first mine at Spinney Park, on the edge of Sherwood Forest.

About this time the notorious Hell Row, which through growing old had acquired an evil reputation, was burned down, and much dirt was cleansed away.

Carston, Waite & Co. found they had struck on a good thing, so, down the valleys of the brooks from Selby and Nuttall, new mines were sunk, until soon there were six pits working. From Nuttall, high up on the sandstone among the woods, the railway ran, past the ruined priory of the Carthusians and past Robin Hood's Well, down to Spinney Park, then on to Minton, a large mine among cornfields; from Minton across the farmlands of the valleyside to Bunker's Hill, branching off there, and running north to Beggarlee and Selby, that looks over at Crich and the hills of Derbyshire: six mines like black studs on the countryside, linked by a loop of fine chain, the railway.

To accommodate the regiments[10] of miners, Carston, Waite and Co. built the Squares, great quadrangles[11] of dwellings on the hillside of Bestwood, and then, in the brook valley, on the site of Hell Row, they erected the Bottoms.

The Bottoms consisted of six blocks of miners' dwellings, two rows of three, like the dots on a blank-six domino, and twelve houses in a block. This double row of dwellings sat at the foot of the rather sharp slope from Bestwood, and looked out, from the attic windows at least, on the slow climb of the valley towards Selby.

The houses themselves were substantial and very decent. One could walk all round, seeing little front gardens with auriculas and saxifrage in the shadow of the bottom block, sweet-williams and pinks in the sunny top block; seeing neat front windows, little porches,[12] little privet[13] hedges,[14] and dormer windows for the attics. But that was outside; that was the view on to the uninhabited parlours of all the colliers' wives. The dwelling-room, the kitchen, was at the back of the house, facing inward between the blocks, looking at a scrubby[15] back garden, and then at the ash-pits. And between the rows, between the long lines of ash-pits, went the alley, where the children played and the women gossiped and the men smoked. So, the actual conditions of living in the Bottoms, that was so well built and that looked so nice, were quite unsavoury[16] because people must live in the kitchen, and the kitchens opened on to that nasty alley of ash-pits.

Mrs. Morel was not anxious to move into the Bottoms, which was already twelve years old and on the downward path, when she descended to it from Bestwood. But it was the best she could do. Moreover, she had an end house in one of the top blocks, and thus had only one neighbour; on the other side an extra strip of

---

10) regiments : 연대, 다수, 큰 무리
11) quadrangles : 사각형, 사변형(특히 정사각형과 직사각형), 안뜰, 안뜰을 둘러싼 건물
12) porche : 현관
13) privet : 쥐똥나무
14) hedge : 산울타리(hedgerow), 울타리 모양의 것
15) scrubby : 관목이 우거진
16) unsavoury : 불쾌한

garden. And, having an end house, she enjoyed a kind of aristocracy among the other women of the "between" houses, because her rent was five shillings and sixpence instead of five shillings a week. But this superiority in station was not much consolation to Mrs. Morel.

She was thirty-one years old, and had been married eight years. A rather small woman, of delicate mould but resolute[17] bearing, she shrank a little from the first contact with the Bottoms women. She came down in the July, and in the September expected her third baby.

Her husband was a miner. They had only been in their new home three weeks when the wakes, or fair,[18] began. Morel, she knew, was sure to make a holiday of it. He went off early on the Monday morning, the day of the fair. The two children were highly excited. William, a boy of seven, fled off immediately after breakfast, to prowl[19] round the wakes ground, leaving Annie, who was only five, to whine[20] all morning to go also. Mrs. Morel did her work. She scarcely knew her neighbours yet, and knew no one with whom to trust the little girl. So she promised to take her to the wakes after dinner.

William appeared at half-past twelve. He was a very active lad, fair-haired, freckled,[21] with a touch of the Dane or Norwegian about him.

"Can I have my dinner, mother?" he cried, rushing in with his cap on. "'Cause it begins at half-past one, the man says so."

"You can have your dinner as soon as it's done," replied the mother.

"Isn't it done?" he cried, his blue eyes staring at her in indignation. "Then I'm goin' be-out it."

"You'll do nothing of the sort. It will be done in five minutes. It is only half-past twelve."

"They'll be beginnin'," the boy half cried, half shouted.

"You won't die if they do," said the mother. "Besides, it's only half-past twelve, so you've a full hour."

The lad began hastily to lay the table, and directly the three sat down. They were eating batter-pudding and jam, when the boy jumped off his chair and stood perfectly stiff. Some distance away could be heard the first small braying of a merry-go-round,[22] and the tooting[23] of a horn. His face quivered as he looked at his mother.

"I told you!" he said, running to the dresser for his cap.

"Take your pudding in your hand — and it's only five past one, so you were wrong — you haven't got your twopence," cried the mother in a breath.

The boy came back, bitterly disappointed, for his twopence, then went off without a word.

"I want to go, I want to go," said Annie, beginning to cry.

---

17) resolute : 굳게 결심한, 결연한
18) fair : 축제 마당
19) prowl : 배회하다
20) whine : 칭얼거리다, 푸념하다
21) freckled : 주근깨 있는
22) merry-go-round : 회전목마
23) tooting : 나팔·피리, 경적 등의 소리

"Well, and you shall go, whining, wizzening little stick!" said the mother. And later in the afternoon she trudged[24] up the hill under the tall hedge with her child. The hay was gathered from the fields, and cattle were turned on to the eddish.[25] It was warm, peaceful.

Mrs. Morel did not like the wakes. There were two sets of horses, one going by steam, one pulled round by a pony; three organs were grinding, and there came odd cracks of pistol-shots, fearful screeching of the coconut man's rattle, shouts of the Aunt Sally man, screeches[26] from the peepshow lady. The mother perceived her son gazing enraptured[27] outside the Lion Wallace booth, at the pictures of this famous lion that had killed a negro and maimed for life two white men. She left him alone, and went to get Annie a spin of toffee.[28] Presently the lad stood in front of her, wildly excited.

"You never said you was coming — isn't the' a lot of things? — that lion's killed three men — I've spent my tuppence — an' look here."

He pulled from his pocket two eggcups, with pink moss-roses on them.

"I got these from that stall where y'ave ter get them marbles in them holes. An' I got these two in two goes — 'aepenny a go — they've got moss-roses on, look here. I wanted these."

She knew he wanted them for her.

"H'm!" she said, pleased. "They *are* pretty!"

"Shall you carry 'em, 'cause I'm frightened o' breakin' 'em?"

He was tipful of excitement now she had come, led her about the ground, showed her everything. Then, at the peepshow, she explained the pictures, in a sort of story, to which he listened as if spellbound. He would not leave her. All the time he stuck close to her, bristling[29] with a small boy's pride of her. For no other woman looked such a lady as she did, in her little black bonnet and her cloak. She smiled when she saw women she knew. When she was tired she said to her son:

"Well, are you coming now, or later?"

"Are you goin' a'ready?" he cried, his face full of reproach.

"Already? It is past four, *I* know."

"What are you goin' a'ready for?" he lamented.[30]

"You needn't come if you don't want," she said.

And she went slowly away with her little girl, whilst her son stood watching her, cut to the heart to let her go, and yet unable to leave the wakes. As she crossed the open ground in front of the Moon and Stars she heard men shouting, and smelled the beer, and hurried a little, thinking her husband was probably in the bar.

---

24) trudged : 터덜터덜 걷다, 느릿느릿 걷다
25) eddish : 그루터기
26) screeches : '끼익'하는 소리
27) enraptured : 황홀한, 도취된
28) toffee : 토피 사탕
29) bristling : 곤두세우며, 초조하하며
30) lamented : 슬퍼했다

At about half-past six her son came home, tired now, rather pale, and somewhat wretched.[31] He was miserable, though he did not know it, because he had let her go alone. Since she had gone, he had not enjoyed his wakes.

"Has my dad been?" he asked.

"No," said the mother.

"He's helping to wait at the Moon and Stars. I seed him through that black tin stuff wi' holes in, on the window, wi' his sleeves rolled up."

"Ha!" exclaimed the mother shortly. "He's got no money. An' he'll be satisfied if he gets his 'lowance, whether they give him more or not."

When the light was fading, and Mrs. Morel could see no more to sew, she rose and went to the door. Everywhere was the sound of excitement, the restlessness of the holiday, that at last infected her. She went out into the side garden. Women were coming home from the wakes, the children hugging a white lamb with green legs, or a wooden horse. Occasionally a man lurched[32] past, almost as full as he could carry. Sometimes a good husband came along with his family, peacefully. But usually the women and children were alone. The stay-at-home mothers stood gossiping at the corners of the alley, as the twilight sank, folding their arms under their white aprons.

...

## CHAPTER XV[33]
## DERELICT[34]

Clara went with her husband to Sheffield, and Paul scarcely saw her again. Walter Morel seemed to have let all the trouble go over him,[35] and there he was, crawling about on the mud of it, just the same. There was scarcely any bond between father and son, save that each felt he must not let the other go in any actual want. As there was no one to keep on the home, and as they could neither of them bear the emptiness of the house, Paul took lodgings in Nottingham, and Morel went to live with a friendly family in Bestwood.

Everything seemed to have gone smash for the young man. He could not paint. The picture he finished on the day of his mother's death — one that satisfied him — was the last thing he did. At work there was no Clara. When he came home he could not take up his brushes again. There was nothing left.

---

31) wretched : 가련한
32) lurch : 비틀거리며 걷다
33) CHAPTER XV : 작품의 마지막 장. Paul은 어머니가 돌아가시고 삶에 대해서 고민한다. 어느 일요일 저녁 교회에서 Miriam을 만난다
34) derelict : 낙오자, 버림받은 사람, 부랑자
35) let all the trouble go over him : 온갖 고생을 다하다

So he was always in the town at one place or another, drinking, knocking about[36] with the men he knew. It really wearied him. He talked to barmaids, to almost any woman, but there was that dark, strained look in his eyes, as if he were hunting something.

Everything seemed so different, so unreal. There seemed no reason why people should go along the street, and houses pile up in the daylight. There seemed no reason why these things should occupy the space, instead of leaving it empty. His friends talked to him: he heard the sounds, and he answered. But why there should be the noise of speech he could not understand.

He was most himself when he was alone, or working hard and mechanically at the factory. In the latter case there was pure forgetfulness, when he lapsed from consciousness. But it had to come to an end. It hurt him so, that things had lost their reality. The first snowdrops[37] came. He saw the tiny drop-pearls among the grey. They would have given him the liveliest emotion at one time. Now they were there, but they did not seem to mean anything. In a few moments they would cease to occupy that place, and just the space would be, where they had been. Tall, brilliant tramcars ran along the street at night. It seemed almost a wonder they should trouble to rustle backwards and forwards. "Why trouble to go tilting[38] down to Trent Bridges?" he asked of the big trams. It seemed they just as well might *not* be as be.

The realest thing was the thick darkness at night. That seemed to him whole and comprehensible and restful. He could leave himself to it. Suddenly a piece of paper started near his feet and blew along down the pavement. He stood still, rigid, with clenched fists, a flame of agony going over him. And he saw again the sickroom, his mother, her eyes. Unconsciously he had been with her, in her company. The swift hop of the paper reminded him she was gone. But he had been with her. He wanted everything to stand still, so that he could be with her again.

The days passed, the weeks. But everything seemed to have fused, gone into a conglomerated[39] mass. He could not tell one day from another, one week from another, hardly one place from another. Nothing was distinct or distinguishable. Often he lost himself for an hour at a time, could not remember what he had done.

One evening he came home late to his lodging. The fire was burning low; everybody was in bed. He threw on some more coal, glanced at the table, and decided he wanted no supper. Then he sat down in the armchair. It was perfectly still. He did not know anything, yet he saw the dim smoke wavering up the chimney. Presently two mice came out, cautiously, nibbling the fallen crumbs. He watched them as it were from a long way off. The church clock struck two. Far away he could hear the sharp clinking of the trucks[40] on the railway. No, it was not they that were far away. They were there in their places. But where was he himself?

The time passed. The two mice, careering wildly,[41] scampered cheekily over his slippers. He had not

---

36) knocking about : 방황하며
37) snowdrop : 이른 봄에 피는 작은 흰 꽃
38) tilting : running
39) conglomerated : 둥글게 뭉쳐진
40) truck : 화물 열차
41) careering wildly : 정신없이 돌아다니다가

moved a muscle. He did not want to move. He was not thinking of anything. It was easier so. There was no wrench of knowing anything. Then, from time to time, some other consciousness, working mechanically, flashed into sharp phrases.

"What am I doing?"

And out of the semi-intoxicated trance came the answer:

"Destroying myself."

Then a dull, live feeling, gone in an instant, told him that it was wrong. After a while, suddenly came the question:

"Why wrong?"

Again there was no answer, but a stroke of hot stubbornness inside his chest resisted his own annihilation.[42]

There was a sound of a heavy cart clanking down the road. Suddenly the electric light went out; there was a bruising thud[43] in the penny-in-the-slot meter.[44] He did not stir, but sat gazing in front of him. Only the mice had scuttled, and the fire glowed red in the dark room.

Then, quite mechanically and more distinctly, the conversation began again inside him.

"She's dead. What was it all for — her struggle?"

That was his despair wanting to go after her.

"You're alive."

"She's not."

"She is — in you."

Suddenly he felt tired with the burden of it.

"You've got to keep alive for her sake," said his will in him.

Something felt sulky, as if it would not rouse.[45]

"You've got to carry forward her living, and what she had done, go on with it."

But he did not want to. He wanted to give up.

"But you can go on with your painting," said the will in him. "Or else you can beget children. They both carry on her effort."

"Painting is not living."

"Then live."

"Marry whom?" came the sulky question.

"As best you can."

"Miriam?"

But he did not trust that.

---

42) annihilation : destruction
43) thud : '퍽, 털썩, 쿵' 하는 소리
44) penny-in-the-slot meter : 자동 전력계
45) Something felt sulky, as if it would not rouse : 무언가 그를 샐쭉하게 했다. 마치 그러한 선동에 속아 넘어가지 않는다는 것처럼

He rose suddenly, went straight to bed. When he got inside his bedroom and closed the door, he stood with clenched[46] fist.

"Mater, my dear —" he began, with the whole force of his soul. Then he stopped. He would not say it. He would not admit that he wanted to die, to have done. He would not own that life had beaten him, or that death had beaten him. Going straight to bed, he slept at once, abandoning himself to the sleep.

So the weeks went on. Always alone, his soul oscillated, first on the side of death, then on the side of life, doggedly.[47] The real agony was that he had nowhere to go, nothing to do, nothing to say, and *was* nothing himself. Sometimes he ran down the streets as if he were mad: sometimes he was mad; things weren't there, things were there. It made him pant. Sometimes he stood before the bar of the public-house where he called for a drink. Everything suddenly stood back away from him. He saw the face of the barmaid, the gobbling[48] drinkers, his own glass on the slopped, mahogany board, in the distance. There was something between him and them. He could not get into touch. He did not want them; he did not want his drink. Turning abruptly, he went out. On the threshold he stood and looked at the lighted street. But he was not of it or in it. Something separated him. Everything went on there below those lamps, shut away from him. He could not get at them. He felt he couldn't touch the lampposts, not if he reached. Where could he go? There was nowhere to go, neither back into the inn, or forward anywhere. He felt stifled. There was nowhere for him. The stress grew inside him; he felt he should smash.

"I mustn't," he said; and, turning blindly, he went in and drank. Sometimes the drink did him good; sometimes it made him worse. He ran down the road. Forever restless, he went here, there, everywhere. He determined to work. But when he had made six strokes, he loathed[49] the pencil violently, got up, and went away, hurried off to a club where he could play cards or billiards, to a place where he could flirt with a barmaid who was no more to him than the brass pump-handle she drew.

He was very thin and lantern-jawed.[50] He dared not meet his own eyes in the mirror; he never looked at himself. He wanted to get away from himself, but there was nothing to get hold of. In despair he thought of Miriam. Perhaps — perhaps —?

Then, happening to go into the Unitarian Church[51] one Sunday evening, when they stood up to sing the second hymn he saw her before him. The light glistened on her lower lip as she sang. She looked as if she had got something, at any rate: some hope in heaven, if not in earth. Her comfort and her life seemed in the afterworld. A warm, strong feeling for her came up. She seemed to yearn, as she sang, for the mystery and comfort. He put his hope in her. He longed for the sermon to be over, to speak to her.

The throng carried her out just before him. He could nearly touch her. She did not know he was there. He

---

46) clenched : (손·주먹 따위를) 꽉 쥐고
47) doggedly : 끈질기게, 완고하게
48) gobbling : 지껄이고 있는
49) loathed : 몹시 싫어했다, 질색했다
50) lantern-jawed : 턱이 홀쭉한
51) Unitarian Church : 유니테리언 교회

saw the brown, humble nape of her neck under its black curls. He would leave himself to her. She was better and bigger than he. He would depend on her.

She went wandering, in her blind way, through the little throngs of people outside the church. She always looked so lost and out of place[52] among people. He went forward and put his hand on her arm. She started violently. Her great brown eyes dilated in fear, then went questioning at the sight of him. He shrank slightly from her.

"I didn't know —" she faltered.

"Nor I," he said.

He looked away. His sudden, flaring hope sank again.

"What are you doing in town?" he asked.

"I'm staying at Cousin Anne's."

"Ha! For long?"

"No; only till tomorrow."

"Must you go straight home?"

She looked at him, then hid her face under her hat-brim.

"No," she said — "no; it's not necessary."

He turned away, and she went with him. They threaded through the throng of church people. The organ was still sounding in St. Mary's. Dark figures came through the lighted doors; people were coming down the steps. The large coloured windows glowed up in the night. The church was like a great lantern suspended.[53] They went down Hollow Stone, and he took the car for the Bridges.

"You will just have supper with me," he said: "then I'll bring you back."

"Very well," she replied, low and husky.

They scarcely spoke while they were on the car. The Trent ran dark and full under the bridge. Away towards Colwick all was black night. He lived down Holme Road, on the naked edge of the town, facing across the river meadows towards Sneinton Hermitage and the steep scrap of Colwick Wood. The floods were out. The silent water and the darkness spread away on their left. Almost afraid, they hurried along by the houses.

Supper was laid. He swung the curtain over the window. There was a bowl of freesias[54] and scarlet anemones on the table. She bent to them. Still touching them with her fingertips, she looked up at him, saying:

"Aren't they beautiful?"

"Yes," he said. "What will you drink — coffee?"

"I should like it," she said.

---

52) out of place : 어울리지 않는
53) suspended : 매달린
54) freesias : 프리지아 꽃

"Then excuse me a moment."

He went out to the kitchen.

Miriam took off her things and looked round. It was a bare, severe[55] room. Her photo, Clara's, Annie's, were on the wall. She looked on the drawing-board to see what he was doing. There were only a few meaningless lines. She looked to see what books he was reading. Evidently just an ordinary novel. The letters in the rack she saw were from Annie, Arthur, and from some man or other she did not know. Everything he had touched, everything that was in the least personal to him, she examined with lingering absorption.[56] He had been gone from her for so long, she wanted to rediscover him, his position, what he was now. But there was not much in the room to help her. It only made her feel rather sad, it was so hard and comfortless.

She was curiously examining a sketchbook when he returned with the coffee.

"There's nothing new in it," he said, "and nothing very interesting."

He put down the tray, and went to look over her shoulder. She turned the pages slowly, intent on examining everything.

"H'm!" he said, as she paused at a sketch. "I'd forgotten that. It's not bad, is it?"

"No," she said. "I don't quite understand it."

He took the book from her and went through it. Again he made a curious sound of surprise and pleasure.

"There's some not bad stuff in there," he said.

"Not at all bad," she answered gravely.

He felt again her interest in his work. Or was it for himself? Why was she always most interested in him as he appeared in his work?

They sat down to supper.

"By the way," he said, "didn't I hear something about your earning your own living?"

"Yes," she replied, bowing her dark head over her cup. "And what of it?"[57]

"I'm merely going to the farming college at Broughton for three months, and I shall probably be kept on as a teacher there."

"I say — that sounds all right for you! You always wanted to be independent."

"Yes."

"Why didn't you tell me?"

"I only knew last week."

"But I heard a month ago," he said.

"Yes; but nothing was settled then."

"I should have thought," he said, "you'd have told me you were trying."

She ate her food in the deliberate, constrained way, almost as if she recoiled a little from doing anything so

---

55) severe : 엄숙한; 수수한(plain), 간결한
56) with lingering absorption : 오랫동안 꼼꼼하게
57) what of it? : 어떤 일이지?

publicly, that he knew so well.

"I suppose you're glad," he said.

"Very glad."

"Yes — it will be something."[58]

He was rather disappointed.

"I think it will be a great deal," she said, almost haughtily,[59] resentfully.

He laughed shortly.

"Why do you think it won't?" she asked.

"Oh, I don't think it won't be a great deal. Only you'll find earning your own living isn't everything."

"No," she said, swallowing with difficulty; "I don't suppose it is."

"I suppose work *can* be nearly everything to a man," he said, "though it isn't to me. But a woman only works with a part of herself. The real and vital part is covered up."

"But a man can give *all* himself to work?" she asked.

"Yes, practically."

"And a woman only the unimportant part of herself?"

"That's it."

She looked up at him, and her eyes dilated with anger.

"Then," she said, "if it's true, it's a great shame."

"It is. But I don't know everything," he answered.

After supper they drew up to the fire. He swung her a chair facing him, and they sat down. She was wearing a dress of dark claret colour, that suited her dark complexion and her large features. Still, the curls were fine and free, but her face was much older, the brown throat much thinner. She seemed old to him, older than Clara. Her bloom of youth had quickly gone. A sort of stiffness, almost of woodenness, had come upon her. She meditated a little while, then looked at him.

"And how are things with you?" she asked.

"About all right," he answered.

She looked at him, waiting.

"Nay," she said, very low.

Her brown, nervous hands were clasped over her knee. They had still the lack of confidence or repose, the almost hysterical look. He winced as he saw them. Then he laughed mirthlessly.[60] She put her fingers between her lips. His slim, black, tortured body lay quite still in the chair. She suddenly took her finger from her mouth and looked at him.

"And you have broken off with Clara?"

---

58) something : 의미 있는 일
59) haughtily : 오만하게, 도도하게
60) mirthlessly : 즐겁지 않게, 우울하게, 서글프게

"Yes."

His body lay like an abandoned thing, strewn[61] in the chair.

"You know," she said, "I think we ought to be married."

He opened his eyes for the first time since many months, and attended to her with respect.

"Why?" he said.

"See," she said, "how you waste yourself! You might be ill, you might die, and I never know — be no more then than if I had never known you."[62]

"And if we married?" he asked.

"At any rate, I could prevent you wasting yourself and being a prey to other women — like — like Clara."

"A prey?" he repeated, smiling.

She bowed her head in silence. He lay feeling his despair come up again.

"I'm not sure," he said slowly, "that marriage would be much good."

"I only think of you," she replied.

"I know you do. But — you love me so much, you want to put me in your pocket. And I should die there smothered."

She bent her head, put her fingers between her lips, while the bitterness surged up in her heart.

"And what will you do otherwise?" she asked.

"I don't know — go on, I suppose. Perhaps I shall soon go abroad."

The despairing doggedness[63] in his tone made her go on her knees[64] on the rug before the fire, very near to him. There she crouched as if she were crushed by something, and could not raise her head. His hands lay quite inert[65] on the arms of his chair. She was aware of them. She felt that now he lay at her mercy. If she could rise, take him, put her arms round him, and say, "You are mine," then he would leave himself to her. But dare she? She could easily sacrifice herself. But dare she assert herself? She was aware of his dark-clothed, slender body, that seemed one stroke of life, sprawled in the chair close to her.[66] But no; she dared not put her arms round it, take it up, and say, "It is mine, this body. Leave it to me." And she wanted to. It called to all her woman's instinct. But she crouched, and dared not. She was afraid he would not let her. She was afraid it was too much. It lay there, his body, abandoned. She knew she ought to take it up and claim it, and claim every right to it. But — could she do it? Her impotence before him, before the strong demand of some unknown thing in him, was her extremity. Her hands fluttered; she half-lifted her head. Her eyes, shuddering, appealing, gone, almost distracted, pleaded to him suddenly. His heart caught with pity. He took her hands, drew her to him, and comforted her.

---

61) strewn : 아무렇게나 널린, 흩뿌려진
62) be no more then than if I had never known you : 당신은 나에게 전혀 몰랐던 사람이 될 거 아니에요
63) doggedness : 완강함, 집요함
64) go on her knees : 무릎을 꿇다
65) inert : 기력이 없는, 비활성의
66) one stroke of life, sprawled in the chair close to her : 바로 옆 의자에 기대 앉아 있는 한 줄기의 생명

"Will you have me, to marry me?" he said very low.

Oh, why did not he take her? Her very soul belonged to him. Why would he not take what was his? She had borne so long the cruelty of belonging to him and not being claimed by him. Now he was straining her again. It was too much for her. She drew back her head, held his face between her hands, and looked him in the eyes. No, he was hard. He wanted something else. She pleaded to him with all her love not to make it *her* choice. She could not cope with it, with him, she knew not with what. But it strained her till she felt she would break.

"Do you want it?" she asked, very gravely.

"Not much," he replied, with pain.

She turned her face aside; then, raising herself with dignity, she took his head to her bosom, and rocked him softly. She was not to have him, then! So she could comfort him. She put her fingers through his hair. For her, the anguished sweetness of self-sacrifice. For him, the hate and misery of another failure. He could not bear it — that breast which was warm and which cradled him without taking the burden of him. So much he wanted to rest on her that the feint of rest only tortured him. He drew away.

"And without marriage we can do nothing?" he asked.

His mouth was lifted from his teeth with pain. She put her little finger between her lips.

"No," she said, low and like the toll of a bell. "No, I think not."

It was the end then between them. She could not take him and relieve him of the responsibility of himself. She could only sacrifice herself to him — sacrifice herself every day, gladly. And that he did not want. He wanted her to hold him and say, with joy and authority: "Stop all this restlessness and beating against death. You are mine for a mate." She had not the strength. Or was it a mate she wanted? or did she want a Christ in him?

He felt, in leaving her, he was defrauding[67] her of life. But he knew that, in staying, stilling[68] the inner, desperate man, he was denying his own life. And he did not hope to give life to her by denying his own.

She sat very quiet. He lit a cigarette. The smoke went up from it, wavering. He was thinking of his mother, and had forgotten Miriam. She suddenly looked at him. Her bitterness came surging up. Her sacrifice, then, was useless. He lay there aloof, careless about her. Suddenly she saw again his lack of religion, his restless instability. He would destroy himself like a perverse child. Well, then, he would!

"I think I must go," she said softly.

By her tone he knew she was despising him. He rose quietly.

"I'll come along with you," he answered.

She stood before the mirror pinning on her hat. How bitter, how unutterably bitter, it made her that he rejected her sacrifice! Life ahead looked dead, as if the glow were gone out. She bowed her face over the

---

67) defrauding : 속여서 빼앗는
68) stilling : 질식시키는

flowers — the freesias so sweet and springlike,[69] the scarlet anemones flaunting over the table. It was like[70] him to have those flowers.

He moved about the room with a certain sureness of touch, swift and relentless and quiet. She knew she could not cope with him. He would escape like a weasel out of her hands. Yet without him her life would trail on lifeless. Brooding, she touched the flowers.

"Have them!" he said; and he took them out of the jar, dripping as they were, and went quickly into the kitchen. She waited for him, took the flowers, and they went out together, he talking, she feeling dead.

She was going from him now. In her misery she leaned against him as they sat on the car. He was unresponsive. Where would he go? What would be the end of him? She could not bear it, the vacant feeling where he should be. He was so foolish, so wasteful, never at peace with himself. And now where would he go? And what did he care that he wasted her? He had no religion; it was all for the moment's attraction that he cared, nothing else, nothing deeper. Well, she would wait and see how it turned out with him. When he had had enough he would give in and come to her.

He shook hands and left her at the door of her cousin's house. When he turned away he felt the last hold for him had gone. The town, as he sat upon the car, stretched away over the bay of railway, a level fume[71] of lights. Beyond the town the country, little smouldering spots for more towns — the sea — the night — on and on! And he had no place in it! Whatever spot he stood on, there he stood alone. From his breast, from his mouth, sprang the endless space, and it was there behind him, everywhere. The people hurrying along the streets offered no obstruction to the void in which he found himself. They were small shadows whose footsteps and voices could be heard, but in each of them the same night, the same silence. He got off the car. In the country all was dead still. Little stars shone high up; little stars spread far away in the flood-waters, a firmament below. Everywhere the vastness and terror of the immense night which is roused and stirred for a brief while by the day, but which returns, and will remain at last eternal, holding everything in its silence and its living gloom. There was no Time, only Space. Who could say his mother had lived and did not live? She had been in one place, and was in another; that was all. And his soul could not leave her, wherever she was. Now she was gone abroad into the night, and he was with her still. They were together. But yet there was his body, his chest, that leaned against the stile, his hands on the wooden bar. They seemed something. Where was he? — one tiny upright speck of flesh, less than an ear of wheat lost in the field. He could not bear it. On every side the immense dark silence seemed pressing him, so tiny a spark, into extinction, and yet, almost nothing, he could not be extinct. Night, in which everything was lost, went reaching out, beyond stars and sun. Stars and sun, a few bright grains, went spinning round for terror, and holding each other in embrace, there in a darkness that outpassed them all, and left them tiny and daunted. So much, and himself, infinitesimal, at the core a nothingness, and yet not nothing.

---

69) springlike : 봄 냄새를 풍기는
70) like : becoming
71) fume : 연기(smoke), 김, 증기, 열기

"Mother!" he whispered — "mother!"

She was the only thing that held him up, himself, amid all this. And she was gone, intermingled herself. He wanted her to touch him, have him alongside with her.

But no, he would not give in. Turning sharply, he walked towards the city's gold phosphorescence. His fists were shut, his mouth set fast. He would not take that direction, to the darkness, to follow her. He walked towards the faintly humming, glowing town, quickly.

# 제 3 장 실전예상문제

**01** 다음 중 *Sons and Lovers*의 줄거리와 관련이 없는 내용은?

① 극단적인 모습의 두 여성이 등장한다.
② 오이디푸스적인 애착이 드러난다.
③ 남녀 간의 관계를 통하여 심리적 갈등이 전개된다.
④ Paul은 어머니의 죽음으로 좌절하다가 스스로 목숨을 끊는다.

**01** Paul은 어머니의 죽음으로 좌절하고 자살도 생각하지만, 마음을 다지며 현재의 삶을 살아가고자 한다.

**02** D. H. 로렌스(D. H. Lawrence)의 작품 세계에 대한 특징으로 가장 적절한 것은?

① 시간의 흐름을 전복시키는 실험적인 구성을 한다.
② 주로 부유한 계층의 인물을 풍자한다.
③ 이성과 지성, 합리성을 강조하여 인간의 욕구를 억제한다.
④ 사회적 억압에서 벗어나 개인의 원시적 본능과 자연스러운 감정을 강조한다.

**02** Lawrence는 현대사회의 자본주의가 개인의 개성을 위축시키고, 지성의 발달이 인간을 불건전하게 만든다고 보았다.
① 기법 면에서 새로운 가능성을 탐색하기보다 내용 면에서 혁신적인 것을 시도했다.
② 특정 계층이 아닌 기존 사회질서 자체에 대한 저항을 담고 있다.
③ 이성과 지성을 중시하기보다 자연스럽고 소박한 감정, 원시적 본능의 발현을 강조했다.

**03** 모더니즘 작가 중 '생명주의' 또는 '원시복귀의 사상'을 근간으로 작품을 쓴 작가는?

① James Joyce
② Joseph Conrad
③ Virginia Woolf
④ D. H. Lawrence

**03** 자본주의가 현대사회를 더욱 혼란에 이르게 한다고 본 Lawrence는 이러한 현대사회가 개인의 개성을 위축시키고, 지성의 발달이 인간을 불건전하게 만든다고 보았다. 이러한 그의 원시적 생명주의는 그의 독특한 철학과 문학을 이루게 하였다. 그는 낡은 관습에서 탈피하고 근원으로 돌아갈 것을 주장하였는데, 이것을 '생명주의 원시복귀의 사상'이라고 한다.

**정답** 01 ④ 02 ④ 03 ④

04 액자소설은 소설 창작에서 흔히 볼 수 있는 구성 방식으로, 액자 속에 사진이 들어 있듯이 하나의 이야기 속에 또 다른 이야기가 들어 있는 것을 말한다. 즉, 외부 이야기 속에 내부 이야기가 들어 있는 구성 방식으로, 외부 이야기가 액자의 역할을 하고 내부 이야기가 핵심 이야기가 된다. 외부 이야기는 내부 이야기를 도입하고 또 그것을 객관화하여 이야기의 신빙성을 더해 주는 기능을 하며, 이야기 밖에 또 다른 서술자의 시점을 배치했기 때문에 다각적으로 이야기를 전개할 수 있다는 이점이 있다. Emily Bronte의 *Wuthering Heights*(1847)가 좋은 예이다.

05 영국의 20세기 모더니즘 작가들은 시간의 전복을 주로 활용하고자 했지만, Lawrence는 *Sons and Lovers*에서 연대순(시간 순서)으로 작품을 이끌어 나갔다.

**정답** 04 ② 05 ②

04 *Sons and Lovers*와 가장 거리가 먼 내용은?

① 자전적인 소설이다.
② 액자소설 방식을 취한다.
③ 시간의 전복이 발생하지 않는다.
④ 인물 간 대화에 지역 방언이 자주 사용된다.

05 *Sons and Lovers*에 대한 설명으로 가장 적절하지 않은 것은?

① *Sons and Lovers*는 산업화되는 영국의 황폐화된 상황 속 인간의 소외감과 상실감 등을 다루었다.
② *Sons and Lovers*는 시간 순서로 쓰였으며, 이는 모더니즘의 특성이다.
③ Lawrence의 아버지는 광부였고, 그의 어머니는 교사였다.
④ Lawrence는 노동 계급 출신이었기 때문에 온당한 평가를 받는 것이 어려웠다.

06 Sons and Lovers에서 Mrs. Morel에 대한 설명으로 가장 적절하지 <u>않은</u> 것은?

① 자식에 대한 왜곡된 사랑을 가지고 있다.
② 결혼 후 남편과 지적인 면이나 교양적인 면에서의 차이로 갈등을 겪는다.
③ 청교도 집안 출신으로, 지적이고 자존심이 강한 여성이다.
④ 결혼 초에는 불행했지만 점차 행복한 부부 관계를 이뤄 간다.

06 Mrs. Morel은 연애 때와 결혼 초에는 행복했지만, 점차적으로 나타나는 남편과의 지적인 면이나 교양적인 면에서의 차이로 인해 심각한 갈등을 경험하게 된다. 자신의 아버지와는 다른, 남편과의 만남은 그녀를 설레게 하고 기쁨을 주기도 하였지만, 시간이 점점 지날수록 그녀의 관심은 자식에게로 간다.

07 다음 중 Sons and Lovers와 가장 거리가 <u>먼</u> 내용은?

① 영국의 농촌 지대 배경
② 시간순의 구성
③ 오이디푸스 콤플렉스
④ 자전적인 소설

07 Sons and Lovers의 배경은 영국의 공업지대인 노팅엄셔이다. Lawrence는 이 작품을 통해 공업화에 의해 잠식되어 가는 자연의 모습을 그렸다.

08 다음 중 D. H. 로렌스(D. H. Lawrence)의 작품이 <u>아닌</u> 것은?

① Sons and Lovers
② The Rainbow
③ Women in Love
④ Sister Carrie

08 Sister Carrie는 미국 자연주의 소설로, Theodore Dreiser의 작품이다.

정답   06 ④  07 ①  08 ④

09 이 작품의 주인공이자 차남인 Paul Morel은 Lawrence의 자화상적인 인물이다.

09 *Sons and Lovers*에서 Lawrence의 자화상이라고 할 수 있는 인물은?

① Mr. Morel
② William Morel
③ Paul Morel
④ Mrs. Morel

10 부부간의 지적인 면과 교양적인 면의 차이로 인해 이들의 결혼 생활은 순탄하지 않았고 불행한 관계가 되었다.

10 다음 중 Morel 부부의 결혼 생활이 불행해진 이유로 가장 적절한 것은?

① 남편이 가정을 부양할 경제적 능력이 없었다.
② 부부간의 지적인 면과 교양적인 면의 차이가 컸다.
③ 부인이 처음부터 남편을 사랑하지 않았다.
④ 부인이 아이를 낳고 싶어 하지 않았다.

**주관식 문제**

01 **정답**
두 사람은 서로에게서 상이한 매력을 느꼈다. 광부 Walter는 Gertrude를 보는 순간 지적이면서 순수한 매력과 신비감을 느꼈고, 그녀의 남부 발음을 듣고 설레었다. Gertrude는 아버지의 영향으로 신학서만을 읽고, 본능적인 부분이나 즐거움에 대해서는 무시하는 청교도였다. 이러한 아버지를 남성의 대표적 인물로 생각하다가 아버지와는 너무도 다른 Walter를 본 순간 그녀는 그의 정열에 매혹되었다.

01 *Sons and Lovers*에서 Mr. Morel(Walter)과 Mrs. Morel(Gertrude)은 서로 어떠한 점에 이끌려 결혼하게 되었는지 서술하시오.

**정답** 09 ③ 10 ②

02 *Sons and Lovers*의 시점과 구조에 대해 서술하시오.

02 **정답**
시점은 '전지적 작가 시점'이 지배적이지만, Paul의 내면과 심리가 중점적으로 그려지고 있다. 이 작품은 다른 모더니스트 작가들의 작품처럼 시간의 전복이나 다중 시점을 다루보다는, 전통적인 소설처럼 시간 순서대로 내용이 전개되는 구성이다.

03 *Sons and Lovers*에서 Paul의 연인으로 등장하는 두 여성의 특징을 서술하시오.

03 **정답**
Miriam Leivers는 Paul의 첫사랑으로, 수줍어하고 헌신적이며, 깊은 신앙심을 가지고 있다. 육체가 배제된 정신적인 면을 나타내는 인물이다. Clara Dawes는 Paul의 두 번째 사랑으로, Miriam과 친구이지만 그녀와는 대조적으로 육감적이고 매력적인 여성으로, 육체적인 면을 나타내는 인물이다.

# 제4장 James Joyce - A Portrait of the Artist as a Young Man

| 단원 개요 |

James Joyce는 20세기 전반에 걸쳐 모더니즘 문학을 주도한 대표적인 소설가이다. 20세기의 사회적 지적 풍토를 종합하여 예술적으로 승화하고 창조하면서 그의 작품은 현실과 환상, 욕망이 뒤엉킨 현대인의 정신적 갈등과 방황을 드러낸다.

| 출제 경향 및 수험 대책 |

Joyce는 Stephen을 통해 신앙과 가정, 조국에 대한 견해뿐만 아니라 예술가의 소외감을 보여주고 있다. Stephen의 감정은 '의식의 흐름' 기법을 통해 드러나며 에피퍼니(Epiphany)의 순간들은 사물의 본질적 성격을 이해하게 되고 심오한 계시의 순간들을 이미지화한다. Joyce 특유의 소설 기법에 대한 이해가 중요하다.

## 제1절 작가의 생애

제임스 조이스(James Joyce, 1882~1941)는 아일랜드의 수도인 더블린에서 출생하였다. 그는 10남매 중 맏아들이었고 다른 동생들에 비해 좋은 교육을 받았다. 학교 성적이 좋았으며 그가 다닌 학교들은 모두 예수회에서 운영하는 학교였다. 그는 1898년에 University College Dublin에 입학하였고, 이 시기에 현대 희곡에 관심을 기울여 Henrik Ibsen에 관한 문학평론을 발표하였다. 1902년에 대학을 졸업한 후, 여러 작가들과 교류하였으며 의학을 공부하기 위해 파리로 떠나지만 곧 흥미를 잃고 창작을 시작하였다. 1904년에 그의 아내가 될 Nora Barnacle을 만났다. 그녀와 첫 데이트를 한 6월 16일은 *Ulysses*(1922)의 시간적 배경이 되었고, 또한 이날은 Joyce 애호가들에 의해서 *Ulysses*(1922)의 주인공 Bloom의 이름을 따라 Bloomsday로 명명되었다. 그는 보수적인 아일랜드를 떠나 유럽을 전전하였는데, 스위스에서는 교사로 활동하기도 하고 로마에서는 은행에 취직하기도 하면서 생계를 유지하였다. 1917년부터 무려 11차례나 안과수술을 받을 정도로 안질 때문에 고생하였고, 1930년대에는 맏딸 Lucia가 정신이상으로 정신병원에 입원하는 고통을 겪기도 하는 등 힘든 생애를 살았다. 고국인 아일랜드로 돌아가기도 했지만, 그는 아드리아해 연안의 휴양지나 스위스의 취리히, 프랑스의 파리 등을 전전하다가 1941년 취리히에서 십이지장 궤양 수술을 받은 후 경과가 좋지 않아 생을 마감하였다.

## 제2절 작품 세계

### 1 작품 세계[1]

**(1)** Joyce의 전 작품은 그의 조국 **아일랜드의 더블린 사람들의 삶**을 그린 것이다. *Dubliners*(1914), *A Portrait of the Artist as a Young Man*(1916), *Ulysses*(1922)는 '더블린 3부작'으로 불린다. 이 세 작품은 Joyce가 경험한 더블린 사람들의 실제 삶을 소재로 하고 있다. Joyce의 작품 세계는 19세기 영국의 사실주의 소설과 20세기 유럽의 실험주의 소설의 경계선에 있고, 내용 면으로는 자서전과 소설의 경계를 허물고 있다는 평가를 받는다.

**(2)** Joyce 문학의 특징은 그의 **독창적인 실험성**에 있다. 그가 구사한 신화적 상징, 패러디, 환상과 무의식의 세계, 다양한 문체, 서술 기법의 끊임없는 변화, 독창적인 어휘 창조 등은 그의 실험 정신을 잘 보여준다. 그의 문학적 실험은 무엇보다 언어에서 두드러진다. 두 개 이상의 단어를 임의적으로 결합하여 아주 생경한 어휘를 창조함으로써 등장인물의 섬세한 동작, 미묘한 심리, 삶의 부조리한 역설을 동시에 투영시킨다. Joyce는 자신만의 새로운 언어를 창조하여 삶의 세계에 새로운 의미를 창출하고 생성해 나간다.

**(3) '의식의 흐름'(Stream of consciousness) 기법**[2] **중요**

깨어있는 정신 내에서의 사고와 의식의 끊임없는 흐름을 표현하기 위하여 William James가 그의 저서인 *The Principles of Psychology*(1890)에서 처음 사용한 어구이다. 1920년대 이후 실험적으로 사용되었던 이 기법은 감각이나 지각이 의식이나 반의식적인 사고와 기억, 예상, 감정, 자유연상 등과 뒤섞이게 되는 작중 인물의 의식 과정의 흐름을 포착하려는 서술 기법이다. 이 기법은 작중 인물의 의식 상태와 과정에 있어서 작가는 개입하지 않는다. 개입을 한다고 해도 최소한으로 개입하며 그 정신적 과정을 정리하거나 문법적으로 맞는 문장 구성, 그리고 논리적 순서로 맞추어 놓지도 않는다. '의식의 흐름'을 대표하는 작가인 Joyce는 의식의 연상 작용을 통해 숨겨져 있던 내면의 사고를 겉으로 드러나게 만든다. 즉, 특정한 어떤 사물을 보는 순간 그 사물과 연관되어 잊었던 과거의 여러 사건 및 생각들을 기억하고 물 흐르듯 기록해 나간다. 외면적으로 관찰될 수 있는 객관적 사실이나 사회적 현실에 초점을 맞추었던 리얼리즘 소설의 세계와는 다르게 '의식의 흐름' 기법을 사용하는 Joyce의 작품들은 주인공이 주관적 세계, 은밀한 심리 세계, 억눌려 있던 잠재의식의 세계로 나아간다. 대표적인 작품으로는 James Joyce의 *A Portrait of the Artist as a Young Man*(1916), Virginia Woolf의 *Mrs. Dalloway*(1925) 등이 있다.

Joyce는 '의식의 흐름' 기법을 사용하면서 그리스 신화나 아일랜드 토착 신화를 작품의 구조로 활용하여, 이를 세계의 구성으로도 확장시킨다. 상징과 아이러니를 구사하였으며, 문체적인 실험을 활용하고 다양한 언어를 구사하거나 새롭게 조어하기도 하였다.

---

1) 영미문학연구회, 『영미문학의 길잡이1(영국문학)』, 창비, 2007.
2) 구인환, 『문학 용어사전』, 신원문화사, 2006.

## 2 주요 작품

### (1) *Dubliners*(1914)

Joyce의 첫 작품인 *Dubliners*(1914)는 14편의 단편과 1편의 중편을 모아 놓은 단편집이다. 15편의 작품 중 앞의 14편은 유년기, 청년기, 성년기, 대중의 공적인 생활이라는 4단계로 크게 구분하여 더블린 시민들의 생활상을 묘사하고 있다. 유년기로는 「자매들」(The Sisters), 「마주침」(An Encounter), 「애러비」(Araby)가 해당되며, 청년기로는 「이블린」(Eveline), 「경주가 끝난 뒤」(After the Race), 「두 건달」(Two Gallants), 「하숙집」(The Boarding House)이 있다. 성년기로는 「작은 구름」(A Little Cloud), 「대응」(Counterparts), 「진흙」(Clay), 「가슴 아픈 사건」(A Painful Case)이 해당된다. 장년기는 「담쟁이 날의 위원회실」(Ivy Day in the Committee Room), 「어머니」(A Mother), 「은총」(Grace)으로 정치, 음악, 종교와 같은 사회 전반적인 문제를 다루고 있다.

이 소설의 유일한 중편인 「죽은 자」(The Dead)는 나중에 추가된 작품으로, 앞의 작품들과는 달리 인물의 '에피퍼니'(epiphany : 종교적 또는 철학적인 깨달음을 갑작스레 얻게 됨)를 통해 개선의 가능성을 보여주면서 *Dubliners*(1914)의 결론과도 같은 작품이다.

작가는 평범한 일상적 삶에 매몰된 더블린 시민들의 자아를 마비된 영혼으로 신랄하게 비판함으로써 의식의 새로운 각성을 강력히 촉구한다. 각 계층의 더블린 시민들이 무감각하게 이어가는 하루하루의 생활은 영혼의 마비 또는 도덕성의 상실을 나타낸다. 시대착오적인 영웅주의, 종교적 맹목성, 식민지 상황에서도 현실을 모르는 자아 탐닉 등을 냉혹하게 파헤치는 자아비판이 *Dubliners*(1914)의 중심 소재이다. 더블린 시민들이 보이는 영적 마비 현상은 그들에게만 국한되지 않고 20세기 모든 서구 사회에도 해당된다. Joyce는 삶의 양상을 4단계로 나누어 어린 시절부터 성인까지 마치 한 편의 성장소설처럼 초점을 확대한다. 또한 어느 한 계층에 한정시키지 않고 사회의 각 계층을 다룸으로써 사회의 총체적 삶을 그린 듯한 인상을 준다.

### (2) *A Portrait of the Artist as a Young Man*(1916)

1914~1916년 에고이스트 지(誌)에 연재된 것을 1916년에 간행하였다. 자전적인 요소가 있으나, 단순히 자전적인 소설은 아니다. 5장으로 구성된 이 소설은 장마다 문체가 조금씩 달라진다. '의식의 흐름' 기법으로 표현한 심리묘사가 작품 전체에서 두드러진다. Joyce는 주인공 Stephen Dedalus의 유년기부터 청년기에 이르는 자아 형성의 과정을 섬세하게 묘사하였다. 5장에서는 주인공 Stephen Dedalus가 조국과 종교를 부정하고, 아리스토텔레스와 토마스 아퀴나스식 예술론이 대화 가운데 펼쳐진다.

### (3) *Ulysses*(1922)

Joyce는 이 작품에서 의식의 흐름과 내면의 독백을 활용하였다. 그는 신문의 제목, 음악적 요소, 영화·극 중의 대화, 고전작품의 패러디 등을 종합적으로 선택하여 작품에 담았다. Joyce는 이 작품에서 기존의 소설 형식을 따르지 않으면서 전 세계의 주목을 받았다. 작품의 배경은 Joyce의 고향인 아일랜드의 더블린이며 6월 16일 아침 8시부터 다음 날 새벽 2시 45분까지 일어난 일을 734페이지에 서술하였다.

작품 속 중요한 등장인물은 3명으로, 유대계의 광고 외판원이자 박학다식하고 다정다감한 중년의 신사 Leopold Bloom, 남편 Bloom에게 불만을 품고 Boylan과 즐기기는 하지만 마음속으로는 남편의 진정한 사랑을 갈망하는 Molly, 학생이며 젊은 예술가이자 양심의 추구와 인간의 가치를 찾아 하루 종일 더블린 거리를 거니는 Stephen Dedalus이다. *Ulysses*는 이 세 사람의 '의식의 흐름'을 묘사한 심리소설의 대표적인 작품이라고 할 수 있다.

작품의 전체적인 구성은 Homer의 *Odyssey*를 따르고 있다. 이 작품은 프랑스어와 독일어 등 수많은 언어로 번역되었으며, 유럽과 미국의 문학 흐름에 끼친 영향이 컸고, 이 작품에 대한 연구 서적도 많다.

### (4) Finnegan's Wake(1939)

Joyce의 마지막 작품인 *Finnegan's Wake*는 아일랜드의 민요 제목이기도 하다(Finnegan은 벽돌공 이름). '경야'(經夜)는 문상객이 고인을 추모하며 밤을 지새운다는 뜻이다. Joyce는 유럽의 60여 개 언어에서 끌어온 6만 4000여 개 단어로 '세계에서 가장 읽기 힘든 소설'을 썼다. 이 작품은 그에게 '언어의 연금술사'라는 호칭을 안겨 주었다. 작품의 내용은 1938년 3월 21일, 주인공이 하룻밤에 꾸는 꿈 이야기로, 신화에서 일상적인 물건에 이르기까지 다양한 소재를 다루며 시간과 공간을 넘나든다.

## 3 *A Portrait of the Artist as a Young Man*의 특징

### (1) 성장소설

Joyce의 *A Portrait of the Artist as a Young Man*(1916)은 자서전적인 소설이라는 평을 받는 성장소설이다. 그러나 성장소설의 부류에 들더라도 Stephen의 성장과정이 주로 '의식의 흐름'과 '에피퍼니'라는 기법을 통해 그려지기 때문에 일반적인 성장소설과는 차별성을 보인다. Stephen이 유년기와 청소년기 그리고 청년기를 보내면서 겪게 되는 갈등과 기존 사회에서 탈출하여 자유스러운 예술 세계로 비상하는 과정이 다루어진다. Stephen의 이러한 변화는 그의 이름 Stephen Dedalus에서도 암시된다. 그의 이름에 내포된 기독교 최초의 순교자 'Stephen'과 그리스 신화에 등장하는 천재적인 장인 'Daedalus'의 이질적인 요소는 그가 성장과정에서 커다란 변화를 겪게 될 것임을 암시한다. 그의 변화는 진리와 불멸을 상징하는 종교로부터 속박을 받지 않는 창의적인 예술 세계로의 전환을 의미한다.

### (2) 에피퍼니(Epiphany, 현현) 중요

경험의 본질 혹은 실체가 한순간에 완전히 이해되는 것을 '에피퍼니'라고 하는데, Joyce는 Stephen의 성장과정에 '에피퍼니'를 담아 표현했다.

'에피퍼니'의 예는 Stephen에게 성직을 권유하는 신부의 모습에서 발견된다. 신부의 이야기를 흘려듣던 Stephen은 한순간 신부의 모습에서 새로운 이미지를 발견하게 된다. 신부는 창을 등지고 서 있었기 때문에 그의 정면 얼굴은 뒤에서 약하게 뻗쳐오는 늦은 오후의 햇빛으로 어두운 그림자 속에 갇혀 있었다. 깊게 패어 심한 굴곡을 이루는 신부의 관자놀이와 햇빛에 의해 더욱 뚜렷한 입체감을 불러일으키는 두개골의 둥그런 외부 곡선이 Stephen의 의식에 강렬하게 포착된다. Stephen은 구원의 상징인 빛을 차단하고 서 있는 신부의 모습에서 종교의 부정적인 의미를, 얼굴의 짙은 그림자와 두개골의 곡선에서 죽음을 상징한다고 느낀다. 신부의 모습에서 '에피퍼니'를 경험한 Stephen은 종교에서 마비와 죽음의 이미지를 발견하고, 종교와의 단절을 결심한다.

이후 예술의 길을 모색하던 Stephen은 바닷가에 서 있는 한 소녀의 모습에서 상징적인 새의 이미지를 발견하며 '에피퍼니'를 경험한다. 제4장에서 교장 선생은 Stephen에게 사제의 길로 나설 것을 권고한다. 그러나 홀로 생각에 잠기다가 해변에서 물장난을 치는 한 소녀의 모습을 보게 된 Stephen은 그녀의 모습에서 '에피퍼니'를 경험한다. Stephen은 치마를 걷어 올리고 물가를 거니는 소녀의 모습에서 바닷새를 연상하며, 새와 같은 그 소녀를 통해 아름다움의 상징이자 자신이 기대했던 아름다움의 완벽한 대상으로 느낀다. 그는 그 소녀를 통해 자신이 창조할 새로운 예술의 비전을 체험한다. 또한, 이러한 새의 이미지는 자유를 향해 비상하기를 원하는 Stephen의 바람을 나타낸다.

### (3) 자전적 소설

Joyce 자신의 사춘기에 있었던 심리적 반항의 단계를 다루고 있는 작품이다. 그는 성(性)과 상상력이 억압된 아일랜드의 생활 속에서 개인이 감당해야 하는 희생을 3인칭 화자의 시점으로 묘사하였다. 이 작품의 원래 제목은 *Stephen Hero*였으나, Joyce가 수정하고 압축하면서 제목을 바꾸어 10년에 걸쳐 다시 쓴 자전적 형식의 소설이다.

### (4) 그리스 신화의 사용

주인공 Stephen Dedalus의 'Dedalus'는 그리스 신화에서 크레타 섬의 미로를 설계한 건축가 장인 Daedalus에서 따온 것이다. Daedalus는 거대한 날개를 만들어 밀랍으로 몸에 붙인 후 하늘을 향해 날아올랐는데, 함께 하늘로 올랐던 아들 Icarus가 태양에 너무 가까이 다가간 나머지 밀랍이 녹아버려 아들이 바다에 빠져 죽게 된다. Daedalus는 신화 속에서이지만 하늘을 날았던 최초의 인간이었다. 본 작품의 곳곳에서 Stephen이 새를 보는 장면이 나오는데, 이는 날개를 달고 자신이 새가 된 것처럼 정신적 자유를 향해 날아오른다는 의미이다. 'Dedalus'라는 이름은 자신이 만든 미로에서 아들 Icarus와 함께 탈출한 그리스 신화 속 인물 Daedalus에서 따왔다. 'Stephen'도 종교와 예술의 굴레를 넘어 스스로 깨달음에 이른다는 암시를 담고 있다.

## 제3절 A Portrait of the Artist as a Young Man의 줄거리

### 1 제1장

주인공 Stephen Dedalus의 유년 시절에서부터 소설이 시작된다. Stephen은 아버지로부터 동화를 듣고, 어머니의 피아노 연주를 들으면서 감성적으로 자란다. 그는 Clongowes Wood College에 입학하지만 허약해서 운동장에서 뛰어노는 아이들과 어울릴 수 없었고, 내성적인 성격으로 친구들과 놀거나 운동하기보다는 독서를 하는 소년이다.

겨울방학이 되자 그는 집으로 돌아와 가족, 친척들과 크리스마스를 보낸다. 크리스마스 파티에서 아일랜드의 애국지사이자 불륜을 저지른 Charles Stewart Parnell을 둘러싸고 친척들 사이에서 격렬한 논쟁이 펼쳐진다. 그중 Mrs. Dante는 Parnell의 불륜과 국민에 대한 배신행위를 비난하며 가톨릭 신부들의 입장을 대변한다. 그러나 아일랜드 의회당(Irish National Party)을 이끈 Parnell을 신봉하는 Stephen의 아버지 Simon과 Mr. Casey는 Mrs. Dante와 언쟁을 한다.

Stephen의 학교생활은 권위와 벌이 존재하는 생활이다. 교감 선생님인 Father Dolan은 Father Arnall의 라틴어 수업 시간에 아이들의 학습 태도를 감독하다가 Stephen이 라틴어 작문을 하지 않는 것을 보고 그를 다그친다. Stephen이 안경이 깨져서 그렇다는 이유를 대자, 그는 낡은 수법을 쓴다고 말하며 Stephen을 게으른 학생으로 몰아세운다. 그리고 Father Dolan은 회초리로 Stephen의 손바닥에 매질을 한다. Stephen은 고민 끝에 교장 선생님인 Father Conmee를 찾아가 자신이 정직했음에도 매를 맞았다고 말한다. 그러자 교장 선생님은 Father Dolan에게 말하겠다고 한다.

### 2 제2장

Stephen은 「몽테크리스토 백작」을 탐독하면서 주인공과 자신을 동일시한다. Stephen과 그의 가족은 그들이 살던 블랙록(Blackrock)에서 더블린으로 이사를 간다. 더블린 거리에 익숙해지면서 그는 점차 주변의 불결하고 위선적인 모습을 발견해 나간다. 그리고 파티에서 만난 Emma Clery라는 소녀와 마차를 같이 타고 오면서 그녀를 좋아하게 되고 낭만적인 환상에 빠진다. 아버지와 선생님들은 그가 신실한 가톨릭 신자로서 신부가 될 것을 원하지만, Stephen은 점점 그들의 말이 공허하게 들린다. 그러면서 그는 가족들과 거리감과 고립을 느끼게 된다. 더블린 거리를 방황하며 헤매고 다니다 육체적 욕구가 치밀어 올랐을 때 그는 거리의 여성의 품에 안긴다. 그리고 자신이 육체적으로 지배된 것에 대해 심한 죄책감을 느낀다.

## 3  제3장

성적 욕망에 지배된 죄책감으로 괴로워하는 Stephen은 학교에서 인간이 저지른 죄에 대한 신의 엄중한 심판과 지옥, 영원한 저주에 대한 강론을 듣는다. 그는 육체와 영혼의 모든 감각이 마비된 듯 한 의식과 숨을 조여 오는 무거운 죄책감 속에서 고해성사를 한다. Stephen은 아리스토텔레스와 토마스 아퀴나스의 철학과 신학 공부에 몰두하는데, 예수회 신부로부터 성직자가 될 것을 권유받는다.

## 4  제4장

교장 선생님이 Stephen에게 수사가 될 것을 권유하는 장면으로 시작된다. 사제가 되라는 권유를 받지만, 그는 그 길이 자신의 길이 아니라는 것을 확신한다. 어떤 종교적·사회적 구속에도 얽매이지 않으려는 Stephen은 사회와 종교의 구속에서 빠져나와 예술가가 되려 한다. 그는 성직자의 길이 아버지와 어머니의 뜻이기도 하지만, 그들의 뜻과 자신의 뜻 사이에는 거리가 있음을 느낀다. 그러나 대학에 들어가라는 부모님의 뜻만큼은 받아들인다. 그는 번민 속에서 바닷가로 향한다. 더블린의 바닷가로 가서 그리스 신화의 전설적인 장인 Daedalus의 이름을 들으며, 마치 날개를 타고 하늘로 끌려 올라가는 것 같은 느낌을 받는다. 이 와중에 그는 자신의 안에서 영혼의 외침을 듣게 되고, 바닷가에서 홀로 고독에 잠겨 있을 때 한 소녀를 본다. 흡사 천사와 같은 그녀의 모습에서 그는 아름다움을 창조하는 예술가의 혼을 느낀다.

## 5  제5장

Stephen이 대학교 강의 시간에 지각하는 것에도 크게 신경 쓰지 않고 상념에 잠겨 거리를 걷고 있었을 때, 한 친구가 그를 두고 그는 반사회적인 인간이며 자기 자신 안에만 갇혀있다고 말한다. 친구 Davin은 Stephen에게 조국과 민족을 사랑하는 아일랜드인이 되라고 충고한다. 하지만 Stephen은 이 나라는 태어나자마자 인간의 영혼을 날지 못하도록 그물을 덮어씌운다고 답하며, '애국심, 종교, 민족주의, 가족의 그물'(nets of patriotism, religion, nationalism, family)로부터 탈출하겠다고 얘기한다. 그는 아리스토텔레스와 토마스 아퀴나스를 탐독하며, 미학에 대한 자신의 이론적인 체계를 갖게 된다. Stephen에게 미학이론은 삶과 우주의 중심이 된다. Stephen은 도서관 위를 날고 있는 새를 보면서 '에피퍼니'를 경험하며, 자신에게 내재한 원초적인 생의 원동력을 토대로 기존 세계에서 탈피하여 자신만의 새로운 생의 양식을 구축하겠다고 결심한다. 새들이 다시 한번 자신의 머리 위를 선회하자, Stephen은 새로운 출발을 결심한다. 그는 결국 친구들과 어머니의 만류에도 불구하고 예술가의 혼을 불태울 수 있는 새로운 둥지를 찾아 떠나간다. 소설의 마지막 부분은 일기 형식으로 구성되어 있다. 그는 마지막 일기에서 그리스 명장 Daedalus에게 그의 예술의 수호신이 되어달라고 간청한다.

## 제4절 작품의 주제

Stephen은 자신이 속한 사회나 공동체와의 조화된 개인의 정체성보다는 자신에게 적합한 새로운 미지의 세계를 찾아 나선다. 예술적 자유를 추구하는 자신의 영혼을 가로막는 아일랜드의 문화적 사회적 풍토를 거부하고 진정한 자아를 인식한다. Stephen의 성숙 과정은 개인의 주체성을 확립하는 현대적 자아의 승리를 의미한다.

## 제5절 등장인물

### 1 Stephen Dedalus

소설의 주인공으로, 어려서부터 민감하고 예술적인 감수성을 지니고 있다. 6세 때 Clongowes Wood College라는 예수회(Jesuit) 기숙사 학교에 보내져 교육을 받는다. 정치·종교에 대한 어른들의 과격한 언쟁을 보며 아일랜드의 문제와 세상의 잔인함이나 편견 등을 깨닫는다. 성직자가 될 것을 권유받지만, 자신의 예술가로서의 운명을 인지하고 예술가의 길을 택한다.

### 2 Simon Dedalus

Stephen의 아버지로, 아일랜드에 대한 애국심이 강한 인물이다. 그는 일정한 직업이 없는 무능력자로, 자신의 과거에만 연연한다. 아들의 재능에 큰 기대를 지니고 있다.

### 3 Mary Dedalus

Stephen의 어머니로, 독실한 가톨릭 신자이다. 가족의 평화를 원하고 아들이 성직자가 되길 바란다.

### 4 Mr. John Casey

Simon Dedalus의 친구로, 그와 마찬가지로 아일랜드 민족주의에 대한 확고한 신봉자이다.

## 5 Mrs. Dante(Mrs. Riordan)

수녀원을 나온 수녀이지만 가톨릭 신앙심이 깊고, Dedalus 집안에서 아이들을 지도하는 가정교사이다. 실제 이름은 Mrs. Riordan이다. 아일랜드의 애국지사인 Parnell의 불륜을 비난하며, 교회로부터의 파면을 지지한다.

## 6 기타 등장인물

### (1) Father Dolan

Clongowes Wood College의 교감 선생님으로, 아이들에게 체벌을 가하는 거친 성격을 갖고 있다.

### (2) Father Arnall

Clongowes Wood College에서 Stephen의 안경이 깨졌을 때 수업 면제를 지시한 온화한 인물이다.

### (3) Father Conmee

Clongowes Wood College의 교장 신부로, Stephen이 Belvedere College에 입학하는 절차를 도와준다.

### (4) Cranly

Stephen의 가장 친한 대학 친구로, Stephen은 Cranly에게 자신의 생각과 감정, 갈등, 불안, 동경 등에 관해 많은 이야기를 한다.

### (5) Emma Clery

Stephen이 짝사랑하던 소녀이자 여자친구로, Stephen은 그녀를 이상적인 여성으로 여긴다.

## 제6절  작품의 구조와 시점 및 기법

### 1 구조

**(1) 1장**

Stephen이 아기일 때부터, 예수회 기숙학교인 Clongowes Wood에 다닌 아홉 살까지를 다루고 있다.

**(2) 2장**

사춘기에 접어든 주인공의 내적 갈등이 드러난다. 집안이 몰락하여 학교를 그만두게 된 Stephen은 혼자 독서에 몰두하며 낭만적 몽상의 세계로 도피한다.

**(3) 3장**

자신의 성적 욕망에 대한 죄의식으로 고민한다. 죄의식에 시달리던 Stephen은 어느 조그마한 교회에서 고해성사를 마치고 성스러운 성찬 예식을 접하며 영적 환희를 맛본다.

**(4) 4장**

교장 선생은 Stephen에게 사제의 길을 권한다. 그러나 홀로 생각에 잠겨 해변을 걷던 Stephen은 해변에서 물장난을 치는 소녀를 보면서 자신이 창조할 예술적 비전을 체험한다.

**(5) 5장**

Stephen의 대학 시절이다. 예술적 자유를 추구하는 자신의 영혼을 가로막는 아일랜드의 문화적 사회적 풍토를 거부하고 Stephen은 유럽으로 떠날 결심을 한다.

### 2 시점 및 기법

**(1) 시점**

기본적으로 3인칭 시점이지만 시점은 Stephen 중심이므로 독자는 그가 생각하고 느끼는 대로 모든 것을 본다. 마지막 부분에서 1인칭 시점을 사용한다.

**(2) 기법 및 문체**

문체는 주인공이 성장함에 따라 표현되는 언어도 성장한다. 유년기에는 단순한 어휘와 문장으로 시작하지만, 문체는 진지하고 내성적이며 점차 작품이 전개되면서 어렵고 복잡한 문장으로 변화한다.

### (3) 비유와 상징

① 주인공의 이름인 'Stephen Dedalus'는 그리스 신화와 기독교 신화의 중요한 요소가 결합되어 있다. 'Stephen'은 신앙 때문에 박해를 받은 최초의 기독교 순교자의 이름이며 'Dedalus'는 Daedalus와 Icarus의 신화(그리스 발명가와 성급하고 불운한 그의 아들에 관한 이야기)를 연상시킨다. 'Stephen'이 순교자로서 예술가를 연상시키며 사회·가족·교회·국가로부터 스스로를 소외시키는 과정을 보여준다면, 'Dedalus'는 신화에서 Daedalus가 미로를 탈출한 것처럼 정신적 문화적 예술적으로 자신을 구속하며 위협하는 Dublin의 미로에서 탈출할 수단을 간구하는 젊은 예술가의 결의를 드러낸다. 이처럼 순교자의 이름인 Stephen과 신화의 인물인 Daedalus는 소설 전반을 지배하는 주요한 이미저리(imagery)와 상징체계가 된다.

② Stephen이 좋아하는 영국의 낭만주의 시인인 'Lord Byron'은 종교와 사회에 대항하는 대상으로 나타난다.

③ '너블린의 미로'(labyrinth of Dublin)와 '애국주의, 종교, 민족주의, 가족의 그물'(nets of patriotism, religion, nationalism, family)이 예술가를 속박하는 것으로 표현된다.

## 제7절 *A Portrait of the Artist as a Young Man*의 일부

**Chapter V**

...

– I can't understand you, said Davin. One time I hear you talk against English literature. Now you talk against the Irish informers. What with your name and your ideas ... Are you Irish at all?
– Come with me now to the office of arms and I will show you the tree of my family, said Stephen.
– Then be one of us, said' Davin. Why don't you learn Irish? Why did you drop out of the league class after the first lesson?
– You know one reason why, answered Stephen.
Davin tossed his head and laughed.
– Oh, come now, he said. Is it on account of that certain young lady and Father Moran? But that's all in your own mind, Stevie. They were only talking and laughing.
Stephen paused and laid a friendly hand upon Davin's shoulder.
– Do you remember, he said, when we knew each other first? The first morning we met you asked me to show you the way to the matriculation class, putting a very strong stress on the first syllable. You

remember? Then you used to address the jesuits as father, you remember? I ask myself about you: *Is he as innocent as his speech?*

— I'm a simple person, said Davin. You know that. When you told me that night in Harcourt Street those things about your private life, honest to God, Stevie, I was not able to eat my dinner. I was quite bad. I was awake a long time that night. Why did you tell me those things?

— Thanks, said Stephen. You mean I am a monster.

— No, said Davin. But I wish you had not told me.

A tide began to surge beneath the calm surface of Stephen's friendliness.

— This race and this country and this life produced me, he said. I shall express myself as I am.

— Try to be one of us, repeated Davin. In heart you are an Irishman but your pride is too powerful.

— My ancestors threw off their language and took another, Stephen said. They allowed a handful of foreigners to subject them. Do you fancy I am going to pay in my own life and person debts they made? What for?

— For our freedom, said Davin.

— No honourable and sincere man, said Stephen, has given up to you his life and his youth and his affections from the days of Tone to those of Parnell, but you sold him to the enemy or failed him in need or reviled him and left him for another. And you invite me to be one of you. I'd see you damned first.

— They died for their ideals, Stevie, said Davin. Our day will come yet, believe me.

Stephen, following his own thought, was silent for an instant.

— The soul is born, he said vaguely, first in those moments I told you of. It has a slow and dark birth, more mysterious than the birth of the body. When the soul of a man is born in this country there are nets flung at it to hold it back from flight. You talk to me of nationality, language, religion. I shall try to fly by those nets.

Davin knocked the ashes from his pipe.

— Too deep for me, Stevie, he said. But a man's country comes first. Ireland first, Stevie. You can be a poet or a mystic after.

— Do you know what Ireland is? asked Stephen with cold violence. Ireland is the old sow that eats her farrow.

...

— Look here, Cranly, he said. You have asked me what I would do and what I would not do. I will tell you what I will do and what I will not do. I will not serve that in which I no longer believe, whether it call itself my home, my fatherland, or my church: and I will try to express myself in some mode of life or art as freely as I can and as wholly as I can, using for my defence the only arms I allow myself to use — silence, exile and cunning.

Cranly seized his arm and steered him round so as to lead him back towards Leeson Park. He laughed almost slily and pressed Stephen's arm with an elder's affection.

.

— Cunning indeed! he said. Is it you? You poor poet, you!

— And you made me confess to you, Stephen said, thrilled by his touch, as I have confessed to you so many other things, have I not?

— Yes, my child, Cranly said, still gaily.

— You made me confess the fears that I have. But I will tell you also what I do not fear. I do not fear to be alone or to be spurned[3] for another or to leave whatever I have to leave. And I am not afraid to make a mistake, even a great mistake, a lifelong mistake, and perhaps as long as eternity too.

Cranly, now grave again, slowed his pace and said:

— Alone, quite alone. You have no fear of that. And you know what that word means? Not only to be separate from all others but to have not even one friend.

— I will take the risk, said Stephen.

— And not to have any one person, Cranly said, who would be more than a friend, more even than the noblest and truest friend a man ever had.

His words seemed to have struck some deep chord in his own nature. Had he spoken of himself, of himself as he was or wished to be? Stephen watched his face for some moments in silence. A cold sadness was there. He had spoken of himself, of his own loneliness which he feared.

— Of whom are you speaking? Stephen asked at length.[4]

Cranly did not answer.

...

*March 20.* Long talk with Cranly on the subject of my revolt.

He had his grand manner on. I supple[5] and suave.[6] Attacked me on the score of love for one's mother. Tried to imagine his mother: cannot. Told me once, in a moment of thoughtlessness, his father was sixty-one when he was born. Can see him. Strong farmer type. Pepper and salt suit. Square feet. Unkempt,[7] grizzled[8] beard. Probably attends coursing matches. Pays his dues regularly but not plentifully to Father Dwyer of Larras. Sometimes talks to girls after nightfall. But his mother? Very young or very old? Hardly the first. If so, Cranly would not have spoken as he did. Old then. Probably, and neglected. Hence Cranly's despair of soul: the child of exhausted loins.[9]

*March 21, morning.* Thought this in bed last night but was too lazy and free to add to it. Free, yes. The exhausted loins are those of Elizabeth and Zacchary. Then he is the precursor. Item: he eats chiefly belly

---

3) spurn : 퇴짜 놓다, 경멸하다
4) at length : 드디어
5) supple : 유연하게 하다(되다), 유순하게 하다(되다), (말을) 길들이다
6) suave : 기분 좋은, 유쾌한, 유순한, 온화한, 얌전한, 상냥한
7) Unkempt : 단정하지 못한, 난잡한, 세련되지 못한, 거친
8) grizzled : 회색의, 백발이 섞인, 반백의
9) exhausted loins : 지친 허리

bacon and dried figs. Read locusts and wild honey. Also, when thinking of him, saw always a stern severed head or death mask as if outlined on a grey curtain or veronica. Decollation;[10] they call it in the fold. Puzzled for the moment by saint John at the Latin gate. What do I see? A decollated precursor[11] trying to pick the lock.

*March 21, night.* Free. Soul free and fancy free. Let the dead bury the dead. Ay. And let the dead marry the dead.

*March 22.* In company with Lynch followed a sizeable hospital nurse. Lynch's idea. Dislike it Two lean hungry greyhounds walking after a heifer.[12]

*March 23.* Have not seen her since that night. Unwell? Sits at the fire perhaps with mamma's shawl on her shoulders. But not peevish.[13] A nice bowl of gruel?[14] Won't you now?

*March 24.* Began with a discussion with my mother. Subject: B.V.M.[15] Handicapped by my sex and youth. To escape held up relations between Jesus and Papa against those between Mary and her son. Said religion was not a lying-in hospital. Mother indulgent. Said I have a queer mind and have read too much. Not true. Have read little and understood less. Then she said I would come back to faith because I had a restless mind. This means to leave church by backdoor of sin and re-enter through the skylight of repentance. Cannot repent. Told her so and asked for sixpence. Got threepence.

Then went to college. Other wrangle[16] with little round head rogue's eye Ghezzi.[17] This time about Bruno the Nolan.[18] Began in Italian and ended in pidgin[19] English. He said Bruno was a terrible heretic. I said he was terribly burned. He agreed to this with some sorrow. Then gave me recipe for what he calls *risotto alla bergamasca*.[20] When he pronounces a soft *o* he protrudes his full carnal lips as if he kissed the vowel. Has he? And could he repent? Yes, he could: and cry two round rogue's[21] tears, one from each eye.

Crossing Stephen's, that is, my Green, remembered that his countrymen and not mine had invented what Cranly the other night called our religion. A quartet of them, soldiers of the ninetyseventh infantry regiment, sat at the foot of the cross and tossed up dice for the overcoat of the crucified.[22]

Went to library. Tried to read three reviews. Useless. She is not out yet. Am I alarmed? About what? That she will never be out again.

Blake wrote:

---

10) Decollation : 참수(斬首)
11) precursor: 선구자, 선각자, 선봉, 선임자
12) heifer : (새끼를 낳지 않은 3살 미만의) 어린 암소, 《口》 (예쁜) 여자 (아이)
13) peevish : 성마른, 역정 내는, 투정부리는, 까다로운, 언짢은
14) gruel : (환자 등에게 주는) 묽은 죽, (우유·물로 요리한) 오트밀
15) B.V.M. : Beata Virgo Maria 《L.》 (= Blessed Virgin Mary). 성모 마리아
16) wrangle : 말다툼하다, 논쟁하다, 다투다
17) Ghezzi : 이탈리아 교수인 Charles Ghezzi 신부
18) Bruno the Nolan : Giordano Bruno. 이탈리아 르네상스기의 철학자이자 수사
19) pidgin : 혼합어
20) risotto alla bergamasca : 리소토(쌀) 요리 이름
21) rogue : 악한, 불량배, 깡패, 개구쟁이, 장난꾸러기
22) the crucified : 십자가에 못 박힌 자

I wonder if William Bond will die

For assuredly[23] he is very ill.

Alas, poor William!

I was once at a diorama in Rotunda.[24] At the end were pictures of big nobs.[25] Among them William Ewart Gladstone, just then dead. Orchestra played *O, Willie, we have missed you.*

A race of clodhoppers![26]

*March 25, morning.* A troubled night of dreams. Want to get them off my chest.

A long curving gallery. From the floor ascend pillars of dark vapours. It is peopled by the images of fabulous kings, set in stone. Their hands are folded upon their knees in token of weariness and their eyes are darkened for the errors of men go up before them for ever as dark vapours.

Strange figures advance as from a cave. They are not as tall as men. One does not seem to stand quite apart from another. Their faces are phosphorescent,[27] with darker streaks.[28] They peer at me and their eyes seem to ask me something. They do not speak.

*March 30.* This evening Cranly was in the porch of the library, proposing a problem to Dixon and her brother. A mother let her child fall into the Nile. Still harping on the mother. A crocodile seized the child. Mother asked it back. Crocodile said all right if she told him what he was going to do with the child, eat it or not eat it.

This mentality, Lepidus would say, is indeed bred out of your mud by the operation of your sun.

And mine? Is it not too? Then into Nile mud with it!

*April 1.* Disapprove of this last phrase.

*April 2.* Saw her drinking tea and eating cakes in Johnston's, Mooney and O'Brien's. Rather, lynx-eyed[29] Lynch saw her as we passed. He tells me Cranly was invited there by brother. Did he bring his crocodile? Is he the shining light now? Well, I discovered him. I protest I did. Shining quietly behind a bushel of Wicklow bran.

*April 3.* Met Davin at the cigar shop opposite Findlater's church. He was in a black sweater and had a hurley stick. Asked me was it true I was going away and why. Told him the shortest way to Tara[30] was *via* Holyhead.[31] Just then my father came up. Introduction. Father polite and observant. Asked Davin if he might offer him some refreshment. Davin could not, was going to a meeting. When we came away father told me he had a good honest eye. Asked me why I did not join a rowing club. I pretended to think it over. Told me then

---

23) assuredly : 분명히, 틀림없이
24) Rotunda : 더블린 시내에 있는 영화관
25) nob : 높은 양반, 고관, 부자
26) clodhopper : 농부, 시골뜨기
27) phosphorescent : 인광을 내는, 인광성의
28) streak : 줄, 선, 광선, 번개
29) lynx-eyed : 눈이 날카로운, 눈이 좋은
30) Tara : 아일랜드의 옛 도시
31) Holyhead : 영국 리버풀 남서쪽의 항구 도시

how he broke Pennyfeather's heart. Wants me to read law. Says I was cut out for that. More mud, more crocodiles.

*April 5.* Wild spring. Scudding[32] clouds. O life! Dark stream of swirling bogwater[33] on which appletrees have cast down their delicate flowers. Eyes of girls among the leaves. Girls demure[34] and romping. All fair or auburn:[35] no dark ones. They blush better. Houp-la!

*April 6.* Certainly she remembers the past. Lynch says all women do. Then she remembers the time of her childhood — and mine if I was ever a child. The past is consumed in the present and the present is living only because it brings forth the future. Statues of women, if Lynch be right, should always be fully draped, one hand of the woman feeling regretfully her own hinder parts.

*April 6, later.* Michael Robartes remembers forgotten beauty[36] and, when his arms wrap her round, he presses in his arms the loveliness which has long faded from the world. Not this. Not at all. I desire to press in my arms the loveliness which has not yet come into the world.

*April 10.* Faintly, under the heavy night, through the silence of the city which has turned from dreams to dreamless sleep as a weary lover whom no caresses move, the sound of hoofs[37] upon the road. Not so faintly now as they come near the bridge; and in a moment, as they pass the darkened windows, the silence is cloven by alarm as by an arrow. They are heard now far away, hoofs that shine amid the heavy night as gems, hurrying beyond the sleeping fields to what journey's end — what heart? — bearing what tidings?

*April 11.* Read what I wrote last night. Vague words for a vague emotion. Would she like it? I think so. Then I should have to like it also.

*April 13.* That tundish has been on my mind for a long time. I looked it up and find it English and good old blunt English too. Damn the dean of studies and his funnel! What did he come here for to teach us his own language or to learn it from us. Damn him one way or the other!

*April 14.* John Alphonsus Mulrennan has just returned from the west of Ireland. European and Asiatic papers please copy. He told us he met an old man there in a mountain cabin. Old man had red eyes and short pipe. Old man spoke Irish. Mulrennan spoke Irish. Then old man and Mulrennan spoke English. Mulrennan spoke to him about universe and stars. Old man sat, listened, smoked, spat. Then said:

– Ah, there must be terrible queer creatures at the latter end of the world.

I fear him. I fear his redrimmed horny eyes. It is with him I must struggle all through this night till day come, till he or I lie dead, gripping him by the sinewy throat till ... Till what? Till he yield to me? No. I mean no harm.

*April 15.* Met her today point blank in Grafton Street. The crowd brought us together. We both stopped.

---

32) Scudding : 질주하는, 순풍을 받고 달리는
33) bogwater : 습지 물, 늪 물
34) demure : 새침한, 얌전한, 진지한
35) auburn : 적갈색의, 황갈색의, 다갈색의
36) Michael Robartes remembers forgotten beauty : Yeats의 시의 일부분
37) hoofs : 발굽, (굽 있는 동물의) 발, (사람의) 발(foot)

She asked me why I never came, said she had heard all sorts of stories about me. This was only to gain time. Asked me was I writing poems? About whom? I asked her. This confused her more and I felt sorry and mean. Turned off that valve at once and opened the spiritual-heroic refrigerating apparatus, invented and patented in all countries by Dante Alighieri.[38] Talked rapidly of myself and my plans. In the midst of it unluckily I made a sudden gesture of a revolutionary nature. I must have looked like a fellow throwing a handful of peas into the air. People began to look at us. She shook hands a moment after and, in going away, said she hoped I would do what I said.

Now I call that friendly, don't you?

Yes, I liked her today. A little or much? Don't know. I liked her and it seems a new feeling to me. Then, in that case, all the rest, all that I thought I thought and all that I felt I felt, all the rest before now, in fact ... O, give it up, old chap![39] Sleep it off!

*April 16.* Away! Away!

The spell of arms and voices: the white arms of roads, their promise of close embraces and the black arms of tall ships that stand against the moon, their tale of distant nations. They are held out to say: We are alone — come. And the voices say with them: We are your kinsmen. And the air is thick with their company as they call to me, their kinsman, making ready to go, shaking the wings of their exultant and terrible youth.

*April 26.* Mother is putting my new secondhand clothes in order. She prays now, she says, that I may learn in my own life and away from home and friends what the heart is and what it feels. Amen. So be it. Welcome, O life! I go to encounter for the millionth time the reality of experience and to forge in the smithy[40] of my soul the uncreated conscience of my race.

*April 27.* Old father, old artificer,[41] stand me now and ever in good stead.

Dublin, 1904.
Trieste, 1914.

---

38) Dante Alighieri : 이탈리아 시인
39) chap : 놈, 녀석(fellow, boy), 사나이, 고객, 단골
40) smithy : 대장장이의 일터, 대장간
41) Old father, old artificer : Daedalus(Daidalos)에 대한 기도

# 제4장 실전예상문제

**01** 제임스 조이스(James Joyce)의 *A Portrait of the Artist as a Young Man*에 대한 설명으로 가장 적절하지 <u>않은</u> 것은?

① 자서전적 소설
② 아일랜드 문예부흥의 선도
③ 성장소설
④ '의식의 흐름' 기법

> **01** 아일랜드 문예부흥은 아일랜드의 민족의식이 눈뜨고 영국으로부터의 정치적 독립을 요구한 민족적 감정이 문학에 나타난 현상이라고 말할 수 있다. 이 운동을 문학운동으로 선도한 대표적인 작가는 윌리엄 버틀러 예이츠(William Butler Yeats)와 존 밀링턴 싱(John Millington Synge)이다.

**02** 다음 중 제임스 조이스(James Joyce)의 작품에 해당하지 <u>않</u>는 것은?

① *To the Lighthouse*
② *Finnegans Wake*
③ *Dubliners*
④ *Ulysses*

> **02** *To the Lighthouse*는 버지니아 울프(Virginia Woolf)의 작품이다.

**03** *A Portrait of the Artist as a Young Man*의 Stephen의 성장과정에 대한 설명으로 가장 적절한 것은?

① Clongowes Wood College에 입학하여 외향적인 성격으로 성장한다.
② Stephen의 아버지 Simon은 Stephen이 의사가 되기를 원한다.
③ Father Dolan은 Stephen의 안경이 깨져서 수업에 참여를 못하는 것을 이해한다.
④ Stephen은 「몽테크리스토 백작」을 읽으면서 주인공과 자신을 동일시한다.

> **03** ① Stephen은 몸이 허약하여 아이들과 어울리기보다는 주로 독서를 하며 내성적인 성격으로 성장한다.
> ② Stephen의 아버지 Simon은 Stephen이 신부가 되길 원한다.
> ③ Father Dolan은 Stephen이 안경이 깨져서 수업에 참여를 못하자, 나태한 학생으로 몰아세우며 손바닥에 매질을 한다.

**정답** 01 ② 02 ① 03 ④

04 ①·③·④는 '의식의 흐름' 기법과 관련된 용어들이다.

04 다음 제시문과 가장 관련 깊은 용어는?

> 본래 뜻은 '신의 현현 또는 출현'이다. 제임스 조이스(James Joyce)는 자신의 소설에서 평범한 사건이 계속되던 중 불현듯 어떤 초월적 존재를 출현시켜 삶의 진실을 깨닫게 하는 방식을 활용하면서 그만의 독특한 문학적 예술을 표현하였다.

① 의식의 흐름
② 에피퍼니
③ 내적 독백
④ 자동 기술법

05 *Chamber Music*은 연애시를 모은 시집으로, Joyce가 1907년에 발간하였다.

05 제임스 조이스(James Joyce)가 겪었던 더블린 사람들의 실제 삶을 소재로 쓴 '더블린 3부작'에 해당하지 않는 작품은?

① *Dubliners*
② *A Portrait of the Artist as a Young Man*
③ *Ulysses*
④ *Chamber Music*

06 Paul Morel은 D. H. Lawrence의 작품 *Sons and Lovers*의 주인공이다.

06 *A Portrait of the Artist as a Young Man*의 등장인물에 해당하지 않는 인물은?

① Paul Morel
② Stephen Dedalus
③ Cranly
④ Father Dolan

정답  04 ②  05 ④  06 ①

07 *A Portrait of the Artist as a Young Man*에서 Stephen이 라틴어 수업 중 Father Dolan으로부터 손바닥에 매를 맞은 후 한 행동으로 알맞은 것은?

① 대수롭지 않게 여긴다.
② 학교를 떠난다.
③ Father Conmee를 찾아간다.
④ Father Dolan을 찾아가 다시 설명한다.

07 Stephen은 교감 선생님인 Father Dolan에게 손바닥에 매질을 당하자, 그것에 대해서 고민을 한 후 교장 선생님인 Father Conmee를 찾아가서 자신이 정직했음에도 매를 맞았음을 말씀드린다. 그러자 교장은 Father Dolan과 이야기하겠다고 말한다.

08 *A Portrait of the Artist as a Young Man*의 5장 끝부분의 "old father, old artificer"가 의미하는 대상은?

① Father Conmee
② Aristotle
③ Daedalus
④ Parnell

08 작품의 마지막 부분에서 Stephen은 그리스의 장인인 '고대의 아버지, 고대의 명장'(old father, old artificer)이 자신의 정신적 수호신이 되어 주기를 간청하면서 예술과 이상의 세계로 향하고자 한다. 이는 고대 그리스 신화의 Daedalus를 가리킨다.

09 *A Portrait of the Artist as a Young Man*에 대한 설명으로 가장 적절하지 <u>않은</u> 것은?

① 작품의 마지막은 Stephen의 일기로 끝난다.
② 주인공의 성장에 따라 표현하는 언어의 수준이 다르다.
③ Stephen은 부모님의 간곡한 부탁으로 신부가 된다.
④ 원 제목은 *Stephen Hero*이다.

09 Stephen은 선생님과 부모로부터 사제가 되라는 권유를 받지만, 그 길이 자신의 길이 아님을 확신하면서 사회와 종교의 구속에서 탈출하여 예술가가 되려 한다.

정답  07 ③  08 ③  09 ③

10 아버지가 선생님과 대학 문제를 상담하는 사이, Stephen은 고민하며 바닷가로 간다. 그는 바닷가에서 한 소녀를 본다. 마치 천사와 같은 그 소녀를 보면서 Stephen은 다시 자신의 영혼이 뜨겁게 타오르는 것을 느끼고, 예술가로서 자신의 열정에 휩싸인다.

10 *A Portrait of the Artist as a Young Man*에서 Stephen이 예술가로서 자신의 삶을 결정하도록 깨닫게 하는 대상은?

① Father Conmee
② 부모님
③ Cranly
④ 바닷가의 소녀

### 주관식 문제

01 **정답**
1910~1920년대 영국소설에서 사용하던 실험적 방법으로, '상념, 기억, 연상' 등이 지속적으로 일어나 그 일을 통해 떠오르는 과거의 경험, 생각, 느낌 등을 그대로 써내려 가는 것이다. '의식의 흐름' 소설은 일반적으로 '내적 독백'(interior monologue)의 서술적 기법을 사용한다. 대표적인 작품으로는 제임스 조이스(James Joyce)의 *A Portrait of the Artist as a Young Man*, 버지니아 울프(Virginia Woolf)의 *Mrs. Dalloway* 등이 있다.

01 '의식의 흐름'(Stream of consciousness) 기법에 대하여 간단히 서술하시오.

**정답**  10 ④

02 '에피퍼니'(Epiphany)에 대하여 간단히 서술하시오.

02 **정답**
'에피퍼니'(Epiphany)는 신적인 혹은 초자연적인 것의 출현, 현시(顯示), 강림(降臨)을 뜻하는 영어 단어이다. 문학에서는 등장인물의 갑작스럽고 현저한 깨달음 혹은 자각을 뜻한다. 경험의 본질 혹은 실체가 한순간에 완전히 이해되는 것을 의미하는데, 제임스 조이스(James Joyce)는 Stephen의 성장과정에 '에피퍼니'를 담아 표현했다.

03 *A Portrait of the Artist as a Young Man*에서 Stephen의 자유로운 비상을 억압하는 것을 쓰시오.

03 **정답**
작품에서 '애국심, 종교, 민족주의, 가족의 그물'(nets of patriotism, religion, nationalism, family)이 예술가의 비상을 구속하는 것으로 표현된다. 다시 말하면, '민족(국가), 종교, 가족'이다.

04 *A Portrait of the Artist as a Young Man*은 각 장마다 언어 구사가 조금씩 다르다. 이러한 특징을 성장소설과 관련하여 서술하시오.

04 **정답**
소설의 제1장의 앞부분은 주인공 Stephen의 어린 시절 이야기로, 아이의 혀 짧은 소리가 묘사되고 문장의 표현이 단순하며 짧다. 그러나 제3장에서는 가톨릭 강론 설교가 등장하기도 한다. Stephen의 대학 시절을 그린 부분은 대학 수준의 어휘와 복잡한 문장으로 되어 있다. 다시 말해, Stephen의 성장과정을 다루고 있는 이 소설의 각 다섯 장은 Stephen의 성장단계에 맞는 언어와 문체, 어휘로 쓰였다.

# 제5장 Virginia Woolf
## – To the Lighthouse

| 단원 개요 |

Virginia Woolf는 자연주의 및 사실주의를 거부하였으며 문체상으로 시적 산문을 창출하였고 선도적인 페미니스트로서의 면모를 보여주는 작가이다. 20세기 영문학에서 Joyce와 함께 모더니스트 작가로서 뚜렷한 족적을 남겼으며 여성의 삶에 대한 진지한 모색과 진보적 발언을 통해 선구적인 페미니스트로서 평가받는다.

| 출제 경향 및 수험 대책 |

Virginia Woolf는 이 작품에서 시간과 인식의 문제에 주력한다. 전체 3부로 이루어졌으며, 작품의 1부와 3부는 똑같이 하루나 몇 시간이라는 짧은 시간을 다루지만, 작품의 거의 전부를 차지할 만큼 분량이 많은 데 비하여, 10년의 시간을 다루는 2부는 짤막하고 간단하게 처리된다. 시간을 물리적 시간이 아닌 의식의 강도와 비례시켜 작품을 창작했다는 것에 중점을 두고 이 작품을 분석할 필요가 있다.

## 제1절 작가의 생애

버지니아 울프(Virginia Woolf, 1882~1941)는 어려서부터 집안에서 아버지의 방대한 서적을 읽었고, Henry James 같은 작가를 만나는 등 지적인 분위기 속에서 성장하면서 당대 지식인들의 세계로 쉽게 들어갈 수 있었다. 아버지가 돌아가신 후, 그녀의 오빠인 Thoby의 친구들을 중심으로 'Bloomsbury Group'이라는 사교모임을 시작하였다. 이들은 문학과 예술에 대한 빅토리아 사회의 검열과 억압에 반대하면서 표현의 자유를 중시했고, 후대의 아방가르드(Avant-Garde, 전위파) 발전에 큰 도움을 주었다. Bloomsbury Group은 전통과 인습에 대한 거부와 함께 토론과 논쟁, 진지한 인간적 교류, 새로운 예술적 실험 등을 강조하고 옹호하였다.

Woolf는 1905년부터 여러 잡지에 문예비평을 기고하였다. 제1차 세계대전 무렵, 그녀는 런던 문예계의 중요한 인물이 되어 있었다. 1912년 Woolf는 이 모임에 참석하던 언론인이자 수필가, 정치 비평가였던 Leonard Woolf와 결혼하였다. 이들 부부의 결혼 생활은 무척 행복했던 것으로 알려져 있으며, 남편은 처음부터 아내의 재능을 알아보고 격려하였다고 전해진다. 1915년 그녀의 첫 소설 The Voyage Out을 출간한 후, Mrs. Dalloway(1925), To the Lighthouse(1927), Orlando(1928)를 연달아 출간하였다. Woolf가 소설에 적용한 서술방식의 비선형적인 접근(시간 순서를 지키지 않는 서술방식)은 소설 장르에 큰 영향을 끼쳤다. Woolf는 '의식의 흐름' 기법으로 등장인물의 내면을 묘사하고 기억의 각인을 묘사하였다.

Woolf는 소설 이외에도 다양한 에세이와 일기·편지·전기를 쓴 작가이다. 그녀는 성별과 성(性) 역할, 계급과 권력의 변화에서부터 자동차, 비행기, 영화와 같은 기술에 이르기까지 빠르게 변화하는 세상을 선구적으로 포착하였다. A Room of One's Own(1929), Three Guineas(1938)를 포함하여 여성의 지위에 대한 논쟁적인 글을 썼고, 단편소설도 집필하였다.

Woolf는 평생 정신적 문제로 괴로워했고, 1941년 루이스의 우즈강에서 자살하였다. 그녀는 우즈강으로 산책을 나갔다가 행방불명되었는데, 강가에 Woolf의 지팡이와 발자국이 있었다. 그녀의 시신은 행방불명된 지 20일 후인 4월 18일에 발견되었는데, 당시 입고 있던 코트에서 돌이 발견되었고 그녀의 서재에 남편과 언니에게 남기는 유서가 있었다. Woolf는 입고 있던 코트에 돌을 가득 채운 후 강으로 들어가 자살한 것으로 결론지어졌다. 자살의 원인은 우울증과 허탈감, 환청, 정신이상 발작에 대한 공포심 등으로 추정된다. 그녀는 20세기의 가장 혁신적인 작가 중 한 명으로, 그녀의 작품은 이후로도 많은 관심을 받았고, 작품에 대한 광범위한 논평이 이루어졌다. 또한 1970년대 페미니스트 비평운동의 중심 주제 중 하나였으며, 주요 작품이 50개 이상의 언어로 번역되었다.

Woolf는 20세기 영문학에서 모더니스트 작가로서 큰 위치를 차지한다. 그녀는 여성의 삶에 대한 진지한 모색과 진보적 발언으로 페미니스트의 선구자로 평가받는다. 그녀는 자연주의 및 사실주의를 거부하였고 시적인 산문의 문체를 창출하였으며 선도적인 페미니스트의 면모를 보여주었다. *A Room of One's Own*(1929)에서 Woolf가 주장한 여성의 물질적, 정신적 독립의 필요성과 고유한 경험의 가치는 여성에 대한 시대의 인식과 문화에 지대한 영향을 미쳤다.

## 제2절 작품 세계

### 1 작품 세계

(1) Woolf의 작품 속 화자는 모든 등장인물의 마음을 넘나들지만, 그들의 생각을 요약해 의미를 부여하거나 옳고 그름을 판단하지 않는다. 거침없이 이 인물의 생각에서 저 인물의 생각으로 널뛰듯 이동하고 다시 인물들의 외부에 위치하면서, 한 대상을 조명할 수 있는 다양한 관점을 드러낸다. Woolf의 매력은 바로 그런 독특한 화자와 밀착되어 얽힌 개인의 의식 세계를 누비는 것이다.

(2) '의식의 흐름'(Stream of consciousness)과 '자유 연상'(Free association)

Woolf는 '의식의 흐름' 기법을 주로 사용하였다. 이것은 기존의 소설의 줄거리에 따라 전개하는 방식에서 벗어나, 끊임없이 명멸하는 모든 인상들이 개인의 의식에 영향을 미쳐 합리적인 사고로 구성되어 가는 과정을 내적인 독백으로 적어 나가는 수법이다.

'의식의 흐름'이란 용어는 심리학자 William James가 자신의 저서 *The Principles of Psychology*(1890)에서 처음으로 사용하였으며, 문학에서는 James Joyce, William Faulkner, Virginia Woolf 등이 이 기법을 작품 전개에 이용하여 유명해졌다.

'의식의 흐름'은 당시 Carl Jung이나 Sigmund Freud가 주장하여 정신분석에서 사용하기 시작한 '자유 연상' 기법의 영향도 많이 받았다. 자유 연상을 통해야만 이성과 합리성으로 꾸며진 의식 밑바닥에 있는 무의식적 욕구나 숨은 의도를 알아낼 수 있다고 생각한 것이다. 따라서 Woolf의 작품은 줄거리는 별로 없지만 작가의 의식이 연상에 의해 자연스럽게 흘러감에 따라 시간이 바뀌기도 하고, 그때마다 섬광적인 인상들을 포착한다. 이 포착의 순간은 과거의 기억과 연결되기도 하고, 때로는 이런 인상들이 별다른 연관성 없이 뒤섞이기도 한다.

### (3) 몽타주(montage) 기법

몽타주(montage) 기법이란, 따로따로 촬영된 화면을 효과적으로 떼어 붙여 화면 전체를 유기적으로 구성하는 영화 편집 기법을 의미한다. 하지만, 문학의 영역에서 말하면, 독립될 수 있는 이미지들을 결합하여 전체적으로 하나의 통일된 주제를 이루도록 하는 기법을 의미한다. 따라서 이 기법은 단순한 이야기의 나열로서의 작품이 아니라 다양한 시점과 상징, 문체 등을 구비한 작품을 말한다.

### (4) 시간의 개념

Woolf의 작품은 연대기적이고 직선적인 시간관을 가진 일반적인 작품 전개 방식을 벗어난다. 그녀의 작품은 과거와 현재, 미래가 끊임없이 흐르고 겹치는 시간관을 그려낸다. 자연법칙을 따르는 과학적인 시간을 극복하고, 인간의 심리적 흐름을 따르는 주관적이고 유동적인 시간관을 그려낸다.

### (5) 문체

Woolf의 문체는 시적인 기질이 두드러진다. 그녀는 자신의 작품에서 비유와 이미지에 대한 통찰력, 예민한 언어 감각, 시적인 문체 구사력을 드러낸다.

## 2 주요 작품

### (1) *Mrs. Dalloway*(1925)

이 작품은 1923년 6월의 어느 목요일, 영국 런던을 배경으로, 하루 동안에 일어난 일을 다루고 있다. 상류층 부인 Clarissa Dalloway와 Septimus Warren Smith를 두 중심축으로 하여, 수많은 주변 인물들의 시선이 움직이는 방향을 그대로 따라가는 방식을 취한다. 사건의 진행은 시간과 공간을 초월하며 인물의 내면에서 발생하는 의식이나 사고의 흐름에 따라 전개된다. 과거의 기억, 미래에 대한 잔상, 꿈의 순간들이 현재 속에서 뒤죽박죽 떠오르고 끼어들기를 거듭하는 불규칙한 연상 작용이 주로 반복된다. 모든 인물들의 이야기는 Mrs. Dalloway의 파티장을 통해 한자리에 모여들며 하나의 세계를 구축하게 된다.

### (2) *To the Lighthouse*(1927)

*To the Lighthouse*는 Woolf의 소설 중에서 자전적인 요소가 가장 강한 작품이다. 이 작품에 등장하는 Ramsay 부부는 Woolf의 부모를 모델로 하고 있다. 이 작품에는 시간과 기억, 남성성과 여성성에 대한 빅토리아 시대의 관습, 그리고 예술과 예술이 기록하려 하는 대상에 대한 깊은 관찰이 드러난다. Woolf는 이 작품에서 시간과 인식의 문제에 주력하며 이를 표현하고자 하였는데, 내용 전개는 시간의 흐름에 따르고 있으나 근본적으로는 의식과 시간의 상관관계에 초점이 맞추어져 있다. Ramsay 부부의 대조되는 의식을 탐구하는 1부와 인물들의 비전을 체험하는 3부는 짧은 시간이지만 의식이 복잡하고 강렬한 데 비해, 2부는 10년이라는 긴 시간에 걸쳐 있으면서도 의식이 복잡하지 않다. 청소부인 Mrs. McNab과 Mrs. Bast의 마음속에 투영된 이들 가족에 대한 비교적 단순한 회상은 단순히 사건을 전달하는 수준이고 섬세하거나 심오하지 않다.

2부는 3부에 제시된 Lily의 생생하고 풍요로운 회상과 대조적이다. 이처럼 *To the Lighthouse*에서는 작품의 구조와 내용이 작가의 시간과 의식에 대한 새로운 고찰임을 보여준다.

### (3) *Orlando*(1928)

원제는 *Orlando : A Biography*이다. Woolf의 친구 Vita Sackville-West의 삶에 기반을 둔, 부분적인 자전적 소설이다. 이 작품은 엘리자베스 1세 시절에 태어난 소년 Orlando에 관한 이야기이다. 엘리자베스 1세는 그에게 영원히 나이 들지도 말고 죽지도 말라고 말하고, 그는 400년을 사는 인간이 된다. Orlando는 여왕의 연인이었지만, 그녀가 죽은 후 러시아 대사의 딸 Princess Sasha와 사랑에 빠진다. Sasha에게 실연당한 Orlando는 시인 Nick Green의 지도를 받으며 어린 시절 쓰다가만 *The Oak Tree*라는 시를 계속 써나간다. Orlando는 영국 대사로서 콘스탄티노플(Constantinople)로 떠난다. 그는 직무를 훌륭하게 수행하지만, 반란군들의 폭동으로 불안한 나날들을 보낸다. 그러던 어느 날 잠에서 깨어 보니, 그는 자신이 여자로 변해 있음을 깨닫는다. 완전한 여성이 된 Orlando는 영국으로 돌아와 여성으로서 살아가며 남성우월주의를 느낀다. 이후 탐험가 Shelmerdine을 만나 사랑에 빠지고 아이를 낳는다. 1928년에 Orlando는 *The Oak Tree*를 출간한다. Woolf는 기존 소설의 관습을 깨며 전기, 실화소설, 판타지를 넘나드는 새로운 문학 스타일을 보여준다. 또한 이 작품은 여성문학과 성(性) 연구(gender studies) 분야에서 중요한 작품으로 꼽힌다.

### (4) *A Room of One's Own*(1929)

Woolf가 Cambridge University에서 한 강연을 토대로 한 에세이다. 이 에세이는 큰 반향을 불러일으켰으며, 대표적인 페미니즘 에세이로 손꼽히며 지금까지도 영향을 끼치고 있다. 여성에게도 남성과 더불어 자신만의 꿈을 펼치며 살아가는 자립적인 삶이 필요하다는 것을 강조한다. 문학작품은 아니지만, 그 서술방식에 있어서 시적으로 함축성 있는 언어 구사와 절묘한 비유, 극적인 구성 전개는 어느 작품 못지않게 문학성이 짙다.

### (5) *The Years*(1937)

인간심리의 복잡하고 미묘한 내면세계를 그리고 있는 이 작품에서는 1880~1920년까지의 시간의 흐름 안에서 과거와 현재를 넘나드는 자유로운 사고를 볼 수 있다. 인간의 성장과정과 활동, 은퇴 이후의 인생을 등장인물들의 대화로 그려내고 있다.

### (6) *Three Guineas*(1938)

전쟁 반대를 위한 서명과 기금 마련을 부탁하는 편지를 보낸 중년의 백인 남성 변호사에게 Woolf가 3년 만에 보내는 답신 형식의 에세이 작품이다.

### 3  *To the Lighthouse*의 특징

이 작품은 세 부분으로 나누어져 있으며, 1부와 3부는 10년이라는 시간 차이가 있다. 1부 '창문'의 중심이 Mrs. Ramsay라면, 3부 '등대'의 중심은 Lily의 의식이다. Woolf의 작품 중 가장 자전적인 작품이다. 1부는 Mrs. Ramsay로 표상된 Woolf의 어머니 Julia가 지배한 Woolf의 과거이며, 3부는 화가인 Lily를 통해 부모님의 영향을 벗어나 예술가로 독립한 그녀의 현재로 볼 수 있다. 그리고 2부 '시간이 흐른다'는 어머니의 죽음과 제1차 세계대전을 그리고 있다. 여름 별장을 지키는 하녀와 그녀의 아들이 등장하지만, 인간의 존재를 무력하게 만드는 비인간적인 자연의 힘, 혼돈과 무질서, 죽음과 어둠이 전면을 지배한다.

1부에서 그려지는 여름철 바닷가 별장에서의 Ramsay 부부와 여덟 아이, 손님들의 이야기는 하룻밤과도 같은 전쟁과 죽음의 시간(2부)을 지나 3부에서 부분적으로나마 회복을 보인다. 3부의 시작 부분에서 아들 James는 돌아가신 어머니를 기념하며 시작한 항해에서, 여전히 아버지에 대한 적개심으로 불탄다. 1부의 Ramsay 부부와 아들 James 사이의 오이디푸스적인 삼각관계는 3부에서 Mr. Ramsay가 배를 조정하여 등대에 도달한 James를 칭찬하면서 해소된다. James는 어머니를 대신해서 아버지를 선택함으로써 자신과 아버지를 동일시하는 가부장제의 승계를 완성한다. Mrs. Ramsay의 정신적 딸인 Lily 또한 1부에서 그리기 시작한 그림을 3부에서 완성하고, '드디어 통찰력을 획득했다.'라고 생각한다.

Woolf는 이 작품에서 모더니즘 작가로서 인지했던 '진실의 복잡성'과 그로 인해 촉발될 수 있는 다양한 감정을 효과적으로 전달하기 위해, '불연속적인 연속성'을 구현해 내는 유연한 소설 형식을 보여준다. Woolf는 상상력을 따라 움직이면서, 자주 그리고 인위적으로 글을 급작스럽게 중단하고, 그러고나서는 다시 이어간다. Woolf는 자기가 받은 인상의 파편들을 그대로 기록한다고 주장했는데, 실제로 그녀는 그 파편들 사이의 어떤 연결도 시도하지 않는 것처럼 보인다.

## 제3절   *To the Lighthouse*의 줄거리

### 1  1부 : 창문(The Window)

Ramsay 부부는 스코틀랜드 서해안에 위치한 Hebrides 군도의 한 섬에 있는 여름 별장에서 아이들과 여름을 보내고 있다. 별장에서 막내아들 James와 함께 있던 Mrs. Ramsay는 내일 날씨가 좋으면 바다 저편에 있는 등대로 구경하러 갈 것을 그에게 약속한다. 철학 교수인 Mr. Ramsay는 이들 모자의 이야기를 듣고서 평소처럼 냉정하고 무심한 태도로 내일 날씨는 좋지 않을 것이라고 말하여 아들의 기분을 상하게 한다. Mrs. Ramsay는 이제 50대가 되었지만 여전히 여성적인 매력과 미모를 갖고 있다. 자녀들을 애정으로 대하는 그녀는 가정을 결속시키는 중요한 역할을 한다. 이 별장에서 머무르는 Mr. Ramsay의 제자인 Charles Tansley는 자기주장이 세고, 다른 사람의 흠 잡기를 좋아하며, 아이들에게 간섭을 많이 한다. Augustus Carmichael이라는 나이 든 시인도 이들 가족과 함께한다. Ramsay 가족이 머무르고 있는 별장에 온 손님 중에 Lily Briscoe라는 화가가 있다. 그녀는 이곳에 머무르는 William Bankes라는 나이 든 식물학자와 산책하며 자연 풍경을 즐긴다. Mrs. Ramsay는

Lily Briscoe와 William Bankes가 같이 어울리는 것을 보고, 그들이 결혼하기를 바란다. 그러나 Lily는 결혼에 구애받는 생활을 원치 않는 여성이다. 한편, Mr. Ramsay는 연구에 몰두하며 자신의 학문적 업적을 알파벳으로 따지면 Q 정도까지 왔다고 생각하고, 이제 R을 향하여 매진할 때라고 생각한다. 이러한 상황에서 그는 아내의 사랑과 위로를 필요로 한다. 막내 James는 어머니가 자신에게 동화를 읽어 주고 사랑해 주는 시간을 아버지에게 빼앗기는 것이 싫어서, 아버지가 어머니와 함께하는 것을 싫어한다. James가 등대로 여행 갈 기대에 부풀어 있을 때 아버지가 날씨의 변덕을 빌미 삼아 못 갈 수도 있다고 하는 말에 그는 아버지에 대해 적개심을 품게 된다. James를 바라보던 Mrs. Ramsay는 오십 평생의 인생을 되돌아보면서 병과 고통, 죽음 등에 대한 걱정을 하고 아이들에게 영향을 미칠까 두려워한다. 한편, Lily는 이곳에서 풍경화를 그리고 있다. Lily는 상상력이 절정에 다다른 순간에 그림을 완성시키려 하지만, 상상력이 죽어 있음을 느낀다. 구상대로 그림이 잘 완성되지 않자, 그녀는 마음은 애가 탄다. 결국 날씨가 좋지 않아 Ramsay 가족의 등대 여행 계획은 미뤄지고, 그들은 별장을 떠난다.

## 2 2부 : 시간이 흐른다(Time Passes)

2부에서는 Ramsay 가족이 여름 별장으로 다시 돌아가기 이전의 10년 동안의 세월을 그린다. 그 사이 Mrs. Ramsay는 죽었고, 맏딸 Prue는 결혼하여 아이를 낳다가 죽었다. 아들 Andrew는 제1차 세계대전에 참전하였다가 전사하였다. 별장의 곳곳은 흘러간 세월을 보여준다. 벽지가 너저분하게 벗겨져 있고, 책들은 곰팡이가 피었다. 별장이 거의 황폐화되어 가고 있을 때, 가정부 Mrs. McNab은 Ramsay 가족이 별장에 다시 돌아온다는 소식을 듣는다. Ramsay 가족이 10년 만에 이 별장에 다시 도착하고, Lily와 Carmichael 등 다른 손님들도 온다.

## 3 3부 : 등대(The Lighthouse)

딸 Camilla와 16세가 된 막내아들 James는 아버지 Mr. Ramsay와 함께 등대로의 여정을 실행에 옮긴다. 별장에 함께 온 화가 Lily는 이제 마흔이 넘은 미혼 여성이다. 그녀는 Ramsay 가족이 등대로 여행하고 있는 도중, 해안에 머무르며 그림을 완성시키려고 노력하고 있다. Lily는 그들이 점점 등대 가까이 다가가는 것을 지켜보며, 10년 전에 미완성으로 남겨놓았던 그림을 완성하기 위해 심혈을 기울인다. 등대로의 여정을 계속하는 동안, Mr. Ramsay는 항상 자식들에게 그랬듯이 아들 James가 배 다루는 일이 시원찮다며 간섭하여 아들을 화나게 하고, 그런 아들이 느끼는 아버지에 대한 반감은 더 커진다. 그러나 배가 등대에 점점 가까워지면서 Mr. Ramsay는 아들의 배 다루는 기술을 칭찬하고, 아들 James도 아버지에 대한 적대감이 해소되며 가족 간의 갈등이 해소되고, Ramsay 가족은 등대에 도착한다. 한편, 해안에서 그림의 완성에 몰두하던 Lily는 그들이 등대에 도달하는 순간 초월적 비전의 순간에 이르러, 그동안 미완성 상태이던 그림 한가운데에 한 획을 그어 그림을 완성시킨다.

## 제4절 작품의 주제

### 1 양성주의

Woolf의 양성주의는 여성이 억압당하는 사회 상황에서 남녀 관계의 균형을 잡기 위한 방안으로 제시되었다. 그녀는 양성주의적 사고를 할 수 있는 사람은 남녀 관계에서 여성을 억압하지 않고 바람직한 관계를 유지할 수 있다고 보았다. Woolf가 양성주의를 제시한 목적은 개인의 양성주의적 사고 자체가 아니라, 그러한 사고를 통해서 균형감 있는 남녀 관계를 성취하려는 것이었다. To the Lighthouse에서 Lily가 그림의 완성을 통해서 성취하는 비전은 남녀 관계에서 균형의 필요를 인식하는 양성적 마음의 획득으로 나타난다. 특히 1장 중 Ramsay 부인이 남편에게 억압당하는 가부장제에서 남녀 관계의 문제점이 드러난다. 남편은 아내에게 자신을 치켜세워 줄 것을 요구하고, 아내는 계속해서 희생적인 모습으로 그려진다. 이 부부는 서로 각자의 성(性) 역할에 대해 편견을 지니고 있음을 보여주지만, Woolf는 남성과 여성 어느 쪽이 더 우월하다는 주장을 드러내지 않는다. 그녀가 이 작품에서 지향하는 것은, 바로 그러한 위계가 아닌 평등하고 바람직한 남녀 관계이다. 그런데 이 소설의 3장에서는 Lily의 새로운 인식만이 나타나고, 이러한 인식의 결과로 기대되는 구체적인 남녀 관계가 제시되어 있지는 않지만, 독자는 Lily가 조화로운 남녀 관계를 가질 것으로 기대하게 된다.

### 2 페미니즘적 요소

Woolf는 매사에 남을 돌보고 동정하는 Mrs. Ramsay를 통해, 그녀의 행동이 Mrs. Ramsay 자신의 존재감을 드러내는 방식이었을지도 모른다고 말한다. 그러한 선행이 자발적이든 비자발적이든 간에 여성의 삶을 '천사' 역할로만 몰아세우는 사회에 대한 비판이 이 소설에 담겨 있다. 또한, 여성 예술가인 Lily는 가부장적 사회에서 결혼 제도의 문제성을 인지하는 인물이며, Charles Tansley가 여성의 예술적 능력을 무시하는 것에 대해 비판하는 장면 등은 페미니즘적 요소를 드러낸다.

### 3 예술가의 역할

독신 여성으로서 삶을 관조하며 생에 대한 비전을 제시하는 Lily를 통해 예술가의 역할을 보여준다. Lily는 혼란과 무질서의 삶 속에서 예술적 상상력을 통하여 질서를 부여하고, 변하지 않는 불변의 빛, 진리를 포착하여 재현하는 것이 예술가의 길임을 자각한다.

## 4 자전적 요소

이 작품은 자전적인 성격을 지닌다. 작품 속의 Mrs. Ramsay는 온화하고 다정했던 Woolf의 어머니를 닮았고, Mr. Ramsay는 유명한 비평가였던 그녀의 아버지를 모델로 했다는 해석이 있다. 작품의 장소 또한 Woolf 가족의 실제 별장이었던 세인트 아이브즈 해안(스코틀랜드 서쪽)의 별장 톨랜드 하우스를 배경으로 하고 있다.

## 제5절 등장인물

### 1 Mr. Ramsay

남성성의 상징으로 냉소적인 현실주의자의 모습을 보인다. 이성과 합리성, 지성을 갖춘 철학자이다. 그는 진리와 위대함을 추구하며, 자신의 지식에 대한 확신을 갖고자 끊임없이 확인한다. 자신의 연구에 대한 불안감을 갖고 있으며, 아내의 위로를 원한다. 그는 가족들을 사랑하긴 하지만 때때로 독재자와도 같은 행동을 보인다.

### 2 Mrs. Ramsay

여성성의 상징으로 남편과 자녀, 타인을 위하여 희생적인 삶을 산다. 부드러운 여성상, 모성애, 동정적인 태도 등을 상징하는 인물이다. 부드럽고 감성적인 성격을 가지고 있으며, 소박하기도 하고, 미인이며 통찰력이 있다. 완전한 인간관계를 추구하며, 사랑과 이해의 모습을 보인다.

### 3 Lily Briscoe

작중 인물들에 대한 객관적인 관찰자로, 독신이자 화가이다. 그녀는 '비전'(vision)과 '위대한 계시'(great revelation)를 통해 자신이 그리던 그림을 완성하는 예술가이다. 그녀는 초반에 작품에 대한 불안감을 갖고 있으며, 작가 Woolf를 대변한다.

### 4 Charles Tansley

Mr. Ramsay의 제자이다. 가난하게 자란 열등의식 때문에 우쭐대기도 하고, 자기주장을 열성적으로 내세우는 인물이다. 여자는 글도 못 쓰고 그림도 못 그린다며 비꼬기도 한다. 그러나 나중에 교수직도 얻고 결혼도 한다.

## 5 William Bankes

Mr. Ramsay의 친구이다. 냉정하고 모든 사물을 이성적으로 파악하는 식물학자이다. Lily와는 이성관계가 아닌 절친한 관계로 지낸다.

## 6 Augustus Carmichael

Mr. Ramsay의 대학 친구로, 아편의 도움을 얻어가며 시를 쓴다. 결국 전쟁 중에 시집을 출간하여 명성을 날린다.

## 7 Cam(Camilla) Ramsay(막내딸)

James, 아버지와 함께 등대 여행에 동행한다.

## 8 James Ramsay(막내아들)

어머니에게는 애정을, 아버지에게는 적대감을 갖는다. Mr. Ramsay와 함께 등대에 간다.

## 9 기타 인물들

(1) Prue Ramsay(맏딸)

　　아이를 출산하다가 사망한다.

(2) Andrew Ramsay(맏아들)

　　전쟁 중에 폭탄이 터져 사망한다.

(3) Rose Ramsay(둘째 딸)

　　예술적이고 섬세하다.

(4) Nancy Ramsay(셋째 딸)

　　모험심이 강하다.

### (5) Jasper Ramsay(둘째 아들)
새총 놀이를 즐긴다.

### (6) Roger Ramsay(셋째 아들)
모험심이 강하다.

### (7) Paul Rayley
Ramsay 가족을 방문하는 인물로, 친절하고 감수성이 풍부한 청년이다.

### (8) Minta Doyle
Ramsay 가족을 방문하는 인물로, Paul Rayley와 결혼한다.

## 제6절 작품의 구조와 시점 및 기법

### 1 구조

To the Lighthouse는 3부로 구성된다.

### (1) 1부 : 창문(The Window)
제1차 세계대전이 발발하기 몇 년 전 9월 하순 어느 날 스코틀랜드 가까이 있는 한 섬에서 휴가를 보내는 Ramsay 부부와 아이들, 그리고 이들이 초대한 손님들이 등장한다.

### (2) 2부 : 시간이 흐른다(Time Passes)
전쟁으로 인하여 Ramsay 가족은 이 섬에 오지 못하였다. 그동안 Mrs. Ramsay가 세상을 떠났고, Andrew는 전쟁 중에 사망하였고, Prue는 아이를 출산하다가 사망하였다. 집안의 이러한 큰 변화들은 청소부인 Mrs. McNab과 Mrs. Bast의 회상 형식으로 간단하게 말해진다.

### (3) 3부 : 등대(The Lighthouse)
10년 후 살아남은 가족이 1부에서의 손님들과 다시 이곳을 찾으며 예술가 Lily Briscoe가 10년 전 이곳을 처음 방문했을 때 시작한 그림을 완성하면서 끝난다.

## 2 시점

이 작품은 여러 시점을 사용하고 있다. 전지적 작가 시점의 변형으로 볼 수 있는데, 작가가 전지전능한 것이 아니라 작중에서 설명의 대상이 되는 등장인물에 맞춰진 시점이다. 따라서 전지적 작가 시점과 1인칭 및 3인칭 시점이 사용되고 있다. 1부에서는 주로 Mrs. Ramsay의 관점이 드러난다. 2부는 Mrs. McNab, 3부는 Lily가 중심이다. 그러나 이 인물이 중심일 뿐 또 다른 인물의 행동이나 생각을 묘사할 때는 그 인물이 중심이 된다.

## 3 상징

### (1) 바다(the sea)

끊임없이 변화하는 인생의 모습을 담고 있다. 바다는 우리의 삶과 시간의 흐름, 인생의 가변성을 상징한다. 인간을 삼켜 아무것도 아닌 존재로 만들 수도 있다는 공포와 죽음에 대한 위협을 의미하기도 하지만, 잔잔한 위안을 의미하기도 한다.

### (2) 등대(the lighthouse)

등대가 어두운 바다를 밝혀주듯이 이 작품에서 등대는 삶의 빛과 진리를 상징한다. 세월의 흐름처럼 흘러가는 바다 위에 서서 언제나 변함없이 자리를 지킨다. 이러한 등대의 이미지는 혼란으로 뒤덮인 현실 세계를 비출 수 있는 진리의 모습으로 이어진다. 또한 등대는 인간이 추구해야 할 삶의 이상이다. 오직 그곳으로 향하려는 인간의 노력으로만 도달할 수 있다. 마치 진리의 세계에 도착하듯 등대에 도착하는 순간 아버지와 아들은 서로를 이해하고 화해하게 되며, 함께 일체가 되는 느낌을 얻게 된다.

### (3) Lily의 그림

3부에서 Mr. Ramsay와 James 간의 갈등이 해소되고, Lily의 그림도 완성된다. 1부에서 Mrs. Ramsay가 남편과 아들 사이의 갈등을 해결하지 못하는 것과 Lily가 붓을 잡기만 한 채 그림을 완성시키지 못하는 상황은 3부에서 문제의 해결을 제시한다. Lily의 그림 완성은 Mr. Ramsay의 남성성 및 현실주의적인 모습과 Mrs. Ramsay의 여성성 및 희생적인 모습, 이 두 유형 간의 조화와 통합을 상징적으로 드러낸다.

## 제7절 *To the Lighthouse*의 일부

**Part I : The Window**
**Chapter 19** [1]

Of course, she said to herself, coming into the room, she had to come here to get something she wanted. First she wanted to sit down in a particular chair under a particular lamp. But she wanted something more, though she did not know, could not think what it was that she wanted. She looked at her husband (taking up her stocking and beginning to knit),[2] and saw that he did not want to be interrupted — that was clear. He was reading something that moved him very much. He was half smiling and then she knew he was controlling his emotion. He was tossing the pages over. He was acting it — perhaps he was thinking himself the person in the book. She wondered what book it was. Oh, it was one of old Sir Walter's, she saw, adjusting the shade of her lamp so that the light fell on her knitting. For Charles Tansley had been saying (she looked up as if she expected to hear the crash of books on the floor above), had been saying that people don't read Scott any more. Then her husband thought, "That's what they'll say of me"; so he went and got one of those books. And if he came to the conclusion "That's true" what Charles Tansley said, he would accept it about Scott. (She could see that he was weighing, considering, putting this with that as he read.) But not about himself. He was always uneasy about himself. That troubled her. He would always be worrying about his own books — will they be read, are they good, why aren't they better, what do people think of me? Not liking to think of him so, and wondering if they had guessed at dinner why he suddenly became irritable when they talked about fame and books lasting, wondering if the children were laughing at that, she twitched the stocking out, and all the fine gravings came drawn with steel instruments about her lips and forehead,[3] and she grew still like a tree which has been tossing and quivering and now, when the breeze falls, settles, leaf by leaf, into quiet.

It didn't matter, any of it, she thought. A great man, a great book, fame — who could tell? She knew nothing about it. But it was his way with him, his truthfulness — for instance at dinner she had been thinking quite instinctively, If only he would speak! She had complete trust in him. And dismissing all this, as one passes in diving now a weed, now a straw, now a bubble,[4] she felt again, sinking deeper, as she had felt in the hall when the others were talking, There is something I want — something I have come to get, and she fell deeper and deeper without knowing quite what it was, with her eyes closed. And she waited a little, knitting, wondering, and slowly those words they had said at dinner, "the China rose is all abloom and buzzing with the honey bee," began washing from side to side of her mind rhythmically, and as they washed,

---

1) *To The Lighthouse*는 3부로 구성된다. 1부는 19장, 2부는 10장, 3부는 13장이다. 19장은 Ramsay 부부의 말 없는 의식의 교차를 그린다. 부부는 서로 다른 일에 몰두한다.
2) taking up her stocking and beginning to knit : Mrs. Ramsay는 등대지기의 아들에게 줄 양말을 짜고 있었다.
3) all the fine gravings came drawn with steel instruments about her lips and forehead : 잔주름이 강철 도구로 그린 듯 입술과 이마 주위에 그려졌다 → 양말을 짜는 데 집중하는 모습을 나타낸 것이다
4) And dismissing all this, as one passes in diving now a weed, now a straw, now a bubble : 다이빙하는 사람이 수초, 지푸라기, 거품을 지나쳐 가듯이 모든 것(위안, 명작, 명예 등)을 제쳐 두는 것

words, like little shaded lights, one red, one blue, one yellow, lit up in the dark of her mind, and seemed leaving their perches[5] up there to fly across and across, or to cry out and to be echoed; so she turned and felt on the table beside her for a book.

And all the lives we ever lived
And all the lives to be,[6]
Are full of trees and changing leaves,

she murmured, sticking her needles into the stocking. And she opened the book and began reading here and there at random, and as she did so she felt that she was climbing backwards, upwards, shoving her way up under petals[7] that curved over her, so that she only knew this is white, or this is red. She did not know at first what the words meant at all.

Steer, hither steer your winged pines, all beaten Mariners[8]

she read and turned the page, swinging herself, zigzagging this way and that, from one line to another as from one branch to another, from one red and white flower to another, until a little sound roused her — her husband slapping his thighs. Their eyes met for a second; but they did not want to speak to each other. They had nothing to say, but something seemed, nevertheless, to go from him to her. It was the life, it was the power of it, it was the tremendous humour, she knew, that made him slap his thighs. Don't interrupt me, he seemed to be saying, don't say anything; just sit there. And he went on reading. His lips twitched.[9] It filled him. It fortified him. He clean forgot all the little rubs and digs of the evening, and how it bored him unutterably to sit still while people ate and drank interminably,[10] and his being so irritable with his wife and so touchy and minding when they passed his books over as if they didn't exist at all. But now, he felt, it didn't matter a damn who reached Z (if thought ran like an alphabet from A to Z). Somebody would reach it — if not he, then another. This man's strength and sanity,[11] his feeling for straightforward simple things, these fishermen, the poor old crazed creature in Mucklebackit's[12] cottage made him feel so vigorous, so relieved of something that he felt roused and triumphant and could not choke back his tears. Raising the book a little to hide his face, he let them fall and shook his head from side to side and forgot himself completely (but not one or two reflections about morality and French novels and English novels and Scott's hands being tied but his

---

5) perch : 횃대(roost), (새가) 앉는 나무, 보금자리
6) And all the lives we ever lived / And all the lives to be : 우리가 여태 살아온 삶/앞으로의 삶
7) petal : 꽃잎
8) Steer, hither steer your winged pines, all beaten Mariners : William Browne(1590~1645)의 *The Siren's Song*의 한 구절
9) twitch : 홱 잡아당기다; 잡아채다(out of, from, off), 씰룩씰룩 움직이다
10) interminably : 끝없이, 지루하게
11) sanity : 정신이 멀쩡함, 건전함, 온건함
12) Mucklebackit : Sir Walter Scott의 *Waverly* 연작소설 중 세 번째 책인 *The Antiquary*에 나오는 인물

view perhaps being as true as the other view), forgot his own bothers and failures completely in poor Steenie's[13] drowning and Mucklebackit's sorrow (that was Scott at his best) and the astonishing delight and feeling of vigour that it gave him.

Well, let them improve upon that, he thought as he finished the Chapter. He felt that he had been arguing with somebody, and had got the better of him. They could not improve upon that, whatever they might say; and his own position became more secure. The lovers were fiddlesticks,[14] he thought, collecting it all in his mind again. That's fiddlesticks, that's first-rate, he thought, putting one thing beside another. But he must read it again. He could not remember the whole shape of the thing. He had to keep his judgment in suspense. So he returned to the other thought — if young men did not care for this, naturally they did not care for him either. One ought not to complain, thought Mr. Ramsay, trying to stifle his desire to complain to his wife that young men did not admire him. But he was determined; he would not bother her again. Here he looked at her reading. She looked very peaceful, reading. He liked to think that everyone had taken themselves off and that he and she were alone. The whole of life did not consist in going to bed with a woman, he thought, returning to Scott and Balzac, to the English novel and the French novel.

Mrs. Ramsay raised her head and like a person in a light sleep seemed to say that if he wanted her to wake she would, she really would, but otherwise, might she go on sleeping, just a little longer, just a little longer? She was climbing up those branches, this way and that, laying hands on one flower and then another.

Nor praise the deep vermilion in the rose,[15]

she read, and so reading she was ascending, she felt, on to the top, on to the summit. How satisfying! How restful! All the odds and ends of the day stuck to this magnet; her mind felt swept, felt clean. And then there it was, suddenly entire shaped in her hands, beautiful and reasonable, clear and complete, the essence sucked out of life and held rounded here — the sonnet.

But she was becoming conscious of her husband looking at her. He was smiling at her, quizzically,[16] as if he were ridiculing[17] her gently for being asleep in broad daylight,[18] but at the same time he was thinking, Go on reading. You don't look sad now, he thought. And he wondered what she was reading, and exaggerated her ignorance, her simplicity, for he liked to think that she was not clever, not book-learned at all. He wondered if she understood what she was reading. Probably not, he thought. She was astonishingly beautiful. Her beauty seemed to him, if that were possible, to increase

---

13) Steenie : Saunders Mucklebackit의 장남
14) fiddlestick : 부질없는(시시한) 일
15) Nor praise the deep vermilion in the rose : Shakespeare의 sonnet #98 "From you have I been absent in the spring"의 한 구절
16) quizzically : 놀리듯이, 조롱하듯이
17) ridiculing : 비웃듯이
18) in broad daylight : 대낮에

Yet seem'd it winter still, and, you away,
As with your shadow I with these did play,

she finished.
"Well?" she said, echoing his smile dreamily, looking up from her book.

As with your shadow I with these did play,[19]

she murmured putting the book on the table.
What had happened she wondered, as she took up her knitting, since she had last seen him alone? She remembered dressing, and seeing the moon; Andrew holding his plate too high at dinner; being depressed by something William had said; the birds in the trees; the sofa on the landing; the children being awake; Charles Tansley waking them with his books falling — oh no, that she had invented; and Paul having a wash-leather case for his watch. Which should she tell him about?
"They're engaged," she said, beginning to knit, "Paul and Minta."
"So I guessed," he said. There was nothing very much to be said about it. Her mind was still going up and down, up and down with the poetry; he was still feeling very vigorous, very forthright,[20] after reading about Steenie's funeral. So they sat silent. Then she became aware that she wanted him to say something. Anything, anything, she thought, going on with her knitting. Anything will do.
"How nice it would be to marry a man with a wash-leather bag for his watch," she said, for that was the sort of joke they had together.
He snorted.[21] He felt about this engagement as he always felt about any engagement; the girl is much too good for that young man. Slowly it came into her head, why is it then that one wants people to marry? What was the value, the meaning of things? (Every word they said now would be true.) Do say something, she thought, wishing only to hear his voice. For the shadow, the thing folding them in was beginning, she felt, to close round her again. Say anything, she begged, looking at him, as if for help.
He was silent, swinging the compass on his watch-chain to and fro, and thinking of Scott's novels and Balzac's novels. But through the crepuscular walls of their intimacy, for they were drawing together, involuntarily, coming side by side, quite close, she could feel his mind like a raised hand shadowing her mind; and he was beginning now that her thoughts took a turn he disliked — towards this "pessimism"[22] as he called it — to fidget,[23] though he said nothing, raising his hand to his forehead, twisting a lock of hair,[24]

---

19) As with your shadow I with these did play : 당신의 그림자와 놀듯 이 꽃들과 함께 놀았다
20) forthright : 똑바로, 곧바로
21) snort : 콧방귀 뀌다(경멸이나 반대 등의 표시)(at), 경멸하다
22) pessimism : 비관, 비관설(론), 염세관, 염세 사상
23) fidget : 안절부절못하다, 불안해(초조해, 싱숭생숭해)하다, 들뜨다(about), 애태우다, 마음을 졸이다
24) a lock of hair : 머리카락 한 뭉치

letting it fall again.

"You won't finish that stocking tonight," he said, pointing to her stocking. That was what she wanted — the asperity in his voice reproving[25] her. If he says it's wrong to be pessimistic probably it is wrong, she thought; the marriage will turn out all right.

"No," she said, flattening the stocking out upon her knee, "I shan't finish it."

And what then? For she felt that he was still looking at her, but that his look had changed. He wanted something — wanted the thing she always found it so difficult to give him; wanted her to tell him that she loved him. And that, no, she could not do. He found talking so much easier than she did. He could say things — she never could. So naturally it was always he that said the things, and then for some reason he would mind this suddenly, and would reproach[26] her. A heartless woman he called her; she never told him that she loved him. But it was not so — it was not so. It was only that she never could say what she felt. Was there no crumb[27] on his coat? Nothing she could do for him? Getting up, she stood at the window with the reddish-brown stocking in her hands, partly to turn away from him, partly because she did not mind looking now, with him watching, at the Lighthouse. For she knew that he had turned his head as she turned; he was watching her. She knew that he was thinking, You are more beautiful than ever. And she felt herself very beautiful. Will you not tell me just for once that you love me? He was thinking that, for he was roused, what with[28] Minta and his book, and its being the end of the day and their having quarrelled about going to the Lighthouse. But she could not do it; she could not say it. Then, knowing that he was watching her, instead of saying anything she turned, holding her stocking, and looked at him. And as she looked at him she began to smile, for though she had not said a word, he knew, of course he knew, that she loved him. He could not deny it. And smiling she looked out of the window and said (thinking to herself, Nothing on earth can equal this happiness) —

"Yes, you were right. It's going to be wet tomorrow." She had not said it, but he knew it. And she looked at him smiling. For she had triumphed again.


## Part III : The Lighthouse
## Chapter 13

"He must have reached it,"[29] said Lily Briscoe aloud, feeling suddenly completely tired out. For the Lighthouse had become almost invisible, had melted away into a blue haze,[30] and the effort of looking at it

---

25) reproving : 꾸짖으며, 비난하며, 타이르며
26) reproach : 나무라다, 꾸짖다
27) crumb : 작은 조각, 빵 부스러기, 빵가루
28) what with : ~때문에(여러 가지 이유를 나열할 때 씀)
29) He must have reached it : Ramsay가 등대에 도착했을 것이다
30) haze : 아지랑이, 안개

and the effort of thinking of him landing there, which both seemed to be one and the same effort, had stretched her body and mind to the utmost. Ah, but she was relieved. Whatever she had wanted to give him, when he left her that morning, she had given him at last.

"He has landed," she said aloud. "It is finished." Then, surging up, puffing slightly, old Mr. Carmichael stood beside her, looking like an old pagan god,[31] shaggy,[32] with weeds in his hair and the trident[33] (it was only a French novel) in his hand. He stood by her on the edge of the lawn, swaying a little in his bulk and said, shading his eyes with his hand: "They will have landed," and she felt that she had been right. They had not needed to speak. They had been thinking the same things and he had answered her without her asking him anything. He stood there spreading his hands over all the weakness and suffering of mankind; she thought he was surveying, tolerantly, compassionately, their final destiny. Now he has crowned[34] the occasion, she thought, when his hand slowly fell, as if she had seen him let fall from his great height a wreath of violets and asphodels[35] which, fluttering[36] slowly, lay at length upon the earth.

Quickly, as if she were recalled by something over there, she turned to her canvas. There it was — her picture. Yes, with all its greens and blues, its lines running up and across, its attempt at something. It would be hung in the attics, she thought; it would be destroyed. But what did that matter? she asked herself, taking up her brush again. She looked at the steps; they were empty; she looked at her canvas; it was blurred.[37] With a sudden intensity, as if she saw it clear for a second, she drew a line there, in the centre. It was done;[38] it was finished. Yes, she thought, laying down her brush in extreme fatigue, I have had my vision.[39]

---

31) an old pagan god : 바다의 신
32) shaggy : 털북숭이의, 털이 텁수룩한, 거친 털의, 털(숲)이 많은
33) trident : 삼지창(바다의 신 Neptune(그리스 신화에서는 Poseidon)이 가진). 세 갈래 작살
34) crown : ~의 최후를 장식하다, 유종의 미를 거두다, 성취하다
35) asphodel : 아스포델(백합과의 식물), 시들지 않는다는 낙원의 꽃
36) fluttering : 훨훨 날며, 펄럭이며
37) blur : ~에 얼룩을 묻히다, 더럽히다(with)
38) It was done : 그림이 완성되었다
39) Lily는 삶에 대한 자신의 vision을 찾기 위한 매개체로 그림을 그린다. 이 소설의 마지막 부분에서 Lily는 중앙에 선을 하나 그음으로써 그림을 완성하고 삶의 의미를 깨닫는다.

# 제 5 장 | 실전예상문제

**01** To the Lighthouse에는 다양한 상징이 등장한다. 다음 중 이 작품과 관련된 상징에 해당하지 <u>않는</u> 것은?

① the window
② the sea
③ the lighthouse
④ the boat

**02** To the Lighthouse에서 버지니아 울프(Virginia Woolf) 자신을 대변하는 인물은?

① Lily Briscoe
② Mr. Ramsay
③ Mrs. Ramsay
④ Charles Tansley

---

**01** ① the window : 외부의 세계로 향하는 탈출구
② the sea : 끊임없이 변화하는 인생의 모습
③ the lighthouse : 진리, 그리고 인간이 추구해야 할 삶의 이상

**02** Lily Briscoe는 작중 인물들에 대한 객관적인 관찰자로, 작품의 끝부분에서 삶의 vision을 제시하며 마무리한다. 이 인물은 작가 Woolf를 대변한다.
② Mr. Ramsay : 남성성의 상징으로 냉소적인 현실주의자이자 이성과 합리성, 지성을 갖춘 철학자이다. 그는 자신의 연구에 대한 불안감을 갖고 있으며, 아내의 위로를 원한다. 가족들을 사랑하긴 하지만 때때로 독재자와 같은 행동을 보인다.
③ Mrs. Ramsay : 여성성의 상징으로 남편과 자녀, 타인을 위하여 희생적인 삶을 산다. 부드럽고 감성적인 성격이며, 완전한 인간관계를 추구하고, 사랑과 이해의 모습을 보인다.
④ Charles Tansley : Mr. Ramsay의 제자이다. 가난하게 자란 열등의식 때문에 우쭐대기도 하고, 자기주장을 열성적으로 내세우는 인물이다. 여자는 글도 못 쓰고 그림도 못 그린다며 비꼬기도 한다. 그러나 나중에 교수직도 얻고 결혼도 한다.

정답 01 ④ 02 ①

03 이 작품은 세 부분으로 나누어져 있으며, 1부와 3부는 10년이라는 시간 차이가 있다. 1부 '창문'의 중심이 Mrs. Ramsay라면, 3부 '등대'의 중심은 Lily의 의식이다. Woolf는 이 작품에서 시간과 인식의 문제에 주력하며 이를 표현하고자 하였는데, 내용 전개는 시간의 흐름에 따르고 있으나 의식과 시간의 상관관계에 초점이 맞추어져 있다. Ransay 부부의 대조되는 의식을 탐구하는 1부와 인물들의 비전을 체험하는 3부는 짧은 시간이지만 의식이 복잡하고 강렬한 데 비해, 2부는 시간적으로 길지만(10년) 의식은 복잡하지 않다. 청소부인 Mrs. McNab과 Mrs. Bast의 이들 가족에 대한 회상은 단순히 사건을 전달하는 수준이고 섬세하거나 심오하지 않다. 이처럼 *To the Lighthouse*에서는 작품의 구조와 내용이 작가의 시간과 의식에 대한 새로운 고찰임을 보여준다.

03 *To the Lighthouse*에 대한 설명으로 가장 적절하지 <u>않은</u> 것은?

① 여러 시점을 사용하고 있다.
② 시간과 의식의 관계에 초점을 둔 작품이다.
③ 인간 내면의 심리를 깊이 있게 다루고 있다.
④ 이 작품은 네 부분으로 나누어져 있다.

04 James Ramsay는 Ramsay 부부의 막내아들로, 어머니에게는 애정을, 아버지에게는 적대감을 갖는다. Mr. Ramsay와 함께 등대에 간다.
① Mr. Ramsay의 친구로, 냉정하고 모든 사물을 이성적으로 파악하는 식물학자이다. Lily와는 이성관계가 아닌 절친한 관계로 지낸다.
② Mr. Ramsay의 대학 친구로, 아편의 도움을 얻어가며 시를 쓴다. 결국 전쟁 중에 시집을 출간하여 명성을 날린다.
③ Ramsay 부부의 막내딸이다.

04 *To the Lighthouse*의 등장인물에 대한 설명으로 가장 적절한 것은?

① William Bankes : Lily와 연인 관계로 발전한다.
② Augustus Carmichael : Mr. Ramsay의 대학 친구로, 전쟁 중 전사한다.
③ Cam Ramsay : Ramsay 부부의 맏딸이다.
④ James Ramsay : 아버지에게는 적대감을 갖고 있었으나, Mr. Ramsay와 함께 등대에 간다.

 03 ④ 04 ④

05 *To the Lighthouse*와 거리가 먼 설명은?

① 시간 순서로 작품이 전개된다.
② 페미니즘적 요소를 가지고 있다.
③ 예술가가 나아가야 할 길을 보여준다.
④ 작가의 자전적 내용을 담고 있다.

05 *To the Lighthouse*에서는 물리적·외적 시간보다는 의식의 시간, 심리적·내적 시간이 중요시되어 작품이 전개된다. 이것이 Woolf의 작품의 특징이며, 모더니스트 작가들이 많이 구사하는 방법이기도 하다.
② Woolf는 램지부인을 통해 여성의 삶을 '천사' 역할로만 몰아세우는 사회에 대한 비판을 담고 있다. Lily Briscoe는 가부장적 사회에서 결혼제도의 문제를 인지하는 인물이며 여성의 예술적 능력을 무시하는 것에 비판하는 장면 등은 페미니즘적 요소를 보여준다.
③ Lily를 통해 예술가의 역할을 보여준다. Lily는 혼란스럽고 무질서한 삶에서 예술적 상상력을 통하여 질서를 부여하고 진리를 포착하여 재현하는 것이 예술가의 길임을 자각한다.
④ Ramsay 부부는 실제 Woolf의 어머니 Julia와 아버지인 Leslie Stephen을 모델로 하고 있으며, 장소 또한 Woolf 가족의 실제 별장이었던 세인트 아이브즈 해안(스코틀랜드 서쪽)의 별장 톨랜드 하우스를 배경으로 하고 있다.

06 *To the Lighthouse*는 3부로 구성되어 있다. 각 부의 제목에 해당하지 <u>않는</u> 것은?

① The Window
② Time Passes
③ The Years
④ The Lighthouse

06 *To the Lighthouse*는 '1부 : 창문(The Window), 2부 : 시간이 흐른다(Time Passes), 3부 : 등대(The Lighthouse)'로 구성되어 있다.
*The Years*는 Woolf가 1880~1920년까지의 시간의 흐름 안에서 과거와 현재를 넘나드는 자유로운 사고로, 인간 심리의 복잡하고 미묘한 내면세계를 그리고 있는 작품이다.

정답 05 ① 06 ③

07 Woolf는 연대기적이고 직선적인 시간관과 같은 작품 전개의 방식을 벗어난다. 그녀의 작품은 과거와 현재, 미래가 끊임없이 흐르고 겹치는 시간관을 그려낸다. 자연법칙에 따른 과학적 시간을 극복하고, 인간의 심리적 흐름에 따르는 주관적이고 유동적인 시간관을 그려낸다.

**07 버지니아 울프(Virginia Woolf)에 대한 설명으로 가장 적절하지 않은 것은?**

① 내면 의식의 흐름을 정교하고 섬세한 필치로 그려냈다.
② *A Room of One's Own*과 *Three Guineas*에서 여성의 지위에 대한 논쟁적인 글을 썼다.
③ 연대기적이고 직선적인 시간관과 같은 작품 전개의 방식을 고수했다.
④ *To the Lighthouse*는 Woolf의 소설 중에서 자전적인 요소가 강한 작품이다.

08 Woolf는 1915년 그녀의 첫 소설 *The Voyage Out*을 출간한 후, *Mrs. Dalloway*, *To the Lighthouse*, *Orlando*를 연달아 출간하였다. *Finnegan's Wake*는 제임스 조이스(James Joyce)의 마지막 작품으로, 주인공이 1938년 3월 21일 하룻밤에 꾸는 꿈 이야기이며, 신화에서 일상적인 물건에 이르기까지 다양한 소재를 다루는 소설이다.

**08 버지니아 울프(Virginia Woolf)의 작품에 해당하지 않는 것은?**

① *The Voyage Out*
② *Mrs. Dalloway*
③ *Finnegan's Wake*
④ *Orlando*

09 Mrs. Dalloway는 Woolf의 *Mrs. Dalloway*에서 등장하는 상류층 부인이다. 이 작품은 1923년 6월의 어느 목요일, 영국 런던을 배경으로 단 하루 동안 일어난 일을 다루지만, 소설의 진행은 시간과 공간을 초월하며, 인물의 내면에서 발생하는 의식이나 사고의 흐름에 따라 전개된다.

**09 *To the Lighthouse*에서 등장하는 인물이 아닌 것은?**

① Mrs. Dalloway
② James Ramsay
③ Lily Briscoe
④ Mrs. Ramsay

정답 07 ③ 08 ③ 09 ①

10 *To the Lighthouse*에 대한 설명으로 가장 적절하지 않은 것은?

① 시간과 기억, 예술과 예술이 기록하려 하는 대상에 대한 깊은 관찰이 드러난다.
② 작품은 세 부분으로 나누어져 있으며, 1부와 3부는 20년이라는 시간 차이가 있다.
③ Woolf의 작품 중 가장 자전적인 작품이다.
④ Lily는 1부에서 그리기 시작한 그림을 3부에서 완성한다.

10 제시된 작품은 10년이라는 세월을 사이에 두고 있는 이틀 동안 벌어지는 일들이다. 작품의 구조는 세 부분으로 나누어져 있다.

주관식 문제

01 *To the Lighthouse*에서 Mr. Ramsay와 Mrs. Ramsay의 대조적인 성격을 간략히 서술하시오.

01 정답
Mr. Ramsay는 소설에서 남성성을 상징하며 냉소적이고 이성과 합리성, 지성을 갖춘 철학자이다. 그는 가족들을 사랑하긴 하지만 때때로 독재자와 같은 행동을 보인다. Mrs. Ramsay는 여성성을 상징하며 남편과 자녀, 타인을 위하여 희생적인 삶을 산다. 부드러운 여성상, 모성애, 동정적인 태도 등을 보여준다. 통찰력이 있으며, 사랑과 이해의 모습을 보인다.

정답 10 ②

02 *To the Lighthouse*에서 'Lily의 그림'이 상징하는 의미를 서술하시오.

02 **정답**
Lily의 그림은 소설의 3부에서 완성된다. 1부에서 Mrs. Ramsay가 남편과 아들 사이의 갈등을 해결하지 못하는 것과 Lily가 붓을 잡기만 한 채 그림을 완성시키지 못하는 상황은 3부에서 그림이 완성되며, 그들의 갈등 해결을 제시한다. Lily의 그림 완성은 Mr. Ramsay의 남성성 및 현실주의적인 모습과 Mrs. Ramsay의 여성성 및 희생적인 모습, 이 두 유형 간의 조화와 통합을 상징적으로 드러낸다.

03 *To the Lighthouse*에서 '바다'(the sea)가 상징하는 의미를 서술하시오.

03 **정답**
이 작품에서 바다는 끊임없이 변화하는 인생의 모습을 담고 있다. 바다는 우리의 삶과 시간의 흐름, 인생의 가변성을 상징한다. 인간을 삼켜 아무것도 아닌 존재로 만들 수도 있다는 공포와 죽음에 대한 위협을 의미하기도 하지만, 잔잔한 위안을 의미하기도 한다.

04 *To the Lighthouse*에서 '등대'(the lighthouse)가 상징하는 의미를 서술하시오.

04 **정답**
등대가 어두운 바다를 밝혀주듯이 이 작품에서 등대는 삶의 빛과 진리를 상징한다. 등대는 세월의 흐름처럼 흘러가는 바다 위에 서서 언제나 변함없이 자리를 지킨다. 또한 등대는 인간이 추구해야 할 삶의 이상이다.

# 제6장 | Kazuo Ishiguro
## – The Remains of the Day

| 단원 개요 |

이 작품이 품고 있는 주제들은 대영제국의 말로부터 한 인간의 놓쳐버린 사랑과 회한까지 매우 폭넓다. 또한 그 문체 역시 각별한 연구의 대상이 될 만하며 후기식민지주의 관점에서부터 정신분석학적 해석까지 다양한 접근을 가능하게 하는 작품이다.

| 출제 경향 및 수험 대책 |

이 작품은 Stevens의 차근차근한 설명에도 불구하고 수많은 오해와 착각, 거기서 비롯되는 몇 겹의 아이러니와 여러 형태의 기억과 진실로 가득 찬 작품이다. 이 작품에서 가장 주목할 점은 두 가지이다. 하나는 영국성(Englishness : 영국인들의 과거에 대한 강한 집착과 향수)에서 비롯된 지난 시절에 관한 기억과 고찰이고, 다른 하나는 신뢰할 수 없는 화자를 내세운 간접적인 문체(Kenton에 대한 감정을 의도적으로 회피하며, 격식을 차리고 절제된 어조로 서술)가 주목할 부분이다.

## 제1절  작가의 생애

가즈오 이시구로(Kazuo Ishiguro)는 1954년 11월 8일 일본 나가사키에서 태어나 1960년 해양학자인 아버지의 직장을 따라 가족과 함께 영국으로 이주했다. 잉글랜드 남동부 지역에서 남자예비중등학교를 다녔으며 University of Kent at Canterbury에서 영문학과 철학을 전공하였다. 졸업 후 글래스고에서 지역사회 봉사자로 일했고 이후 런던으로 옮겨와 사회복지사 일을 계속하던 중에 지금의 부인인 Lona를 만나 결혼하였다. 사회복지의 일은 Ishiguro가 1982년 전업 작가로 전향하지 않았다면 지금도 계속 그 일을 했을 것이라고 그가 말할 만큼 애착을 갖고 있는 일이다. 이후 Ishiguro는 Malcolm Bradbury가 1970년에 창립한 저명한 University of East Anglia의 문예창작대학원에서 공부하며 작품 활동을 시작하였다.

Ishiguro는 혼합된 정체성을 지닌다. 혈통은 일본인으로 태어났지만 만 5세 때부터 영국식 교육을 받은 영국작가이다. 일본식 이름을 유지하지만 거의 영국화된 사람이다. 그는 영국에 도착한 이후 30년 동안 일본을 방문하지 않았다.

Ishiguro는 *The Remains of the Day*(1989)로 1989년에 부커상을, 2017년에 노벨 문학상을, 2018년에 영국 왕실에서 기사 작위를 받았다.

## 제2절 작품 세계

### 1 작품 세계

(1) Ishiguro는 일본과 영국, 즉 양국의 제국주의로부터 비판적 거리를 유지하는 '아웃사이더'에 가깝다. 그는 일본의 과거사를 자국 밖, 즉 영국에서 자유롭게 비판할 수 있는 입장이기 때문이다. 그가 노벨 문학상을 받았을 때 일본 문부성이 훈장을 수여하지 않았던 것도 이러한 그의 비판적 역사의식과 무관하지 않다.

(2) Ishiguro의 소설은 배경의 상이함과 관계없이, 누구에게나 중요한 추억과 기억의 문제, 과거와 현재의 관계, 역사의 진실과 지식의 형성에 관한 철학적인 질문을 던지며 독자들을 사로잡는다.

(3) 다른 작가의 작품처럼 보일 수 있는 배경의 다양성은 Ishiguro 스스로 자신의 소설관을 통해 드러난다. Ishiguro 작품의 큰 매력인 다양성은 소재나 주제, 절제된 어조와 의도적인 불충분한 묘사로 인해 해석의 다양성이 발생한다는 점에서 그의 소설의 매력이 더해진다.

'나는 국제소설을 쓰고자 하는 작가이다. 국제소설이 무엇인가? 나는 국제소설이 아주 단순히 세상의 다양한 배경을 가진 사람들 모두에게 중요한 삶의 비전을 담은 것이라고 믿는다. 그것은 대륙을 넘나드는 인물들에 관한 것일 수도 있지만, 그만큼 한 작은 지역에 확고히 자리 잡은 것일 수도 있다.'

(4) Ishiguro는 제국주의의 침략 전쟁을 직접적으로 비판하기보다는 전쟁을 저지른 인물들의 '자기기만'(self-deceit)을 들추어내는 방식으로 거리를 유지하는 간접적인 방식을 작품에 투영한다.

### 2 주요 작품

(1) *A Pale View of Hills*(1982)

Ishiguro의 첫 장편소설로, 나가사키 원자 폭탄 투하 사건과 그 재건에 관한 이야기를 영국에 사는 일본인 미망인 화자를 통해 그리고 있다.

(2) *An Artist of the Floating World*(1986)

한때 화가였지만 지금은 제2차 세계대전의 트라우마에 사로잡힌 Masuji Ono라는 인물을 통해 일본의 국가주의와 개인의 반역에 대해 성찰하고 있다.

### (3) *The Remains of the Day*(1989)

꼼꼼한 문체와 보일 듯 보여주지 않는 심리묘사, 깊은 통찰과 유머가 깃든 작품으로, 한 집사의 회고를 통해 헌신과 후회의 의미를 되묻는다.

### (4) *When We Were Orphans*(2000)

1930년대 런던, 실종된 부모를 찾아 상하이로 향한 유명 탐정 Christopher Banks가 수사하는 1910년대의 상하이 뒷골목으로 독자를 초대한다.

### (5) *Never Let Me Go*(2005)

복제인간들의 기숙학교 Hailsham에서 벌어지는 세 클론들의 잔잔한 슬픔과 사랑 이야기를 담고 있다.

## 제3절  *The Remains of the Day*의 줄거리[1]

Stevens는 Darlington 가문이 200년 동안 소유하고 있던 대저택에서 수십 년간 일해 온 집사이다. 그러나 제2차 세계대전이 끝난 후, 이 저택은 미국의 부호인 Mr. Farraday에게 팔렸다. 저택의 소유주가 바뀌면서 Darlington 저택에서 일하던 하인들은 각각 흩어졌고, 이 저택을 관리할 하인은 집사인 Stevens와 하인 4명에 지나지 않는다. 새 주인 Farraday는 Stevens에게 '웅장하고 유서 깊은 이 저택에 손색이 없는' 새 직원을 뽑으라고 하지만, 만족할 만한 수준의 직원을 고용한다는 것이 쉽지 않다. Farraday는 Stevens를 불러 자신이 미국에 5주 동안 가 있을 때 Stevens도 저택에만 있지 말고 휴가를 다녀오라고 권한다. Stevens는 집주인의 권유를 받고 집을 떠나 6일간 여행하게 된다.

### 1 프롤로그 : 1956년 7월 Darlington 저택

소설의 화자인 Stevens는 Darlington 저택의 집사이다. 저택의 새 주인인 미국인 Farraday는 Stevens에게 며칠 여행을 다녀오라고 권유한다. 집주인은 자신의 포드 자동차와 기름값을 제공할 터이니 그의 고국을 둘러보라고 권한다. 집주인의 권유에 Stevens는 자부심이 충만한 어조로 영국 집사는 밖에 나가지 않고도 영국 제일의 신사 숙녀들을 모시기 때문에 영국에 대해 많이 알게 되는 직업이라고 말한다. 그는 집주인에게 10년 전 결혼하여 저택을 떠난 가정부 Kenton에게 Darlington 저택으로 와서 다시 일을 해달라는 설득을 하기 위해 여행을 결심하였다고 설명한다. Farraday가 Kenton이 여자친구냐고 놀리자 Stevens는 미국인 주인의 농담을 애써 이해하며 따라 웃는다.

---

[1] 한국영어영문학회, 『영국 현대소설(조지프 콘래드부터 이언 매큐언까지)』, 한국문화사, 2015.

## 2 첫째 날 저녁 솔즈베리

Stevens는 화려한 아프리카나 아메리카와 달리 위대한 영국의 아름다움은 그 고요함과 절제에 있다고 생각한다. Stevens는 능력 있는, 진정으로 위대한 집사는 품위(dignity)를 지닌 집사라고 여긴다. Stevens는 1920년대 일급 집사들의 모임이었던 헤이즈협회(The Hayes Society)를 생각한다. 그는 집사의 품위란 대부분 도달할 수는 없지만 평생 이루고자 노력해 볼만한 것이라고 여긴다. 또한 자신처럼 평생 집사 일에 몸 바친 아버지에 대한 기억을 떠올린다. Stevens는 자신의 형이 사망한 남아프리카 전쟁에 책임이 있는 장군이 Darlington 저택의 파티에 초대되었을 때, 개인적인 감정을 드러내지 않고 정중히 그를 모셨던 일을 생각한다. 그는 이렇게 감정을 절제하고 직업의식을 지켜내는 태도는 오직 영국 집사들만이 지닐 수 있는 품격이라 믿으며, 그에 대한 자부심을 느낀다.

## 3 둘째 날 오전 솔즈베리

Stevens는 1922년 봄 Kenton과 Stevens의 아버지가 각각 가정부와 허드레 집사(under-butler)로 Darlington 저택에 처음 왔을 때를 회상한다. 가정부를 비전문인이라며 못마땅해하는 Stevens에게 Kenton은 정원의 꽃을 가져다주거나 Stevens 아버지의 실수를 지적하는 등의 과감한 행동으로 그를 당황시킨다. Stevens의 아버지가 쟁반을 들고 가다 넘어지는데, 이 일을 계기로 Darlington 경은 Stevens의 아버지가 손님의 시중을 들지 말도록 지시한다. 늘 해왔던 식사 시중을 그만두라는 아들 집사(Stevens)의 말을 듣고 Stevens의 아버지는 그 말을 담담히 받아들인다. Stevens는 그때 이후로 고개를 푹 숙이고 다니는 아버지를 보면서 품위 있는 영국 집사가 느낄 치욕을 보게 된다. 1923년 3월, Stevens는 Darlington 저택에서 열린 비밀 회담을 회상한다. Stevens는 Darlington 경이 수줍고 겸허한 성격의 소유자이며 그분에 관한 나쁜 기사는 사실이 아니라고 여긴다. 또한 Darlington 경의 행동은 도덕적 의무감에서 나온 선하고 용기 있는 행동이라고 설명한다. Darlington 경은 제1차 세계대전 직후, 친구인 Karl-Heinz Bremann이 자살하자 충격을 받고 패전국(독일)에게 계속 벌을 주는 베르사유 조약을 개정하고자 경제학자인 Keynes, 소설가 Wells 등 유명 인사를 저택에 불러 비공식적인 회의를 열기로 했다. Stevens는 귀한 손님을 완벽하게 모셔야 한다는 사명감에 불타오른다. 그러나 쟁반 대신 손수레를 끌고 일을 하던 Stevens의 아버지가 몸져눕게 된다. Stevens는 손님 Dupont의 발 습진 때문에 곁에서 시중을 들게 되는데, 그로 인해 아버지의 임종을 지키지 못할 뿐 아니라, 아버지를 위해 불렀던 의사마저 Dupont에게 먼저 보내고 만다. 이 모든 슬픈 사건들에도 불구하고 Stevens는 Darlington 저택에서의 회의가 무사히 끝난 것이 자신이 집사로서 승리를 거둔 날이라고 여긴다.

## 4  둘째 날 오후 도셋, 모티머의 연못

Stevens는 집사가 모시는 주인이 도덕적이며 진정으로 훌륭한 신사인지가 가장 중요하다고 생각한다. 그는 위대한 집사란 위대한 신사를 섬김으로써 인류에 기여하는 사람이라고 생각한다. 모티머 연못 근처에서 어떤 저택의 운전사와 대화하면서, Stevens는 자신이 Darlington 경의 집사였음을 숨긴다. Stevens는 돌아가신 Darlington 경에 관한 나쁜 소문과 험담을 듣지 않고자 미리 자신의 신분을 숨긴 것이고, 그것은 선의의 거짓말일 뿐 절대 Darlington 경이 부끄러워서 숨긴 것이 아님을 강조한다. Darlington 경과 같은 위대한 신사를 모심으로써 자신이 꿈꿔 온 세상의 중심에 가장 가까이 다가갈 수 있었다며 스스로 뿌듯함과 감사함을 느낀다.

## 5  셋째 날 오전 서머셋, 톤튼

Stevens는 어젯밤 여관에서 손님들의 농담에 나름대로 대답을 했지만, 그 반응이 기대에 못 미쳤음을 떠올린다. Stevens는 농담을 배우기 위해 라디오 프로그램을 듣고 있으며, 집주인 Farraday를 위해 농담을 세 개나 준비했다며 뿌듯해한다. 유명한 은제품 광택제 회사가 있는 마을을 지나며, Stevens는 훗날 외무장관이 된 Halifax 경과 독일인 Ribbentrop가 Darlington 저택의 은식기를 칭찬했던 일을 떠올린다. 그는 이를 통해 자신의 일이 고관대작들의 관계를 편하게 만드는 데 작지만 의미 있는 역할을 했다며 흐뭇해한다. Stevens는 히틀러의 앞잡이로 밝혀진 Ribbentrop와 친했던 것은 Darlington 경뿐만이 아니며, Darlington 경은 당시 분위기에 잠시 편승했을 뿐 절대 반유대주의자가 아니었다고 생각한다. Stevens는 어차피 과거에 집착하는 것은 무의미하며 앞으로 남은 날들 동안 훌륭한 고용주이신 Farraday에게 영국 집사의 능력을 보여주겠다고 다짐한다.

## 6  셋째 날 저녁 데븐, 테비스톡 근처 모스코움

Stevens는 Darlington 경이 일 년 정도 빠졌던 반유대주의 때문에 유대인 하녀 두 명을 부당하게 해고해야 했던 기억을 떠올린다. 30대 중반으로 가정에 관심이 없어 보였던 Kenton이 외박 휴가를 시작하면서 1935~1936년경 서로에 대한 이해가 깨졌다고 회상한다. 서로에게 비꼬고 트집을 잡는 말을 함으로써 수년간 매일 저녁 식사와 함께 업무를 의논하기 위해 Kenton의 방에서 가졌던 코코아 미팅도 이즈음에 파국을 맞는다.
차에 기름이 떨어진 Stevens는 동네 주민의 집에 초대를 받고, 그들이 모인 자리에서 신사로 오인받는다. 진실을 밝힐 기회를 놓친 Stevens는 자의반 타의반 신사 행세를 하며 처칠을 만난 이야기 등으로 그들의 경외심을 자아낸다. 주민 중 하나인 Smith가 자신들과 같은 평민의 의견도 존중받아야 하고, 그것이 바로 자유로운 영국 시민의 권리이자 존엄성이라는 연설을 한다. Stevens는 평민의 견해가 정치에 반영된다는 것은 이상에 불과하다고 생각한다.

### 7  넷째 날 오후 콘월, 리틀 콤튼

Stevens는 Kenton을 만나기 전에, 그녀가 자신에게 다른 남자와 결혼하기로 했다고 말하던 밤을 떠올린다. 그날은 영국 수상과 외무장관, 독일 대사가 모여 비밀회의를 열던 밤이었다. Kenton은 Benn이라는 남자의 청혼을 받아들였으며, Stevens에게 '당신은 내게 매우 중요한 사람'이었다고 말한다. 그러나 Stevens는 지금 이 저택에서 너무나도 중요한 회의가 열리고 있기 때문에 당신과 대화할 여유가 없다며 황급히 그녀를 피한다. Stevens는 Kenton의 방 앞 복도에서 그녀가 울고 있는 듯하자 잠시 서 있었던 때를 기억한다. 그날 밤 Stevens는 아버지가 자랑스러워할 만큼 집사의 직분에 어울리는 품위를 발휘했다고 자부한다. 자신이 막 시중을 든 그 방에서 유럽의 가장 유명한 인물들이 이 나라의 운명을 논했다는 것에 자신도 세상의 중심에 다가간 듯 도취된 상태였음을 회상한다.

### 8  여섯째 날 저녁, 웨이머스

Kenton을 만난 Stevens는 그녀가 삶에 지쳐 보였지만 여전히 도전적으로 머리를 꼿꼿이 세우고 있어 기뻤다. 무엇보다도 그녀의 작은 몸짓이나 말투를 다시 들을 수 있어 너무 즐거운 만남이었다고 생각한다. Stevens는 Kenton에게, 전쟁 후 평판이 나빠지고 말년에 폐인이 된 Darlington 경의 모습에 대해 말해준다. Kenton은 Benn과 결혼한 후 세 차례나 가출을 했지만, 시간이 지나면서 남편을 사랑하게 되었다고 말한다. 그녀는 특히, 만약 Stevens와 결혼했다면 함께했을 삶을 생각할 때마다 화가 나서 가출할 수 밖에 없었다고 고백한다. 그러나 결국 자신의 자리는 남편 옆이라는 것을 깨달았다고 말한다. Kenton을 보내는 버스 정류장에서 차마 그녀를 쳐다보지도 못했던 Stevens는 그녀가 탄 버스가 떠나고 나서야 다시는 못 보겠지만 행복하라고 외친다.

Stevens는 해질 무렵 부둣가 벤치에서 한 노인과 대화를 나눈다. Stevens는 요즈음에 집사 일을 하면서 실수를 자주 하고 노력할수록 목표에서 멀어진다고 말하면서 울음을 터뜨린다. Stevens는 Darlington 경이 스스로 선택한 길에서 실수를 저지르기는 했지만, 자신은 실수를 선택할 자유마저 없었으니 이게 무슨 품위냐며 반문한다. Stevens의 말을 듣던 노인은 하루 중 이맘때가 가장 좋은 때라며 낮의 일을 마쳤으니 다리 쭉 뻗고 즐기라고 말한다. Stevens는 긍정적으로 마음을 다잡는다. 그는 농담 속에 인간의 훈훈함을 여는 열쇠가 있는지도 모른다며 프로답게 열심히 농담을 연습해서 자신의 주인인 Farraday를 놀라게 해드리겠다는 각오를 하며 소설은 끝을 맺는다.

## 제4절 작품의 주제

### 1 한 인간의 고집과 나약함

새로운 미국인 주인을 더 잘 모셔야겠다는 Stevens의 낙관적 다짐과 그의 고집스러울 만큼 긍정적인 태도는 서글프기까지 하다. 그의 이러한 태도는 단순한 우매함에 대한 조소나 역사의 심판을 넘어서, 인간의 나약함에 대한 관대한 시선을 갖게 한다.

### 2 인생의 허무함

Stevens의 제한적이지만 우직하고 진심 어린 서술은, 그 속에 담긴 역설과 여백의 미학을 통하여 잔인한 역사의 단면에서부터 이루지 못한 사랑의 애달픔, 노년을 맞이하는 한 인간의 허망함에 이르기까지 다각도의 진실을 사유하게 한다.

### 3 영국성(Englishness)

제2차 세계대전의 종결과 대영제국의 몰락, 식민지에서 유입된 이주민의 급증, 그리고 1960년대의 진보주의 물결에 대한 반작용으로, 1980년대에 들어서면서 빅토리아 시대로의 회귀를 꿈꾸는 '신빅토리아주의'가 절정에 이른다. 이러한 사상은 빅토리아 시대를 배경으로 하는 소설과 영화 등을 통해 드러나며, 그에 담긴 국가 이미지는 빅토리아 시대에 대한 당대의 향수에서 비롯된 것임을 이 소설은 보여준다. 작품 속 잘 가꾸어진 정원이나 기품 있는 신사들, 우아한 디너 파티 등으로 대표되는 영국의 모습은 과거에 대한 집착과 향수를 문학적으로 형상화한 결과라 할 수 있다.

### 4 품위

'품위'라는 복합적 특성은 작품 전반에 걸쳐 Stevens의 생각에 스며들어 있다. Stevens는 집사를 '위대하게' 만드는 특성에 대해 논의하면서 품위가 위대함의 필수 요소라고 생각한다. 그는 전적으로 이러한 사고방식을 너무나 잘 발전시킨다. 그는 항상 침착한 집사의 가면을 쓰고 있기 때문에 필연적으로 자신의 개인적인 감정과 신념을 부정하고 표현하지 않는다. Stevens가 직업 생활에서 품위를 추구하는 것은 그의 개인적인 삶에도 지배적으로 작용한다. 그는 자신의 개성을 억압함으로써 결코 다른 사람과 진정한 친밀감을 얻지 못한다. 그의 품위에 대한 견해가 사실은 그의 삶에서 슬픈 일이다. 독자는 Stevens가 품위 있는 집사가 되길 원했지만, 잘못된 방식으로 그것을 달성했다는 것을 알 수 있다.

### 5 후회

Stevens는 '후회'에 대하여 직접적으로 드러내지는 않는다. 그러나 소설의 마지막에서 그가 마음이 무너져 울음을 터뜨릴 때, Kenton과 Darlington 경에게 좀 더 다르게 행동했더라면 좋았을 것이라고 느꼈음을 짐작할 수 있다. 작품의 전개는 종종 과거에 대한 그리움과 향수에 젖어 있지만, 이야기가 진행될수록 Stevens의 회상을 통해 그 분위기는 후회의 감정으로 짙어진다. Kenton 역시 소설의 마지막에서 그녀가 종종 자신의 선택을 후회한다고 말한다.

### 6 상실

작품에서는 상실이 자주 등장한다. Stevens는 아버지를 잃고, Kenton도 잃는다. 결국 Kenton이 Darlington 저택으로 돌아오기를 바라며 설득하려던 희망마저 잃게 된다. Kenton은 유일한 친척인 이모를 잃고, 사랑하지 않는 남자와 결혼하며 Stevens를 잃는다. Darlington 경 역시 친구들을 잃는다. 게다가 Darlington 경은 생애가 끝날 무렵 명예를 잃고 정신적으로도 무너진다.

## 제5절 등장인물

### 1 Stevens

이 작품의 주인공이자 화자이다. 영국 귀족 Darlington 경이 소유한 대저택의 집사이다. 집주인에 대한 존경심과 성실함, 옷차림과 말투까지 그는 집사로서 완벽하다. 그의 아버지도 평생 집사를 하였고 그러한 아버지를 그는 존경했다. Kenton에게 호감을 느끼지만 감정을 절제하며 극도로 조심한다. Stevens는 '품위'에 대한 끊임없는 추구로 인해, 소설 전반에 걸쳐 자신의 감정을 지속적으로 억누른다. 그에게 있어 '품위'는 항상 평정심을 유지하는 모습을 지녀야 함을 의미한다. 그는 누구에게도 자신이 진심을 털어놓지 않으며, Darlington 경에게는 절대적인 신뢰를 보낸다. 이야기의 많은 부분에서 Stevens는 Darlington 경을 섬긴 것을 매우 만족스러워하는 듯 보이는데, 이는 그가 Darlington 경이 고귀한 일을 했다고 믿었기 때문이다. 그러나 이야기의 끝에서 그는 친밀한 관계를 맺지 못하고, 자신의 개인적 관점과 경험을 모두 갖지 못한 것을 깊이 후회한다.

Stevens는 항상 정확하고 매우 유능한 집사임이 분명하지만, 그의 개인적 성장이나 인간관계에선 제한적이며 따뜻함의 흔적도 없다. Stevens는 자신을 미덕의 모범으로 보여주지만 동시에 역사적, 문화적 상황의 희생자임을 드러낸다.

## 2  Miss Kenton

Kenton은 Darlington 저택의 전 수석 가정부로, Stevens의 아버지와 같은 시기에 고용되었다. 그녀는 Stevens가 결코 드러내지 않는 따뜻함과 개성을 지닌 여성이다. 예를 들어, Kenton은 Darlington 저택에서 처음 일하기 시작했을 때 Stevens의 검소한 방에 꽃을 가져와 방을 밝게 꾸미려 하지만, Stevens는 그 호의를 단호히 거부한다. 두 사람은 집안일을 두고 자주 의견이 갈려 많은 대화를 나누지만, 시간이 흐르면서 Kenton은 Stevens의 잔소리와 더 이상 개인적인 감정을 인정하려 하지 않으려는 그의 태도에 점점 더 지쳐간다. Stevens에게 마음이 끌렸던 Kenton은 그가 먼저 고백하기를 기다리지만, 결국 그가 아무런 표현도 하지 않자, Kenton은 자신이 알고 지내던 남자의 청혼을 받아들이고 Stevens에게 알린다. 이후 Kenton은 상처를 안은 채 저택을 떠나 다른 사람과 결혼한다.

## 3  Lord Darlington

Darlington 경은 Darlington 저택의 전 주인이다. 그는 Stevens의 서술 시점에서 3년 전에 사망했다. Darlington 경은 제1차 세계대전이 끝난 후 베르사유 조약에서 독일을 가혹하게 대하는 영국에 대해 죄책감을 느끼는데, 이 죄책감은 Darlington의 절친한 친구인 Bremann이 제1차 세계대전 후에 자살했다는 사실로 인해 더욱 커진다. 1920년대 초, 그는 Darlington 저택에서 회의를 열어 베르사유 조약을 개정하는 방법을 논의할 수 있게 한다. 또한 그는 영국과 독일의 유명 인사들을 Darlington 저택에 초대하여 제2차 세계대전을 평화롭게 막으려 했다. 그러나 그동안 Darlington 경은 나치의 진정한 의도를 이해하지 못했고, 나치는 그를 이용하여 영국에서 목적을 달성하였다. 제2차 세계대전 이후, Darlington 경은 나치 동조자이자 반역자로 낙인찍힌다. 이로 인해 그의 명성은 훼손되고, 삶에 대한 환멸에 빠진 노인이 된다.

## 4  Mr. Farraday

Darlington 경이 죽은 후 Darlington 저택의 새 주인이 되었고, Stevens의 새 고용주가 된 인물이다. 그는 매우 느긋한 미국인 신사로, "농담"을 어떻게 해야 할지 모르는 Stevens와 자주 농담을 한다.

## 5  Stevens's father

수년간 유능한 집사로 일해 온 그는 이미 70대에 접어들어 관절염으로 고생하고 있을 때 Darlington 저택에서 일하게 되었다. Stevens와 그의 아버지는 서로 형식적으로만 소통할 뿐이다. Stevens의 아버지는 집사로서의 일에 매우 헌신적이었고, Stevens는 종종 자신의 아버지가 '훌륭한 집사'가 어떤 사람이어야 하는지의 모범이라고 여긴다.

## 제6절 작품의 구조와 시점 및 기법

### 1 구조

(1) 이 작품은 과거에 대한 회상을 중심으로 한 액자형 구성이다.

① **과거의 이야기**
주인공 Stevens가 모시는 주인 Darlington 경의 저택을 중심으로 제1차 세계대전 이후 국제 정세에 대한 내용과 저택에 사는 사람들의 이야기이다.

② **현재의 이야기**
Darlington 경의 몰락과 주인공 Stevens가 저택의 새로운 주인을 맞이하는 과정에서 잠시 떠난 휴가를 통해 이전에 같이 일했던 Kenton을 찾아가는 이야기이다.

(2) 집사와 가정부의 억압된 로맨스, 귀족 주인과 집사장 사이의 의리와 충성의 관계, 집사로서의 삶에 대한 허망함, 대영제국의 몰락 등이 담겨 있다.

### 2 시점

Stevens의 회상 형식으로 전개되는 1인칭 시점이다.

### 3 문체와 어조

지극히 격식을 차린 어조와 단어 선택으로 전개된다. 화자는 극도로 절제된 감정을 유지하고 매사에 지나치게 자세한 묘사를 하기도 하고, 집사 일에 노심초사하는 태도를 보인다. 또한 Stevens는 Kenton에 대한 자신의 감정을 철저히 회피한다. 화자인 Stevens의 어조는 직접 보여주거나 서술되지 않아도 은연중에 드러나는 간접적 문체를 보여준다.

### 4 상징

(1) **영국의 풍경**
여행을 시작하면서 Stevens는 영국의 풍경에 감탄했는데, 이는 그가 자신에게 적용했던 위대함(집사의 의무와 책임)의 기준을 풍경에도 적용한 것이다. 그는 영국의 풍경은 절제와 고요함이 있지만 화려함이 부족하기 때문에 더욱 아름답다고 생각한다. Stevens가 열망하는 집사로서의 삶 역시 이러한 특징을 지닌다.

## (2) Stevens의 아버지와 계단, Stevens의 기억 회상

Stevens와 Kenton은 Stevens의 아버지가 계단에서 넘어진 이후 아버지가 계단을 오르내리는 연습을 하는 것을 지켜본다. Kenton은 '마치 그(Stevens의 아버지)가 떨어뜨린 귀중한 보석을 찾고 싶어 하는 것처럼' 계단 주변을 살핀다고 한다. 식사 시중을 들다가 계단에서 넘어지는 바람에 더 이상 식사 시중을 할 수 없게 되자 마치 잃어버린 것을 찾기라도 하는 것처럼 계단을 살피며 오르내리는 아버지의 행동은 Stevens의 여행 과정과도 흡사하다. 그의 아버지가 시선을 계단에 고정한 것처럼 Stevens는 여행 중에 자신의 삶에서 무엇이 잘못된 것인지를 찾듯이 자신의 기억에 계속 집중한다.

## (3) 은제품 광택제 회사(Giffen and Co.)

은제품 광택제 회사가 폐쇄된다는 것은 Stevens의 집사 일도 쇠퇴함을 의미한다. 그는 은식기의 품질과 관리 등에 대해 잘 알고 있고 대저택의 유지 관리와 관련된 모든 세부 사항을 알고 있지만, 그의 지식은 더 이상 예전만큼 중요하지 않음을 의미한다. 지나간 시대의 일부일 뿐임을 암시한다.

## 제7절 *The Remains of the Day*의 일부

**Prologue: July 1956**
**Darlington Hall**

It seems increasingly likely that I really will undertake the expedition that has been preoccupying my imagination now for some days. An expedition, I should say, which I will undertake alone, in the comfort of Mr Farraday's Ford; an expedition which, as I foresee it, will take me through much of the finest countryside of England to the West Country, and may keep me away from Darlington Hall for as much as five or six days. The idea of such a journey came about, I should point out, from a most kind suggestion put to me by Mr Farraday himself one afternoon almost a fortnight ago,[2] when I had been dusting the portraits in the library. In fact, as I recall, I was up on the step-ladder[3] dusting the portrait of Viscount Wetherby when my employer had entered carrying a few volumes which he presumably wished returned to the shelves. On seeing my person, he took the opportunity to inform me that he had just that moment finalized plans to return to the United States for a period of five weeks between August and September. Having made this announcement, my employer put his volumes down on a table, seated himself on the chaise-longue,[4] and stretched out his legs. It was then, gazing up at me, that he said:

---

2) almost a fortnight ago : 거의 2주 전쯤
3) step-ladder : 접이식 사다리
4) chaise-longue : 침대 겸 긴 의자

"You realize, Stevens, I don't expect you to be locked up here in this house all the time I'm away. Why don't you take the car and drive off somewhere for a few days? You look like you could make good use of a break."

Coming out of the blue as it did,5) I did not quite know how to reply to such a suggestion. I recall thanking him for his consideration, but quite probably I said nothing very definite, for my employer went on:

"I'm serious, Stevens. I really think you should take a break. I'll foot the bill for the gas.6) You fellows, you're always locked up in these big houses helping out, how do you ever get to see around this beautiful country of yours?"

This was not the first time my employer had raised such a question; indeed, it seems to be something which genuinely troubles him. On this occasion, in fact, a reply of sorts did occur to me as I stood up there on the ladder; a reply to the effect that those of our profession, although we did not see a great deal of the country in the sense of touring the countryside and visiting picturesque sites, did actually 'see' more of England than most, placed as we were in houses where the greatest ladies and gentlemen of the land gathered. Of course, I could not have expressed this view to Mr Farraday without embarking upon what might have seemed a presumptuous speech. I thus contented myself by saying simply:

"It has been my privilege to see the best of England over the years, sir, within these very walls."

Mr Farraday did not seem to understand this statement, for he merely went on: "I mean it, Stevens. It's wrong that a man can't get to see around his own country. Take my advice, get out of the house for a few days."

As you might expect, I did not take Mr Farraday's suggestion at all seriously that afternoon, regarding it as just another instance of an American gentleman's unfamiliarity with what was and what was not commonly done in England. The fact that my attitude to this same suggestion underwent a change over the following days — indeed, that the notion of a trip to the West Country took an ever increasing hold on my thoughts — is no doubt substantially attributable to — and why should I hide it? — the arrival of Miss Kenton's letter, her first in almost seven years if one discounts the Christmas cards. But let me make it immediately clear — what I mean by this; what I mean to say is that Miss Kenton's letter set off a certain chain of ideas to do with professional matters here at Darlington Hall, and I would underline that it was a preoccupation with these very same professional matters that led me to consider anew7) my employer's kindly meant suggestion. But let me explain further.

The fact is, over the past few months, I have been responsible for a series of small errors in the carrying out of my duties. I should say that these errors have all been without exception quite trivial in themselves. Nevertheless, I think you will understand that to one not accustomed to committing such errors, this development was rather disturbing, and I did in fact begin to entertain all sorts of alarmist theories as to their

---

5) Coming out of the blue as it did : 예상치 못한 것이어서
6) I'll foot the bill for the gas : 차 연료비는 내가 부담하겠다
7) anew : 다시, 새로

cause. As so often occurs in these situations, I had become blind to the obvious[8] — that is, until my pondering over the implications of Miss Kenton's letter finally opened my eyes to the simple truth: that these small errors of recent months have derived from nothing more sinister than a faulty staff plan.

It is, of course, the responsibility of every butler to devote his utmost care in the devising of a staff plan. Who knows how many quarrels, false accusations, unnecessary dismissals, how many promising careers cut short can be attributed to a butler's slovenliness at the stage of drawing up the staff plan? Indeed, I can say I am in agreement with those who say that the ability to draw up a good staff plan[9] is the cornerstone[10] of any decent butler's skills. I have myself devised many staff plans over the years, and I do not believe I am being unduly boastful if I say that very few ever needed amendment. And if in the present case the staff plan is at fault, blame can be laid at no one's door but my own. At the same time, it is only fair to point out that my task in this instance had been of an unusually difficult order.

What had occurred was this. Once the transactions were over — transactions[11] which had taken this house out of the hands of the Darlington family after two centuries — Mr Farraday let it be known that he would not be taking up immediate residence here, but would spend a further four months concluding matters in the United States. In the meantime, however, he was most keen that the staff of his predecessor — a staff of which he had heard high praise — be retained at Darlington Hall. This 'staff' he referred to was, of course, nothing more than the skeleton team[12] of six kept on by Lord Darlington's relatives to administer to the house up to and throughout the transactions; and I regret to report that once the purchase had been completed, there was little I could do for Mr Farraday to prevent all but Mrs Clements leaving for other employment. When I wrote to my new employer conveying my regrets at the situation, I received by reply from America instructions to recruit a new staff 'worthy of a grand old English house'. I immediately set about trying to fulfil Mr Farraday's wishes, but as you know, finding recruits of a satisfactory standard is no easy task nowadays, and although I was pleased to hire Rosemary and Agnes on Mrs Clements's recommendation, I had got no further by the time I came to have my first business meeting with Mr Farraday during the short preliminary visit he made to our shores in the spring of last year. It was on that occasion — in the strangely bare study of Darlington Hall — that Mr Farraday shook my hand for the first time, but by then we were hardly strangers to each other; quite aside from the matter of the staff, my new employer in several other instances had had occasion to call upon such qualities as it may be my good fortune to possess and found them to be, I would venture, dependable. So it was, I assume, that he felt immediately able to talk to me in a businesslike and trusting way, and by the end of our meeting, he had left me with the administration of a not inconsiderable sum to meet the costs of a wide range of preparations for his coming residency. In any case, my point is that it was during the course of this interview, when I raised the question of the difficulty of

---

8) I had become blind to the obvious : 나는 명백한 사실을 보지 못하고 있었다
9) to draw up a good staff plan : 훌륭한 인력 관리계획안을 짜는 것
10) cornerstone : 초석, 토대, 기초
11) transaction : (업무) 처리
12) skeleton team : 뼈대만 갖춘 팀

recruiting suitable staff in these times, that Mr Farraday, after a moment's reflection, made his request of me; that I do my best to draw up a staff plan — 'some sort of servants' rota' as he put it — by which this house might be run on the present staff of four — that is to say, Mrs Clements, the two young girls, and myself. This might, he appreciated, mean putting sections of the house 'under wraps',[13] but would I bring all my experience and expertise to bear to ensure such losses were kept to a minimum? Recalling a time when I had had a staff of seventeen under me, and knowing how not so long ago a staff of twenty-eight had been employed here at Darlington Hall, the idea of devising a staff plan by which the same house would be run on a staff of four seemed, to say the least, daunting. Although I did my best not to, something of my scepticism must have betrayed itself, for Mr Farraday then added, as though for reassurance, that were it to prove necessary, then an additional member of staff could be hired. But he would be much obliged, he repeated, if I could 'give it a go with four'.

Now naturally, like many of us, I have a reluctance to change too much of the old ways. But there is no virtue at all in clinging as some do to tradition merely for its own sake. In this age of electricity and modern heating systems, there is no need at all to employ the sorts of numbers necessary even a generation ago. Indeed, it has actually been an idea of mine for some time that the retaining of unnecessary numbers simply for tradition's sake — resulting in employees having an unhealthy amount of time on their hands — has been an important factor in the sharp decline in professional standards. Furthermore, Mr Farraday had made it clear that he planned to hold only very rarely the sort of large social occasions Darlington Hall had seen frequently in the past. I did then go about the task Mr Farraday had set me with some dedication; I spent many hours working on the staff plan, and at least as many hours again thinking about it as I went about other duties or as I lay awake after retiring. Whenever I believed I had come up with something, I probed it for every sort of oversight, tested it through from all angles. Finally, I came up with a plan which, while perhaps not exactly as Mr Farraday had requested, was the best, I felt sure, that was humanly possible. Almost all the attractive parts of the house could remain operative: the extensive servants' quarters — including the back corridor, the two still rooms and the old laundry — and the guest corridor up on the second floor would be dust-sheeted, leaving all the main ground-floor rooms and a generous number of guest rooms. Admittedly,[14] our present team of four would manage this programme only with reinforcement from some daily workers; my staff plan therefore took in the services of a gardener, to visit once a week, twice in the summer, and two cleaners, each to visit twice a week. The staff plan would, furthermore, for each of the four resident employees mean a radical altering of our respective customary duties. The two young girls, I predicted, would not find such changes so difficult to accommodate, but I did all I could to see that Mrs Clements suffered the least adjustments, to the extent that I undertook for myself a number of duties which you may consider most broad-minded[15] of a butler to do.

---

13) putting sections of the house 'under wraps' : 일부 구역에 '보를 씌우게' 되는 것
14) admittedly : 자신있게 말하지만
15) most broad-minded : 가장 너그러운, 관대한

Even now, I would not go so far as to say it is a bad staff plan; after all, it enables a staff of four to cover an unexpected amount of ground. But you will no doubt agree that the very best staff plans are those which give clear margins of error to allow for those days when an employee is ill or for one reason or another below par. In this particular case, of course, I had been set a slightly extraordinary task, but I had nevertheless not been neglectful to incorporate 'margins' wherever possible. I was especially conscious that any resistance there may be on the part of Mrs Clements, or the two girls, to the taking on of duties beyond their traditional boundaries would be compounded by any notion that their workloads had greatly increased. I had then, over those days of struggling with the staff plan, expended a significant amount of thought to ensuring that Mrs Clements and the girls, once they had got over their aversion to adopting these more 'eclectic' roles, would find the division of duties stimulating and unburdensome.[16]

I fear, however, that in my anxiety to win the support of Mrs Clements and the girls, I did not perhaps assess quite as stringently my own limitations; and although my experience and customary caution in such matters prevented my giving myself more than I could actually carry out, I was perhaps negligent over this question of allowing myself a margin. It is not surprising then, if over several months, this oversight should reveal itself in these small but telling ways. In the end, I believe the matter to be no more complicated than this: I had given myself too much to do.

You may be amazed that such an obvious shortcoming to a staff plan should have continued to escape my notice, but then you will agree that such is often the way with matters one has given abiding thought to over a period of time; one is not struck by the truth until prompted quite accidentally by some external event. So it was in this instance; that is to say, my receiving the letter from Miss Kenton, containing as it did, along with its long, rather unrevealing passages, an unmistakable nostalgia for Darlington Hall, and — I am quite sure of this – distinct hints of her desire to return here, obliged me to see my staff plan afresh. Only then did it strike me that there was indeed a role that a further staff member could crucially play here; that it was, in fact, this very shortage that had been at the heart of all my recent troubles. And the more I considered it, the more obvious it became that Miss Kenton, with her great affection for this house, with her exemplary[17] professionalism — the sort almost impossible to find nowadays — was just the factor needed to enable me to complete a fully satisfactory staff plan for Darlington Hall.

Having made such an analysis of the situation, it was not long before I found myself reconsidering Mr Farraday's kind suggestion of some days ago. For it had occurred to me that the proposed trip in the car could be put to good professional use; that is to say, I could drive to the West Country and call on Miss Kenton in passing,[18] thus exploring at first hand the substance[19] of her wish to return to employment here at Darlington Hall. I have, I should make clear, reread Miss Kenton's recent letter several times, and there is no possibility I am merely imagining the presence of these hints on her part.

---

16) stimulating and unburdensome : 고무적이고 부담도 적은
17) exemplary : 모범적인, 칭찬할 만한
18) in passing : 도중에
19) substance : 내용, 요지, 요점

For all that, I could not for some days quite bring myself to raise the matter again[20] with Mr Farraday. There were, in any case, various aspects to the matter I felt I needed to clarify to myself before proceeding further. There was, for instance, the question of cost. For even taking into account my employer's generous offer to 'foot the bill for the gas', the costs of such a trip might still come to a surprising amount considering such matters as accommodation, meals, and any small snacks[21] I might partake[22] of on my way. Then there was the question of what sorts of costume were appropriate on such a journey, and whether or not it was worth my while to invest in a new set of clothes. I am in the possession of a number of splendid suits, kindly passed on to me over the years by Lord Darlington himself, and by various guests who have stayed in this house and had reason to be pleased with the standard of service here. Many of these suits are, perhaps, too formal for the purposes of the proposed trip, or else rather old-fashioned these days. But then there is one lounge suit, passed on to me in 1931 or 1932 by Sir Edward Blair — practically brand new at the time and almost a perfect fit — which might well be appropriate for evenings in the lounge or dining room of any guest houses where I might lodge. What I do not possess, however, is any suitable travelling clothes — that is to say, clothes in which I might be seen driving the car — unless I were to don the suit passed on by the young Lord Chalmers during the war, which despite being clearly too small for me, might be considered ideal in terms of tone. I calculated finally that my savings would be able to meet all the costs I might incur, and in addition, might stretch to the purchase of a new costume. I hope you do not think me unduly[23] vain with regard to this last matter; it is just that one never knows when one might be obliged to give out that one is from Darlington Hall, and it is important that one be attired at such times in a manner worthy of one's position.

During this time, I also spent many minutes examining the road atlas,[24] and perusing also the relevant volumes of Mrs Jane Symons's The Wonder of England. If you are not familiar with Mrs Symons's books — a series running to seven volumes, each one concentrating on one region of the British Isles — I heartily recommend them. They were written during the thirties, but much of it would still be up to date — after all, I do not imagine German bombs have altered our countryside so significantly. Mrs Symons was, as a matter of fact, a frequent visitor to this house before the war; indeed, she was among the most popular as far as the staff were concerned due to the kind appreciation she never shied from showing. It was in those days, then, prompted by my natural admiration for the lady, that I had first taken to perusing her volumes in the library whenever I had an odd moment. Indeed, I recall that shortly after Miss Kenton's departure to Cornwall in 1936, myself never having been to that part of the country, I would often glance through Volume III of Mrs Symons's work, the volume which describes to readers the delights of Devon and Cornwall, complete with

---

20) myself to raise the matter again : 내가 그 얘기를 다시 꺼내는 것이
21) accommodation, meals, and any small snacks : 숙박과 식사, 그리고 소소한 간식
22) partake : 참여/관여하다
23) unduly : 과도하게, 심하게
24) road atlas : 도로 안내서

photographs and — to my mind even more evocative[25] — a variety of artists' sketches of that region. It was thus that I had been able to gain some sense of the sort of place Miss Kenton had gone to live her married life. But this was, as I say, back in the thirties, when as I understand, Mrs Symons's books were being admired in houses up and down the country. I had not looked through those volumes for many years, until these recent developments led me to get down from the shelf the Devon and Cornwall volume once more. I studied all over again those marvellous descriptions and illustrations,[26] and you can perhaps understand my growing excitement at the notion that I might now actually undertake a motoring trip myself around that same part of the country.

It seemed in the end there was little else to do but actually to raise the matter again with Mr Farraday. There was always the possibility, of course, that his suggestion of a fortnight ago may have been a whim of the moment,[27] and he would no longer be approving of the idea. But from my observation of Mr Farraday over these months, he is not one of those gentlemen prone to that most irritating of traits in an employer — inconsistency. There was no reason to believe he would not be as enthusiastic as before about my proposed motoring trip — indeed, that he would not repeat his most kind offer to 'foot the bill for the gas'. Nevertheless, I considered most carefully what might be the most opportune[28] occasion to bring the matter up with him; for although I would not for one moment, as I say, suspect Mr Farraday of inconsistency, it nevertheless made sense not to broach the topic when he was preoccupied or distracted. A refusal in such circumstances may well not reflect my employer's true feelings on the matter, but once having sustained such a dismissal, I could not easily bring it up again. It was clear, then, that I had to choose my moment wisely.

In the end, I decided the most prudent[29] moment in the day would be as I served afternoon tea in the drawing room. Mr Farraday will usually have just returned from his short walk on the downs at that point, so he is rarely engrossed in his reading or writing as he tends to be in the evenings. In fact, when I bring in the afternoon tea, Mr Farraday is inclined to close any book or periodical he has been reading, rise and stretch out his arms in front of the windows, as though in anticipation of conversation with me.

---

25) evocative : 환기시키는, 불러일으키는
26) marvellous descriptions and illustrations : 놀라운 설명과 삽화들
27) a whim of the moment : 순간의 변덕
28) opportune : 적절한
29) prudent : 신중한, 조심성 있는

# 제 6 장 | 실전예상문제

01 ② 일본과 영국의 제국주의로부터 비판적 거리를 유지하며 자유롭게 비판한다.
③ 제국주의의 침략 전쟁을 직접 비판하기보다는 전쟁을 저지른 인물들의 '자기기만'(self-deceit)을 들추어내는 방식으로 거리를 유지하는 간접적인 방식을 작품에 투영한다.
④ Ishiguro 작품의 큰 매력 중 하나는 소재나 주제의 다양함이다.

01 *The Remains of the Day*의 작가인 가즈오 이시구로(Kazuo Ishiguro)의 작품 세계에 대한 설명으로 적절한 것은?

① 누구에게나 중요한 추억과 기억의 문제, 과거와 현재의 관계를 소재로 한다.
② 일본의 과거사를 자유롭게 비판할 수 없는 입장이다.
③ 제국주의의 침략 전쟁을 직접적으로 비판하고 있다.
④ 작품의 배경을 제국주의의 침략 전쟁으로 한정시키고 전개한다.

02 이 작품에서의 영국성(Englishness)은 대영제국의 시기와 빅토리아 시대에 대한 당대의 향수에서 비롯된 것이다.

02 *The Remains of the Day*의 주제 중 하나인 영국성(Englishness)에 대한 설명으로 옳지 않은 것은?

① 과거에 대한 집착과 향수의 태도가 담겨있다.
② 빅토리아 시대에 대한 비판과 혐오를 표현하는 특징이 있다.
③ 식민지로부터의 이주민 급증과 1960년대 진보주의에 대한 반작용이다.
④ 1980년대에 들어서면서 더욱 두드러진다.

정답  01 ① 02 ②

03 *The Remains of the Day*의 내용 전개와 관련이 없는 것은?

① 과거에 대한 회상을 중심으로 한 액자형 구성이다.
② Stevens가 저택의 새로운 주인을 거부하고 떠나는 과정이다.
③ Stevens는 Darlington 가문의 대저택에서 수십 년간 집사로 일했다.
④ 이전에 같이 일했던 가정부인 Kenton을 찾아가는 이야기이다.

03 Darlington 저택의 새 주인인 Farraday가 Stevens를 불러 자신이 미국에 돌아가 있는 5주 동안 집에만 있지 말고 휴가를 다녀오라고 권한다. 소설은 Stevens가 이 권유를 받고 집을 떠나 여행하는 6일간의 이야기를 담고 있다.

04 *The Remains of the Day*에 대한 설명으로 적절한 것은?

① 귀족 주인과 집사장 사이의 우정을 다루고 있다.
② Stevens가 집을 떠나 여행하는 6일간의 이야기를 담고 있다.
③ Stevens는 자신의 아버지도 '집사'였다는 것을 수치스러워한다.
④ 3인칭 전지적 작가의 시점으로 전개된다.

04 ① 귀족 주인과 집사장 사이의 의리와 충성의 관계를 보여준다.
③ Stevens의 아버지는 집사의 일에 매우 헌신적이었고, 그는 자신의 아버지가 '훌륭한 집사'의 모범이라고 여긴다.
④ 이 작품은 Stevens의 회상 형식으로 전개되는 1인칭 시점으로 전개된다.

05 *The Remains of the Day*의 등장인물에 대한 설명으로 적절하지 않은 것은?

① Stevens는 Kenton에게 호감을 느끼지만 감정을 절제하며 극도로 조심한다.
② Stevens는 Darlington 경을 섬긴 것을 매우 만족스러워하는 듯 보인다.
③ Stevens는 집주인에 대한 존경심과 성실함, 옷차림과 말투까지 완벽한 집사이다.
④ Stevens는 '품위'에 대한 끊임없는 추구로 신분 상승을 꿈꾼다.

05 Stevens는 끊임없이 '품위'를 추구하는 인물로 항상 평정심을 갖고 감정을 절제하며 Darlington 경을 섬긴 것을 매우 만족스러워한다. 그는 품위 있는 집사가 되기를 원한다.

정답  03 ②  04 ②  05 ④

06 Stevens는 호감을 가진 Kenton에게도 자신의 감정을 철저히 회피하고 억압한다.

06 *The Remains of the Day*의 내용과 관련이 없는 것은?

① Stevens는 영국의 풍경에 절제와 고요함이 있다며 감탄한다.
② 은제품 광택제 회사의 폐쇄는 Stevens의 집사 일도 쇠퇴함을 의미한다.
③ Darlington 경은 Stevens의 서술 시점에서 3년 전에 사망했다.
④ Stevens는 Kenton에게 유일하게도 자신의 솔직한 감정을 드러낸다.

07 ① Kenton은 Stevens가 결코 보여주지 않는 따뜻함과 개성을 지닌 여성이다.
③ Stevens와 그의 아버지는 서로 형식적으로만 소통할 뿐이다.
④ Stevens의 아버지는 집사로서 매우 헌신적이었고, Stevens는 자신의 아버지가 '훌륭한 집사'의 모범이라고 여긴다.

07 *The Remains of the Day*의 등장인물에 대한 설명으로 적절한 것은?

① Kenton은 품위를 중요시하며 절제와 평정심으로 자신의 감정을 회피한다.
② Stevens는 Kenton의 호의를 단호히 거부한다.
③ Stevens와 그의 아버지는 서로 마음을 열고 소통한다.
④ Stevens는 자신의 아버지를 수치스러워한다.

**정답** 06 ④ 07 ②

## 주관식 문제

**01** *The Remains of the Day*의 주제 중 하나인 영국성(Englishness)에 대해 간략히 서술하시오.

**01 정답**
영국성(Englishness)은 제2차 세계대전의 종결과 대영제국의 몰락, 식민지로부터의 이주민 급증과 1960년대의 진보주의 물결에 대한 반작용이다. 영국은 1980년대에 와서 빅토리아 시대로 돌아가기를 꿈꾸는 신빅토리아주의가 절정에 이른다. 이러한 사상은 빅토리아 시대를 배경으로 하는 소설과 영화 등으로 드러나는데, 이러한 국가 이미지는 빅토리아 시대에 대한 당대의 향수에서 비롯된 것임을 이 소설에서 드러낸다. 이 작품에서 잘 가꾸어진 정원이나 기품 있는 신사들, 우아한 디너 파티로 대변되는 영국은 과거에 대한 집착과 향수를 포착하여 소설화한 것이다.

**02** *The Remains of the Day*의 서술 시점과 문체, 어조에 대해 간략히 설명하시오.

**02 정답**
이 작품의 시점은 화자인 Stevens의 회상 형식으로 전개되는 1인칭 시점이다. 지극히 격식을 차린 어조와 단어 선택으로 전개된다. 화자는 극도로 절제된 감정을 유지하고 매사에 지나치게 자세한 묘사를 하기도 하고, 집사 일에 노심초사하는 태도를 보인다. 또한 Stevens는 Kenton에 대한 자신의 감정을 철저히 회피한다. 화자인 Stevens의 어조는 보여주거나 서술되지는 않지만 은연중에 드러나는 간접적 문체를 보여준다.

03 *The Remains of the Day*에 등장하는 은제품 광택제 회사 (Giffen and Co.)가 이 작품에서 상징하는 바를 간략히 서술하시오.

03 정답
이 작품에서 은제품 광택제 회사(Giffen and Co.)가 폐쇄된다는 것은 Stevens의 집사 일도 쇠퇴함을 의미한다. Stevens는 대저택의 손님과 집주인을 시중들면서 은식기의 품질과 관리 등에 대해 잘 알고 있는 인물이다. 그러나 이 회사의 폐쇄는 집사로서의 그의 지식이 더이상 예전만큼 중요하지 않음을 의미하며 지나간 시대의 일부일 뿐임을 암시한다.

04 *The Remains of the Day*에서 자주 등장하는 '품위'는 이 작품의 주제와도 연관된다. 작품에서 암시하는 품위의 의미를 간략하게 서술하시오.

04 정답
이 작품에서 '품위'는 작품 전반에 걸쳐 복합적 특성을 지니며 묘사된다. Stevens는 집사를 '위대하게' 만드는 특성에 대해 논의하면서 품위가 위대함의 필수 요소라고 생각한다. 그는 전적으로 이러한 사고방식을 너무나 잘 발전시킨다. 그는 항상 침착한 집사의 가면을 쓰고 있기 때문에 필연적으로 자신의 개인적인 감정과 신념을 부정하고 표현하지 않는다. Stevens가 직업 생활에서 품위를 추구하는 것은 그의 개인적인 삶에도 지배적으로 작용한다. 그는 자신의 개성을 억압함으로써 결코 다른 사람과 진정한 친밀감을 얻지 못한다. 그의 품위에 대한 견해가 사실은 그의 삶에서 슬픈 일이다. 독자는 Stevens가 품위 있는 집사가 되길 원했지만, 잘못된 방식으로 그것을 달성했다는 것을 알 수 있다.

# 제 2 편

# 20세기 미국소설

| 제1장 | 20세기 미국소설의 개관 |
| 제2장 | Ernest Hemingway - *The Sun Also Rises* |
| 제3장 | William Faulkner - *The Sound and the Fury* |
| 제4장 | F. Scott Fitzgerald - *The Great Gatsby* |
| 제5장 | John Steinbeck - *The Grapes of Wrath* |
| 제6장 | Thomas Pynchon - *The Crying of Lot 49* |
| 제7장 | Toni Morrison - *Beloved* |

가장 어두운 밤도 끝날 것이다. 그리고 태양은 떠오를 것이다.

– 빈센트 반 고흐 –

보다 깊이 있는 학습을 원하는 수험생들을 위한
시대에듀의 동영상 강의가 준비되어 있습니다.
www.sdedu.co.kr → 회원가입(로그인) → 강의 살펴보기

# 제1장 20세기 미국소설의 개관

## 제1절 20세기 미국소설의 흐름

두 차례의 세계대전과 냉전 시대를 거치면서 미국은 자유민주주의와 자본주의 체제를 수호하고 선도하는 서방 세계의 지도국으로 성장하였다. 정치·경제·사회·문화 등 모든 면에서 세계 최강국이 되었는데, 이러한 시대적 배경은 미국 문학을 변화시켰다. 또한 위상이 달라진 미국의 문화적 토양 속에서 나타나는 다양성과 활기는 현대 미국 문학의 특징이라 할 수 있다.

20세기에 영미 및 유럽에서는 산업과 공업의 발달로 인해 인간의 존엄성이 무너지고, 인간 소외 현상이 나타났다. 이러한 사회적 분위기는 인간이 아무리 노력을 해도 결국은 외부 환경과 세력의 희생양이 될 수밖에 없다는 자연주의(Naturalism)의 발생을 이끌었다. 제1차 세계대전(1914~1918)은 미국의 젊은이들에게 정신적·육체적으로 상처를 남겼고, 이들은 극심한 상실감과 소외감을 느꼈다. 기존의 이상과 가치 그리고 도덕과 신앙은 전쟁에서 모두 붕괴되었다. 대다수의 미국 작가들은 제1차 세계대전의 승리로 엄청난 경제적 이득을 취한 미국의 상업주의와 속물주의에 심한 반발감을 가졌다. 이때 '잃어버린 세대'(Lost Generation)도 생겨났다. 1929년 세계 대공황은, 1920년대 '재즈시대'(Age of Jazz)라 불리던 풍요롭고 자신감 넘치던 미국의 분위기를 송두리째 무너뜨렸다. 이 여파로 1930년대의 미국 문학은 저항의 성격이 두드러졌고, 마르크스주의의 '프롤레타리아 문학' 운동이 유행했다. 1939년 제2차 세계대전(1939~1945)이 유럽에서 시작되고, 1945년 무렵에 미국은 거대한 강국이 되었다. 1940년대와 1950년대의 많은 작가들은 1930년대의 마르크스 이데올로기에는 관심을 두지 않았다. 그리고 비트세대(Beat Generation)가 등장하여 기존의 관습과 체제, 권위에 도전하고 저항하였다. 이들은 기성세대의 허위와 가식을 유머와 위트로 폭로했으며, 획일적이고 닫힌 사회의 경직성을 조롱하며 의식의 혁명을 요구했다.

### 1 미국의 모더니즘 문학

모더니즘 운동의 초창기 주역들은 세기의 시작을 새로운 사회적 질서와 가치를 창조하는 계기로 삼아야 한다고 생각했다. 기술 발전과 자본축적으로 경제적 번영을 구가했지만, 빈부 격차와 인간소외라는 부정적 측면이 공존하였다. 모더니즘 문학은 산업화·도시화·대중화된 사회의 무미건조한 일상적인 삶의 현실에 대한 비판이자, 그것을 넘어서려는 표현이었다. 초창기의 미국 문학은 유럽의 모더니즘 운동의 영향하에 있었지만, 점차 미국만의 특이한 세계를 일구어 나갔다. 또한 제1차 세계대전을 겪은 다음 등장한, 이른바 '잃어버린 세대'(Lost Generation)에 속하는 소설가인 어니스트 헤밍웨이(Ernest Hemingway)나 윌리엄 포크너(William Faulkner)는 전쟁의 상처가 만들어낸 상실감과 허무 의식, 전후의 사회적 현실을 충실히 그려냈다.

## 2  1920~1930년대

제1차 세계대전은 삶의 낭만적인 환상과 낙관주의의 끝을 가져왔고, 전후의 암울한 현실과 비관적 정서를 드러내기도 했다. 한편, 미국 사회는 경제적 호황 속에서 물질적 풍요와 번영을 누리는 한편, 과소비와 부도덕성, 그리고 빈부 격차가 사회적 문제로 대두된다. 시어도어 드라이저(Theodore Dreiser)의 *An American Tragedy*(1925), F. 스콧 피츠제럴드(F. Scott Fitzgerald)의 *The Great Gatsby*(1925)가 이러한 시대상을 반영한 대표적인 작품이다.

> **더 알아두기**
>
> **잃어버린 세대(Lost Generation)** 중요
> 제1차 세계대전 후에 환멸을 느낀 미국의 지식계급 및 예술파 청년들에게 주어진 명칭이다. 이들은 전쟁의 경험에서 온 허무주의와 비관주의를 절실하게 인식하였고, 이러한 그들의 태도는 삶에 대한 새로운 인식을 불러일으켰다. 이들은 자신들의 경험과 유럽에서 배운 문체 및 화법을 사용하여, 기존의 가치와 신앙에 담겨 있는 속물주의에 대해 비판했다.
> Gertrude Stein이 '당신들은 모두 길을 잃어버린 세대'(You are all a lost generation)라고 한 말을 Ernest Hemingway가 *The Sun Also Rises*(1926)의 서문에 인용한 데서 유래했다. 제1차 세계대전 이후 뒤따르는 환멸과 허무함, 상실감 속에서 길을 잃고 방황한다는 점에서 '잃어버린 세대'라고 불렸다. Ernest Hemingway, F. Scott Fitzgerald, William Faulkner는 '잃어버린 세대'를 대표하는 소설가들이다. '잃어버린 세대'는 미국 모더니즘의 다양성 가운데 상류사회의 백인 부르주아 남성의 정신적 위기를 반영하고 있다. 삶의 목표와 방향성을 잃고 쾌락을 탐닉하는 당시 미국의 젊은이들 혹은 작가 자신의 모습을 그려낸 작품들은 미국에서뿐 아니라 세계적으로도 큰 호응을 얻었으며, 여기에 속한 Hemingway, Fitzgerald, Faulkner 등은 미국 문학을 대표하는 작가로 성장하였다.

## 3  1930년대 공황기

1929년 10월 24일 뉴욕의 주식시장이 붕괴하며 대공황(Great Depression)이 발생했다. 임금 감소와 소비 위축이 연쇄적으로 일어났으며, 1930년에는 미국의 1600만 명 이상이 실업자가 되었다. 미국에서 발생한 공황은 세계적으로 확산되었고, 1930년대에 전 세계를 대량 실업과 불황으로 이끌었다. 이러한 경제적 상황은 나치즘이나 파시즘과 같은 전체주의를 조장하였고, 세계를 제2차 세계대전으로 몰았다.

대공황 시대의 문학은 직접적이고 노골적으로 사회를 비판했다. 이 시기의 대표 작가인 존 스타인벡(John Steinbeck)은 가난한 노동자 계급의 착실하고 정직한 삶을 위한 투쟁적인 글을 썼다. 그는 그 당시 가장 투철한 사회의식을 가진 작가였고, 1962년에 노벨상을 수상했다.

## 4  1950년대

전후 세대들에게 사회나 국가의 질서나 조화는 무의미하게 보였다. 작가들은 전쟁의 상흔을 안고 산업화된 도시의 변두리를 전전하며 고달픈 삶을 살아가는 인물들을 그리기도 했다. 시 분야에서도, 이 시대의 시인들은 내면의 감정을 자유롭게 표현하고자 하였고, 상징이나 신화적 소재를 쓰기보다는 즉흥적이고 구어적이며 실험적인 기법을 선보였다. 실비아 플라스(Sylvia Plath, 1932~1963)는 내면의 감정과 고통을 직접적으로 표출하는 방식으로 시를 썼다. 또한 현대 자본주의의 병폐를 비판하는 시들도 많았다.

### (1) 유대계 작가들

제2차 세계대전(1939~1945) 이후 유대계 작가들은 자신들이 경험한 정신적 공황과 절망을 사실적으로 묘사하였다. *Dangling Man*(1944)을 발표한 솔 벨로(Saul Bellow, 1915~2005)를 시작으로 노먼 메일러(Norman Mailer, 1923~2007), 필립 로스(Philip Roth, 1933~2018), 제롬 데이비드 샐린저(Jerome David Salinger, 1919~2010) 등의 작가들이 등장했다. 이들은 유대인이 겪은 대학살의 공포와 상처를 일반인의 영역으로 확대했다. 또한, 이들의 작품에서는, 전쟁의 상처를 안은 채 도시의 변두리를 떠돌며 고단한 삶을 살아가는 인물을 현대사회에서 몰락한 인간의 전형으로 그려냈다.

### (2) 흑인 작가들

흑인 작가들은 흑인들이 미국 사회에서 고통스럽게 겪어 온 '이중의식'(Double Consciousness)을 솔직하게 표현하면서, 흑인 문학은 그들의 인권운동의 기폭제가 되었다. 주요 작가로는 리처드 라이트(Richard Wright, 1908~1960), 랠프 엘리슨(Ralph Ellison, 1914~1994), 제임스 볼드윈(James Baldwin, 1924~1987)을 들 수 있다. 이들의 문학적 유산은 1980년대의 토니 모리슨(Toni Morrison, 1931~2019)과 앨리스 워커(Alice Walker, 1944~ )와 같은 작가들에 의해 계승되었다.

> **더 알아두기**
>
> **이중의식(Double Consciousness)**
>
> 이중의식은 주류 문학에 대한 소수 집단 구성원의 복합적 인식을 의미한다. 아프리카계 미국인 학자 윌리엄 에드워드 버가트 듀보이스(William Edward Burghardt Du Bois)가 '흑인의 영혼'에 관한 논의에서 처음 만든 용어이다. Du Bois는 아프리카계 미국인의 자기의식이 언제나 미국 다수의 기대와 표상에 의해 형성된다고 주장한다. Du Bois 이후 '이중의식'이라는 용어는 아프리카계 미국인 비평과 현대 문학 비평의 가장 중요한 개념이 되었다. 이 이중성에 대한 강렬한 인식은 미국의 소수민족 작가들에게 큰 영향을 주었고, 작가들은 새로운 형식을 발견하도록 도와주는 언어 및 목소리와 유희적 관계를 맺게 되었다. 나아가 이 분열된 의식은 소수민족에게만 해당되는 범위를 넘어서서 미국의 문화적 이중성이라는 일반적 상황에까지 확대시킬 수 있다.

## 5 20세기 후반

흑인 인권운동이나 베트남전 등을 겪으며 미국 문학은 큰 변화를 겪는다. 이 변화는 전통적인 문학이나 기존의 문학적 틀을 뒤집는 방식이다. 이른바 '포스트모더니즘 현상'이 나타나는데, 그동안 객관성이나 합리성의 이름으로 구축되어 온 서구의 역사와 전통이 실상은 당대의 질서유지를 위한 도구였다는 반성을 하게 되면서, 역사 기술의 문제점이나 사실과 허구 간 경계의 모호함 등을 다루었다. 1970년대 이후 페미니즘 운동이나 1980~1990년대 다문화주의 운동은 이러한 반성에서 비롯된 것이다. 이 시기의 미국 문학은, 기존의 문학적 기준에서 소외되어 온 여성작가나 흑인 및 아메리카 원주민의 문학작품에 주목하기 시작하였다. 이를테면 19세기에 주목받지 못했던 시인들, 흑인 여성작가들, 아시아계 작가들의 활동이 두드러졌다. 미국 사회가 동질적인 사회가 아니라 다양한 인종과 종족이 이룩한 다문화적 사회임을 인식하고, 이와 같은 다양성을 양적으로나 질적으로 풍요롭게 하는 것은 미국 문학이 당면한 과제이다.

# 제2장 Ernest Hemingway – *The Sun Also Rises*

### | 단원 개요 |
이 작품은 비극적인 전쟁을 충격적으로 경험한 전후 세대들이 삶의 방향을 상실하게 되면서 이들이 삶을 어떻게 살고 있는지, 그리고 과연 어떻게 살아야 하는지에 대한 Hemingway의 고민과 모색이 담겨 있다.

### | 출제 경향 및 수험 대책 |
이 작품의 Jake는 자신의 고통스러운 현실을 직시하고 감정을 자제하며 자신의 일에 책임을 다하면서 견디는 긍정적인 면을 보여주는 인물이다. Jake와 Brett이 만들어가는 솔직한 우정과 이해 등은 Hemingway가 전후의 황무지적인 삶에서도 찾아낸 작지만 중요한 긍정적인 면으로 볼 필요가 있다.

## 제1절  작가의 생애

어니스트 헤밍웨이(Ernest Hemingway, 1899~1961)는 1899년 미국 일리노이주 오크파크(Oak Park)에서 태어났다. 그는 야외 스포츠를 좋아하는 의사인 아버지와, 음악을 사랑하고 독실한 신앙인이었던 어머니 사이에서 성장하였다. Hemingway가 자신의 작품에서 남성성에 몰입하면서도 인간의 섬세한 감정에 충실한 것은 그의 성장과정과 연관이 있다고 볼 수 있다. 소년 시절에 그는 아버지의 별장이 있는 미시간에서 여름을 지냈다. 이 시기에 그는 인디언과 가까이 지냈고, 숲속을 돌아다니기를 좋아했다고 한다. Hemingway는 고등학교에서 교내지에 단편소설을 내기도 하였고, 고등학교 졸업 후에는 기자로 활동하기도 하였다. Hemingway는 제1차 세계대전 중 야전 병원 수송차 운전병으로 참전하여 이탈리아 전선에 있었으며, 부상을 입고 밀라노 육군병원에서 치료를 받았다. 그는 전후 특파원으로 유럽에 건너가 스페인 내전을 비롯하여 그리스-터키 전쟁을 취재하기도 하였는데, 이 시기에 겪었던 종군기자로서의 경험이 전쟁을 소재로 하는 그의 소설의 바탕이 되었다.

전후 세대의 모습을 그린 *The Sun Also Rises*(1926)를 계기로 '잃어버린 세대'의 대표 작가가 되었다. 그리고 *A Farewell to Arms*(1929)를 통해 전 세계적으로 주목을 받았다. 그는 스페인 내전을 다룬 장편소설 *For Whom the Bell Tolls*(1940) 이후 십여 년 만에 발표한 *The Old Man and the Sea*(1952)로 퓰리처상 수상에 이어, 1954년 노벨 문학상까지 수상하였다. 1959년부터 건강이 악화되면서 우울증과 알코올 중독증에 시달리다 1961년 7월 2일 아이다호주 케첨에 있는 자택에서 엽총으로 자살하며 삶을 마감했다.

## 제2절 작품 세계

### 1 작품 세계

**(1) 하드보일드 문체(Hard-boiled Style)**

Hemingway의 특징적인 서술 기법이다. 이 기법은 작품 속에서 형용사의 수사적인 표현의 사용을 절제하고, 단문이나 중문으로 문장을 구성하면서, 눈앞에서 일어나는 사건을 최대한 세밀하게 묘사하는 것이다. 인물에 대한 작가의 직접적인 판단보다는 인물 간의 대화를 통해 서사를 이끌면서, 작가의 감정이나 설명은 가능한 한 배제하고 무관심한 관찰자의 시점에서 충실히 묘사한다.

**(2) 잃어버린 세대(Lost Generation)** 중요

제1차 세계대전 후, 도덕성과 가치관의 흔들림을 겪으며 삶의 환멸을 느낀 미국의 지식계급 및 예술파 청년들에게 주어진 명칭이다. 전쟁을 경험한 이들이 지닌 허무주의와 비관주의, 그리고 그로부터 비롯된 새로운 가치관과 삶의 방식은 사회에 새로운 흐름을 불러일으켰다. 이들은 자신들의 경험과 유럽에서 배운 문체 및 화법을 사용하여, 기존의 가치와 신앙에 담겨 있는 속물주의에 대해 비판했다.

이 명칭은 Gertrude Stein이 "당신들은 모두 길을 잃어버린 세대"(You are all a lost generation)라고 한 말을 Hemingway가 자신의 작품 *The Sun Also Rises*(1926)의 서문에 인용한 데서 유래했다. 제1차 세계대전 이후 전쟁의 상처로 인한 환멸과 허무함, 상실감 속에서 길을 잃고 방황한다는 점에서 '잃어버린 세대'라고 불렸다.

**(3) 남성성**

Hemingway는 무엇보다도 미국 사회에서 남성성을 표현하는 작가로 인식된다. 그의 작품에서 남성 주인공은 사냥이나 전쟁, 투우, 낚시 등 여성적 삶의 방식과는 거리가 먼 극한 상황 속에서 극기를 경험하고 생존해 나간다. 이러한 모습은 그의 소설에서 반복적으로 나타나는 특징적인 장면들이다. 그는 삶을 위협하는 자연이나 운명과의 싸움에 맞서면서 영웅적인 모습을 보이는 남성 인물을 그리지만, 또한 나약해 보일 정도로 예민한 감성을 지닌 남성의 모습도 함께 제시한다.

## 2 주요 작품

### (1) *The Sun Also Rises*(1926)

소설의 주인공은 제1차 세계대전에서 입은 부상으로 성불구가 된 미국인 신문 기자 Jake Barnes이다. 이 소설은 그의 시점으로 전개되는 1인칭 소설이다. Jake는 전쟁 중 Brett Ashley를 만나 서로 사랑에 빠지지만, 두 사람은 육체적인 관계를 맺지는 못한다. Hemingway는 이 소설을 통해 Jake Barnes라는 인물을 중심으로 '잃어버린 세대'의 삶과 허무주의적 가치관을 사실적으로 그려냈다.

### (2) *A Farewell to Arms*(1929)

제1차 세계대전 당시 이탈리아 전선에 참전한 미군 중위인 Frederic Henry와 영국 간호사 Catherine Barkley의 사랑 이야기이다. Frederic Henry가 화자인 1인칭 소설로, 그는 전쟁 중에 간호사 Catherine Barkley와 열렬한 사랑에 빠지지만, 그녀는 출산 중 과다출혈로 사망한다. 전쟁의 참혹함과 등장인물의 비극적 결말로 이루어진 소설이다.

### (3) *For Whom the Bell Tolls*(1940)

1937년 스페인 내전을 무대로, 공화파에 가담해 싸우기 위해 직업조차 버린 미국인 Robert Jordan의 투쟁을 그린 작품이다. 미국의 젊은 대학교수인 Robert Jordan은 스페인 내전에 참가해서 적의 중요한 교량을 폭파하고 도피하던 중 적군의 총에 맞아 일행에서 뒤쳐지게 된다. 그는 María와 일행을 먼저 보낸 뒤 적군에게 총을 겨눈 채 죽어간다. 소설은 그가 폭파 임무를 완수하는 3일 동안의 경험을 바탕으로 전개된다. Jordan과 함께 그의 주변인들(공화당 지지자 Pilar, 에스파냐 여인 María 등)의 이야기가 생생하게 펼쳐진다.

### (4) *The Old Man and the Sea*(1952)

쿠바를 배경으로 늙은 어부 Santiago가 먼 바다로 나갔다가 거대한 물고기(청새치)를 잡는다. 노인은 거대한 청새치에 이끌려 바다를 헤매다가 삼 일간의 고투 끝에 그 거대한 물고기를 작살로 찍어 끌고 항구로 향한다. 그러나 상어가 나타나 그 물고기를 먹으려 하고, 노인은 칼로 상어를 죽이며 사투를 벌이지만, 항구에 돌아와 보니 또 다른 상어들이 그 물고기를 다 뜯어먹고 머리와 뼈만 남아 있었다. 노인은 자신이 너무 먼 바다로 나간 것을 후회한다. 항구로 돌아온 노인은 해변에 있는 소년 Manolin에게 거대한 청새치를 잡은 비법을 설명해 준다. 그는 지친 몸을 이끌고 집으로 돌아와 잠을 자면서 아프리카 해변에서 어슬렁거리는 사자들에 대한 꿈을 꾼다.

## 제3절 *The Sun Also Rises*의 줄거리

소설의 전반은 프랑스 파리를 무대로 펼쳐지고 후반은 스페인의 팜플로나(Pamplona)로 무대를 옮겨가며, Brett Ashley의 헛된 사랑 이야기가 펼쳐진다. 작품의 주인공이자 화자인 30대 중반의 미국인 Jake Barnes는 제1차 세계대전 참전 후 신문사 특파원으로 파리에 머물고 있다. 그는 전쟁 중에 부상을 당해 입원하였는데, 그때 병원에서 영국인 간호사 Brett을 만나 그녀를 사랑하게 되었다. 그러나 그는 전쟁에서 부상을 입고 성불구가 되어 둘은 육체적으로 맺어지지 못한다. Jake는 육체적 사랑이 불가능하지만 Brett에 대한 감정을 포기하지 못한다. 그러나 Brett은 육체적 사랑 없이는 사랑이 이루어질 수 없는 여인이었다. Brett은 Jake를 사랑하지만, 초조함과 성적인 욕구불만으로 여러 남자를 전전한다. Brett은 영국인 Ashley경과 결혼하였지만, 그녀의 결혼 생활은 행복하지 않았다. 그녀는 이혼을 결심하고 Mike Campbell과 재혼을 준비한다.

Jake의 친구 Bill Gorton은 미국에서 인기 있는 소설가이다. Bill은 친구인 Jake를 만나러 파리에 방문한다. Jake와 Bill은 스페인에서 함께 송어 낚시를 한 후, 스페인의 팜플로나에 가서 투우 경기를 관람하기로 계획한다. Jake를 통해 Brett을 알게 된 전직 권투선수인 Robert Cohn 역시 Brett에게 빠져든다. Robert는 3년 동안 사귀어 온 약혼녀가 있음에도 불구하고, 자유분방하고 생기 넘치는 Brett을 사랑하게 된다. Robert는 Brett에게 연정을 품고 Jake와 Bill, Brett의 일행으로 합류하려 한다. Jake와 Bill은 Robert가 합류하지 않기를 바라지만, Brett에 대한 집념을 버리지 못한 Robert는 Brett이 가는 곳을 찾아간다.

처음으로 투우 경기를 보게 된 Brett은 Jake의 설명을 들으며 투우를 즐기는데, 그녀는 젊은 투우사 Pedro Romero와 34세와 19세라는 나이 차이에도 불구하고 사랑에 빠진다. Jake는 여전히 Brett을 사랑하지만 육체적으로 함께하지 못하는 자신에 대해 번민하며 그저 그들을 지켜볼 수밖에 없다.

투우사 Pedro에게 Brett을 빼앗긴 Robert는 Mike와 Jake를 때려눕힌다. Robert는 Pedro의 방으로 가서 Brett의 면전에서 그를 심하게 때린다. 그러나 Pedro의 기세를 꺾을 수 없게 되자, 자기 방으로 돌아와서 쓰러져 운다. 커다란 기대를 품고 찾아온 팜플로나의 투우 축제에서 모두가 마음의 상처를 안고 떠난다.

Brett은 투우사 Pedro와 마드리드로 떠난다. Robert와 Brett의 약혼자였던 Mike는 떠났고, Jake도 파리로 돌아간다. 그는 Brett이 Pedro와 사랑에 빠지도록 다리를 놓아준 것 같아, 자책감으로 우울해하며 호텔에서 조용히 며칠을 보낸다. Brett은 Pedro와 달콤한 며칠을 함께 보낸다. Pedro는 그녀와 결혼을 원하지만, Brett은 그의 장래를 위해 그를 멀리하면서 Brett의 도덕성이 회복된다. Jake와 Brett은 육체적 관계의 한계 때문에 사랑을 정점으로 끌고 갈 수는 없지만, 서로를 이해하고 비슷한 가치를 공유한다.

## 제4절  작품의 주제

전쟁을 충격적으로 경험한 전후 세대들이 삶의 방향을 잃고 찰나적으로 살아가는 모습을 그리면서, '어떻게 살아가야 하는가'에 대한 작가의 존재론적 질문과 모색을 담고 있다.

또한, 전쟁에서 부상을 당한 Jake와 1920년대의 전형적 여성상인 Brett의 관계를 통해, 정신적·육체적으로 상처를 입은 이들이 진정한 사랑을 이루는 것은 불가능하다는 점을 드러낸다. 이로써 전통적인 가치가 무너진 허무한 세계의 단면을 보여준다.

소설의 전반부는 프랑스 파리, 후반부는 스페인의 팜플로나를 배경으로 펼쳐지며, Brett의 헛된 사랑 이야기를 중심으로 전개된다. 특히 팜플로나에서는 스페인의 투우 문화와 투우사에 관한 세부 묘사가 풍부하게 등장한다. Hemingway는 *The Sun Also Rises*에서 투우를 비유적으로 등장시킨다고 볼 수 있다. 그는 투우를 인간 삶의 한 단면으로 비유하면서, 비참한 죽음을 맞이하는 소의 운명을 인간에 투영시켜서 바라본다.

## 제5절  등장인물

### 1 Jake Barnes

이 작품의 중심인물로, 이해심이 많은 성격이다. 파리에 주재하는 미국인 신문기자로, 제1차 세계대전 때 참전했으나 전쟁에서 입은 부상으로 성기능을 상실하게 되었다. Brett을 사랑하는 인물로, 그녀의 방황을 바라보면서도 사랑하는 마음을 잃지 않는다. 방향을 찾지 못한 채 허무주의적인 삶을 살아가면서도 좌절감을 극복하려 애쓰는 인물이다. 자신의 고통스러운 현실을 직시하고 감정을 자제하며, 자신의 일에 책임을 다하면서 담담히 참고 견디는 인물이다.

### 2 Brett Ashley

미모의 영국인 여성으로, 간호사로 참전하면서 전쟁의 참혹함을 경험한다. 첫 약혼자를 전쟁에서 잃었고, 이후 결혼을 하고 이혼을 하는데 그녀의 전남편은 밤마다 총을 안고 자야만 하는 정신적인 문제가 있는 사람이었다. Brett은 전쟁으로 인한 충격과 상처로 음주와 연애에 몰두한다. 그러나 그녀가 진정으로 사랑하는 남자는 Jake이다. 매력적인 외모와 성격으로 언제나 많은 남자들에게 둘러싸여 있지만, 어느 누구와도 진정한 결합이 불가능한 삶의 황량함을 보여주는 인물이다.

### 3 Robert Cohn

프린스턴 대학 시절 권투 선수로도 활동하였다. 유대인으로, 문학에 뜻을 두고 소설을 쓴다. 파리에서 Jake와 어울리다가 Brett을 보고 사랑의 마음을 갖는다. 좌절과 방황의 삶을 사는 인물이다.

### 4 Bill Gorton

Jake의 친한 친구로, 신문 기자이면서 소설을 쓰기도 한다. Jake와 Brett, Robert가 살아가는 방식을 냉정하게 관찰한다.

### 5 Mike Campbell

Brett과 약혼한 관계이나, 그녀가 다른 남자들과 무절제한 연애를 하는 것을 알면서도 방관한다. 전쟁에서의 부상으로 삶의 목적을 상실한 허무주의자이며, 술에 빠져 산다.

### 6 Pedro Romero

19세의 젊은 투우사로, Brett과 사랑에 빠진다. 이 작품에 등장하는 삶의 방향을 잃고 방황하는 인물들과는 대조적으로, 자신의 삶에 대한 의지와 방향이 뚜렷한 인물이다.

## 제6절 작품의 구조와 시점 및 기법

### 1 구조

**(1) 제1부**

전쟁의 상처에서 빠져나오지 못한 채 공허하게 지내는 파리에서의 생활을 그린다.

**(2) 제2부**

낚시 여행과 스페인 팜플로나 축제, 투우 경기 등 활기찬 나날들을 그린다.

**(3) 제3부**

미래에 대한 희망이 없는 무기력하고 허무한 파리 생활로의 회귀를 그린다.

### 2 시점

작품의 주인공인 Jake의 경험과 생각으로 내용이 전개되는 1인칭 시점이다.

### 3 상징

**(1) Jake의 성불구**

전쟁 이후 생명력을 기대할 수 없는 황무지와 같은 사회의 모습을 상징한다.

**(2) Pedro의 투우**

죽음과 잔인함이 공존하는 현실에서 인간의 용기와 능력이 대담하게 추구되는 이상적인 영웅적 행위를 상징한다.

**(3) 축제**

현실의 허무하고 공허한 삶을 잠시 잊게 하는 상황, 도덕성이나 윤리적 통제를 벗어날 수 있는 자유의 시간을 상징한다.

## 제7절 *The Sun Also Rises*의 일부

### Chapter I

Robert Cohn was once middleweight boxing champion of Princeton. Do not think that I am very much impressed by that as a boxing title, but it meant a lot to Cohn. He cared nothing for boxing, in fact he disliked it, but he learned it painfully and thoroughly to counteract the feeling of inferiority and shyness he had felt on being treated as a Jew at Princeton. There was a certain inner comfort in knowing he could knock down anybody who was snooty to him, although, being very shy and a thoroughly nice boy, he never fought except in the gym. He was Spider Kelly's star pupil. Spider Kelly taught all his young gentlemen to box like featherweights, no matter whether they weighed one hundred and five or two hundred and five pounds. But it seemed to fit Cohn. He was really very fast. He was so good that Spider promptly overmatched[1] him and got his nose permanently flattened. This increased Cohn's distaste for boxing, but it gave him a certain satisfaction of some strange sort, and it certainly improved his nose. In his last year at Princeton he read too much and took to wearing spectacles. I never met any one of his class who remembered him. They did not even remember that he was middleweight boxing champion.

I mistrust all frank and simple people, especially when their stories hold together, and I always had a suspicion that perhaps Robert Cohn had never been middleweight boxing champion, and that perhaps a horse had stepped on his face, or that maybe his mother had been frightened or seen something, or that he had, maybe, bumped into something as a young child, but I finally had somebody verify the story from Spider Kelly. Spider Kelly not only remembered Cohn. He had often wondered what had become of him.[2]

Robert Cohn was a member, through his father, of one of the richest Jewish families in New York, and through his mother of one of the oldest. At the military school where he prepped[3] for Princeton, and played a very good end on the football team, no one had made him race-conscious. No one had ever made him feel he was a Jew, and hence any different from anybody else, until he went to Princeton. He was a nice boy, a friendly boy, and very shy, and it made him bitter. He took it out in boxing, and he came out of Princeton with painful self-consciousness and the flattened[4] nose, and was married by the first girl who was nice to him. He was married five years, had three children, lost most of the fifty thousand dollars his father left him, the balance of the estate having gone to his mother, hardened into a rather unattractive mould under domestic unhappiness with a rich wife; and just when he had made up his mind to leave his wife she left him and went off with a miniature-painter. As he had been thinking for months about leaving his wife and had not done it because it would be too cruel to deprive her of himself, her departure was a very healthful shock.

---

1) overmatch : ~보다 더 우수하다, 압도하다
2) what had become of him : 무슨 일이 그에게 닥쳤는지를
3) prep : 준비하다
4) flatten : 평평하게 하다, 납작하게 만들다, 고르다, 펴다(level)

The divorce was arranged and Robert Cohn went out to the Coast. In California he fell among literary people and, as he still had a little of the fifty thousand left, in a short time he was backing a review of the Arts. The review commenced publication in Carmel,[5] California, and finished in Provincetown, Massachusetts. By that time Cohn, who had been regarded purely as an angel, and whose name had appeared on the editorial page merely as a member of the advisory board, had become the sole editor. It was his money and he discovered he liked the authority of editing. He was sorry when the magazine became too expensive and he had to give it up.

By that time, though, he had other things to worry about. He had been taken in hand by a lady who hoped to rise with the magazine. She was very forceful,[6] and Cohn never had a chance of not being taken in hand. Also he was sure that he loved her. When this lady saw that the magazine was not going to rise, she became a little disgusted[7] with Cohn and decided that she might as well get what there was to get while there was still something available, so she urged that they go to Europe, where Cohn could write. They came to Europe, where the lady had been educated, and stayed three years. During these three years, the first spent in travel, the last two in Paris, Robert Cohn had two friends, Braddocks and myself. Braddocks was his literary friend. I was his tennis friend.

The lady who had him, her name was Frances, found toward the end of the second year that her looks were going, and her attitude toward Robert changed from one of careless possession and exploitation[8] to the absolute determination that he should marry her. During this time Robert's mother had settled an allowance on him, about three hundred dollars a month. During two years and a half I do not believe that Robert Cohn looked at another woman. He was fairly happy, except that, like many people living in Europe, he would rather have been in America, and he had discovered writing. He wrote a novel, and it was not really such a bad novel as the critics later called it, although it was a very poor novel. He read many books, played bridge, played tennis, and boxed at a local gymnasium.

I first became aware of his lady's attitude toward him one night after the three of us had dined together. We had dined at l'Avenue's and afterward went to the Café de Versailles for coffee. We had several fines[9] after the coffee, and I said I must be going. Cohn had been talking about the two of us going off somewhere on a weekend trip. He wanted to get out of town and get in a good walk. I suggested we fly to Strasbourg[10] and walk up to Saint Odile, or somewhere or other in Alsace. "I know a girl in Strasbourg who can show us the town," I said.

Somebody kicked me under the table. I thought it was accidental and went on: "She's been there two years and knows everything there is to know about the town. She's a swell[11] girl."

---

5) Carmel : 미국 캘리포니아 주에 있는 지역으로, 1908년경부터 예술가들의 거주지였다
6) forceful : 힘 있는, 힘센, 격심한, 효과적인, 설득력 있는
7) disgusted : 혐오감을 느끼는, 역겨워 하는
8) exploitation : 이용, 개발, 개척
9) fines : 핀느(술)
10) Strasbourg : 사원과 대학으로 유명한 프랑스 북동부의 도시
11) swell : 일류의, 훌륭한

I was kicked again under the table and, looking, saw Frances, Robert's lady, her chin lifting and her face hardening.

"Hell," I said, "why go to Strasbourg? We could go up to Bruges, or to the Ardennes."

Cohn looked relieved. I was not kicked again. I said good-night and went out. Cohn said he wanted to buy a paper and would walk to the corner with me. "For God's sake," he said, "why did you say that about that girl in Strasbourg for? Didn't you see Frances?"

"No, why should I? If I know an American girl that lives in Strasbourg what the hell is it to Frances?"

"It doesn't make any difference. Any girl. I couldn't go, that would be all."

"Don't be silly."

"You don't know Frances. Any girl at all. Didn't you see the way she looked?"

"Oh, well," I said, "let's go to Senlis."

"Don't get sore."

"I'm not sore. Senlis is a good place and we can stay at the Grand Cerf and take a hike in the woods and come home."

"Good, that will be fine."

"Well, I'll see you to-morrow at the courts," I said.

"Good-night, Jake," he said, and started back to the café.

"You forgot to get your paper," I said.

"That's so." He walked with me up to the kiosque[12] at the corner. "You are not sore, are you, Jake?" He turned with the paper in his hand.

"No, why should I be?"

"See you at tennis," he said. I watched him walk back to the café holding his paper. I rather liked him and evidently she led him quite a life.


**Chapter II**

That winter Robert Cohn went over to America with his novel, and it was accepted by a fairly[13] good publisher. His going made an awful row[14] I heard, and I think that was where Frances lost him, because several women were nice to him in New York, and when he came back he was quite changed. He was more enthusiastic about America than ever, and he was not so simple, and he was not so nice. The publishers had praised his novel pretty highly and it rather went to his head. Then several women had put themselves out to be nice to him, and his horizons had all shifted. For four years his horizon had been absolutely limited to his

---

12) kiosque : 벽 없는 오두막, (터키 등의) 정자, (역·광장 등에 있는) 신문 매점·공중 전화실·광고탑·지하철도 입구 따위의 간이 건축물
13) fairly : 상당히, 꽤, 어지간히
14) made an awful row : 언쟁을 했다

wife. For three years, or almost three years, he had never seen beyond Frances. I am sure he had never been in love in his life.

He had married on the rebound from the rotten time he had in college, and Frances took him on the rebound from his discovery that he had not been everything to his first wife. He was not in love yet but he realized that he was an attractive quantity to women, and that the fact of a woman caring for him and wanting to live with him was not simply a divine miracle. This changed him so that he was not so pleasant to have around. Also, playing for higher stakes[15] than he could afford[16] in some rather steep[17] bridge games with his New York connections, he had held cards and won several hundred dollars. It made him rather vain of his bridge game, and he talked several times of how a man could always make a living at bridge if he were ever forced to.

Then there was another thing. He had been reading W. H. Hudson.[18] That sounds like an innocent occupation, but Cohn had read and reread "The Purple Land." "The Purple Land" is a very sinister book if read too late in life. It recounts splendid imaginary amorous adventures of a perfect English gentleman in an intensely romantic land, the scenery of which is very well described. For a man to take it at thirty-four as a guide-book to what life holds is about as safe as it would be for a man of the same age to enter Wall Street direct from a French convent, equipped with a complete set of the more practical Alger[19] books. Cohn, I believe, took every word of "The Purple Land" as literally as though it had been an R. G. Dun report.[20] You understand me, he made some reservations, but on the whole the book to him was sound. It was all that was needed to set him off. I did not realize the extent to which it had set him off until one day he came into my office.

"Hello, Robert," I said. "Did you come in to cheer me up?"

"Would you like to go to South America, Jake?" he asked.

"No."

"Why not?"

"I don't know. I never wanted to go. Too expensive. You can see all the South Americans you want in Paris anyway."

"They're not the real South Americans."

"They look awfully real to me."

I had a boat train[21] to catch with a week's mail stories, and only half of them written.

"Do you know any dirt?" I asked.

"No."

---

15) stakes : 내기, (종종 복수형) 내기에 건 돈, 상금
16) afford : (종종 can, be able to와 함께) ~의 여유가 있다, ~을 살(지급할, 소유할) 돈이 있다
17) steep : 터무니없는, 무리한 (요구·값 등)
18) W. H. Hudson : 영국 소설가
19) Alger : 미국의 아동문학가
20) R. G. Dun report : 미국의 주간 잡지
21) boat train : (기선과 연락하는) 임항(臨港) 열차

"None of your exalted[22] connections getting divorces?"

"No; listen, Jake. If I handled both our expenses, would you go to South America with me?"

"Why me?"

"You can talk Spanish. And it would be more fun with two of us."

"No," I said, "I like this town and I go to Spain in the summertime."

"All my life I've wanted to go on a trip like that," Cohn said. He sat down. "I'll be too old before I can ever do it."

"Don't be a fool," I said. "You can go anywhere you want. You've got plenty of money."

"I know. But I can't get started."

"Cheer up," I said. "All countries look just like the moving pictures."

But I felt sorry for him. He had it badly.

"I can't stand it to think my life is going so fast and I'm not really living it."

"Nobody ever lives their life all the way up except bull-fighters."[23]

"I'm not interested in bull-fighters. That's an abnormal life. I want to go back in the country in South America. We could have a great trip."

"Did you ever think about going to British East Africa to shoot?"

"No, I wouldn't like that."

"I'd go there with you."

"No; that doesn't interest me."

"That's because you never read a book about it. Go on and read a book all full of love affairs with the beautiful shiny black princesses."

"I want to go to South America."

He had a hard, Jewish, stubborn streak.[24]

"Come on down-stairs and have a drink."

"Aren't you working?"

"No," I said. We went down the stairs to the café on the ground floor. I had discovered that was the best way to get rid of friends. Once you had a drink all you had to say was: "Well, I've got to get back and get off some cables," and it was done. It is very important to discover graceful exits like that in the newspaper business, where it is such an important part of the ethics that you should never seem to be working. Anyway, we went down-stairs to the bar and had a whiskey and soda. Cohn looked at the bottles in bins[25] around the wall. "This is a good place," he said.

"There's a lot of liquor," I agreed.

---

22) exalted : 고귀한, 지위가(신분이) 높은, 고위의, 고상한
23) bull-fighter : 투우사
24) streak : 경향, 티, 기미, 가능성
25) bin : 쓰레기통(dustbin), 빵을 넣는 큰 통(breadbin)

"Listen, Jake," he leaned forward on the bar. "Don't you ever get the feeling that all your life is going by and you're not taking advantage of it? Do you realize you've lived nearly half the time you have to live already?"

"Yes, every once in a while."

"Do you know that in about thirty-five years more we'll be dead?"

"What the hell, Robert," I said. "What the hell."

"I'm serious."

"It's one thing I don't worry about," I said.

"You ought to."

"I've had plenty to worry about one time or other. I'm through worrying."

"Well, I want to go to South America."

"Listen, Robert, going to another country doesn't make any difference. I've tried all that. You can't get away from yourself by moving from one place to another. There's nothing to that."

"But you've never been to South America."

"South America hell! If you went there the way you feel now it would be exactly the same. This is a good town. Why don't you start living your life in Paris?"

"I'm sick of[26] Paris, and I'm sick of the Quarter."

"Stay away from the Quarter. Cruise around by yourself and see what happens to you."

"Nothing happens to me. I walked alone all one night and nothing happened except a bicycle cop stopped me and asked to see my papers."

"Wasn't the town nice at night?"

"I don't care for Paris."

So there you were. I was sorry for him, but it was not a thing you could do anything about, because right away you ran up against the two stubbornnesses: South America could fix it and he did not like Paris. He got the first idea out of a book, and I suppose the second came out of a book too.

"Well," I said, "I've got to go up-stairs and get off some cables."

"Do you really have to go?"

"Yes, I've got to get these cables off."

"Do you mind if I come up and sit around the office?"

"No, come on up."

He sat in the outer room and read the papers, and the Editor and Publisher and I worked hard for two hours. Then I sorted out the carbons, stamped on a by-line, put the stuff in a couple of big manila envelopes[27] and rang for a boy to take them to the Gare St. Lazare. I went out into the other room and there was Robert Cohn asleep in the big chair. He was asleep with his head on his arms. I did not like to wake him up, but I wanted

---

26) sick of : 넌더리가 난, 싫증난
27) big manila envelopes : 마닐라지로 만든 큰 봉투

to lock the office and shove off.[28] I put my hand on his shoulder. He shook his head. "I can't do it," he said, and put his head deeper into his arms. "I can't do it. Nothing will make me do it."

"Robert," I said, and shook him by the shoulder. He looked up. He smiled and blinked.[29]

"Did I talk out loud just then?"

"Something. But it wasn't clear."

"God, what a rotten dream!"

"Did the typewriter put you to sleep?"

"Guess so. I didn't sleep all last night."

"What was the matter?"

"Talking," he said.

I could picture[30] it. I have a rotten habit of picturing the bedroom scenes of my friends. We went out to the Café Napolitain to have an apéritif[31] and watch the evening crowd on the Boulevard.

## Chapter III

It was a warm spring night and I sat at a table on the terrace of the Napolitain after Robert had gone, watching it get dark and the electric signs come on, and the red and green stop-and-go traffic-signal, and the crowd going by, and the horse-cabs clippety-clopping[32] along at the edge of the solid taxi traffic, and the poules[33] going by, singly and in pairs, looking for the evening meal. I watched a good-looking girl walk past the table and watched her go up the street and lost sight of her, and watched another, and then saw the first one coming back again. She went by once more and I caught her eye, and she came over and sat down at the table. The waiter came up.

"Well, what will you drink?" I asked.

"Pernod."[34]

"That's not good for little girls."

"Little girl yourself. Dites garçon,[35] un pernod."

"A pernod for me, too."

"What's the matter?" she asked. "Going on a party?"

"Sure. Aren't you?"

---

28) shove off : 밀(치)다, 떠밀다, 밀고 나아가다
29) blink : 깜박이다(wink), 눈을 깜박거리다, 눈을 가늘게 뜨고 (깜박이며) 보다
30) picture : 마음에 그리다, 상상하다
31) apéritif : 아페리티프(식욕 증진을 위해 식전에 마시는 술)
32) clippety-clop : 따가닥따가닥(말굽 소리)
33) poule : 암탉
34) Pernod : 포도주의 일종
35) Dites garçon : 이봐요, 웨이터

"I don't know. You never know in this town."

"Don't you like Paris?"

"No."

"Why don't you go somewhere else?"

"Isn't anywhere else."

"You're happy, all right."

"Happy, hell!"

Pernod is greenish imitation absinthe. When you add water it turns milky. It tastes like licorice and it has a good uplift,[36] but it drops you just as far. We sat and drank it, and the girl looked sullen.[37]

"Well," I said, "are you going to buy me a dinner?"

She grinned and I saw why she made a point of[38] not laughing. With her mouth closed she was a rather pretty girl. I paid for the saucers and we walked out to the street. I hailed a horse-cab and the driver pulled up[39] at the curb. Settled back in the slow, smoothly rolling fiacre[40] we moved up the Avenue de l'Opéra, passed the locked doors of the shops, their windows lighted, the Avenue broad and shiny and almost deserted. The cab passed the New York Herald bureau with the window full of clocks.

"What are all the clocks for?" she asked.

"They show the hour all over America."

"Don't kid me."

We turned off the Avenue up the Rue des Pyramides, through the traffic of the Rue de Rivoli, and through a dark gate into the Tuileries.[41] She cuddled[42] against me and I put my arm around her. She looked up to be kissed. She touched me with one hand and I put her hand away.

"Never mind."

"What's the matter? You sick?"

"Yes."

"Everybody's sick. I'm sick, too."

We came out of the Tuileries into the light and crossed the Seine and then turned up the Rue des Saints Peres.

"You oughtn't to drink pernod if you're sick."

"You neither."

"It doesn't make any difference with me. It doesn't make any difference with a woman."

"What are you called?"

---

36) uplift : 향상, (정신의) 고양
37) sullen : 무뚝뚝한, 뿌루퉁한
38) make a point of : 반드시 ~하다
39) pull up : 멈추다
40) fiacre : 4륜 합승마차
41) Tuileries : 파리에 있는 옛 왕궁
42) cuddle : 꼭 껴안다, 부둥키다, (어린 아이 등을) 껴안고 귀여워하다

"Georgette. How are you called?"

"Jacob."

"That's a Flemish[43] name."

"American too."

"You're not Flamand?"

"No, American."

"Good, I detest Flamands."

By this time we were at the restaurant. I called to the cocher[44] to stop. We got out and Georgette did not like the looks of the place. "This is no great thing of a restaurant."

"No," I said. "Maybe you would rather go to Foyot's. Why don't you keep the cab[45] and go on?"

I had picked her up because of a vague sentimental idea that it would be nice to eat with some one. It was a long time since I had dined with a poule, and I had forgotten how dull it could be. We went into the restaurant, passed Madame Lavigne at the desk and into a little room. Georgette cheered up a little under the food.

"It isn't bad here," she said. "It isn't chic, but the food is all right."

"Better than you eat in Liège."

"Brussels, you mean."

We had another bottle of wine and Georgette made a joke. She smiled and showed all her bad teeth, and we touched glasses. "You're not a bad type," she said. "It's a shame you're sick. We get on well. What's the matter with you, anyway?"

"I got hurt in the war," I said.

"Oh, that dirty war."

We would probably have gone on and discussed the war and agreed that it was in reality a calamity for civilization, and perhaps would have been better avoided. I was bored enough. Just then from the other room some one called: "Barnes! I say, Barnes! Jacob Barnes!"

"It's a friend calling me," I explained, and went out.

There was Braddocks at a big table with a party: Cohn, Frances Clyne, Mrs. Braddocks, several people I did not know.

"You're coming to the dance, aren't you?" Braddocks asked.

"What dance?"

"Why, the dancings. Don't you know we've revived them?" Mrs. Braddocks put in.

"You must come, Jake. We're all going," Frances said from the end of the table. She was tall and had a smile.

---

43) Flemish : 플랑드르의, 플라망 사람
44) cocher : 마부
45) cab : 마차

"Of course, he's coming," Braddocks said. "Come in and have coffee with us, Barnes."

"Right."

"And bring your friend," said Mrs. Braddocks laughing. She was a Canadian and had all their easy social graces.

"Thanks, we'll be in," I said. I went back to the small room.

"Who are your friends?" Georgette asked.

"Writers and artists."

"There are lots of those on this side of the river."

"Too many."

"I think so. Still, some of them make money."

"Oh, yes."

We finished the meal and the wine. "Come on," I said. "We're going to have coffee with the others."

Georgette opened her bag, made a few passes at her face as she looked in the little mirror, re-defined her lips with the lip-stick, and straightened her hat.

"Good," she said.

We went into the room full of people and Braddocks and the men at his table stood up.

"I wish to present my fiancée, Mademoiselle Georgette Leblanc," I said. Georgette smiled that wonderful smile, and we shook hands all round.

"Are you related to Georgette Leblanc, the singer?" Mrs. Braddocks asked.

"Connais pas,"[46] Georgette answered.

"But you have the same name," Mrs. Braddocks insisted cordially.[47]

"No," said Georgette. "Not at all. My name is Hobin."

"But Mr. Barnes introduced you as Mademoiselle Georgette Leblanc. Surely he did," insisted Mrs. Braddocks, who in the excitement of talking French was liable to have no idea what she was saying.

"He's a fool," Georgette said.

"Oh, it was a joke, then," Mrs. Braddocks said.

"Yes," said Georgette. "To laugh at."

"Did you hear that, Henry?" Mrs. Braddocks called down the table to Braddocks. "Mr. Barnes introduced his fiancée as Mademoiselle Leblanc, and her name is actually Hobin."

"Of course, darling. Mademoiselle Hobin, I've known her for a very long time."

"Oh, Mademoiselle Hobin," Frances Clyne called, speaking French very rapidly and not seeming so proud and astonished as Mrs. Braddocks at its coming out really French. "Have you been in Paris long? Do you like it here? You love Paris, do you not?"

"Who's she?" Georgette turned to me. "Do I have to talk to her?"

---

46) Connais pas : 나는 몰라요
47) cordially : 진심으로

She turned to Frances, sitting smiling, her hands folded, her head poised on her long neck, her lips pursed ready to start talking again.

"No, I don't like Paris. It's expensive and dirty."

"Really? I find it so extraordinarily clean. One of the cleanest cities in all Europe."

"I find it dirty."

"How strange! But perhaps you have not been here very long."

"I've been here long enough."

"But it does have nice people in it. One must grant that."

Georgette turned to me. "You have nice friends."

Frances was a little drunk and would have liked to have kept it up but the coffee came, and Lavigne with the liqueurs,[48] and after that we all went out and started for Braddocks's dancing-club.

The dancing-club was a bal musette[49] in the Rue de la Montagne Sainte Geneviéve. Five nights a week the working people of the Pantheon quarter danced there. One night a week it was the dancing-club. On Monday nights it was closed. When we arrived it was quite empty, except for a policeman sitting near the door, the wife of the proprietor back of the zinc bar, and the proprietor himself. The daughter of the house came downstairs as we went in. There were long benches, and tables ran across the room, and at the far end a dancing-floor.

"I wish people would come earlier," Braddocks said. The daughter came up and wanted to know what we would drink. The proprietor got up on a high stool beside the dancing-floor and began to play the accordion. He had a string of bells around one of his ankles and beat time with his foot as he played. Every one danced. It was hot and we came off the floor perspiring.

"My God," Georgette said. "What a box to sweat in!"

"It's hot."

"Hot, my God!"

"Take off your hat."

"That's a good idea."

Some one asked Georgette to dance, and I went over to the bar. It was really very hot and the accordion music was pleasant in the hot night. I drank a beer, standing in the doorway and getting the cool breath of wind from the street. Two taxis were coming down the steep street. They both stopped in front of the Bal. A crowd of young men, some in jerseys and some in their shirt-sleeves, got out. I could see their hands and newly washed, wavy hair in the light from the door. The policeman standing by the door looked at me and smiled. They came in. As they went in, under the light I saw white hands, wavy hair, white faces, grimacing, gesturing, talking. With them was Brett. She looked very lovely and she was very much with them.

---

48) liqueurs : 리큐르, 식후에 마시는 독한 술
49) bal musette : 댄스홀

One of them saw Georgette and said: "I do declare. There is an actual harlot.[50] I'm going to dance with her, Lett. You watch me."

The tall dark one, called Lett, said: "Don't you be rash."

The wavy blond one answered: "Don't you worry, dear." And with them was Brett.

I was very angry. Somehow they always made me angry. I know they are supposed to be amusing, and you should be tolerant, but I wanted to swing on one, any one, anything to shatter that superior, simpering composure.[51] Instead, I walked down the street and had a beer at the bar at the next Bal. The beer was not good and I had a worse cognac to take the taste out of my mouth. When I came back to the Bal there was a crowd on the floor and Georgette was dancing with the tall blond youth, who danced big-hippily, carrying his head on one side, his eyes lifted as he danced. As soon as the music stopped another one of them asked her to dance. She had been taken up by them. I knew then that they would all dance with her. They are like that.

I sat down at a table. Cohn was sitting there. Frances was dancing. Mrs. Braddocks brought up somebody and introduced him as Robert Prentiss. He was from New York by way of Chicago, and was a rising new novelist. He had some sort of an English accent. I asked him to have a drink.

"Thanks so much," he said, "I've just had one."

"Have another."

"Thanks, I will then."

We got the daughter of the house over and each had a fine l'eau.

"You're from Kansas City, they tell me," he said.

"Yes."

"Do you find Paris amusing?"

"Yes."

"Really?"

I was a little drunk. Not drunk in any positive sense but just enough to be careless.

"For God's sake," I said, "yes. Don't you?"

"Oh, how charmingly you get angry," he said. "I wish I had that faculty."

I got up and walked over toward the dancing-floor. Mrs. Braddocks followed me. "Don't be cross with Robert,"[52] she said. "He's still only a child, you know."

"I wasn't cross," I said. "I just thought perhaps I was going to throw up."

"Your fiancée is having a great success," Mrs. Braddocks looked out on the floor where Georgette was dancing in the arms of the tall, dark one, called Lett.

"Isn't she?" I said.

"Rather," said Mrs. Braddocks.

---

50) harlot : 매춘부
51) simpering composure : 태연하게 웃으며
52) Don't be cross with Robert : 로버트에게 화내지 말아요

Cohn came up. "Come on, Jake," he said, "have a drink." We walked over to the bar. "What's the matter with you? You seem all worked up over something?"

"Nothing. This whole show makes me sick is all."

Brett came up to the bar.

"Hello, you chaps."

"Hello, Brett," I said. "Why aren't you tight?"

"Never going to get tight any more. I say, give a chap a brandy and soda."

She stood holding the glass and I saw Robert Cohn looking at her. He looked a great deal as his compatriot must have looked when he saw the promised land. Cohn, of course, was much younger. But he had that look of eager, deserving expectation.

Brett was damned good-looking. She wore a slipover[53] jersey sweater and a tweed skirt, and her hair was brushed back like a boy's. She started all that. She was built with curves like the hull of a racing yacht, and you missed none of it with that wool jersey.[54]

"It's a fine crowd you're with, Brett," I said.

"Aren't they lovely? And you, my dear. Where did you get it?"

"At the Napolitain."

"And have you had a lovely evening?"

"Oh, priceless," I said.

Brett laughed. "It's wrong of you, Jake. It's an insult to all of us. Look at Frances there, and Jo."

This for Cohn's benefit.

"It's in restraint of trade," Brett said. She laughed again.

"You're wonderfully sober,"[55] I said.

"Yes. Aren't I? And when one's with the crowd I'm with, one can drink in such safety, too."

The music started and Robert Cohn said: "Will you dance this with me, Lady Brett?"

Brett smiled at him. "I've promised to dance this with Jacob," she laughed. "You've a hell of a biblical[56] name, Jake."

"How about the next?" asked Cohn.

"We're going," Brett said. "We've a date up at Montmartre." Dancing, I looked over Brett's shoulder and saw Cohn, standing at the bar, still watching her.

"You've made a new one there," I said to her.

"Don't talk about it. Poor chap. I never knew it till just now."

"Oh, well," I said. "I suppose you like to add them up."

"Don't talk like a fool."

---

53) slipover : 머리로부터 뒤집어쓰듯 입는 (스웨터 따위)
54) you missed none of it with that wool jersey : (그녀가) 그런 울 스웨터를 입고 있어도 그 매력을 모두 알거야
55) sober : 술 취하지 않은, 맑은 정신의
56) biblical : 성경의, 성경에서 인용한

"You do."

"Oh, well. What if I do?"

"Nothing," I said. We were dancing to the accordion and some one was playing the banjo. It was hot and I felt happy. We passed close to Georgette dancing with another one of them.

"What possessed you to bring her?"[57]

"I don't know, I just brought her."

"You're getting damned romantic."

"No, bored."

"Now?"

"No, not now."

"Let's get out of here. She's well taken care of."

"Do you want to?"

"Would I ask you if I didn't want to?"

We left the floor and I took my coat off a hanger on the wall and put it on. Brett stood by the bar. Cohn was talking to her. I stopped at the bar and asked them for an envelope. The patronne found one. I took a fifty-franc note from my pocket, put it in the envelope, sealed it, and handed it to the patronne.

"If the girl I came with asks for me, will you give her this?" I said. "If she goes out with one of those gentlemen, will you save this for me?"

"C'est entendu,[58] Monsieur," the patronne said. "You go now? So early?"

"Yes," I said.

We started out the door. Cohn was still talking to Brett. She said good night and took my arm. "Good night, Cohn," I said. Outside in the street we looked for a taxi.

"You're going to lose your fifty francs," Brett said.

"Oh, yes."

"No taxis."

"We could walk up to the Pantheon and get one."

"Come on and we'll get a drink in the pub next door and send for one."

"You wouldn't walk across the street."

"Not if I could help it."

We went into the next bar and I sent a waiter for a taxi.

"Well," I said, "we're out away from them."

We stood against the tall zinc bar and did not talk and looked at each other. The waiter came and said the taxi was outside. Brett pressed my hand hard. I gave the waiter a franc and we went out. "Where should I tell him?" I asked.

---

57) What possessed you to bring her? : 무엇이 당신으로 하여금 그녀를 데려오게 했나요?

58) C'est entendu : 알겠습니다

"Oh, tell him to drive around."

I told the driver to go to the Parc Montsouris, and got in, and slammed[59] the door. Brett was leaning back in the corner, her eyes closed. I got in and sat beside her. The cab started with a jerk.[60]

"Oh, darling, I've been so miserable," Brett said.

---

59) slam : 세게 닫다
60) with a jerk : 갑자기, 급격히

# 제 2 장 | 실전예상문제

01 *The Sun Also Rises*에서 소설의 주요 배경이 되는 곳으로, 투우 경기가 열리는 도시는 어디인가?

① 파리
② 뉴욕
③ 팜플로나
④ 런던

> 01 소설의 전반은 프랑스 파리가 무대이나 후반은 스페인의 팜플로나(Pamplona)에서 열리는 등장인물들이 투우 경기를 관람한다.

02 *The Sun Also Rises*의 주인공 Jake는 소설에서 어떤 일을 하면서 파리에서 지내는가?

① 군인
② 기자
③ 소설가
④ 권투 선수

> 02 미국인인 Jake는 신문사 특파원으로 파리에 머물고 있다.

03 *The Sun Also Rises*에 대한 설명으로 옳지 <u>않은</u> 것은?

① 제2차 세계대전 후 전후 세대의 혼란과 방황을 그린다.
② 주인공 Jake의 관점에서 서술된다.
③ Ernest Hemingway 특유의 하드보일드 문체가 돋보인다.
④ 소설의 전반은 프랑스 파리이고 후반은 에스파냐의 팜플로나가 배경이다.

> 03 이 작품은 제1차 세계대전 후 전쟁으로 상처입고 도덕성과 가치관의 흔들림을 겪으며 삶의 환멸을 느낀 인물들이 등장한다.

정답  01 ③  02 ②  03 ①

04 전쟁이라는 충격을 겪은 전후 세대는 삶의 방향을 상실하고, 정신적·육체적으로 깊은 상처를 입는다. 이들은 진정한 사랑조차 이룰 수 없으며, 그들의 이야기를 통해 전통적 가치가 부정되고 허무가 지배하는 세계가 그려진다.

05 Hemingway는 *The Old Man and the Sea*로 퓰리처상 수상에 이어 1954년 노벨 문학상까지 수상하였다.

06 하드보일드 문체(Hard-boiledStyle)는 Hemingway의 대표적인 서술 기법이다. 이 기법은 수사적인 형용사 사용을 절제하고, 단문이나 중문을 중심으로 문장을 구성하여 눈앞에서 벌어지는 사건을 최대한 세밀하게 묘사한다. 또한, 인물에 대한 작가의 직접적인 판단을 피하고, 인물 간의 대화를 중심으로 서사를 전개하며, 작가의 감정이나 설명을 배제한 채 무관심한 관찰자의 시점에서 인물을 충실히 그려낸다.

**정답** 04 ② 05 ③ 06 ④

---

**04** *The Sun Also Rises*에서 작가가 다루는 주제와 거리가 먼 것은?

① 전쟁을 경험한 전후 세대들의 살아가는 방식을 묘사한다.
② 전쟁의 상처를 입은 후의 극복 과정을 그린다.
③ 전통적인 가치관들이 부정되는 현실을 보여준다.
④ '잃어버린 세대'(Lost Generation)를 보여주는 소설이다.

**05** 어니스트 헤밍웨이(Ernest Hemingway)의 작가적 특징과 거리가 먼 것은?

① 제1차 세계대전 중 야전 병원 수송차 운전병으로 참전하였다.
② 종군기자로서의 그의 경험이 그의 전쟁을 소재로 하는 소설의 바탕이 되었다.
③ *For Whom the Bell Tolls*로 노벨 문학상을 수상하였다.
④ 남성성에 몰입하면서도 인간의 섬세한 감정에 충실한 특징을 지닌다.

**06** 어니스트 헤밍웨이(Ernest Hemingway)의 하드보일드 문체(Hard-boiled Style)에 대한 설명으로 맞는 것은?

① 당시 세계적으로 유행한 서술 기법이다.
② 장문으로 문장을 구성하여 의식의 흐름을 지속시킨다.
③ 작가의 감정과 설명이 작품에서 종종 보여진다.
④ 형용사와 같은 수사적인 표현을 절제하고 인물 간의 대화를 직접 제시한다.

## 07 The Sun Also Rises의 등장인물과 관련이 없는 인물은?

① George Hurstwood
② Jake Barns
③ Brett Ashley
④ Robert Cohn

07 George Hurstwood는 Theodore Dreiser의 Sister Carrie(1900)에서 등장한다.

## 08 The Sun Also Rises에 대한 설명으로 옳지 않은 것은?

① 소설의 시점은 Brett의 관점에서 서술되는 1인칭 시점이다.
② 소설은 3부로 구성되어 있다.
③ 스페인에서의 축제는 도덕성과 윤리적 통제를 벗어날 수 있는 자유를 의미한다.
④ 1부는 전쟁의 상처로 인해 공허하게 지낸 파리에서의 생활을 다룬다.

08 작품의 주인공인 Jake의 경험과 생각으로 내용이 전개되는 1인칭 시점이다.

## 09 The Sun Also Rises의 주인공 Jake Barnes에 대한 설명으로 옳지 않은 것은?

① 작품의 중심인물로 미국인이며 이해심이 많은 성격이다.
② 제1차 세계대전 때 참전했으나 전쟁에서 부상을 입었다.
③ 방향을 찾지 못한 채 허무주의적인 삶을 살면서도 좌절감을 극복하려 한다.
④ Brett을 사랑하나 그녀의 삶의 방식에 실망하고 떠난다.

09 Jake는 Brett을 사랑하는 인물로 그녀의 방황을 바라보면서도 사랑하는 마음을 잃지 않는다.

정답  07 ① 08 ① 09 ④

10  Pedro Romeo는 19세의 젊은 투우사로 Brett과 사랑에 빠진다. 이 작품에서 등장하는 삶의 방향을 잃고 방황하는 인물들과는 대조적으로 자신의 삶에 대한 의지와 방향이 뚜렷한 인물이다.

**10** *The Sun Also Rises*의 등장인물 중 '잃어버린 세대'(Lost Generation)의 모습을 보이지 <u>않는</u> 인물은?

① Jake Barns
③ Brett Ashley
② Mike Campbell
④ Pedro Romeo

---

**주관식 문제**

**01** 어니스트 헤밍웨이(Ernest Hemingway)의 '잃어버린 세대'(Lost Generation)에 대하여 간략히 서술하시오.

01  정답
제1차 세계대전의 참혹한 경험은 미국 예술가들에게 허무주의와 비관주의를 각인시켰고, 이들은 기존의 가치와 신앙에 깃든 속물주의를 비판하며, 정신적 위기를 작품 속에 반영하였다. 그들은 전후의 환멸과 허무함, 상실감 속에서 길을 잃고 방황하는 인간상을 문학에 담아냈다. '잃어버린 세대'(Lost Generation)라는 명칭은 Gertrude Stein이 "당신들은 모두 길을 잃어버린 세대"(You are all a lost generation)라고 한 것을 Hemingway가 *The Sun Also Rises*의 서문에 인용한 데서 유래했다. Ernest Hemingway, F. Scott Fitzgerald, William Faulkner는 이 '잃어버린 세대'를 대표하는 소설가들이다.

02  정답
Hemingway는 무엇보다도 작품에서 남성성을 표현하는 작가로 인식된다. 작품의 남성 주인공이 사냥이나 전쟁, 투우, 낚시 등과 같은 여성의 삶의 방식과 거리가 먼 극한 상황에서 극기를 경험하고 생존하는 모습은 그의 소설에서 자주 볼 수 있는 장면들이다. 그는 삶을 위협하는 자연이나 운명과의 싸움에 맞서면서 영웅적인 남성 인물을 그리지만 또한 나약해 보일 만큼 감성이 예민한 남성의 모습도 제시한다.

**02** 어니스트 헤밍웨이(Ernest Hemingway)의 작품에서 드러나는 남성 인물들의 경향을 간략히 서술하시오.

정답  10 ④

# 제3장 William Faulkner – The Sound and the Fury

| 단원 개요 |

*The Sound and the Fury*는 내용과 형식에 있어서 모더니즘의 문학적 특성이 잘 드러나는 작품이다. 남부의 귀족인 Compson 가(家)의 비극적인 역사를 통해 삶의 허무를 다루고 있으며, 관점이 서로 다른 4개의 파편화된 서술자로 구성된 작품이다.

| 출제 경향 및 수험 대책 |

각 장의 소제목에서 알 수 있듯이 사건이 시간적 순서를 따르지 않고 의식의 흐름을 쫓아간다. '의식의 흐름' 기법과 Jason의 생생한 독백, 신화적·성서적 인유와 암시, 상징 등은 Faulkner의 문학 세계와 미국 모더니즘의 소설 세계를 경험하게 하는 작품이며 미국 남부인들의 방향 상실과 정체성의 위기를 담고 있음을 주목할 필요가 있다.

## 제1절 작가의 생애

윌리엄 포크너(William Faulkner, 1897~1962)는 1897년 미국 미시시피주의 뉴알바나에서 태어나 5세 때 미시시피주 옥스퍼드로 이사한 뒤 삶의 대부분을 이곳에서 보냈다. 그는 자신이 평생 살아온 이 지역을 모델로 하여 그의 작품에서 등장하는 상상의 지역인 '요크나파토파'(Yoknapatawpha Country)와 그 중심지인 '제퍼슨'(Jefferson)을 창조하였다. Faulkner는 학업에 흥미를 느끼지 못했고 1914년 고등학교를 자퇴한 후 고향 선배인 Phil Stone과 함께 독서와 토론을 하면서 문학적 소양을 키워 나갔다. 그는 미국 공군에 입대하고 싶었지만 왜소한 체격 때문에 탈락하자 캐나다의 토론토에 있는 영국 공군에 지원하여 입대하였다. 그러나 훈련이 끝나기도 전에 제1차 세계대전이 끝나서 전쟁에 참전은 못하고 고향으로 돌아왔다. 당시 제대한 군인에게 주는 특전으로 University of Mississippi에 입학하지만 중퇴하였다. Faulkner는 소설가 Sherwood Anderson을 만나 그의 권유로 시 쓰기를 접고 소설로 전향했으며, 첫 번째 소설인 *Soldier's Pay*(1926)를 집필했다. 그는 1929년 *Sartoris*를 출판하면서 본격적으로 소설가로 활동을 하였다. 이후 *The Sound and the Fury*(1929), *As I lay dying*(1930), *Light in August*(1932), *Absalom, Absalom!*(1936), *Go Down, Moses*(1942) 등의 작품을 집필하였다.

Faulkner는 1950년 노벨 문학상을 받았고, 1957년에 University of Virginia에서 강의를 하기도 했다. 1962년 7월 6일, Faulkner는 심장마비로 생을 마감하였다.

## 제2절  작품 세계

### 1  작품 세계 〔중요〕

(1) Faulkner는 1920년대의 Fitzgerald, Hemingway 등 '잃어버린 세대'(Lost Generation)의 작가들과 마찬가지로, 제1차 세계대전 이후의 세계에 대한 환멸을 바탕으로 전쟁의 상처를 작품의 주요 주제로 다루었다. 그의 초기 작품인 *Soldier's Pay*(1926)와 *Mosquitoes*(1927) 두 작품은 '잃어버린 세대'(Lost Generation)의 문학적 성향을 보여주는 작품이다.

(2) 미국 남부의 세계에 대한 Faulkner 문학적 관심은 그의 세 번째 소설인 *Sartoris*(1929)에서부터 본격적으로 드러난다. 그의 소설은 상상과 신화적 공간인 '요크나파토파'(Yoknapatawpha Country)에서 전개된다. 미국 남부의 깊은 문제를 재현하는 듯한 이 가상의 공간에서 Faulkner는 남부 귀족의 전통을 고수하지만 소멸하고 마는 Sartoris 가문과 물질적 성공을 추구하는 Snopes 가문, 그리고 희생당하고 저항하는 흑인들의 삶을 그린다. 이 상상의 장소는 남북전쟁 이후 북부의 산업화에 영향을 받아 황폐해진 남부의 19세기 말 20세기 초를 배경으로 하며 근대화의 과정에서 미국 남부의 사회적·정신적 타격이 극대화되어 나타나는 곳이다.

(3) Faulkner는 농경 사회를 유지해 온 미국 남부에 북부의 산업 경제가 유입되면서, 기존의 사회 질서가 무너지고 새로운 신분 질서가 등장하는 가운데 사회·경제적 혼란을 겪는 상황을 작품에서 묘사한다. 또한 남부인의 방향 상실과 정체성의 위기를 보여주는데, 특히 가족 간의 분열이나 인종 편견과 같은 왜곡된 인간관계를 드러낸다.

(4) Faulkner는 제한적인 시점을 활용하여 등장인물들이 자신의 현실적 상황을 파편적으로 인식하는 과정을 보여준다. 그는 종종 과거와 현재가 뒤섞이는 방식을 작품의 전개에 적용하면서 역사와 현실의 문제를 근본적으로 파헤친다.

(5) Faulkner는 현대 미국 소설을 세계적인 위치로 올려놓았다는 평가를 받으며 현재까지도 지속적으로 주목을 받는 작가이다. 제1차 세계대전을 전후로 많은 작가들이 유럽에서 배출되었지만, Faulkner는 미국 남부 지역의 역사와 현실을 소재로 미국적인 주제에 집중하였다. 그의 작품은 생생한 남부의 방언이 묘사되며 독창적이고 실험적인 서술 기법을 특징으로 한다.

## 2 주요 작품

**(1) *The Sound and the Fury*(1929)**

Compson 가문 자녀들의 정신적 문제를 다루는 작품으로, 이들의 의식의 흐름을 연결해 주는 것은 누이 Caddy에 대한 기억이다.

**(2) *As I lay dying*(1930)**

Bundren 가문의 안주인 Addie의 죽음과 장례를 치르는 가족들의 이야기를 다룬다. 독특한 형식상의 실험이 돋보이는 작품이다.

**(3) *Light in August*(1932)**

남부의 전통과 가치관에 대해 갈등하는 남부인의 삶을 그린다.

**(4) *Absalom, Absalom!*(1936)**

비인간적인 제도와 가치관을 따르기 위해 혈연과 애정을 부정하고 결국에는 비극적인 종말을 맞이하는 Sutpen 가문의 비극을 다룬다. 이들의 결말은 남부 역사의 비극을 반영한다.

**(5) *Go Down, Moses*(1942)**

주인공 Isaac McCaslin이 근친상간과 잔인한 착취로 얼룩진 가족사를 직시하고, 조상의 죄에 대한 속죄의 의미로 과거와의 연을 끊으며 현실 인식의 변화를 보여주는 작품이다.

## 제3절　The Sound and the Fury의 줄거리

### 1　1장 : 1928년 4월 7일 부활절 전날

'Benjy의 장'에서 처음 등장하는 Benjy는 3살의 지능을 갖고 있는 33살의 백치이다. 그는 과거를 기억할 수 있지만 그 의미는 이해하지 못한다. 또한 현재와 과거, 시간의 개념을 전혀 모르는 그가 사물을 인식하는 방법은 촉각이나 후각이다. Benjy는 대화가 거의 불가능한 백치로, 아무런 편견 없이 자신의 의식에 가족의 과거를 투영한다. 첫 장은 1928년 4월 7일, 부활절 전날 토요일 오후를 배경으로 하며, 33번째 생일을 맞이한 Benjy는 자신을 돌봐주는 사람들을 본다.

Benjy는 골프를 치는 사람 중의 누군가가 "Caddy"라고 부르는 소리를 듣자, 울타리에 매달려 그들이 멀어져 가는 것을 바라보면서 슬픈 듯이 끙끙거린다. Benjy는 자신의 감정을 언어로 표현할 수 없다. Benjy가 슬픈 듯이 끙끙거리는 이유는 그에게 늘 안정감을 주었던 누나 Caddy가 없는 것에 대한 슬픔 때문이다. 골프장은 원래 Benjy의 소유였으나 Benjy의 형인 Quentin을 하버드대학교에 보내기 위해 팔아야 했던 땅이었다. Caddy는 결혼 생활이 파국으로 끝나고 남편이 아닌 다른 남자의 아이를 낳은 후 집을 떠났다.

Benjy는 정원의 울타리 구멍이 난 곳을 통해 빠져나가다가 옷이 울타리 못에 걸린다. 그 순간 Benjy의 의식은 사랑하는 누나 Caddy와 함께 그 울타리를 빠져나갔던 과거의 기억 속으로 간다. Benjy는 시간개념이 없기 때문에 과거를 현재처럼 연상하면서 의식을 펼쳐나간다. 개울가에서 Luster가 동전을 찾으러 멀리 가자, Benjy는 숲 속으로 들어가고, 그곳에서 Caddy의 딸 Miss Quentin이 서커스단 청년과 끌어안고 있는 광경을 보게 된다. 이때 Benjy는 과거에 Caddy가 어떤 청년과 그네가 있는 곳에 앉아 있던 장면을 떠올린다. 그 당시 Benjy는 Caddy가 남자에게 키스했던 것을 기억하고 신음 소리를 낸다. Benjy는 Caddy에게서 성숙한 여인의 향수 냄새를 맡고 흥분하며 반항한다. 그러다가 Caddy가 향수를 물에서 씻어내자 다시 안정을 찾는다. Benjy는 Caddy가 남자와 성관계를 가진 후 집에 돌아왔을 때 어느 때보다 더욱 예민하게 반응한다. Benjy는 Caddy가 개울가에서 놀다 팬티가 흙투성이가 된 것을 보고 울었던 일, 자신의 이름이 Maury에서 Benjy로 바뀌어서 울었던 일, Caddy가 처녀성을 잃었던 날, Caddy가 결혼한 날 울었던 일들을 단편적으로 떠올린다.

Benjy의 어머니는 Benjy의 장애를 불쌍히 여기지 않고 자신이 그런 아들을 낳은 것에 한탄한다. Luster와 Benjy는 주방에 들어가 생일 케이크를 함께 먹고 서재로 들어간다. 그곳에서 Benjy는 옛날 거울이 걸려 있는 벽의 까만 자국을 만지고 Caddy의 옛날 물건인 슬리퍼를 안고 웅얼거린다. 저녁 식사가 끝나자 Luster가 Benjy를 침실로 데려가서 재우려고 옷을 벗겨준다. Benjy는 거세된 자신의 모습을 보고 운다.

## 2  2장 : 1910년 6월 2일

'Quentin의 장'은 'Benjy의 장'보다 18년 앞선 시점인 1910년 6월 2일 하루 동안의 이야기를 Quentin의 의식과 회상을 통해 전개한다. Quentin은 아침에 하버드대학교 기숙사에서 일어나지만, 수업에 참석하지 않고 하루 종일 거리를 헤매다가 찰스강에 투신자살한다.

Quentin은 누이동생 Caddy의 순결에 병적으로 집착한다. Caddy가 순결을 상실하자 그는 남부 사회의 이상이 무너진 것과도 같은 강렬한 상실감에 사로잡힌다. 그는 Caddy와 근친상간을 했다고 거짓으로 아버지에게 말하지만 아버지는 별 반응이 없다. Quentin은 Caddy의 임신 소식에도 그다지 놀라지 않는 아버지의 모습에 경악한다. 그는 이러한 아버지의 무관심도 받아들일 수 없다. Quentin은 자신이 물려받은 시계의 바늘을 부수고 쓰레기 속에 버리면서 현재의 시간으로부터 도망을 시도한다. Quentin의 아버지는 할아버지의 시계를 Quentin에게 물려주면서 "나는 네가 시간을 기억하라고 너에게 이걸 주는 것이 아니다. 오히려 가끔은 시간을 잊기 위해, 그리고 시간을 정복하려다 인생을 허비하지 않도록 하기 위해 이걸 주는 것이지. 왜냐하면 시간과 싸워 이긴 사람은 없으니까"라고 말한다.

Quentin은 시간으로부터 도망칠수록 서로 다른 시간이 시간에 대해 거짓말을 하고 있다고 생각한다. 그는 삶에서 어떤 미래도 찾을 수 없으며 과거로부터 벗어날 힘도, 구제할 힘도 없다. 몰락하는 집안의 무질서 속에서 그가 피할 수 없는 절망과 고통으로부터 벗어날 수 있는 유일한 탈출구는 오직 죽음뿐이다.

## 3  3장 : 1928년 4월 6일 성금요일

Quentin이 자살한 지 18년이 지난 1928년 4월 6일, Jason의 하루를 중심으로 전개된다. Jason이 집에서 나와 농산물 상점에 일하러 갔다가 다시 집에 돌아와 저녁을 먹을 때까지의 이야기이다. Jason은 이 작품에서 가장 비도덕적인 인물로, 철저한 물질 지상주의자이다. 이날은 부활절 이틀 전인 성금요일로, 거리는 축제 분위기에 시내에서는 유랑 악극단이 공연 중이었다.

Jason은 누이 Caddy와 결혼한 Herbert Head에게 은행 취직을 약속받았지만, Caddy가 다른 남자의 아이를 낳으면서 결혼은 파탄 났고, 그 약속도 무산된다. 이에 Jason은 일자리를 얻지 못한 데 대한 분노와 Caddy에 대한 복수심으로 그녀의 딸 Quentin을 학대한다. 형 Quentin의 자살과 아버지의 죽음 이후, Jason은 무기력하고 우울증에 빠진 어머니, 백치인 Benjy, 그리고 조카 Quentin까지 떠맡으며 몰락해 가는 Compson 가문의 불행을 고스란히 짊어진다. 그는 무엇보다도 가부장적인 권위를 인정받고 싶어 한다.

Jason은 지난 15년 동안 Caddy가 딸 Quentin의 양육비로 보내온 3,000달러를 가로채어 몰래 숨겨 두고 있었다. 그런데 Caddy의 딸 Quentin이 이곳에 온 유랑 배우와 함께 그 돈을 훔쳐 달아난다. Jason은 자신이 지금까지 숨겨온 돈을 Quentin이 가져갔다는 사실을 알게 되자 광기에 휩싸인다. 자신이 학대해 온 Quentin에게 철저히 조롱당하고, 결국 복수까지 당했다는 사실은 그를 더욱 견디기 어렵게 만든다. 도망친 Quentin을 뒤쫓던 Jason은 끝내 허탕을 치고 만다.

### 4  4장 : 1928년 4월 8일 부활절

마지막 장인 4장은 'Dilsey의 장'이다. 부활절 아침 Dilsey는 집안일을 시작한다. 그녀는 Benjy를 키우고 Jason의 횡포에서 Caddy의 딸 Miss Quentin과 Benjy를 보호한다. Dilsey는 Benjy의 생일날에 Jason이나 Compson 부인이 싫어할 것을 알면서도 Benjy에게 생일 케이크를 마련해 준다.

부활절 예배가 있자 Dilsey는 Benjy를 흑인 교회에 데리고 간다. 교회 사람들은 이 둘을 비난어린 눈초리로 바라보지만 Dilsey는 아랑곳하지 않는다. 오히려 그녀는 Benjy를 교회에 데려온 것을 자랑스럽게 생각한다. Dilsey는 이날 목사의 설교가 특히 Compson 집안의 비극에 특별한 의미를 지닌다고 느끼며 집안의 몰락과 가족의 해체가 그녀를 슬프게 한다. 교회에서 돌아오는 Dilsey의 눈에는 눈물이 가득하다.

Jason은 돈을 훔쳐 달아난 Caddy의 딸 Quentin을 찾고자 극단 단원들이 타고 있는 기차까지 갔으나 극단 요리사와 몸싸움을 벌이고 실신했다가 집으로 돌아온다. Benjy의 신음 소리는 그치지 않고 Dilsey는 Benjy를 묘지로 데려가면 신음 소리를 그칠 것이라 생각하여 Luster에게 Benjy를 태워 마차를 몰게 한다. Luster는 Benjy에게 수선화를 들게 하고 마을의 광장 가까이 왔을 때 Jason이 차를 몰고 오는 것을 발견한다. Luster는 엉겁결에 마차를 잘못 몰아 남군 병사의 동상이 있는 쪽으로 돌아가자, Benjy는 크게 울부짖는다. 그 소리에 놀란 Luster에게 Jason이 덤벼들어 Luster를 때리고 Benjy까지 때린다. 수선화 꽃이 꺾이고 Benjy의 신음 소리는 더욱 높아만 간다. 그러나 마차가 묘지 쪽으로 돌아가자 Benjy의 신음 소리는 조용해진다.

## 제4절  작품의 주제

### 1  남부의 귀족 Compson 가문의 몰락

남부 대농장 소유주였던 Compson 집안은 후대로 가면서 가세가 기운다. 가장인 Compson은 현실을 극복하려 하지 않고 술로 현실도피를 한다. Compson 부인은 남부의 귀부인이라는 허상에 빠져서, 무기력한 남편을 멸시한다. Compson 부부는 네 명의 자녀에게 부모의 역할을 하지 않으며 애정을 주지 않는다.

### 2  가족 붕괴와 정체성 혼란

작품 속 Caddy는 영원히 이룰 수 없는 소망으로, 명확한 실체 없이 존재하며 인물들의 정신적 방황의 근원이자 회복 불가능성을 상징한다. 가족이라는 기본적인 인간관계의 분열을 통해 남부인의 방황과 정체성의 위기를 드러낸다. 나아가 인간 삶의 비극적인 실상을 암시한다.

### 3 단절된 인식과 왜곡된 자아상

Benjy는 백치로 인식 능력의 부족하고, Quentin은 지성인이지만, 관념적인 고뇌에 빠져 있으며 Jason은 속물적인 탐욕에 빠져 있기 때문에 이들은 서로 각자의 모습을 제대로 볼 수가 없다.

## 제5절 등장인물

### 1 Mr. Compson(Jason Compson III)

Compson 가(家)의 주인이자 아버지이다. 실생활에서 매우 무기력하고 주벽이 있는 패배주의자이다. 그는 현실에 대해 자신이 어찌할 수 없는 것으로 여기며 도피하려고 한다. 자녀들의 기억 속에서 아버지는 늘 술병을 들고 베란다에 있는 모습으로 남아 있다. 1912년, 알코올 중독으로 사망한다.

### 2 Mrs. Compson(Caroline Compson)

Jason Compson III의 아내이자 자녀들의 어머니이다. 허영심이 강하고 Jason을 편애하며 그에게 지나치게 의존하려 한다. 우울증으로 자신을 학대하고, 늘 두통에 시달린다. 흑인 하녀 Dilsey에게 집안일을 모두 맡긴 채 침대에 누워 지내며 무기력한 삶을 이어간다.

### 3 Quentin Compson

Compson 가(家)의 장남이다. 감수성이 예민하고 지적인 인물이다. 그러나 병적인 좌절감과 관념에 사로잡혀 있다. Caddy를 순결한 존재로 이상화하고 그녀의 '순결'이라는 관념만을 사랑한다. 캐디의 순결 상실은 가문의 명예와 전통의 상실, 나아가 인간 삶의 가치와 의미의 상실이라는 강박관념에 빠져 있다. 집안의 목장을 판 돈으로 하버드대학교에 입학하지만, Caddy의 일로 충격을 받아 찰스강에 투신자살을 한다.

### 4 Caddy(Candance Compson)

Compson 가(家)의 외동딸이다. 자수성가한 은행업자인 Sydney Herbert Head와 결혼하지만, 다른 남자의 아이(Miss Quentin)를 임신해 사생아를 낳는다. 이 일로 집안의 불명예가 되어 쫓겨나고, 딸을 집에 남긴 채 떠난 뒤 양육비를 보내며 살아간다. Compson 가(家)의 억압적 분위기와는 달리, 보다 생동감 있는 삶을 선택한다.

### 5 Jason Compson Ⅳ

Compson 가(家)의 차남이다. 현실적이고 물질적인 욕망에 사로잡힌 인물로, Caddy의 결혼 비용 때문에 자신이 대학에 가지 못했다는 박탈감과, 그 결혼이 파경에 이르면서 Sydney Herbert Head가 약속한 은행 취직자리마저 무산된 데에 대한 분노를 품고 있다. 형인 Quentin과 아버지가 사망한 뒤, 우울증과 무기력에 빠진 어머니와 백치인 Benjy, 그리고 Caddy가 낳은 딸 Quentin까지 돌보아야 한다. 그는 현재의 삶만을 중시하며 과거의 전통이나 가치관과 단절을 하려 한다. 그러나 상업주의 사회에 완전히 적응하지 못하고, 과거와 현재의 질서 사이에서 끊임없이 갈등하는 인물이다.

### 6 Benjy Compson

Compson 가(家)의 막내로, 33살이지만 정신연령은 3살 정도에 불과한 백치이다. Caddy로부터 사랑을 받았기 때문에, 그녀가 집을 떠난 후에는 그리움에 울부짖는다. 이 작품의 첫 장은 백치인 Benjy의 의식을 통해 서술되는데, 시간개념이 없는 그의 의식은 현재와 과거를 구분하지 못한 채 자유롭게 넘나든다. 이러한 전개 방식은 이 작품의 사건 전개와 불안정한 분위기를 효과적으로 드러낸다.

### 7 Miss Quentin

Caddy가 낳은 사생아로, 삼촌인 Quentin과 이름이 같다. 그녀는 자신을 학대하고 양육비를 가로챈 Jason의 돈을 훔쳐 달아난다.

### 8 Dilsey

평생 Compson 가족을 위해 일하며 어머니 역할을 해 온 인물로 현실을 인식하고, 몰락하는 Compson 가문 안에서 따뜻함을 보여주는 인물이다. 또한 유일하게 정확한 시간개념을 지닌 인물이기도 하다. 그러나 Dilsey는 Compson 집안의 비극을 직시하면서도, 퇴락하는 삶을 수동적으로 견뎌낼 뿐, 사랑을 통해 구원의 세계로 이끌 만큼 강인하지는 않다.

### 9 Luster

Dilsey의 손자이자 Benjy의 보호자이다.

### 10 Dalton Ames

Caddy의 처녀성을 박탈한 인물로, Miss Quentin의 친부이다.


### 11 Sydney Herbert Head

Caddy와 결혼한 뒤 이혼한다.


## 제6절  작품의 구조와 시점 및 기법

### 1 구조

Compson 가문의 세 형제의 독백과, 전지적 화자의 목소리로 서술되는 'Dilsey 장'을 포함하여 총 네 개의 장으로 이루어져 있다. 처음 세 장은 Benjy, Quentin, Jason의 의식의 흐름으로 구성되는데 사건은 시간의 순서를 따르지 않고 의식의 흐름을 따라간다.

(1) 1장

1928년 4월 7일, 백치인 Benjy가 화자로 등장한다. 첫 장부터 백치인 Benjy가 의미 없는 고함과 분노를 외치는데 이것은 Compson 가문의 삶뿐만 아니라 남부인을 포함한 인간 삶의 허무함을 상징한다.

(2) 2장

1910년 6월 2일, 장남 Quentin이 화자로 등장하며, 몰락해 가는 집안을 이야기한다. 그의 독백은 자살 당일의 사건들을 서술하는 현재 시점과, 과거를 회상하는 부분으로 구성되어 있다.

(3) 3장

1928년 4월 6일, 차남 Jason이 화자로 등장하며, 아버지와 형이 죽은 이후의 가족 이야기를 들려준다.

(4) 4장

1928년 4월 8일, 앞선 1·2·3장이 1인칭 시점으로 서술된 것과 달리, 4장은 전지적 작가 시점으로 서술된다. 특정 등장인물의 시점을 따르지 않고 외부에서 사건과 인물들을 관찰하고 묘사한다. 흑인 하녀 Dilsey와 Compson 자녀들을 관찰하는 방식으로 서술된다.

## 2 시점

이 작품은 Benjy, Quentin, Jason, 외부 관찰자의 네 개의 시점 전개되며, 동일한 이야기를 여러 서술자들이 각자의 시점에서 서술한다. 독자는 하나의 사건을 둘러싼 복잡하고 상충된 관점들을 접하게 되며, 이러한 독특한 서술 방식은 진실에 도달하는 것을 더욱 어렵게 만든다.

## 3 기법

### (1) 현대소설의 실험적 기법

백치의 의식을 따라가는 독특한 '의식의 흐름' 기법이나, 구어체를 거침없이 말하는 듯한 Jason의 생생한 독백을 통해, 각 장마다 전혀 다른 어조와 리듬이 배열된다.

### (2) 시간개념

형제들 각자 자신의 과거에 머물러 있으며, 현실과의 경계가 모호하다. 현재 속에 늘 과거가 함께 존재하고, 과거의 장면은 순간적으로 회상(플래쉬 백)되고 현재와 뒤섞인다.

### (3) 의식의 흐름

각 인물의 내면의 의식, 감정, 기억들이 파편적으로 제시되면서 비논리적인 의식의 흐름이 전개된다.

## 4 상징

### (1) Caddy

Compson 자녀들의 욕망이 투사된 무형의 대상

### (2) 시간

Benjy는 시간에 대한 인식이 없고, Quentin은 시간으로부터 도피하며, Jason은 시간에 쫓긴다. Dilsey는 바늘이 한 개밖에 없는 시계를 보고도 정확하게 시간을 알아내는 인물로 설정하면서 Dilsey만이 현실 상황을 인식하는 인물임을 암시한다.

### (3) Benjy의 고함과 분노

좁게는 Compson 가문의 삶이고 넓게는 남부인을 포함한 모든 인간이 삶이 지닌 허무함을 상징한다.

### (4) Quentin이 기숙사에서 회중시계를 부수는 행위

기계적이고 물리적인 시간을 거부하고 심리적이고 순수함이 지속되는 영원한 시간의 세계에서 살려는 것이다. 그는 시곗바늘을 부숴버리고 자살하면서 영원의 세계에 자신을 가둔다.

### (5) 작품의 제목

*The Sound and the Fury*라는 제목은 셰익스피어의 *Macbeth*의 5막 5장에서 Macbeth의 독백에서 따온 것이다. "'삶은 한낱 걷고 있는 그림자'에 지나지 않고 인간은 '가련한 광대'이기 때문에 인간의 삶이란 '백치가 아무런 의미도 없이 떠들어대는, 고함과 분노로 가득 찬 이야기'일 뿐이다."라는 대사에서 기인한다. 작품의 첫 장에서 백치인 Benjy가 의미 없는 고함과 분노를 터뜨리는데, 이는 Compson 가문의 삶뿐만 아니라 남부인을 포함한 모든 인간 존재가 지닌 허무한 분위기를 상징한다.

## 제7절 *The Sound and the Fury*의 일부

**April Eighth, 1928**

The day dawned bleak and chill, a moving wall of grey light out of the northeast which, instead of dissolving into moisture, seemed to disintegrate into minute and venomous particles, like dust that, when Dilsey opened the door of the cabin and emerged, needled laterally into her flesh, precipitating not so much a moisture as a substance partaking of the quality of thin, not quite congealed oil. She wore a stiff black straw hat perched upon her turban, and a maroon velvet cape with a border of mangy and anonymous fur[1] above a dress of purple silk, and she stood in the door for awhile with her myriad and sunken face lifted to the weather, and one gaunt hand flac-soled as the belly of a fish,[2] then she moved the cape aside and examined the bosom of her gown.

The gown fell gauntly[3] from her shoulders, across her fallen breasts, then tightened upon her paunch and fell again, ballooning a little above the nether garments[4] which she would remove layer by layer as the spring accomplished and the warm days, in colour regal and moribund. She had been a big woman once but now her skeleton rose, draped loosely in unpadded skin that tightened again upon a paunch almost dropsical, as though muscle and tissue had been courage or fortitude which the days or the years had consumed until only the indomitable[5] skeleton was left rising like a ruin or a landmark above the somnolent and impervious guts,

---

1) a maroon velvet cape with a border of mangy and anonymous fur : 더럽고 이름도 모를 털가죽으로 가장자리를 장식한 적갈색 벨벳 망토
2) flac-soled as the belly of a fish : 물고기의 배처럼 회색빛을 띤 흰색의
3) gauntly : 황량하게, 수척하여
4) nether garments : 속옷
5) indomitable : 불굴의, 완강한

and above that the collapsed face that gave the impression of the bones themselves being outside the flesh, lifted into the driving day with an expression at once fatalistic and of a child's astonished disappointment, until she turned and entered the house again and closed the door.

The earth immediately about the door was bare. It had a patina,[6] as though from the soles of bare feet in generations, like old silver or the walls of Mexican houses which have been plastered by hand. Beside the house, shading it in summer, stood three mulberry trees, the fledged leaves that would later be broad and placid[7] as the palms of hands streaming flatly undulant[8] upon the driving air. A pair of jaybirds came up from nowhere, whirled up on the blast like gaudy scraps of cloth or paper and lodged in the mulberries, where they swung in raucous[9] tilt and recover, screaming into the wind that ripped their harsh cries onward and away like scraps of paper or of cloth in turn. Then three more joined them and they swung and tilted in the wrung branches for a time, screaming. The door of the cabin opened and Dilsey emerged once more, this time in a man's felt hat and an army overcoat, beneath the frayed skirts of which her blue gingham dress fell in uneven balloonings, streaming too about her as she crossed the yard and mounted the steps to the kitchen door.[10]

A moment later she emerged, carrying an open umbrella now, which she slanted ahead into the wind, and crossed to the woodpile and laid the umbrella down, still open. Immediately she caught at it and arrested it and held to it for a while, looking about her. Then she closed it and laid it down and stacked stovewood into her crooked arm, against her breast, and picked up the umbrella and got it open at last and returned to the steps and held the wood precariously balanced while she contrived to close the umbrella, which she propped in the corner just within the door. She dumped the wood into the box behind the stove. Then she removed the overcoat and hat and took a soiled apron down from the wall and put it on and built a fire in the stove. While she was doing so, rattling the grate bars and clattering the lids, Mrs Compson began to call her from the head of the stairs.

She wore a dressing gown of quilted black satin, holding it close under her chin. In the other hand she held a red rubber hot water bottle and she stood at the head of the back stairway, calling "Dilsey" at steady and inflectionless[11] intervals into the quiet stairwell that descended into complete darkness, then opened again where a gray window fell across it. "Dilsey," she called, without inflection or emphasis or haste, as though she were not listening for a reply at all. "Dilsey."

Dilsey answered and ceased clattering the stove, but before she could cross the kitchen Mrs Compson called her again, and before she crossed the diningroom and brought her head into relief against the gray splash of the window, still again.

"All right," Dilsey said, "All right, here I is. I'll fill hit soon ez I git some hot water."

---

6) patina : (오래 써서 생긴) 윤기, 고색
7) placid : 평온한, 조용한
8) undulant : 파도치는, 물결 모양의
9) raucous : 목이 쉰, 쉰 목소리의, 귀에 거슬리는; 무질서하고 소란한
10) as she crossed the yard and mounted the steps to the kitchen door : 그녀가 마당을 가로질러 부엌문 앞 계단을 오를 때
11) inflectionless : 음조나 억양의 변화가 없는

She gathered up her skirts and mounted the stairs, wholly blotting the gray light. "Put hit down dar en g'awn back to bed."

"I couldn't understand what was the matter," Mrs Compson said. "I've been lying awake for an hour at least, without hearing a sound from the kitchen."

"You put hit down and g'awn back to bed," Dilsey said. She toiled[12] painfully up the steps, shapeless, breathing heavily. "I'll have de fire gwine in a minute, en de water hot in two mo."

"I've been lying there for an hour, at least," Mrs Compson said. "I thought maybe you were waiting for me to come down and start the fire."

Dilsey reached the top of the stairs and took the water bottle. "I'll fix hit in a minute," she said. "Luster overslep dis mawnin, up half de night at dat show. I gwine build de fire myself. Go on now, so you wont wake de others twell I ready."

"If you permit Luster to do things that interfere with his work, you'll have to suffer for it yourself," Mrs Compson said. "Jason wont like this if he hears about it. You know he wont."

"Twusn't none of Jason's money he went on," Dilsey said. "Dat's one thing sho." She went on down the stairs. Mrs Compson returned to her room. As she got into bed again she could hear Dilsey yet descending the stairs with a sort of painful and terrific slowness that would have become maddening had it not presently ceased beyond the flapping diminishment of the pantry[13] door.

She entered the kitchen and built up the fire and began to prepare breakfast. In the midst of this she ceased and went to the window and looked out toward her cabin, then she went to the door and opened it and shouted into the driving weather.

"Luster!" she shouted, standing to listen, tilting her face from the wind, "You, Luster?" She listened, then as she prepared to shout again Luster appeared around the corner of the kitchen.

"Ma'am?" he said innocently, so innocently that Dilsey looked down at him, for a moment motionless, with something more than mere surprise.

"Whar you at?" she said.

"Nowhere," he said. "Jes in de cellar."

"Whut you doin in de cellar?" she said. "Dont stand dar in de rain, fool," she said.

"Aint doin nothin," he said. He came up the steps.

"Dont you dare come in dis do widout a armful of wood," she said. "Here I done had to tote yo wood en build yo fire bofe. Didn't I tole you not to leave dis place last night befo dat woodbox wus full to de top?"

"I did," Luster said, "I filled hit."

"Whar hit gone to, den?"

"I dont know'm. I aint teched hit."

"Well, you git hit full up now," she said. "And git on up dan en see bout Benjy."

---

12) toil : (힘겹게) 느릿느릿 움직이다
13) pantry : 식료품(저장)실, 찬방, 식기실

She shut the door. Luster went to the woodpile. The five jaybirds whirled over the house, screaming, and into the mulberries again. He watched them. He picked up a rock and threw it. "Whoo," he said, "Git on back to hell, whar you belong at. Taint Monday yit."

He loaded himself mountainously[14] with stove wood. He could not see over it, and he staggered[15] to the steps and up them and blundered crashing against the door, shedding billets.[16] Then Dilsey came and opened the door for him and he blundered across the kitchen. "You, Luster! she shouted, but he had already hurled the wood into the box with a thunderous crash. "Hah!" he said.

"Is you tryin to wake up de whole house?" Dilsey said. She hit him on the back of his head with the flat of her hand. "Go on up dar and git Benjy dressed, now."

"Yessum," he said. He went toward the outer door.

"Whar you gwine?" Dilsey said.

"I thought I better go round de house en in by de front, so I wont wake up Miss Cahline en dem."

"You go on up dem backstairs like I tole you en git Benjy's clothes on him," Dilsey said. "Go on, now."

"Yessum," Luster said. He returned and left by the diningroom door. After awhile it ceased to flap. Dilsey prepared to make biscuit. As she ground the sifter steadily above the bread board, she sang, to herself at first, something without particular tune or words, repetitive, mournful and plaintive,[17] austere,[18] as she ground a faint, steady snowing of flour onto the bread board. The stove had begun to heat the room and to fill it with murmurous minors of the fire, and presently she was singing louder, as if her voice too had been thawed out by the growing warmth, and then Mrs Compson called her name again from within the house. Dilsey raised her face as if her eyes could and did penetrate the walls and ceiling and saw the old woman in her quilted dressing gown at the head of the stairs, calling her name with machinelike regularity.

"Oh, Lawd," Dilsey said. She set the sifter[19] down and swept up the hem of her apron and wiped her hands and caught up the bottle from the chair on which she had laid it and gathered her apron about the handle of the kettle which was now jetting faintly. "Jes a minute," she called, "De water jes dis minute got hot."

It was not the bottle which Mrs Compson wanted, however, and clutching[20] it by the neck like a dead hen Dilsey went to the foot of the stairs and looked upward.

"Aint Luster up dar wid him?" she said.

"Luster hasn't been in the house. I've been lying here listening for him. I knew he would be late, but I did hope he'd come in time to keep Benjamin from disturbing Jason on Jason's one day in the week to sleep in the morning."

"I dont see how you expect anybody to sleep, wid you standin in de hall, holl'in at folks fum de crack of

---

14) mountainously : 산더미로
15) stagger : 비틀거리며 걷다
16) billets : 막대기, 장작
17) plaintive : 애처로운, 슬픈 듯한, 애조를 띤; 호소하는 듯한
18) austere : 준엄한, 가혹한
19) sifter : 체, 조리
20) clutch : 붙들다, 부여잡다

dawn," Dilsey said. She began to mount the stairs, toiling heavily.

"I sont dat boy up dar half hour ago."

Mrs Compson watched her, holding the dressing gown under her chin. "What are you going to do?" she said.

"Gwine git Benjy dressed en bring him down to de kitchen, whar he wont wake Jason en Quentin," Dilsey said.

"Haven't you started breakfast yet?"

"I'll tend to dat too," Dilsey said. "You better git back in bed twell Luster make yo fire. Hit cold dis mawnin."

"I know it," Mrs Compson said. "My feet are like ice. They were so cold they waked me up." She watched Dilsey mount the stairs. It took her a long while. "You know how it frets Jason when breakfast is late," Mrs Compson said.

"I cant do but one thing at a time," Dilsey said. "You git on back to bed, fo I has

you on my hands dis mawnin too."

"If you're going to drop everything to dress Benjamin, I'd better come down and get breakfast. You know as well as I do how Jason acts when it's late."

"En who gwine eat yo messin?"[21] Dilsey said. "Tell me dat. Go on now," she said, toiling upward. Mrs Compson stood watching her as she mounted, steadying herself against the wall with one hand, holding her skirts up with the other.

"Are you going to wake him up just to dress him?" she said.

Dilsey stopped. With her foot lifted to the next step she stood there, her hand against the wall and the gray splash of the window behind her, motionless and shapeless she loomed.

"He aint awake den?" she said.

"He wasn't when I looked in," Mrs Compson said. "But it's past his time.[22] He never does sleep after half past seven. You know he doesn't."

Dilsey said nothing. She made no further move, but though she could not see her save as a blobby shape without depth, Mrs Compson knew that she had lowered her face a little and that she stood now like a cow in the rain, as she held the empty water bottle by its neck.

"you're not the one who has to bear it," Mrs Compson said. "It's not your responsibility. You can go away. You dont have to bear the brunt of it day in and day out. You owe nothing to them, to Mr Compson's memory. I know you have never had any tenderness for Jason. You've never tried to conceal it."

Dilsey said nothing. She turned slowly and descended, lowering her body from step to step, as a small child does, her hand against the wall. "You go on and let him alone," she said. "Dont go in dar no mo, now. I'll send Luster up soon as I find him. Let him alone, now."

---

21) En who gwine eat yo messin? : And who is going to eat your messing? (마님이 만든 음식을 누가 먹을까요?)

22) it's past his time : Benjy가 일어날 시간이 지났다

She returned to the kitchen. She looked into the stove, then she drew her apron over her head and donned the overcoat and opened the outer door and looked up and down the yard. The weather drove upon her flesh, harsh and minute, but the scene was empty of all else that moved. She descended the steps, gingerly, as if for silence, and went around the corner of the kitchen. As she did so Luster emerged quickly and innocently from the cellar door.

Dilsey stopped, "Whut you up to?" she said.

"Nothin," Luster said. "Mr Jason say fer me to find out whar dat water leak in de cellar fum."

"En when wus hit he say fer you to do dat?" Dilsey said. "Last New Year's day, wasn't hit?"

"I thought I jes be lookin whiles dey sleep," Luster said. Dilsey went to the cellar door. He stood aside and she peered down into the obscurity odorous of dank earth and mould and rubber.

"Huh," Dilsey said. She looked at Luster again. He met her gaze blandly, innocent and open. "I dont know whut you up to, but you aint got no business doin hit.[23] You jes tryin me too dis mawnin cause de others is,[24] aint you? You git on up dar en see to Benjy, you hear?"

"Yessum," Luster said. He went on toward the kitchen steps, swiftly.

"Here," Dilsey said, "You git me another armful of wood while I got you."

"Yessum," he said. He passed her on the steps and went to the woodpile. When he blundered again at the door a moment later, again invisible and blind within and beyond his wooden avatar,[25] Dilsey opened the door and guided him across the kitchen with a firm hand.

"Jes thow hit at dat box again," she said, "Jes thow hit."

"I got to," Luster said, panting, "I cant put hit down no other way."

"Den you stand dar en hold hit a while," Dilsey said. She unloaded him a stick at a time. "Whut got into you dis mawnin? Here I sont you fer wood en you aint never brought mo'n six sticks at a time to save yo life twell today. Whut you fixin to ax me kin you do now?[26] Aint dat show lef town yit?"

"Yessum. Hit done gone."

She put the last stick into the box. "Now you go on up dar wid Benjy, like I tole you befo," she said. "And I dont want nobody else yellin down dem stairs at me twell I rings de bell. You hear me."

"Yessum," Luster said. He vanished through the swing door. Dilsey put some more wood in the stove and returned to the bread board. Presently she began to sing again.

The room grew warmer. Soon Dilsey's skin had taken on a rich, lustrous quality as compared with that as of a faint dusting of wood ashes which both it and Luster's had worn, as she moved about the kitchen, gathering about her the raw materials of food, coordinating the meal. On the wall above a cupboard, invisible save at night, by lamp light and even then evincing an enigmatic profundity because it had but one hand, a

---

23) you aint got no business doin hit : 그런 것은 네가 할 일이 아니야
24) You jes tryin me too dis mawnin cause de others is : 다른 사람들이 그런다고 너까지 오늘 아침 나를 괴롭히고 있구나
25) wooden avatar : 나무로 만든 신
26) Whut you fixin to ax me kin you do now? : 지금 나한테 또 뭐 해도 되냐고 물어보려는 거야?

cabinet clock[27] ticked, then with a preliminary sound as if it had cleared its throat, struck five times.

"Eight oclock," Dilsey said. She ceased and tilted her head upward, listening. But there was no sound save the clock and the fire. She opened the oven and looked at the pan of bread, then stooping she paused while someone descended the stairs. She heard the feet cross the diningroom, then the swing door opened and Luster entered, followed by a big man who appeared to have been shaped of some substance whose particles would not or did not cohere to one another or to the frame which supported it. His skin was dead looking and hairless; dropsical too, he moved with a shambling gait like a trained bear. His hair was pale and fine. It had been brushed smoothly down upon his brow like that of children in daguerreotypes.[28] His eyes were clear, of the pale sweet blue of cornflowers, his thick mouth hung open, drooling a little.

"Is he cold?" Dilsey said. She wiped her hands on her apron and touched his hand.

"Ef he aint, I is," Luster said. "Always cold Easter. Aint never seen hit fail.[29] Miss Cahline say ef you aint got time to fix her hot water bottle to never mind about hit."

"Oh, Lawd," Dilsey said. She drew a chair into the corner between the woodbox and the stove. The man went obediently and sat in it. "Look in de dinin room and see whar I laid dat bottle down," Dilsey said. Luster fetched the bottle from the diningroom and Dilsey filled it and give it to him. "Hurry up, now," she said. "See ef Jason wake now. Tell em hit's all ready."

Luster went out. Ben sat beside the stove. He sat loosely, utterly motionless save for his head, which made a continual bobbing sort of movement as he watched Dilsey with his sweet vague gaze as she moved about. Luster returned.

"He up," he said, "Miss Cahline say put hit on de table." He came to the stove and spread his hands palm down above the firebox. "He up, too," he said, "Gwine hit wid bofe feet dis mawnin."

"Whut's de matter now?" Dilsey said. "Git away fum dar. How kin I do anything wid you standin over de stove?"

"I cold," Luster said.

"You ought to thought about dat whiles you wus down dar in dat cellar," Dilsey said.

"Whut de matter wid Jason?"

"Sayin me en Benjy broke dat winder in his room."

"Is dey one broke?" Dilsey said.

"Dat's whut he sayin," Luster said. "Say I broke hit."

"How could you, when he keep hit locked all day en night?"

"Say I broke hit chunkin rocks at hit," Luster said.

"En did you?"

"Nome," Luster said.

---

27) cabinet clock : 작은 괘종시계 (괘종시계는 5시를 치지만 Dilsey는 8시라고 말한다. 고장이 난 시계는 3시간 늦게 가고 있다. Dilsey만이 제대로 시간을 알고 있다)
28) daguerreotypes : (옛날의) 은판 사진술; 은판 사진(으로 찍다)
29) Aint never seen hit fail : 부활절 날에 춥지 않은 것은 한 번도 본 적이 없어

"Dont lie to me, boy," Dilsey said.

"I never done hit," Luster said. "Ask Benjy ef I did. I aint stud'in dat winder."[30]

"Who could a broke hit, den?" Dilsey said. "He jes tryin hisself,[31] to wake Quentin up," she said, taking the pan of biscuits out of the stove.

"Reckin so," Luster said. "Dese is funny folks. Glad I aint none of em."

"Aint none of who?" Dilsey said. "Lemme tell you somethin, nigger boy, you got jes es much Compson devilment in you es any of em.[32] Is you right sho you never broke dat window?"

"Whut I want to break hit fur?"

"Whut you do any of yo devilment fur?" Dilsey said. "Watch him now, so he cant burn his hand again twell I git de table set."

She went to the diningroom, where they heard her moving about, then she returned and set a plate at the kitchen table and set food there. Ben watched her, slobbering, making a faint, eager sound.

"All right, honey," she said, "Here yo breakfast. Bring his chair, Luster." Luster moved the chair up and Ben sat down, whimpering and slobbering. Dilsey tied a cloth about his neck and wiped his mouth with the end of it. "And see kin you kep fum messin up his clothes one time," she said, handing Luster a spoon.

Ben ceased whimpering. He watched the spoon as it rose to his mouth. It was as if even eagerness were musclebound in him too, and hunger itself inarticulate, not knowing it is hunger. Luster fed him with skill and detachment. Now and then his attention would return long enough to enable him to feint the spoon and cause Ben to close his mouth upon the empty air, but it was apparent that Luster's mind was elsewhere. His other hand lay on the back of the chair and upon that dead surface it moved tentatively, delicately, as if he were picking an inaudible tune out of the dead void, and once he even forgot to tease Ben with the spoon while his fingers teased out of the slain wood a soundless and involved arpeggio until Ben recalled him by whimpering again.

In the diningroom Dilsey moved back and forth. Presently she rang a small clear bell, then in the kitchen Luster heard Mrs Compson and Jason descending, and Jason's voice, and he rolled his eyes whitely with listening.

"Sure, I know they didn't break it," Jason said. "Sure, I know that. Maybe the change of weather broke it."

"I dont see how it could have," Mrs Compson said. "Your room stays locked all day long, just as you leave it when you go to town. None of us ever go in there except Sunday, to clean it. I dont want you to think that I would go where I'm not wanted, or that I would permit anyone else to."

"I never said you broke it, did I?" Jason said.

"I dont want to go in your room," Mrs Compson said. "I respect anybody's private affairs. I wouldn't put my foot over the threshold, even if I had a key."

---

30) I aint stud'in dat winder : 난 저 유리창엔 관심 없어요
31) He jes tryin hisself : 그는 단지 심통 부리는 거야
32) you got jes es much Compson devilment in you es any of em : 네게도 이 집 누구 못지않게 Compson 집안의 마귀가 들어 있단 말이야

"Yes," Jason said, "I know your keys wont fit. That's why I had the lock changed. What I want to know is, how that window got broken."

"Luster say he didn't do hit," Dilsey said.

"I knew that without asking him," Jason said. "Where's Quentin?" he said.

"Where she is ev'y Sunday mawnin," Dilsey said. "Whut got into you de last few days, anyhow?"[33)]

"Well, we're going to change all that," Jason said. "Go up and tell her breakfast is ready."

"You leave her alone now, Jason," Dilsey said. "She gits up fer breakfast ev'y week mawnin, en Cahline lets her stay in bed ev'y Sunday. You knows dat."

"I cant keep a kitchen full of niggers to wait on her pleasure, much as I'd like to," Jason said. "Go and tell her to come down to breakfast."

"Aint nobody have to wait on her," Dilsey said. "I puts her breakfast in de warmer en she — "

"Did you hear me?" Jason said.

"I hears you," Dilsey said. "All I been hearin, when you in de house. Ef hit aint Quentin er yo maw, hit's Luster en Benjy.[34)] Whut you let him go on dat way fer, Miss Cahline?"

"You'd better do as he says," Mrs Compson said, "He's head of the house now. It's his right to require us to respect his wishes. I try to do it, and if I can, you can too."

"Taint no sense in him bein so bad tempered he got to make Quentin git up jes to suit him,"[35)] Dilsey said. "Maybe you think she broke dat window."

"She would, if she happened to think of it," Jason said. "You go and do what I told you."

"En I wouldn't blame her none ef she did," Dilsey said, going toward the stairs. "Wid you naggin at her all de blessed time you in de house."

"Hush, Dilsey," Mrs Compson said, "It's neither your place nor mine to tell Jason what to do. Sometimes I think he is wrong, but I try to obey his wishes for you alls' sakes. If I'm strong enough to come to the table, Quentin can too."

Dilsey went out. They heard her mounting the stairs. They heard her a long while on the stairs.

"You've got a prize set of servants," Jason said. He helped his mother and himself to food. "Did you ever have one that was worth killing? You must have had some before I was big enough to remember."

"I have to humour them," Mrs Compson said. "I have to depend on them so completely. It's not as if I were strong. I wish I were. I wish I could do all the house work myself. I could at least take that much off your shoulders."

"And a fine pigsty we'd live in, too," Jason said. "Hurry up, Dilsey," he shouted. "I know you blame me," Mrs Compson said, "for letting them off to go to church today."

"Go where?" Jason said. "Hasn't that damn show left yet?"

---

33) Whut got into you de last few days, anyhow? : 그런데 도련님은 요즈음 무슨 심통이 난 거예요?
34) Ef hit aint Quentin er yo maw, hit's Luster en Benjy : Quentin이나 어머님을 못살게 굴지 않으면 Luster와 Benjy를 못살게 구는군요?
35) Taint no sense in him bein so bad tempered he got to make Quentin git up jes to suit him : 자기 기분이 나쁘다고 자기 기분에 맞도록 Quentin을 깨운다는 것은 무분별해요

"To church," Mrs Compson said. "The darkies are having a special Easter service. I promised Dilsey two weeks ago that they could get off."

"Which means we'll eat cold dinner," Jason said, "or none at all."

"I know it's my fault," Mrs Compson said. "I know you blame me."

"For what?" Jason said. "You never resurrected Christ, did you?"

They heard Dilsey mount the final stair, then her slow feet overhead.

"Quentin," she said. When she called the first time Jason laid his knife and fork down and he and his mother appeared to wait across the table from one another, in identical attitudes; the one cold and shrewd, with close-thatched brown hair curled into two stubborn hooks, one on either side of his forehead like a bartender in caricature, and hazel eyes with black-ringed irises like marbles, the other cold and querulous, with perfectly white hair and eyes pouched and baffled and so dark as to appear to be all pupil or all iris.

"Quentin," Dilsey said, "Get up, honey. Dey waitin breakfast on you."

"I cant understand how that window got broken," Mrs Compson said. "Are you sure it was done yesterday? It could have been like that a long time, with the warm weather. The upper sash, behind the shade like that."

"I've told you for the last time that it happened yesterday," Jason said. "Dont you reckon I know the room I live in? Do you reckon I could have lived in it a week with a hole in the window you could stick your hand — " his voice ceased, ebbed,[36] left him staring at his mother with eyes that for an instant were quite empty of anything. It was as though his eyes were holding their breath, while his mother looked at him, her face flaccid[37] and querulous,[38] interminable, clairvoyant yet obtuse. As they sat so Dilsey said,

"Quentin. Dont play wid me, honey. Come on to breakfast, honey. Dey waitin fer you."

"I cant understand it," Mrs Compson said, "It's just as if somebody had tried to break into the house — " Jason sprang up. His chair crashed over backward. "What — " Mrs Compson said, staring at him as he ran past her and went jumping up the stairs, where he met Dilsey. His face was now in shadow, and Dilsey said, "She sullin.[39] Yo ma aint unlocked — " But Jason ran on past her and along the corridor to a door. He didn't call. He grasped the knob and tried it, then he stood with the knob in his hand and his head bent a little, as if he were listening to something much further away than the dimensioned room beyond the door, and which he already heard. His attitude was that of one who goes through the motions of listening in order to deceive himself as to what he already hears. Behind him Mrs Compson mounted the stairs, calling his name. Then she saw Dilsey and she quit calling him and began to call Dilsey instead.

"I told you she aint unlocked dat do' yit," Dilsey said.

When she spoke he turned and ran toward her, but his voice was quiet, matter of fact. "She carry the key with her?" he said. "Has she got it now, I mean, or will she have — "

---

36) ebb : 점점 약해지다
37) flaccid : 무기력한
38) querulous : 불평을 하는(complaining), 흠(탈)잡는(faultfinding); 화를 잘 내는(peevish)
39) She sullin : 그녀가 기분이 안 좋아

"Dilsey," Mrs Compson said on the stairs.

"Is which?"[40] Dilsey said. "Whyn't you let — "

"The key," Jason said, "To that room. Does she carry it with her all the time. Mother." Then he saw Mrs Compson and he went down the stairs and met her. "Give me the key," he said. He fell to pawing at the pockets of the rusty black dressing sacque[41] she wore. She resisted.

"Jason," she said, "Jason! Are you and Dilsey trying to put me to bed again?" she said, trying to fend him off, "Cant you even let me have Sunday in peace?"

"The key," Jason said, pawing at her, "Give it here." He looked back at the door, as if he expected it to fly open before he could get back to it with the key he did not yet have.

"You, Dilsey!" Mrs Compson said, clutching her sacque about her.

"Give me the key, you old fool!" Jason cried suddenly. From her pocket he tugged a huge bunch of rusted keys on an iron ring like a mediaeval jailer's and ran back up the hall with the two women behind him.

"You, Jason!" Mrs Compson said. "He will never find the right one," she said, "You know I never let anyone take my keys, Dilsey," she said. She began to wail.

"Hush," Dilsey said, "He aint gwine do nothin to her. I aint gwine let him."

"But on Sunday morning, in my own house," Mrs Compson said, "When I've tried so hard to raise them Christians. Let me find the right key, Jason," she said. She put her hand on his arm. Then she began to struggle with him, but he flung her aside with a motion of his elbow and looked around at her for a moment, his eyes cold and harried, then he turned to the door again and the unwieldy[42] keys.

"Hush," Dilsey said, "You, Jason!"

"Something terrible has happened," Mrs Compson said, wailing again, "I know it has. You, Jason," she said, grasping at him again. "He wont even let me find the key to a room in my own house!"

"Now, now," Dilsey said, "Whut kin happen? I right here. I aint gwine let him hurt her. Quentin," she said, raising her voice, "dont you be skeered, honey, I'se right here."

The door opened, swung inward. He stood in it for a moment, hiding the room, then he stepped aside. "Go in," he said in a thick, light voice. They went in. It was not a girl's room. It was not anybody's room, and the faint scent of cheap cosmetics and the few feminine objects and the other evidences of crude and hopeless efforts to feminize it but added to its anonymity, giving it that dead and stereotyped transience of rooms in assignation houses. The bed had not been disturbed. On the floor lay a soiled undergarment[43] of cheap silk a little too pink; from a half open bureau drawer dangled a single stocking. The window was open. A pear tree grew there, close against the house. It was in bloom and the branches scraped and rasped against the house and the myriad air, driving in the window, brought into the room the forlorn scent of the blossoms.

"Dar now," Dilsey said, "Didn't I told you she all right?"

---

40) Is which? : 무슨 일이야?
41) dressing sacque : 집에서 입는 짧은 실내복
42) unwieldy : 다루기 힘드는, 버거운
43) undergarment : 속옷

"All right?" Mrs Compson said. Dilsey followed her into the room and touched her.

"You come on and lay down, now," she said. "I find her in ten minutes,"

Mrs Compson shook her off. "Find the note," she said. "Quentin left a note when he did it."

"All right," Dilsey said, "I'll find hit. You come on to yo room, now."

"I knew the minute they named her Quentin this would happen," Mrs Compson said. She went to the bureau and began to turn over the scattered objects there — scent bottles, a box of powder, a chewed pencil, a pair of scissors with one broken blade lying upon a darned scarf dusted with powder and stained with rouge. "Find the note," she said.

"I is," Dilsey said. "You come on, now. Me and Jason'll find hit. You come on to yo room."

"Jason," Mrs Compson said, "Where is he?" She went to the door. Dilsey followed her on down the hall, to another door. It was closed. "Jason," she called through the door. There was no answer. She tried the knob, then she called him again. But there was still no answer, for he was hurling things backward out of the closet: garments, shoes, a suitcase. Then he emerged carrying a sawn section of tongue-and-groove planking and laid it down and entered the closet again and emerged with a metal box. He set it on the bed and stood looking at the broken lock while he dug a key ring from his pocket and selected a key, and for a time longer he stood with the selected key in his hand, looking at the broken lock, Then he put the keys back in his pocket and carefully tilted the contents of the box out upon the bed. Still carefully he sorted the papers, taking them up one at a time and shaking them. Then he upended the box and shook it too and slowly replaced the papers and stood again, looking at the broken lock, with the box in his hands and his head bent. Outside the window he heard some jaybirds swirl shrieking past, and away, their cries whipping away along the wind, and an automobile passed somewhere and died away also. His mother spoke his name again beyond the door, but he didn't move. He heard Dilsey lead her away up the hall, and then a door closed. Then he replaced the box in the closet and flung the garments back into it and went down stairs to the telephone. While he stood there with the receiver to his ear, waiting, Dilsey came down the stairs. She looked at him, without stopping, and went on.

The wire opened.[44] "This is Jason Compson," he said, his voice so harsh and thick that he had to repeat himself. "Jason Compson," he said, controlling his voice. "Have a car ready, with a deputy, if you cant go, in ten minutes. I'll be there — What? — Robbery. My house. I know who it — Robbery, I say. Have a car read — What?? Aren't you a paid law enforcement — Yes, I'll be there in five minutes. Have that car ready to leave at once. If you dont, I'll report it to the governor."

He clapped the receiver back and crossed the diningroom, where the scarce-broken meal now on the table, and entered the kitchen. Dilsey was filling the hot water bottle. Ben sat, tranquil and empty. Beside him Luster looked like a fice dog, brightly watchful. He was eating something. Jason went on across the kitchen.

"Aint you going to eat no breakfast?" Dilsey said. He paid her no attention. "Go on and eat yo breakfast,

---

44) The wire opened : 전화가 개통되었다

Jason." He went on. The outer door banged behind him. Luster rose and went to the window and looked out.

"Whoo," he said, "Whut happenin up dar? He been beatin' Miss Quentin?"

"You hush yo mouf," Dilsey said. "You git Benjy started now en I beat yo head off.[45]

You keep him quiet es you kin twell I get back, now." She screwed the cap on the bottle and went out. They heard her go up the stairs, then they heard Jason pass the house in his car. Then there was no sound in the kitchen save the simmering murmur of the kettle and the clock.

"You know whut I bet?" Luster said. "I bet he beat her. I bet he knock her in de head en now he gone fer de doctor. Dat's whut I bet." The clock tick-tocked, solemn and profound. It might have been the dry pulse of the decaying house itself; after a while it whirred and cleared its throat and struck six times. Ben looked up at it, then he looked at the bulletlike silhouette of Luster's head in the window and he begun to bob his head again, drooling.[46] He whimpered.

"Hush up, loony," Luster said without turning. "Look like we aint gwine git to go to no church today." But Ben sat in the chair, his big soft hands dangling between his knees, moaning faintly. Suddenly he wept, a slow bellowing sound, meaningless and sustained. "Hush," Luster said. He turned and lifted his hand. "You want me to whup you?" But Ben looked at him, bellowing slowly with each expiration. Luster came and shook him. "You hush dis minute!" he shouted. "Here," he said. He hauled Ben out of the chair and dragged the chair around facing the stove and opened the door to the firebox and shoved Ben into the chair. They looked like a tug nudging at a clumsy tanker in a narrow dock. Ben sat down again facing the rosy door. He hushed. Then they heard the clock again, and Dilsey slow on the stairs. When she entered he began to whimper again. Then he lifted his voice.

"Whut you done to him?" Dilsey said. "Why cant you let him lone dis mawnin, of all times?"

"I aint doin nothin to him," Luster said. "Mr Jason skeered him, dat's whut hit is. He aint kilt Miss Quentin, is he?"

"Hush, Benjy," Dilsey said. He hushed. She went to the window and looked out. "Is it quit rainin?" she said.

"Yessum," Luster said. "Quit long time ago."

"Den y'all go out do's awhile," she said. "I jes got Miss Cahline quiet now."

"Is we gwine to church?" Luster said.

"I let you know bout dat when de time come. You keep him away fum de house twell I calls you."

"Kin we go to de pastuh?" Luster said.

"All right. Only you keep him away fum de house. I done stood all I kin."

"Yessum," Luster said. "Whar Mr Jason gone, mammy?"

"Dat's some mo of yo business,[47] aint it?" Dilsey said. She began to clear the table.

---

45) You git Benjy started now en I beat yo head off : Benjy만 울려봐라, 머리통을 깨뜨려 버릴 테야

46) drooling : 침을 흘리면서

47) Dat's some mo of yo business : 그건 네가 알 바가 아니야

"Hush, Benjy. Luster gwine take you out to play."

"Whut he done to Miss Quentin, mammy?" Luster said.

"Aint done nothin to her. You all git on outen here."

"I bet she aint here," Luster said.

Dilsey looked at him. "How you know she aint here?"

"Me and Benjy seed her clamb out de window last night. Didn't us, Benjy?"

"You did?" Dilsey said, looking at him.

"We sees her doin hit ev'y night," Luster said, "Clamb right down dat pear tree."

"Dont you lie to me, nigger boy," Dilsey said.

"I aint lyin. Ask Benjy ef I is."

"Whyn't you say somethin about it, den?"

"'Twarn't none o my business," Luster said. "I aint gwine git mixed up in white folks' business. Come on here, Benjy, les go out do's."

They went out. Dilsey stood for awhile at the table, then she went and cleared the breakfast things from the diningroom and ate her breakfast and cleaned up the kitchen. Then she removed her apron and hung it up and went to the foot of the stairs and listened for a moment. There was no sound. She donned the overcoat and the hat and went across to her cabin.

The rain had stopped. The air now drove out of the southeast, broken overhead into blue patches. Upon the crest of a hill beyond the trees and roofs and spires of town sunlight lay like a pale scrap of cloth, was blotted away. Upon the air a bell came, then as if at a signal, other bells took up the sound and repeated it.

…

"Lawd knows dat. Go git it, den," she said, rising. Luster scuttled out. Ben held the slipper, crying. "Hush, now. Luster gone to git de surrey en take you to de graveyard. We aint gwine risk gittin yo cap," she said. She went to a closet contrived of a calico curtain hung across a corner of the room and got the felt hat she had worn. "We's down to worse'n dis, ef folks jes knowed," she said. "You's de Lawd's chile, anyway. En I be His'n too, fo long, praise Jesus. Here." She put the hat on his head and buttoned his coat. He wailed steadily. She took the slipper from him and put it away and they went out. Luster came up, with an ancient white horse in a battered and lopsided[48] surrey.

"You gwine be careful, Luster?" she said.

"Yessum," Luster said. She helped Ben into the back seat. He had ceased crying, but now he began to whimper again.

"Hit's his flower," Luster said. "Wait, I'll git him one."

---

48) lopsided : 한쪽으로 기운, 균형이 안 잡힌, 남 다른 데가 있는

"You set right dar," Dilsey said. She went and took the cheekstrap. "Now, hurry en git him one." Luster ran around the house, toward the garden. He came back with a single narcissus.

"Dat un broke," Dilsey said, "Whyn't you git him a good un?"

"Hit de onliest one I could find," Luster said. "Y'all took all of um Friday to dec'rate de church. Wait, I'll fix hit." So while Dilsey held the horse Luster put a splint on the flower stalk with a twig and two bits of string and gave it to Ben. Then he mounted and took the reins. Dilsey still held the bridle.

"You knows de way now?" she said, "Up de street, round de square, to de graveyard, den straight back home."

"Yessum," Luster said, "Hum up, Queenie."

"You gwine be careful, now?"

"Yessum." Dilsey released the bridle.

"Hum up, Queenie," Luster said.

"Here," Dilsey said, "You han me dat whup."

"Aw, mammy," Luster said.

"Give hit here," Dilsey said, approaching the wheel. Luster gave it to her reluctantly.

"I wont never git Queenie started now."

"Never you mind about dat," Dilsey said. "Queenie know mo bout whar she gwine dan you does. All you got to do is set dar en hold dem reins. You knows de way, now?"

"Yessum. Same way T. P. goes ev'y Sunday."

"Den you do de same thing dis Sunday."

"Cose I is. Aint I drove fer T. P. mo'n a hund'ed times?"

"Den do hit again," Dilsey said. "G'awn, now. En ef you hurts Benjy, nigger boy, I dont know whut I do. You bound fer de chain gang, but I'll send you dar fo even chain gang ready fer you."

"Yessum," Luster said. "Hum up, Queenie."

He flapped the lines on Queenie's broad back and the surrey[49] lurched into motion.

"You, Luster!" Dilsey said.

"Hum up, dar!" Luster said. He flapped the lines again. With subterranean rumblings[50] Queenie jogged slowly down the drive and turned into the street, where Luster exhorted her into a gait resembling a prolonged and suspended fall in a forward direction.

Ben quit whimpering. He sat in the middle of the seat, holding the repaired flower upright in his fist, his eyes serene and ineffable. Directly before him Luster's bullet head turned backward continually until the house passed from view, then he pulled to the side of the street and while Ben watched him he descended and broke a switch from a hedge. Queenie lowered her head and fell to cropping the grass until Luster mounted and hauled her head up and harried her into motion again, then he squared his elbows and with the switch and

---

49) surrey : 서리《2석 4인승 4륜 마차(자동차)》
50) With subterranean rumblings : 지하에서 울리는 듯한 소리와 함께

the reins held high he assumed a swaggering attitude out of all proportion to the sedate[51] clopping of Queenie's hooves and the organlike basso of her internal accompaniment. Motors passed them, and pedestrians; once a group of half grown negroes:

"Dar Luster. Whar you gwine, Luster? To de boneyard?"[52]

"Hi," Luster said, "Aint de same boneyard y'all headed fer. Hum up, elefump."

They approached the square, where the Confederate soldier gazed with empty eyes beneath his marble hand into wind and weather. Luster took still another notch in himself and gave the impervious Queenie a cut with the switch, casting his glance about the square. "Dar Mr Jason's car," he said then he spied another group of negroes. "Les show dem niggers how quality does, Benjy," he said, "Whut you say?" He looked back. Ben sat, holding the flower in his fist, his gaze empty and untroubled. Luster hit Queenie again and swung her to the left at the monument.

For an instant Ben sat in an utter hiatus. Then he bellowed. Bellow on bellow, his voice mounted, with scarce interval for breath. There was more than astonishment in it, it was horror; shock; agony eyeless, tongueless; just sound, and Luster's eyes backrolling for a white instant. "Gret God," he said, "Hush! Hush! Gret God!" He whirled again and struck Queenie with the switch. It broke and he cast it away and with Ben's voice mounting toward its unbelievable crescendo Luster caught up the end of the reins and leaned forward as Jason came jumping across the square and onto the step.

With a backhanded blow he hurled Luster aside and caught the reins and sawed Queenie about and doubled the reins back and slashed her across the hips. He cut her again and again, into a plunging gallop, while Ben's hoarse agony roared about them, and swung her about to the right of the monument. Then he struck Luster over the head with his fist.

"Dont you know any better than to take him to the left?" he said. He reached back and struck Ben, breaking the flower stalk again. "Shut up!" he said, "Shut up!" He jerked Queenie back and jumped down. "Get to hell on home with him. If you ever cross that gate with him again, I'll kill you!"

"Yes, suh!" Luster said. He took the reins and hit Queenie with the end of them. "Git up! Git up, dar![53] Benjy, fer God's sake!"

Ben's voice roared and roared. Queenie moved again, her feet began to clop-clop steadily again, and at once Ben hushed. Luster looked quickly back over his shoulder, then he drove on. The broken flower drooped over Ben's fist and his eyes were empty and blue and serene[54] again as cornice[55] and facade[56] flowed smoothly once more from left to right; post and tree, window and doorway, and signboard, each in its ordered place.

---

51) sedate : 침착한, 조용한; 진지한; 수수한
52) boneyard : 무덤
53) Git up! Git up, dar : Get up! Get Up, there! 말을 출발시킬 때 사용하는 명령
54) serene : 고요한, 잔잔한; 화창한, 맑게 갠
55) cornice : 처마 언저리의 벽에 수평으로 낸 쇠시리 모양의 장식
56) facade : (건물의) 정면(front); (사물의) 겉, 외관

# 제 3 장 │ 실전예상문제

**01** The Sound and the Fury에서 다루고 있는 주제와 관련이 없는 것은?

① 남부의 귀족 Compson 가문의 몰락
② 분열된 가족 관계
③ 미국의 인종 차별
④ 남부인의 방황과 정체성의 위기

**02** The Sound and the Fury의 등장인물이 아닌 것은?

① Jake Barns
② Jason
③ Benjy
④ Dilsey

**03** The Sound and the Fury에 대한 설명으로 옳지 않은 것은?

① 이 작품은 네 부분으로 구성되어 있다.
② Compson 가문 자녀들의 정신적 문제를 다루고 있다.
③ Dilsey는 Compson 자녀들의 의식의 흐름을 연결해 준다.
④ 처음 세 장은 의식의 흐름으로 구성된다.

---

**01** The Sound and the Fury는 남부의 귀족 Compson 가문의 몰락을 다루면서 가족이라는 기본적인 인간관계의 분열을 보여주고 남부인의 방황과 정체성의 위기를 드러낸다. 인종 차별을 직접적으로 다루고 있지는 않다.

**02** Jake Barns는 Hemingway의 The Sun Also Rises의 주인공이다.

**03** Compson 가문의 자녀들의 정신적 문제를 다루는 작품으로 이들의 의식의 흐름을 연결해 주는 것은 누이 Caddy에 대한 기억이다.

정답  01 ③  02 ①  03 ③

04 시간적 순서와 무관하게 이 작품은 Benjy – Quentin – Jason – Dilsey의 순서로 구성되어 있다.

**04** *The Sound and the Fury*의 구성 순서로 옳은 것은?

① Quentin – Jason – Benjy – Dilsey
② Dilsey – Quentin – Benjy – Jason
③ Jason – Benjy – Quentin – Dilsey
④ Benjy – Quentin – Jason – Dilsey

05 2장은 장남 Quentin이 화자이다. 그의 독백은 그가 자살하는 날에 일어나는 사건을 서술하는 부분과 과거를 회상하는 부분으로 되어 있다.

**05** *The Sound and the Fury*의 특징으로 옳지 <u>않은</u> 것은?

① Benjy의 고함과 분노는 Compson 가문의 삶이자 인간 삶의 허무함을 의미한다.
② 사건은 시간의 순서를 따르지 않고 의식의 흐름을 따라간다.
③ 2장은 화자인 Benjy가 과거를 회상하는 부분으로 되어 있다.
④ Dilsey 장은 전지적 화자의 목소리로 서술된다.

06 Benjy는 Compson 가(家)의 막내로 33살이지만 3살 정도의 정신연령을 가진 백치이다. Caddy로부터 사랑을 받았기 때문에 그녀가 집을 떠난 후 그리움에 울부짖는다.

**06** *The Sound and the Fury*의 등장인물에 대한 설명으로 옳지 <u>않은</u> 것은?

① Quentin Compson : Caddy의 일로 충격을 받아 찰스강에 투신자살을 한다.
② Caddy : 사생아 딸을 낳고 집안의 불명예라는 이유로 집에서 쫓겨난다.
③ Jason : 현실적이고 물질적인 욕망에 사로잡힌 인물이다.
④ Benjy : Compson 가(家)의 장남으로 3살 정도의 정신연령을 가진 백치이다.

정답  04 ④  05 ③  06 ④

07 *The Sound and the Fury*에서 작가가 보여주는 기법과 거리가 **먼** 것은?

① Faulkner는 현대소설의 실험적인 독특한 의식의 흐름을 구사하였다.
② 각 인물의 내면의 의식, 감정, 기억들이 총체적으로 제시된다.
③ 현실과의 분명한 경계가 모호한 의식의 흐름을 보여준다.
④ 각 장마다 전혀 다른 어조와 리듬을 배열한다.

07 Faulkner는 독특한 의식의 흐름으로 작품을 그려내면서 각 장마다 전혀 다른 어조와 리듬을 배열한다. 형제들은 각자 자신의 과거의 시간 속에 멈추어 있으며 현실과의 분명한 경계가 모호하다. 각 인물의 내면의 의식, 감정, 기억들이 파편적으로 제시되면서 비논리적인 의식의 흐름이 전개된다.

08 윌리엄 포크너(William Faulkner)의 작품에서 등장하는 상상의 지역인 '요크나파토파'(Yoknapatawpha Country)는 미국의 어느 주를 모델로 하였는가?

① 미시시피주
② 뉴욕주
③ 오하이오
④ 워싱턴주

08 Faulkner는 미국 미시시피주의 뉴 알바나에서 태어나 5세 때 미시시피주 옥스퍼드로 이사한 뒤 삶의 대부분을 이곳에서 보냈다. 그는 자신이 평생 살아온 이 지역을 모델로 하여 그의 작품에서 등장하는 상상의 지역인 '요크나파토파'(Yoknapatawpha Country)와 그 중심지인 제퍼슨(Jefferson)을 창조하였다.

09 윌리엄 포크너(William Faulkner)의 작품 세계에 대한 설명으로 **옳지 않은** 것은?

① 기존의 남부 사회와 다른 새로운 신분 질서와 사회 경제적 혼란을 겪는 상황을 묘사한다.
② 남부인의 방향 상실과 정체성의 위기를 보여준다.
③ 가족 간의 분열과 인종 편견과 같은 왜곡된 인간관계를 드러낸다.
④ 전지적인 시점을 활용하여 등장인물들의 현실상황을 보여준다.

09 Faulkner는 제한적인 시점을 활용하여 등장인물들이 자신의 현실 상황을 파편적으로 인식하고 주변 인물들과 분리되는 과정을 보여준다.

정답  07 ②  08 ①  09 ④

10 Shakespeare의 *Macbeth*의 5막 5장, Macbeth의 독백에서 따온 것이다. "'삶은 한낱 걷고 있는 그림자'에 지나지 않고, 인간은 '가련한 광대'이기 때문에 인간의 삶이란 '백치가 아무런 의미도 없이 떠들어대는, 고함과 분노로 가득 찬 이야기'일 뿐이다."라는 대사에서 기인한다.

10 *The Sound and the Fury*라는 제목은 어느 작품에서 기인하는가?

① *Hamlet*
② *King Lear*
③ *Macbeth*
④ *Othello*

---

**주관식 문제**

01 Quentin이 기숙사에서 회중시계를 부수는 행위가 상징하는 바는 무엇인지 간략히 서술하시오.

01 **정답**
기계적이고 물리적인 시간을 거부하고 심리적이고 순수함이 지속되는 영원한 시간의 세계에서 살려는 것을 의미한다. 결국 Quentin은 시곗바늘을 부수고 자살하면서 영원의 세계에 자신을 가둔다.

02 *The Sound and the Fury*에서 윌리엄 포크너(William Faulkner)는 네 명의 서술자를 등장시키는데 이러한 작가의 시도가 의미하는 바를 간략히 서술하시오.

02 **정답**
*The Sound and the Fury*는 네 명의 서술자에 의한 시점으로 전개되는데, 동일한 이야기를 여러 서술자들이 서술하는 특징을 지닌다. 따라서 독자는 동일한 이야기를 두고 복잡한 관점의 이야기를 접하게 된다. 이러한 독특한 시점에 의한 서술은 진실에 대한 접근이 어렵다는 것을 보여준다.

**정답** 10 ③

# 제4장 F. Scott Fitzgerald – The Great Gatsby

## 단원 개요

물질적 부의 축적을 통한 계층 상승 및 신분 상승의 욕구가 상류층이 호화롭고 방탕한 생활에 대한 없는 자들의 동경을 부추기는 상황 속에서 Fitzgerald는 본인의 경험을 바탕으로 낭만적인 사랑 이야기의 이면에 감추어진 미국 사회의 집단적 환상에 대한 문제를 제기하는 작품이다. 그는 미국 사회의 허상에 대한 진지한 비판을 이 작품에서 예술적으로 승화시켰다.

## 출제 경향 및 수험 대책

작품의 다양한 인물상과 그들을 둘러싼 시대적 배경에 대하여 이해한다. 또한 Gatsby로 상징되는 인물의 비극과 아메리칸 드림 간의 연관성을 생각해 본다.

## 제1절 작가의 생애

미국뿐만 아니라 전 세계적으로 널리 알려진 The Great Gatsby(1925)의 저자 F. 스콧 피츠제럴드(F. Scott Fitzgerald, 1896~1940)는 미네소타주의 세인트 폴에서 태어나 어릴 때 뉴욕으로 이주했다. 그는 Princeton University에 재학 중일 때 제1차 세계대전에 참전하기도 하였는데, 이때의 경험은 그의 작품의 주요 소재가 되었다. 전쟁 후 1920년에 자전적 소설인 This Side of Paradise를 발표하면서 작가의 명성을 얻었다. The Great Gatsby(1925), Tender is the Night(1934) 등 그의 작품 속에는 자신의 경험이 뚜렷이 들어가 있다. Fitzgerald의 작품을 구성하는 소재들, 가령 성공에 대한 열망, 호화로운 삶, 그 속에 있는 부도덕성과 무책임함에 대한 비판 등은 그가 삶에서 직접 경험한 것들이다. 빼어난 외모와 문학적 재능, 낭만적 기질을 가진 Fitzgerald는 정열적인 성격의 미인 Zelda와 결혼하였다. 그의 작품들이 크게 성공하면서 Fitzgerald와 Zelda는 흥청거리는 화려한 생활을 하였고, 결국 이들은 경제적 어려움과 정신적 갈등 속에서 불행해진다. 이들은 절제된 생활을 하기 위해 1924년 프랑스로 갔다가, 7년 후 미국으로 돌아왔다. Zelda는 불안정한 정신 상태 때문에 병원 신세를 져야만 했다. Fitzgerald는 알코올 중독자가 되었고 영화 각본을 쓰다가 젊은 나이에 세상을 떠났다.

## 제2절 작품 세계

### 1 작품 세계 중요

**(1) 시대적 배경 – 재즈시대(Jazz Age)**

남북 전쟁 후 급격한 산업화와 도시화 과정을 겪은 미국은 제1차 세계대전 이후 1920년대에 경제적 호황을 맞이하였다. 그러나 전쟁의 경험은 전통적 가치와 도덕성을 위태롭게 하였다. 재즈시대(Jazz Age)는 당시의 물질적 만족에 대한 추구와 함께 새롭게 주목을 받기 시작한 재즈를 비롯한 활동들이 향락과 퇴폐로 인식되면서 불린 명칭이다. 남부 흑인들이 도입한 재즈가 향락 문화를 대표하는 용어로 변화한 것은 당시에 유행했던 클럽 문화의 영향이 컸다. 감각적이고 관능적인 재즈의 선율이 방종과 사치의 대명사로 인식되었다. 재즈시대는 1929년 경제 대공황과 함께 사라졌다.

**(2) 아메리칸 드림**

Fitzgerald 작품 세계의 중심에는 아메리칸 드림이 있다. 기본적으로는 물질적 성공에 대한 열망이고 좀 더 크게는 새로운 미국이라는 대륙에서 새로운 삶의 가능성을 펼쳐보려는 이상이기도 하다. 이러한 아메리칸 드림은 미국 건설의 원동력이며 미국적 정신의 뿌리라고 할 수 있다. Fitzgerald는 이러한 꿈이 인간의 삶에서 구체적으로 어떻게 전개되는지를 예술적으로 형상화한 작가이다.

### 2 주요 작품

**(1) This Side of Paradise(1920)**

Fitzgerald의 첫 장편소설로 '잃어버린 세대'(Lost Generation, 제1차 세계대전 이후 환멸을 느낀 미국의 젊은 지식인, 예술가들을 가리키는 말)를 그려낸 자전적 소설이다.

**(2) The Great Gatsby(1925)**

1920년 재즈시대(Jazz Age)의 변질된 '아메리칸 드림'과 부와 사랑에 대한 문제를 당대 인간들의 모습을 통하여 예리하고 섬세하게 잘 그려낸 Fitzgerald의 대표작이다.

**(3) Tender is the Night(1934)**

Fitzgerald는 자신의 체험을 바탕으로, 끊임없이 벌어지던 호화로운 파티를 묘사하였다. 이 작품은 좋은 평가를 받았으며, Hemingway를 비롯한 동시대 비평가들의 찬사를 받았다. 1920년대를 배경으로 열여덟 살의 영화배우 Rosemary는 어머니와 함께 프랑스령 리비에라로 휴가를 갔다가 미국인 심리학자 Dick Diver와 그의 아내 Nicole을 만난다. 이들의 세련된 상류사회에 발을 들여놓은 Rosemary는 Dick과 사랑에 빠지고, Dick 역시 그녀를 사랑하게 된다. 그러나 이 시점에서 일련의 불행한 사건들이 잇따라 일어나면서, Diver 부부의 삶도 부서지고 만다.

## 제3절 The Great Gatsby의 줄거리

이 소설은 화자인 Nick Carraway의 관점에서 서술된다. 소설의 배경은 1922년 초여름 미국의 뉴욕 롱아일랜드의 웨스트 에그(West Egg)이다. Nick은 중서부에서 살아왔고 예일대학교를 졸업했으며 제1차 세계대전에 참전하였다. 그는 주식과 채권 관련 일을 배우기 위해 뉴욕에서 살기로 결심한다. Nick이 뉴욕의 롱아일랜드에 집을 구한 뒤, 이웃 Jay Gatsby와 친구가 된다. 그는 롱아일랜드 대저택에서 사는데 엄청난 부자인 데다가 호화로운 파티를 연다. 많은 사람들은 Gatsby의 막대한 재산에 관심을 가지면서 여러 소문이 무성하다. 그러나 Gatsby의 파티에 온 손님들 중에 Gatsby의 과거에 대해 정확하게 알고 있는 사람은 없었다. Nick은 웨스트 에그보다 더 부유하고 좋은 지역인 이스트 에그(East Egg)에 살면서 예일대학교를 같이 다닌 Tom Buchanan과 Tom의 아내이자 Nick의 7촌인 Daisy Buchanan, 그리고 재산이 많은 전 여자 골프선수인 Jordan Baker를 만난다.

Gatsby는 매주 토요일 그의 웨스트 에그의 대저택으로 수백 명의 사람들을 초대하며 호화스러운 파티를 여는데 Nick은 속물근성이 보이는 이 파티를 경멸한다. 그러나 Gatsby는 나중에 그의 전 애인이었고 지금은 Tom의 부인인 Daisy와 우연히 마주치기를 바라는 마음에 이러한 파티를 연다는 것을 Nick에게 말해 준다. Daisy와 Gatsby는 Nick의 주선으로 서로 만나게 된다. Nick은 Tom과 Daisy의 집에 처음 들렀을 때 알게 된 Jordan을 만난다.

Daisy의 남편인 Tom은 Gatsby의 Daisy에 대한 사랑을 알게 되고, 그는 Gatsby가 주류 밀수업자라고 말하며 Gatsby에 대해 뒷조사를 했다고 한다. 이 상황에서 Gatsby는 Daisy가 Tom을 사랑하지 않으며 Gatsby에게 돌아가고 싶다고 말하길 원하지만 Daisy는 망설인다. Tom은 Daisy와 Gatsby 사이의 불확실한 관계를 눈치채고, Gatsby와 Daisy가 함께 차를 타고 집으로 돌아가도 둘 사이에 아무 일이 없을 거라며 Gatsby를 비웃는다.

George Wilson은 자동차 수리점 주인이다. 그는 아내 Myrtle Wilson과 말다툼을 하고 있었는데, Wilson의 아내 Myrtle이 Tom과 부적절한 관계였던 것을 남편인 Wilson이 알게 되었기 때문이다. Myrtle은 집 밖으로 도망쳐 나왔다가 그만 Daisy가 운전하던 Gatsby의 차에 치여 죽게 된다. 한참 뒤에서 따라오던 Tom과 Jordan, Nick은 교통사고가 난 것을 발견했다. Tom은 그와 내연관계인 Myrtle이 죽었다는 것을 알게 된다. Wilson은 아내가 죽었다는 충격적인 상황 속에서 제정신이 아닌 듯 미쳐서 노란 차에 대해 말했다. Tom은 Wilson에게 Myrtle을 치고 간 노란 차는 자신의 것이 아니라고 말한다. 호텔로 놀러가면서 Wilson의 차고에 기름 넣으려고 들렀을 때는 Tom이 Gatsby의 노란 차를 몰고 Gatsby가 Tom의 차를 몰고 있었기 때문에 Wilson은 그 노란 차를 Tom의 차로 착각하고 있었다. Tom은 Gatsby의 집 위치를 알려준 후 Daisy와 함께 멀리 여행 떠날 준비를 한다. 이때 Gatsby는 자신의 집 수영장에서 튜브를 타고 있었다. Gatsby는 Daisy가 더 이상 자신을 사랑하지 않는다는 걸 알고 우울해 하며 Daisy로부터 전화가 오길 기다리고 있었다. 그때 Wilson이 Gatsby가 있는 수영장에 와서 총을 쏴 Gatsby를 죽인 후 멀리 떨어지지 않은 잔디 위에서 자살한다. Nick은 Gatsby의 장례식에 참석할 사람들을 찾아본다. 그러나 Gatsby의 밀수업 동업자이자 조직 폭력계 두목인 Meyer Wolfsheim 조차도 그의 장례식 참석을 거절했고, Daisy는 Tom과 여행을 가서 장례식에 참석하지 못했다. Gatsby의 아버지인 Henry Gatz가 Gatsby의 장례식에 왔고, 그는 Nick에게 Gatsby의 집이 찍힌 낡은 사진과 Gatsby가 어렸을 적 쓴 계획표를 보여준다. Gatsby의 장례식에 참석한 사람은 Nick, Gatsby의 아버지 Henry Gatz, 그리고 몇 명의 Gatsby의 집사들이 전부였다. 장례식 후에 Nick은 Tom과 Daisy와 절연하고 실망과 환멸에 빠져 뉴욕을 떠나 중서부로 돌아간다.

## 제4절 작품의 주제

### 1 미국 사회의 도덕적 붕괴

표면적으로는 상류사회의 화려함과 사랑 이야기를 다루지만, 상류층의 모습을 통해 그 시대 미국 사회에 만연된 근본적인 문제들 - 부도덕함과 무책임함 - 에 대해 생각하게 한다.

### 2 왜곡된 아메리칸 드림과 그 몰락

자기 계발과 꿈의 실현을 위해 범죄에 까지 손을 뻗어 벼락부자가 된 Gatsby의 모습을 통해, 아메리칸 드림이 어떻게 개인의 이상과 현실을 왜곡시키는지를 드러낸다.

## 제5절 등장인물

### 1 Nick Carraway

작품의 화자인 Nick Carraway는 Gatsby를 객관적으로 바라보는 인물이다. 그는 미국의 중서부 미네소타주 세인트 폴 출신으로, 제1차 세계대전에 참전한 적이 있으며 예일대학교를 졸업하였다. 이 소설에서 Nick은 Gatsby를 순수한 마음으로 대하는 거의 유일한 인물이다. Gatsby에게 Daisy를 소개해 주겠다고 하자, Gatsby는 감사의 뜻으로 자신이 부업으로 운영하는 사업을 넘기려 하지만, Nick은 순수한 호의에서 한 일이라며 이를 거절한다.

### 2 Jay Gatsby

소설의 주인공인 Gatsby는 잘 손질된 짧은 머리와 약간 그을린 피부를 제외하면 외모에 대한 묘사가 거의 없다. 그는 한때 Daisy를 사랑했지만, 가난한 처지로 인해 이어지지 못한 채 헤어졌다. 이후 밀주 등 불법적인 사업으로 막대한 부를 축적한 뒤, 다시 Daisy 앞에 나타난다.

겉보기에는 자수성가한 아메리칸 드림의 상징이자, 매일 파티를 여는 사교계의 스타처럼 보이지만, 실제로는 약국을 가장해 술을 유통하는 방식으로 막대한 돈을 벌어들인 인물이다. Daisy를 사랑한 것은 분명하지만, 다른 한편으로 그는 과거의 추억과 Daisy가 상징하는 부와 권력을 되찾고자 집착한 면도 있다.

Gatsby는 매우 입체적인 인물로, 단순한 순애보적인 인물로만 보기 어렵다. 그의 관점에서 Daisy는 부와 권력의 상징이었고, 동시에 '힘이 없으면 사랑도 얻을 수 없다.'라는 현실을 절감하게 한 존재였다. 차가운 현실에 부딪히며 생긴 과거의 트라우마를 Daisy를 되찾음으로써 극복하고자 했던 그의 행동은 실제로 Daisy의 복잡한 심정을 이해하려는 태도라기보다는, 가난하고 나약했던 자신의 과거를 보상받으려는 심리로 해석할 수 있다. 그럼에도 불구하고 Gatsby는 Daisy를 지키기 위해 자신이 Myrtle을 차로 치었다고 거짓말을 하며 필사적으로 Daisy를 보호하려 한다. 이는 Daisy를 단순히 도구로 여긴 것이 아니라, 그녀에 대한 진심 어린 사랑 역시 존재했음을 보여준다. Gatsby는 어느 하나로 단정 지을 수 없는, 복합적이고 모순된 성격의 인물이다.

### 3 Daisy Buchanan

이 작품의 여주인공이다. 켄터키주 루이빌의 부자 가문인 Fay 가문의 딸로 태어나 평생 고생을 모르고 산 소녀 같은 여성으로 Nick Carraway의 7촌이다. Gatsby가 사랑했던 인물로, 돈과 신분 때문에 멀어지게 되지만 이를 극복하기 위해 Gatsby는 수단과 방법을 가리지 않고 돈을 모으게 된다. Daisy는 Tom과 Myrtle의 불륜을 이미 알고 있었고 원치 않은 결혼을 했다며 후회하다가, Gatsby와 재회한 후 그와 Tom 사이에서 갈팡질팡하며 Gatsby를 사랑하지만, Tom도 동시에 사랑한다고 말하는 모순적 태도를 보인다. 무책임한 향락주의자이며 이기적이다. Myrtle을 차로 친 후 Tom과 유럽으로 도망간 뒤 Gatsby가 누명을 쓰고 총 맞아 죽게 된다.

### 4 Tom Buchanan

부유한 Buchanan 가(家)의 자손이며 Nick과는 예일대학교 동창생이다. 대학생 때는 미식축구 선수였고 건장한 근육질의 남자로 폴로 등의 스포츠를 즐긴다. Gatsby와 대비되는 인물로, 신분과 재산은 상류층이나 내적·인격적으로는 추잡한 면이 많다. Myrtle과 내연관계였다. 지독한 인종차별주의자로 당시 유행하던 우생학 서적을 읽고 유색인종에 대한 혐오감을 드러내며 "이러다 백인과 흑인이 결혼할 거라고!"라는 말도 한다. 그가 나중에 Gatsby를 흑인과 다름없다고 말하면서 자신과 Daisy, Nick은 근본부터 다른 인간이라고 한다.
Gatsby의 죽음에 결정적인 역할을 하는데, 실제로 Myrtle을 치어 죽인 것은 Daisy였지만, Tom이 Myrtle의 남편 Wilson을 찾아가 범인이 Gatsby라고 부추긴다. 나중에 이 일을 Nick이 추궁하자 화를 내며 발뺌한다.

### 5 Myrtle Wilson

자동차 정비소를 운영하는 Wilson의 아내이자, Tom의 불륜 상대이다. Tom에 대한 사랑이 절대적이어서 그에게 얻어맞고 폭언을 들어도 그를 포기하지 않는다. Tom이 Daisy를 버리고 자기와 함께 사랑의 야반도주를 할 거라 생각도 한다. Daisy와 Gatsby가 탄 노란 자가용이 뉴욕 방향에서 돌아오는 모습을 보자 그 차에 Tom이 타고 있는 것으로 착각하여 접근하다 Daisy가 운전하던 차에 치여 죽는다.

### 6  George Wilson

자동차 정비공이자 개인 정비소를 운영하는 소박한 인물이다. 사랑하는 아내가 뺑소니 사고로 목숨을 잃자, Tom의 거짓말에 속아 범인이 Gatsby라고 믿고 그를 죽이고 자살한다.

### 7  Jordan Baker

여성 프로 골퍼. Daisy와는 어릴 때부터 친한 친구였으며, 주인공 Nick과 함께 Gatsby가 Daisy를 다시 만나게 해 주는 데 큰 역할을 한다. Nick과 서로 호감이 있는 듯하지만 다른 남자와 약혼한다. 냉소적이고 자기중심적인 인물이다.

### 8  Meyer Wolfsheim

무일푼으로 뉴욕에 온 Gatsby를 키워준 인물이다. Gatsby와 사업적으로 많은 교류가 있었지만, Gatsby가 죽고 나서는 장례식에 오지 않았다.

## 제6절 작품의 구조와 시점 및 기법

### 1 구조

총 9장으로 구성되어 있다.

### 2 시점

Nick은 이 소설의 화자이자 관찰자로, 1인칭과 3인칭의 시점을 오가며 이야기를 서술한다.

### 3 상징

**(1) 녹색 불빛(the green light)**

아메리칸 드림을 상징하는 대표적인 이미지이다. 소설 첫 장에서 Gatsby가 Daisy의 저택 부두의 녹색 불빛을 향해 몸을 떠는 장면, 소설의 마지막 장에서 Nick이 Gatsby의 집 앞 해변에 앉아 300여 년 전 아메리카 대륙을 처음 마주한 네덜란드 선원들의 눈앞에 펼쳐진 '신선한 녹색 가슴(녹색의 들판)'을 떠올리는데 이는 아메리칸 드림(새로운 시작과 풍요로움)을 의미한다.

**(2) 고장 난 시계**

Gatsby의 꿈과 그 몰락을 상징한다. Gatsby가 Daisy와 재회할 때, Nick의 집 벽난로 선반 위에 있는 고장 난 시계는 과거의 어느 순간에 멈추어버린 Gatsby의 환상을 의미한다.

**(3) 재의 계곡(Valley of Ashes)**

웨스트 에그와 뉴욕시 사이의 중간 지대로 타락하고 황량한 실상이 집약되어 있는 곳이다. 이곳에서 사는 Wilson의 '잿빛 먼지로 뒤덮인' 얼굴은 희망 없는 삶을 상징한다.

**(4) 안과의사 Eckleburg의 광고판에 있는 눈(the eyes of Doctor T. J. Eckleburg)**

재의 계곡에 세워놓은 얼굴은 없고 거대한 눈만 있는 광고판은 현대 물질주의 사회의 현실을 풍자한다. 복수하기 위해 총을 챙기는 Wilson은 그 눈을 바라보며 신은 모든 것을 보고 있다고 중얼거린다. 그러나 이 눈은 광고판에 불과하며 마치 신의 자리를 대신하는 듯한 눈은 신의 부재와 상업주의의 만연을 의미한다.

### (5) 거주지의 의미(East Egg & West Egg)

부유한 상류층이 사는 이스트 에그(East Egg)는 세련되고 교양이 있으나 도덕적으로 타락해 있다. 웨스트 에그(West Egg)는 Gatsby와 같은 신흥 부자들이 사는 곳으로 아직은 타락하지 않은 도덕적 순수성이 있는 곳이다. Nick이 결국 고향인 중서부로 돌아가는 것은 보다 도덕적이고 순수한 곳으로의 회귀를 의미한다.

## 제7절 *The Great Gatsby*의 일부

### Chapter IX

AFTER two years I remember the rest of that day, and that night and the next day, only as an endless drill of police and photographers and newspaper men in and out of Gatsby's front door. A rope stretched across the main gate and a policeman by it kept out the curious, but little boys soon discovered that they could enter through my yard, and there were always a few of them clustered open-mouthed about the pool. Some one with a positive manner, perhaps a detective, used the expression "madman" as he bent over Wilson's body that afternoon, and the adventitious authority of his voice set the key for the newspaper reports next morning.[1]

Most of those reports were a nightmare — grotesque, circumstantial, eager, and untrue. When Michaelis's testimony at the inquest brought to light Wilson's suspicions of his wife I thought the whole tale would shortly be served up in racy pasquinade[2] — but Catherine, who might have said anything, didn't say a word. She showed a surprising amount of character about it too — looked at the coroner with determined eyes under that corrected brow of hers, and swore that her sister had never seen Gatsby, that her sister was completely happy with her husband, that her sister had been into no mischief whatever. She convinced herself of it, and cried into her handkerchief as if the very suggestion was more than she could endure. So Wilson was reduced to a man "deranged[3] by grief" in order that the case might remain in its simplest form. And it rested there.

But all this part of it seemed remote and unessential. I found myself on Gatsby's side, and alone. From the moment I telephoned news of the catastrophe to West Egg Village, every surmise about him, and every practical question, was referred to me. At first I was surprised and confused; then, as he lay in his house and didn't move or breathe or speak, hour upon hour, it grew upon me that I was responsible, because no one else was interested — interested, I mean, with that intense personal interest to which every one has some vague

---

1) set the key for the newspaper reports next morning : 다음 날 아침 신문 보도의 중요 내용이 되었다
2) the whole tale would shortly be served up in racy pasquinade : 이야기의 전모가 머지않아 신문잡지에 음탕한 풍자글로 대서특필될 것이다
3) deranged : 혼란된, 미친

right at the end.⁴⁾

I called up Daisy half an hour after we found him, called her instinctively and without hesitation. But she and Tom had gone away early that afternoon, and taken baggage with them.

"Left no address?"⁵⁾

"No."

"Say when they'd be back?"

"No."

"Any idea where they are? How I could reach them?"

"I don't know. Can't say."

I wanted to get somebody for him. I wanted to go into the room where he lay and reassure him: "I'll get somebody for you, Gatsby. Don't worry. Just trust me and I'll get somebody for you — "

Meyer Wolfsheim's name wasn't in the phone book. The butler gave me his office address on Broadway, and I called Information, but by the time I had the number it was long after five, and no one answered the phone.

"Will you ring again?"

"I've rung them three times."

"It's very important."

"Sorry. I'm afraid no one's there."

I went back to the drawing-room and thought for an instant that they were chance visitors,⁶⁾ all these official people who suddenly filled it. But, as they drew back the sheet and looked at Gatsby with unmoved eyes, his protest continued in my brain:

"Look here, old sport, you've got to get somebody for me. You've got to try hard. I can't go through this alone."

Some one started to ask me questions, but I broke away and going upstairs looked hastily through the unlocked parts of his desk — he'd never told me definitely that his parents were dead. But there was nothing — only the picture of Dan Cody, a token of forgotten violence,⁷⁾ staring down from the wall.

Next morning I sent the butler to New York with a letter to Wolfsheim which asked for information and urged him to come out on the next train. That request seemed superfluous when I wrote it. I was sure he'd start when he saw the newspapers, just as I was sure there'd be a wire from Daisy before noon — but neither a wire nor Mr. Wolfsheim arrived; no one arrived except more police and photographers and newspaper men. When the butler brought back Wolfsheim's answer I began to have a feeling of defiance,⁸⁾ of scornful

---

4) that intense personal interest to which every one has some vague right at the end : 좀 막연하기는 하지만 마지막에 가서는 누구나 요구할 권리가 있는 그 강렬한 개인적 이해관계
5) Left no address? : 어디로 가는지 말하지 않았나요? (이사를 가거나 긴 여행을 할 때는 연락 가능한 주소를 남겨두는 것이 보통임)
6) chance visitors : 우연히 들른 사람들
7) a token of forgotten violence : 잊혀진 옛날의 난폭하던 시절의 기념물
8) defiance : 도전, 저항

solidarity between Gatsby and me against them all.

Dear Mr. Carraway. This has been one of the most terrible shocks of my life to me I hardly can believe it that it is true at all. Such a mad act as that man did should make us all think. I cannot come down now as I am tied up in some very important business and cannot get mixed up in this thing now.[9] If there is anything I can do a little later let me know in a letter by Edgar. I hardly know where I am when I hear about a thing like this and am completely knocked down and out.

Yours truly
MYER WOLFSHEIM

and then hasty addenda[10] beneath:
Let me know about the funeral etc do not know his family at all.

When the phone rang that afternoon and Long Distance said Chicago was calling I thought this would be Daisy at last. But the connection came through as a man's voice, very thin and far away.

"This is Slagle speaking ……"

"Yes?" The name was unfamiliar.

"Hell of a note, isn't it? Get my wire?"[11]

"There haven't been any wires."

"Young Parke's in trouble," he said rapidly. "They picked him up when he handed the bonds over the counter. They got a circular from New York giving 'em the numbers just five minutes before. What d'you know about that, hey? You never can tell in these hick towns — "

"Hello!" I interrupted breathlessly. "Look here — this isn't Mr. Gatsby. Mr. Gatsby's dead."

There was a long silence on the other end of the wire, followed by an exclamation ... then a quick squawk as the connection was broken.

I think it was on the third day that a telegram signed Henry C. Gatz arrived from a town in Minnesota. It said only that the sender was leaving immediately and to postpone the funeral until he came.

It was Gatsby's father, a solemn old man, very helpless and dismayed, bundled up in a long cheap ulster[12] against the warm September day. His eyes leaked continuously with excitement, and when I took the bag and umbrella from his hands he began to pull so incessantly at his sparse gray beard that I had difficulty in getting off his coat. He was on the point of collapse, so I took him into the music room and made him sit down while I sent for something to eat. But he wouldn't eat, and the glass of milk spilled from his trembling hand.

---

9) cannot get mixed up in this thing now : 지금 이런 일에 관여할 형편이 못 된다
10) addenda : 추가사항
11) Hell of a note, isn't it? Get my wire? : 끔찍한 소식이죠? 내 전보 받았죠?
12) ulster : 얼스터 외투(허리띠가 달린 품 넓은 긴 외투)

"I saw it in the Chicago newspaper," he said. "It was all in the Chicago newspaper. I started right away."

"I didn't know how to reach you."

His eyes, seeing nothing, moved ceaselessly about the room.

"It was a madman," he said. "He must have been mad."

"Wouldn't you like some coffee?" I urged him.

"I don't want anything. I'm all right now, Mr. — "

"Carraway."

"Well, I'm all right now. Where have they got Jimmy?"[13]

I took him into the drawing-room, where his son lay, and left him there. Some little boys had come up on the steps and were looking into the hall; when I told them who had arrived, they went reluctantly away.

After a little while Mr. Gatz opened the door and came out, his mouth ajar, his face flushed slightly, his eyes leaking isolated and unpunctual tears. He had reached an age where death no longer has the quality of ghastly surprise, and when he looked around him now for the first time and saw the height and splendor of the hall and the great rooms opening out from it into other rooms, his grief began to be mixed with an awed pride. I helped him to a bedroom upstairs; while he took off his coat and vest I told him that all arrangements had been deferred until he came.

"I didn't know what you'd want, Mr. Gatsby — "

"Gatz is my name."

" — Mr. Gatz. I thought you might want to take the body west."

He shook his head.

"Jimmy always liked it better down East. He rose up to his position in the East. Were you a friend of my boy's, Mr. — ?"

"We were close friends."

"He had a big future before him, you know. He was only a young man, but he had a lot of brain power here."

He touched his head impressively, and I nodded.

"If he'd of lived, he'd of been a great man. A man like James J. Hill. He'd of helped build up the country."

"That's true," I said, uncomfortably.

He fumbled at the embroidered coverlet, trying to take it from the bed, and lay down stiffly — was instantly asleep.

That night an obviously frightened person called up, and demanded to know who I was before he would give his name.

"This is Mr. Carraway," I said.

"Oh! " He sounded relieved. "This is Klipspringer."

---

13) Where have they got Jimmy? : 지미의 시체는 어디 있나요?

I was relieved too, for that seemed to promise another friend at Gatsby's grave. I didn't want it to be in the papers[14] and draw a sightseeing crowd, so I'd been calling up a few people myself. They were hard to find.

"The funeral's tomorrow," I said. "Three o'clock, here at the house. I wish you'd tell anybody who'd be interested."

"Oh, I will," he broke out hastily. "Of course I'm not likely to see anybody, but if I do."

His tone made me suspicious.

"Of course you'll be there yourself."

"Well, I'll certainly try. What I called up about is — "

"Wait a minute," I interrupted. "How about saying you'll come?"

"Well, the fact is — the truth of the matter is that I'm staying with some people up here in Greenwich, and they rather expect me to be with them tomorrow. In fact, there's a sort of picnic or something. Of course I'll do my very best to get away."

I ejaculated[15] an unrestrained "Huh!" and he must have heard me, for he went on nervously:

"What I called up about was a pair of shoes, I left there. I wonder if it'd be too much trouble to have the butler send them on. You see, they're tennis shoes, and I'm sort of helpless without them. My address is care of B. F. — "

I didn't hear the rest of the name, because I hung up the receiver.

After that I felt a certain shame for Gatsby — one gentleman to whom I telephoned implied that he had got what he deserved.[16] However, that was my fault, for he was one of those who used to sneer most bitterly at Gatsby on the courage of Gatsby's liquor, and I should have known better than to call him.

The morning of the funeral I went up to New York to see Meyer Wolfsheim; I couldn't seem to reach him any other way. The door that I pushed open, on the advice of an elevator boy, was marked "The Swastika Holding Company," and at first there didn't seem to be any one inside. But when I'd shouted "hello" several times in vain an argument broke out behind a partition and presently a lovely Jewess appeared at an interior door and scrutinized me with black hostile eyes.

"Nobody's in," she said. "Mr. Wolfsheim's gone to Chicago."

The first part of this was obviously untrue, for some one had begun to whistle "The Rosary," tunelessly, inside.

"Please say that Mr. Carraway wants to see him."

"I can't get him back from Chicago, can I?"

At this moment a voice, unmistakably Wolfsheim's called "Stella!" from the other side of the door.

"Leave your name on the desk," she said quickly. "I'll give it to him when he gets back."

"But I know he's there."

---

14) I didn't want it to be in the papers : 나는 그 사실이 신문에 나는 게 싫었다
15) ejaculate : 갑자기 소리 지르다
16) he had got what he deserved : 그가 받아 마땅한 것을 받았다(여기서는 Gatsby의 장례식에 문상이 오지 않는 것은 인과응보라고 나쁘게 하는 말임)

She took a step toward me and began to slide her hands indignantly up and down her hips.

"You young men think you can force your way in here any time," she scolded. "We're getting sickantired of it. When I say he's in Chicago, he's in Chicago."

I mentioned Gatsby.

"Oh-h!" She looked at me over again. "Will you just — what was your name?"

She vanished. In a moment Meyer Wolfsheim stood solemnly in the doorway, holding out both hands. He drew me into his office, remarking in a reverent voice that it was a sad time for all of us, and offered me a cigar.

"My memory goes back to when first I met him," he said. "A young major just out of the army and covered over with medals he got in the war. He was so hard up he had to keep on wearing his uniform[17] because he couldn't buy some regular clothes. First time I saw him was when he come into Winebrenner's poolroom at Forty-third Street and asked for a job. He hadn't eat anything for a couple of days. 'Come on have some lunch with me,' I said. He ate more than four dollars' worth of food in half an hour."

"Did you start him in business?" I inquired.

"Start him! I made him."

"Oh."

"I raised him up out of nothing, right out of the gutter. I saw right away he was a fine appearing, gentlemanly young man, and when he told me he was an Oggsford I knew I could use him good. I got him to join up in the American Legion and he used to stand high there. Right off he did some work for a client of mine up to Albany. We were so thick like that in everything" — He held up two bulbous fingers — always together."

I wondered if this partnership had included the World's Series transaction in 1919.

"Now he's dead," I said after a moment. "You were his closest friend, so I know you'll want to come to his funeral this afternoon."

"I'd like to come."

"Well, come then."

The hair in his nostrils quivered slightly, and as he shook his head his eyes filled with tears.

"I can't do it — I can't get mixed up in it," he said.

"There's nothing to get mixed up in. It's all over now."

"When a man gets killed I never like to get mixed up in it in any way. I keep out. When I was a young man it was different — if a friend of mine died, no matter how, I stuck with them to the end.[18] You may think that's sentimental, but I mean it — to the bitter end."

I saw that for some reason of his own he was determined not to come, so I stood up.

"Are you a college man?" he inquired suddenly.

---

17) He was so hard up he had to keep on wearing his uniform : 어찌나 돈이 궁했던지 제대 후에도 계속해서 군복을 입고 있어야만 했다
18) I stuck with them to the end : 나는 끝까지 동지들과 행동을 같이 했습니다

For a moment I thought he was going to suggest a "gonnegtion," but he only nodded and shook my hand.

"Let us learn to show our friendship for a man when he is alive and not after he is dead," he suggested. "After that my own rule is to let everything alone."

When I left his office the sky had turned dark and I got back to West Egg in a drizzle. After changing my clothes I went next door and found Mr. Gatz walking up and down excitedly in the hall. His pride in his son and in his son's possessions was continually increasing and now he had something to show me.

"Jimmy sent me this picture." He took out his wallet with trembling fingers. "Look there."

It was a photograph of the house, cracked in the corners and dirty with many hands. He pointed out every detail to me eagerly. "Look there!" and then sought admiration from my eyes.[19] He had shown it so often that I think it was more real to him now than the house itself.

"Jimmy sent it to me. I think it's a very pretty picture. It shows up well."

"Very well. Had you see him lately?"

"He come out to see me two years ago and bought me the house I live in now. Of course we was broke up[20] when he run off from home, but I see now there was a reason for it. He knew he had a big future in front of him. And ever since he made a success he was very generous with me."

He seemed reluctant to put away the picture, held it for another minute, lingeringly, before my eyes. Then he returned the wallet and pulled from his pocket a ragged old copy of a book called *Hopalong Cassidy*.

"Look here, this is a book he had when he was a boy. It just shows you."

He opened it at the back cover and turned it around for me to see. On the last fly-leaf was printed the word SCHEDULE, and the date September 12, 1906. And underneath:

| | | |
|---|---|---|
| Rise from bed. | 6.00 | A. M. |
| Dumbbell exercise and wall-scaling | 6.15 ~ 6.30 | ″ |
| Study electricity, etc. | 7.15 ~ 8.15 | ″ |
| Work | 8.30 ~ 4.30 | P. M. |
| Baseball and sports | 4.30 ~ 5.00 | ″ |
| Practice elocution, poise and how to attain it | 5.00 ~ 6.00 | ″ |
| Study needed inventions | 7.00 ~ 9.00 | ″ |

**GENERAL RESOLVES**

No wasting time at Shafters or [a name, indecipherable]

No more smokeing or chewing.

---

19) sought admiration from my eyes : 내 눈에서 찬탄하는 빛을 찾아보려 했다
20) we was broke up : 우리는 관계가 끊어졌다

Bath every other day

Read one improving book[21] or magazine per week

Save $5.00 [crossed out] $3.00 per week

Be better to parents

"I come across this book by accident," said the old man. "It just shows you, don't it?"

"It just shows you."

"Jimmy was bound to get ahead. He always had some resolves like this or something. Do you notice what he's got about improving his mind? He was always great for that. He told me I et[22] like a hog[23] once, and I beat him for it."

He was reluctant to close the book, reading each item aloud and then looking eagerly at me. I think he rather expected me to copy down the list for my own use.

A little before three the Lutheran minister arrived from Flushing, and I began to look involuntarily out the windows for other cars. So did Gatsby's father. And as the time passed and the servants came in and stood waiting in the hall, his eyes began to blink anxiously, and he spoke of the rain in a worried, uncertain way. The minister glanced several times at his watch, so I took him aside and asked him to wait for half an hour. But it wasn't any use. Nobody came.

About five o'clock our procession of three cars reached the cemetery and stopped in a thick drizzle beside the gate — first a motor hearse, horribly black and wet, then Mr. Gatz and the minister and I in the limousine, and a little later four or five servants and the postman from West Egg, in Gatsby's station wagon, all wet to the skin.[24] As we started through the gate into the cemetery I heard a car stop and then the sound of some one splashing after us over the soggy ground.[25] I looked around. It was the man with owl-eyed glasses whom I had found marvelling over Gatsby's books in the library one night three months before.

I'd never seen him since then. I don't know how he knew about the funeral, or even his name. The rain poured down his thick glasses, and he took them off and wiped them to see the protecting canvas unrolled from Gatsby's grave.

I tried to think about Gatsby then for a moment, but he was already too far away, and I could only remember, without resentment, that Daisy hadn't sent a message or a flower. Dimly I heard some one murmur "Blessed are the dead that the rain falls on," and then the owl-eyed man said "Amen to that," in a brave voice.

We straggled down quickly through the rain to the cars. Owl-eyes spoke to me by the gate.

"I couldn't get to the house," he remarked.

"Neither could anybody else."

---

21) one improving book : 정신수양에 도움이 되는 책
22) et : ate(먹었다)의 방언 또는 구어체 표현
23) hog : 돼지(특히 거세한 수퇘지 또는 다 자란 식용 돼지)
24) all wet to the skin : 옷은 물론이고 피부까지 다 젖었다
25) the sound of some one splashing after us over the soggy ground : 누군가 젖은 땅의 흙탕물을 튀기며 우리의 뒤를 따라오는 소리

"Go on!" He started. "Why, my God! they used to go there by the hundreds."

He took off his glasses and wiped them again, outside and in.

"The poor son-of-a-bitch," he said.

One of my most vivid memories is of coming back West from prep school and later from college at Christmas time. Those who went farther than Chicago would gather in the old dim Union Station at six o'clock of a December evening, with a few Chicago friends, already caught up into their own holiday gayeties, to bid them a hasty good-by. I remember the fur coats of the girls returning from Miss This-or-That's and the chatter of frozen breath and the hands waving overhead as we caught sight of old acquaintances, and the matchings of invitations: "Are you going to the Ordways'? the Herseys'? the Schultzes'?" and the long green tickets clasped tight in our gloved hands. And last the murky yellow cars of the Chicago, Milwaukee & St. Paul railroad looking cheerful as Christmas itself on the tracks beside the gate.

When we pulled out into the winter night[26] and the real snow, our snow, began to stretch out beside us and twinkle against the windows, and the dim lights of small Wisconsin stations moved by, a sharp wild brace came suddenly into the air.[27] We drew in deep breaths of it as we walked back from dinner through the cold vestibules, unutterably aware of our identity with this country for one strange hour, before we melted indistinguishably into it again.

That's my middle west — not the wheat or the prairies or the lost Swede towns, but the thrilling returning trains of my youth, and the street lamps and sleigh bells in the frosty dark and the shadows of holly wreaths thrown by lighted windows on the snow. I am part of that, a little solemn with the feel of those long winters, a little complacent from growing up in the Carraway house in a city where dwellings are still called through decades by a family's name. I see now that this has been a story of the West, after all — Tom and Gatsby, Daisy and Jordan and I, were all Westerners, and perhaps we possessed some deficiency in common which made us subtly unadaptable to Eastern life.

Even when the East excited me most, even when I was most keenly aware of its superiority to the bored, sprawling, swollen towns beyond the Ohio, with their interminable inquisitions which spared only the children and the very old — even then it had always for me a quality of distortion. West Egg, especially, still figures in my more fantastic dreams. I see it as a night scene by El Greco: a hundred houses, at once conventional and grotesque, crouching under a sullen, overhanging sky and a lustreless moon. In the foreground four solemn men in dress suits are walking along the sidewalk with a stretcher on which lies a drunken woman in a white evening dress. Her hand, which dangles over the side, sparkles cold with jewels. Gravely the men turn in at a house — the wrong house. But no one knows the woman's name, and no one cares.

After Gatsby's death the East was haunted for me like that, distorted beyond my eyes' power of correction.

---

26) When we pulled out into the winter night : 우리의 기차가 정거장을 떠나 겨울밤 속으로 뛰어들어 달리기 시작했을 때
27) a sharp wild brace came suddenly into the air : 날카롭고 야생적인 힘이 별안간 공기 속에서 느껴졌다

So when the blue smoke of brittle leaves was in the air[28] and the wind blew the wet laundry stiff on the line I decided to come back home.

There was one thing to be done before I left, an awkward, unpleasant thing that perhaps had better have been let alone. But I wanted to leave things in order and not just trust that obliging and indifferent sea to sweep my refuse away.[29] I saw Jordan Baker and talked over and around what had happened to us together, and what had happened afterward to me, and she lay perfectly still, listening, in a big chair.

She was dressed to play golf, and I remember thinking she looked like a good illustration, her chin raised a little jauntily, her hair the color of an autumn leaf, her face the same brown tint as the fingerless glove on her knee. When I had finished she told me without comment that she was engaged to another man. I doubted that, though there were several she could have married at a nod of her head,[30] but I pretended to be surprised. For just a minute I wondered if I wasn't making a mistake, then I thought it all over again quickly and got up to say good-by.

"Nevertheless you did throw me over,"[31] said Jordan suddenly. "You threw me over on the telephone. I don't give a damn[32] about you now, but it was a new experience for me, and I felt a little dizzy for a while."

We shook hands.

"Oh, and do you remember — " she added " — a conversation we had once about driving a car?"

"Why — not exactly."

"You said a bad driver was only safe until she met another bad driver? Well, I met another bad driver, didn't I? I mean it was careless of me to make such a wrong guess. I thought you were rather an honest, straightforward person. I thought it was your secret pride."

"I'm thirty," I said. "I'm five years too old to lie to myself and call it honor."

She didn't answer. Angry, and half in love with her, and tremendously sorry, I turned away.

One afternoon late in October I saw Tom Buchanan. He was walking ahead of me along Fifth Avenue in his alert, aggressive way, his hands out a little from his body as if to fight off interference,[33] his head moving sharply here and there, adapting itself to his restless eyes. Just as I slowed up to avoid overtaking him he stopped and began frowning into the windows of a jewelry store. Suddenly he saw me and walked back, holding out his hand.

"What's the matter, Nick? Do you object to shaking hands with me?"

"Yes. You know what I think of you."

"You're crazy, Nick," he said quickly. "Crazy as hell. I don't know what's the matter with you."

"Tom," I inquired, "what did you say to Wilson that afternoon?"

---

28) So when the blue smoke of brittle leaves was in the air : 바삭바삭한 낙엽을 태우는 파란 연기가 공중으로 떠오를 때
29) not just trust that obliging and indifferent sea to sweep my refuse away : 무관심하면서도 고마운 저 바다가 나의 쓰레기를 치워줄 것이라 믿지 않다
30) though there were several she could have married at a nod of her head : 머리를 한번 끄덕하는 것만으로써 결혼할 수 있었던 상대가 여러 명 있었지만
31) you did throw me over : 당신은 나를 내동댕이쳤다
32) I don't give a damn : 신경 안 쓰다
33) his hands out a little from his body as if to fight off interference : 방해물이 있으면 밀치고 나가려는 듯이 두 손을 앞으로 약간 내밀고

He stared at me without a word, and I knew I had guessed right about those missing hours. I started to turn away, but he took a step after me and grabbed my arm.

"I told him the truth," he said. "He came to the door while we were getting ready to leave, and when I sent down word that we weren't in he tried to force his way upstairs. He was crazy enough to kill me if I hadn't told him who owned the car. His hand was on a revolver in his pocket every minute he was in the house —" He broke off defiantly. "What if I did tell him? That fellow had it coming to him.[34] He threw dust into your eyes just like he did in Daisy's,[35] but he was a tough one. He ran over Myrtle like you'd run over a dog and never even stopped his car."

There was nothing I could say, except the one unutterable fact that it wasn't true.

"And if you think I didn't have my share of suffering — look here, when I went to give up that flat and saw that damn box of dog biscuits sitting there on the sideboard, I sat down and cried like a baby. By God it was awful —"

I couldn't forgive him or like him but I saw that what he had done was, to him, entirely justified. It was all very careless and confused. They were careless people, Tom and Daisy — they smashed up things and creatures and then retreated back into their money or their vast carelessness, or whatever it was that kept them together, and let other people clean up the mess they had made …

I shook hands with him; it seemed silly not to, for I felt suddenly as though I were talking to a child. Then he went into the jewelry store to buy a pearl necklace — or perhaps only a pair of cuff buttons — rid of my provincial squeamishness[36] forever.

Gatsby's house was still empty when I left — the grass on his lawn had grown as long as mine. One of the taxi drivers in the village never took a fare past the entrance gate without stopping for a minute and pointing inside;[37] perhaps it was he who drove Daisy and Gatsby over to East Egg the night of the accident, and perhaps he had made a story about it all his own. I didn't want to hear it and I avoided him when I got off the train.

I spent my Saturday nights in New York because those gleaming, dazzling parties of his were with me so vividly that I could still hear the music and the laughter, faint and incessant, from his garden, and the cars going up and down his drive. One night I did hear a material car there, and saw its lights stop at his front steps. But I didn't investigate. Probably it was some final guest who had been away at the ends of the earth and didn't know that the party was over.

On the last night, with my trunk packed and my car sold to the grocer, I went over and looked at that huge incoherent failure of a house once more. On the white steps an obscene word, scrawled by some boy with a piece of brick, stood out clearly in the moonlight, and I erased it, drawing my shoe raspingly along the stone.

---

34) That fellow had it coming to him : 그 녀석(Gatsby)은 당할 것을 당한 거야
35) He threw dust into your eyes just like he did in Daisy's : 그(Gatsby)가 Daisy의 눈에 그런 것처럼 자네 눈에도 먼지를 뿌려 보지 못하게 한 걸세
36) squeamishness : 신경질적임, 까다로움
37) never took a fare past the entrance gate without stopping for a minute and pointing inside : 잠시 서서 안을 가리키지 않고는 정문을 지나가는 손님을 태우지 않았다. 즉, Gatsby네 집 정문을 지나가는 손님을 태우면 으레 그 앞에 서서 안을 가리키곤 하였다

Then I wandered down to the beach and sprawled out on the sand.

Most of the big shore places were closed now and there were hardly any lights except the shadowy, moving glow of a ferryboat across the Sound. And as the moon rose higher the inessential houses began to melt away until gradually I became aware of the old island here that flowered once for Dutch sailors' eyes[38] — a fresh, green breast of the new world. Its vanished trees, the trees that had made way for Gatsby's house, had once pandered in whispers to the last and greatest of all human dreams;[39] for a transitory enchanted moment man must have held his breath in the presence of this continent, compelled into an aesthetic contemplation he neither understood nor desired, face to face for the last time in history with something commensurate to his capacity for wonder.

And as I sat there brooding on the old, unknown world, I thought of Gatsby's wonder when he first picked out the green light at the end of Daisy's dock. He had come a long way to this blue lawn, and his dream must have seemed so close that he could hardly fail to grasp it. He did not know that it was already behind him, somewhere back in that vast obscurity beyond the city, where the dark fields of the republic rolled on under the night.

Gatsby believed in the green light, the orgiastic future that year by year recedes before us.[40] It eluded us then, but that's no matter — tomorrow we will run faster, stretch out our arms farther... And one fine morning —

So we beat on, boats against the current, borne back ceaselessly into the past.[41]

---

38) gradually I became aware of the old island here that flowered once for Dutch sailors' eyes : Nick Carraway는 지금 어두움 속에서 신세계가 처음 백인들에게 발견되던 옛날을 속으로 그려보고 있다. 그래서 그 당시의 섬과 나무 이야기가 나온다. Dutch sailors들은 뉴욕지방에 정착한 최초 백인이었다

39) had once pandered in whispers to the last and greatest of all human dreams; 인류 최후의 가장 거대한 꿈을 속삭임으로 달래주었다. 그 꿈이란 물론 신대륙 발견과 관련된 꿈이다

40) the orgiastic future that year by year recedes before us : 매년 우리 앞에서 물러나는 그 황홀한 미래. 미래는 지금은 우리 앞에 있어도 시간이 흐르면 우리와 함께 있게 되고 또 시간이 흐르면 우리 뒤로 물러서게 된다

41) So we beat on, boats against the current, borne back ceaselessly into the past : 인생을 바다의 배에 비유한 글로서 우리는 이렇게 앞으로 나아가지만 물결에 부딪히는 배처럼 쉬지 않고 과거 속으로 밀려들어가는 것이다

# 제4장 | 실전예상문제

**01** The Great Gatsby에서 다루고 있는 내용으로 알맞지 <u>않은</u> 것은?

① 재즈시대(Jazz Age)를 배경으로 하고 있다.
② 작품 세계의 중심에는 아메리칸 드림이 있다.
③ 미국인들의 이상과 현실이 어떻게 왜곡되는지 보여준다.
④ 미국 사회의 인종 차별 문제를 다루고 있다.

01 The Great Gatsby는 재즈시대(Jazz Age)를 배경으로 한다. 이 작품에는 아메리칸 드림이 중심이라 할 수 있다. 물질적 성공에 대한 열망과 미국이라는 대륙에서 새로운 삶의 가능성을 펼쳐보려는 이상을 보여준다. Fitzgerald는 이러한 꿈이 인간의 삶에서 이상과 현실이 어떻게 왜곡되는지 보여준다. 인종 차별에 대한 문제는 다루지 않고 있다.

**02** The Great Gatsby의 주인공 Jay Gatsby에 대한 설명으로 옳지 <u>않은</u> 것은?

① Daisy를 사랑했으나 전쟁으로 인해 헤어져야 했다.
② 밀주와 같은 불법적인 사업으로 돈을 벌었다.
③ Daisy 대신 본인이 Myrtle을 차로 치었다고 하며 Daisy를 보호한다.
④ 겉으로 보면 자수성가로 아메리칸 드림을 이룬 사교계의 스타처럼 보인다.

02 Jay Gatsby는 Daisy를 사랑했으나 가난한 처지였기 때문에 헤어져야 했다.

정답  01 ④  02 ①

03 *The Great Gatsby*의 서술자이자 독자에게 정보를 제공하는 인물은?

① Jay Gatsby
② Daisy Buchanan
③ Tom Buchanan
④ Nick Carraway

03 Nick Carraway는 *The Great Gatsby*에서 등장인물 중 하나이자 화자로 객관적으로 Gatsby를 바라보는 인물이다. 이 소설에서 순수한 마음으로 Gatsby를 대하는 거의 유일한 인물이다.

04 *The Great Gatsby*의 특징에 해당하지 <u>않는</u> 것은?

① 1920년 재즈시대(Jazz Age)의 변질된 '아메리칸 드림'을 그리고 있다.
② 당대의 사회적 분위기를 예리하고 섬세하게 잘 그려낸 작품이다.
③ F. 스콧 피츠제럴드(F. Scott Fitzgerald)의 첫 장편소설이다.
④ 상류층의 모습을 통해 그 시대 미국의 전반적인 사회의 근본적인 문제를 드러낸다.

04 Fitzgerald의 첫 장편소설은 '잃어버린 세대'(Lost Generation, 제1차 세계대전 이후 환멸을 느낀 미국의 젊은 지식인, 예술가들을 가리키는 말)를 그려낸 자전적 소설인 *This Side of Paradise*이다.

05 *The Great Gatsby*의 시대적 흐름인 재즈시대(Jazz Age)에 대한 설명으로 옳지 <u>않은</u> 것은?

① 물질적 만족에 대한 추구를 드러낸다.
② 재즈를 비롯한 활동들이 향락과 퇴폐로 인식되면서 불린 명칭이다.
③ 백인들이 도입한 재즈가 향락 문화를 대표하는 용어로 변화했다.
④ 방종과 사치의 대명사로 인식되었다.

05 재즈시대(Jazz Age)는 제1차 세계대전 이후 당시의 물질적 만족에 대한 추구와 함께 새롭게 각광을 받기 시작한 재즈를 비롯한 활동들이 향락과 퇴폐로 인식되면서 불린 명칭이다. 남부 흑인들이 도입한 재즈가 향락 문화를 대표하는 용어로 변화한 것은 당시에 유행했던 클럽 문화의 영향이 컸다. 감각적이고 관능적인 재즈의 선율이 방종과 사치의 대명사로 인식되었다. 재즈시대는 1929년 경제 대공황과 함께 사라졌다.

정답  03 ④  04 ③  05 ③

06 '재의 계곡'(Valley of Ashes)은 웨스트 에그와 뉴욕시 사이의 중간 지대로 타락하고 황량한 실상이 집약되어 있는 곳이다. 이곳에서 사는 Wilson의 '잿빛 먼지로 뒤덮인' 얼굴은 희망 없는 삶을 상징한다.

07 재의 계곡에 세워놓은 '안과의사 Eckleburg의 광고판에 있는 눈'(the eyes of Doctor T. J. Eckleburg)은 얼굴은 없고 거대한 눈만 있는 광고판으로, 현대 물질주의 사회의 현실을 풍자한다. 복수하기 위해 총을 챙기는 Wilson은 그 눈을 바라보며 신은 모든 것을 보고 있다고 중얼거린다. 그러나 이 눈은 광고판에 불과하며 마치 신의 자리를 대신하는 듯한 눈은 신의 부재와 상업주의의 만연을 의미한다.

08 부유한 상류층이 사는 이스트 에그는 세련되고 교양이 있으나 도덕적으로 타락되어 있다.

정답  06 ① 07 ④ 08 ③

06 *The Great Gatsby*에서 '재의 계곡'(Valley of Ashes)이 상징하는 바와 관련이 없는 것은?

① Daisy와 Tom이 거주하는 지역이다.
② 웨스트 에그와 뉴욕의 중간 지대이다.
③ 황량한 지역으로 희망이 없는 삶을 의미한다.
④ Wilson과 Myrtle이 거주하는 지역이다.

07 *The Great Gatsby*에서 '안과의사 Eckleburg의 광고판에 있는 눈'(the eyes of Doctor T. J. Eckleburg)이 내포하고 있는 의미와 관련이 없는 것은?

① 현대 물질주의 사회의 현실을 풍자한다.
② Wilson은 그 눈을 바라보며 신은 모든 것을 보고 있다고 여긴다.
③ 얼굴은 없고 거대한 눈만 있는 광고판은 신을 대신하는 것처럼 보이기도 한다.
④ 아메리칸 드림을 의미한다.

08 *The Great Gatsby*에서 장소들이 상징하는 바와 관련이 없는 것은?

① 녹색 불빛(the green light) : 아메리칸 드림을 상징하는 대표적인 이미지이다.
② 재의 계곡(Valley of Ashes) : 희망 없는 삶을 상징한다.
③ 이스트 에그(East Egg) : 부유한 상류층이 사는 곳으로 도덕적 순수성이 있는 곳이다.
④ 웨스트 에그(West Egg) : 신흥 부자들이 사는 곳이다.

09 피츠제럴드의 작품에 해당하지 않는 것은?

① This Side of Paradise
② For Whom the Bell Tolls
③ The Great Gatsby
④ Tender is the Night

09 For Whom the Bell Tolls는 스페인 내전을 배경으로 한, Hemingway의 작품이다.

10 The Great Gatsby의 Daisy에 대한 설명으로 옳지 않은 것은?

① 부자 가문의 딸로 태어나 고생을 모르고 살아온 인물이다.
② 소설의 화자인 Nick의 7촌이다.
③ Gatsby와 재회한 후 Gatsby와 결혼을 결심한다.
④ 무책임한 향락주의자이며 이기적이다.

10 Daisy Buchanan은 Gatsby와 재회한 후 그와 Tom 사이에서 갈팡질팡하며 Gatsby를 사랑하지만, Tom도 동시에 사랑한다고 말하는 모순적 태도를 보인다.

**주관식 문제**

01 The Great Gatsby에서 '녹색 불빛'(the green light)이 의미하는 바를 간략히 서술하시오.

01 **정답**
'녹색 불빛'은 소설에서 아메리칸 드림을 상징하는 대표적인 이미지이다. 소설 첫 장에서 Gatsby가 Daisy의 저택 부두의 녹색 불빛을 향해 몸을 떠는데, Gatsby의 희망과 꿈을 상징한다. 소설의 마지막 장에서 Nick이 Gatsby의 집 앞 해변에 앉아 300여 년 전 아메리카 대륙을 처음 보게 된 네덜란드 선원들의 눈 앞에 펼쳐진 '신선한 녹색 가슴'을 떠올리는데 이 역시 아메리칸 드림을 의미한다.

**정답** 09 ② 10 ③

02 **정답**
부유한 상류층이 사는 이스트 에그(East Egg)는 세련되고 교양이 있으나 도덕적으로 타락해 있다. 반면에, 웨스트 에그(West Egg)는 Gatsby와 같은 신흥 부자들이 사는 곳으로 아직은 타락하지 않은 도덕적 순수성이 있는 곳이다. Nick이 소설의 끝에서 결국 고향인 중서부(West)로 돌아가는 것은 보다 도덕적이고 순수한 곳으로의 회귀를 의미한다.

02 The Great Gatsby의 배경으로 등장하는 지역인 이스트 에그(East Egg)와 웨스트 에그(West Egg)의 함축적 의미를 간략히 서술하시오.

03 **정답**
Fitzgerald 작품 세계의 중심에는 아메리칸 드림이 있다. 기본적으로는 물질적 성공에 대한 열망이고 좀 더 그 의미를 확장하면, 미국이라는 새로운 대륙에서 새로운 삶을 펼쳐 보려는 이상이기도 하다. 이러한 아메리칸 드림은 미국 건설의 원동력이자 미국 정신의 뿌리라고 할 수 있다. Fitzgerald는 이러한 꿈이 인간의 삶에서 구체적으로 어떻게 전개되는지를 예술적으로 형상화한 작가이다.

03 F. 스콧 피츠제럴드(F. Scott Fitzgerald)가 The Great Gatsby에서 중심적으로 다루고 있는 '아메리칸 드림'에 대하여 간략히 설명하시오.

# 제5장 | John Steinbeck
## – The Grapes of Wrath

| 단원 개요 |

오늘날에도 미국 고등학교와 대학교의 문학 수업과 역사 수업에 널리 읽혀지면서 토론되는 소설인 만큼 시대와 지역의 구분 없이도 사회의 주요 모순들과 계급 문제를 비롯한 복잡한 사회의 갈등을 이해하게 하는 작품이다.

| 출제 경향 및 수험 대책 |

이중적인 구성을 취하는 이 소설은 Joad 가족의 이야기와 더불어 이들과 같은 수많은 사람들이 당대에 처한 환경과 맥락을 볼 수 있다. 이 작품의 줄거리를 따라가면서 농민과 노동자의 고난을 드러내는 작가의 생생한 내용구성과 표현 등을 기억한다.

## 제1절　작가의 생애

존 스타인벡(John Steinbeck, 1902~1968)은 캘리포니아주 살리나스(Salinas)에서 태어났다. 이 지역은 훗날 그의 소설 속에서 사회적 경제적 자연적인 어려움으로 고통을 받는 농민과 노동자들의 삶을 묘사한 작품의 배경이 된다. Steinbeck은 Stanford University 영문학과를 입학했지만, 어려운 가정형편으로 중퇴한 후 소설가로 이름을 알리기 전까지 일용직 노동자로 일하였다. 그의 작품 중 비평적으로 주목받고 상업적으로도 성공을 거둔 첫 작품은 *Tortilla Flat*(1935)으로, 이 작품은 제1차 세계대전 직후 인생을 술로 즐기는 사람들에 대한 이야기이다.

Steinbeck의 작품 중에는 경제 대공황의 시기, 궁핍한 현실에 처한 사람들의 이야기를 그린 이른바 '캘리포니아 소설들'(California novels)이라 불리는 작품군이 있다. *In Dubious Battle*(1936), *Of Mice and Men*(1937), *The Grapes of Wrath*(1939)가 대표적이다. 이 가운데 *The Grapes of Wrath*는 미국서점협회가 선정한 최고의 소설로 평가받았으며, Steinbeck은 이 작품으로 1940년에 퓰리처상을 수상하고, 1962년에는 노벨 문학상을 받았다. 그는 1968년, 66세의 나이에 심장병으로 생을 마감했다.

## 제2절 작품 세계

### 1 작품 세계

**(1) 경제 대공황으로 고통받는 사람들**

1929년 미국은 경제 대공황으로 은행과 공장이 문을 닫으면서 수많은 실업자가 발생했고, 삶은 피폐해졌다. Steinbeck은 문학을 통해 그 시대를 있는 그대로 담아내고 있다. 대학 시절부터 빈민층과 소외된 이들의 삶에 관심을 가졌던 그는 고통받는 이들의 삶을 따뜻한 시선으로 바라보면서 작품을 썼다. 또한 그는 자연과 인간, 변화하는 농촌을 사실적 묘사하였다.

**(2)** 대공황 시기의 문학적 특징은 평범한 사람들의 고통과 비극을 사실적으로 보여준다는 것이다. 작가들은 이들의 실상을 드러내면서 당시의 사회상과 시대상을 충실히 반영했다. Steinbeck 역시 이러한 시각을 가지고 그늘진 사회에서 고통받는 하층민의 삶을 그렸다. 그는 이념에 맹목적인 프롤레타리아 작가들과는 달리, 당대 사회의 변화를 심층적이고 복합적으로 파악하고자 하였다.

**(3)** *The Grapes of Wrath*(1939)는 대공황과 모래 폭풍 등의 재난 속에서 흉년으로 피폐해진 농민들이 은행 이자를 갚지 못해 토지를 몰수당하고 난민이 되어 이주해야 하는 상황을 쓴 작품이다. 이 작품에서 묘사된 이주 농민들이 캘리포니아에서 겪는 극한 상황은 과한 점이 없지 않다. 그럼에도 많은 비평가들은 이 작품이 사회의 주요한 계급 문제를 드러내면서 당대의 실상을 진실하게 기록한 작품이라는 점에 동의한다.

### 2 주요 작품

**(1) *Tortilla Flat*(1935)**

캘리포니아 몬터레이(Monterey)를 배경으로, 제1차 세계대전이 끝난 후 며칠 동안 술과 와인을 즐기는 한 무리의 잘못된 친구들의 이야기이다.

**(2) *Of Mice and Men*(1937)**

미국의 대공황 기간 동안 새로운 일자리를 찾아 캘리포니아로 이주한 두 명의 이주 노동자인 George Milton과 Lennie Small의 경험을 그린다.

**(3) *The Grapes of Wrath*(1939)**

대공황을 배경으로 하며, 가난한 소작인 가족인 Joad 일가를 다루는 작품이다.

### (4) *East of Eden*(1952)

캘리포니아주 살리나스를 배경으로, 아일랜드 이주민인 Hamilton 가(家)와 동부에서 온 Trask 가(家), 두 가문의 몇 대에 걸친 역사를 그린 작품이다. 제목은 구약성경 창세기에서 Cain이 동생 Abel을 죽이고 에덴의 동쪽으로 도망쳤다는 구절에서 붙여졌다.

## 제3절 *The Grapes of Wrath*의 줄거리

소설은 Tom Joad가 자신을 방어하다 정당방위로 사람을 죽이고, 살인죄로 맥알레스터 교도소에서 복역한 뒤 가석방되는 장면에서 시작한다. Tom은 오클라호마주 샐리소 근처 그의 집으로 가기 위해 히치하이킹을 하던 중, 어린 시절부터 알고 지냈던 전직 전도사 Jim Casy를 만나 함께 동행한다. 두 사람이 Tom의 농장 집에 도착했을 때, 그곳은 사람이 떠나고 버려진 상태였다. 당황한 Tom과 Casy는 이웃인 Muley Graves를 만나고, 그는 Tom의 가족이 근처에 있는 John Joad 삼촌의 집으로 떠났다고 말한다. 그는 또한 은행들이 모든 농부들을 내쫓았으며, 대부분이 이주했지만, 자신은 끝까지 이곳을 떠나지 않을 것이라고 덧붙인다.

다음 날 아침, Tom과 Casy는 John Joad 삼촌의 집으로 간다. 그곳에서 Tom은 가족들이 남은 살림을 트럭으로 개조한 허드슨 세단에 싣고 있는 모습을 발견한다. 가족들은 캘리포니아로 가서 일자리를 구하는 것 외에는 다른 방법이 없다고 말한다. 전단지에는 캘리포니아가 생산적이며 높은 임금을 제공하는 곳으로 묘사되어 있다. Tom이 오클라호마주를 떠나게 되면 가석방 조건을 위반하게 되지만, 그는 위험을 감수할 만큼 캘리포니아행이 가치가 있다고 판단하고 함께 떠나기로 결심한다.

66번 국도를 따라 서쪽으로 이동하던 Joad 가족은 이주민들로 붐비는 도로를 발견한다. 임시 캠프에서 Joad 가족은 여러 사람들을 보게 되는데, 이들 중 캘리포니아에서 돌아온 사람들로부터 많은 이야기를 듣게 된다. 이들의 이야기를 들은 Joad 가족은 캘리포니아가 전단지에 묘사된 것처럼 이상적인 곳이 아닐지도 모른다는 불안감을 느낀다. 캘리포니아로 향하던 도중, Tom의 할아버지는 캘리포니아주 경계 근처에서 죽고, 형 Noah는 임신한 Rosasharn의 남편인 Connie Rivers와 함께 가족을 떠난다.

캘리포니아에 도착했을 때, Joad 가족은 희망을 품고 왔던 그곳이 노동력이 과잉 공급된 상황이며, 임금은 낮고 노동자들은 굶주리고 착취당한다는 사실을 알게 된다. 대기업 농가가 담합하면서 영세 농가가 가격 폭락에 시달리고, 모든 경찰과 주 사법 당국은 노동자나 영세 농가의 편에 서 있지 않다. 캘리포니아에 있는 후버빌 캠프에서 Casy는 도망치는 노동자를 쏘려고 하는 부보안관을 때려눕힌다. Casy는 경찰관과 함께 여행하는 노동자 모집원이 노동자들에게 약속한 임금을 제대로 지불하지 않을 것이라고 사람들에게 경고한다. 깨끗한 시설을 제공하는 캠프 중 하나인 위드패치 캠프는 더 나은 조건을 제공하지만 어려운 가족들을 돌봐줄 정도는 되지 않아 일거리나 음식도 없다. 그러나 이 캠프는 연방 시설로, 지역 의원들의 괴롭힘으로부터 이주 노동자들을 보호한다. Casy는 노동력 착취에 대응하고자 노동 조직원이 되어 노동조합에 가입하려고 한다. Joad 부부는 복숭아 재배 농장에서 일하지만, 그들은 기본적인 저녁 식사와 다음 날 약간의 음식을 얻을 만큼만 돈을 받는다. 복숭아 재배 농장은 수확한 과일에 대한 급여 비율이 절반으로 줄었다고 발표한다. 파업을 주도하던 Casy는 경찰에 의해

곡괭이로 맞아 죽게 되고, Tom은 Casy를 죽인 사람들 중 한 명을 보복 살인한다. 이 일로 Tom은 살인 혐의로 체포될 상황에 처하게 된다. 그는 경찰에 잡힐 위험도 있고, 그의 가족이 자신 때문에 일터에서 블랙리스트에 오른 것을 알게 되자 어머니에게 작별을 고하고 억압받는 사람들을 위해 일하겠다고 맹세한다.

남은 가족들은 계속해서 목화를 따고 일당을 모아 음식을 산다. 폭우가 내리면서 Joad 부부의 집이 물에 잠기자 이들은 고지대로 이동한다. Joad 가족은 굶주림과 노동으로 아이를 사산한 Rosasharn을 데리고 홍수를 피해 오래된 헛간으로 대피하는데, 그 안에서 굶주림으로 죽어가는 어린 소년과 그의 아버지를 발견한다. Tom의 어머니는 그 남자를 구할 수 있는 유일한 방법이 있다는 것을 깨닫는다. 그녀가 Rosasharn을 바라보고 두 사람 사이에 침묵이 흐른다. Rosasharn은 그에게 다가가 모유를 먹이며 미소를 보인다.

## 제4절 작품의 주제

### 1 자본주의에 대한 비판

*The Grapes of Wrath*는 벼랑 끝으로 몰린 하층민들의 현실에서 자본주의의 어둠을 파헤치면서 현대 자본주의의 어두운 그늘을 드러낸다.

### 2 연대와 공동체 정신

비참한 현실 속에서 구원을 실천하다 죽어가는 설교자 Jim Casy는 소설 속에서 메시아 역할을 한다. 그는 계급이나 빈부에 상관없이 사람들은 모두 같은 크기의 커다란 영혼을 가지고 있다고 말한다. 또한 성숙한 인간으로 변해 가는 큰 아들 Tom과 아이를 유산한 직후 굶어 죽어가는 노인에게 자신의 젖을 물리는 딸 Rosasharn은 비참한 현실 속에서 희망을 보여준다.

### 3 인간의 강인함

극한 환경과 역경 속에서도 사람들이 보여주는 회복력과 용기를 통하여 인간의 강인함을 드러낸다.

## 제5절  등장인물

### 1 Tom Joad

소설의 주인공이다. 정당방위였지만 살인으로 4년간 맥알레스터 감옥에서 지낸 다음 가석방되어 고향으로 돌아온다. 가족의 생계에 책임감을 갖고 굶주린 가족을 이끌고 새로운 터전을 찾아 고향을 떠나지만, 계속되는 사회의 부조리와 모순을 겪으며 점차 반항적인 생각을 갖게 된다. Casy를 살해한 경관을 죽이고 가족을 떠나 도피 생활을 한다.

### 2 Jim Casy

예전에는 전도사였으나 욕망과 성직자로서의 책임감 사이에 갈등하다 그만두었다. Tom의 가족과 캘리포니아로 간다. Tom과 시간이 갈수록 친해진다. Tom이 보안관을 때려눕히자 Tom의 죄를 뒤집어쓰고 감옥에 갔다 온다. 이주민들에게 정당한 임금을 주기 위해 파업을 이끌지만 대지주의 편에 선 경찰관에 의해 살해당하고 만다. 헌신적이고 봉사 정신이 강하며 인간적인 인물이다.

### 3 Ma Joad

Tom의 어머니로, Tom과 함께 고향을 떠난다. 가족들이 흩어지는 것을 두려워하며 인내와 헌신으로 가족들을 화합시키고 보살핀다.

### 4 Pa Joad

Tom의 아버지이다. 농부로서 선량한 인물이지만 변화하는 현실에 적응을 잘 못한다.

### 5 Grampa Joad

Tom의 할아버지이다. Tom의 과거 이야기에 단골로 나오며, 가족들과 매우 친밀했다. 고향을 떠나 얼마 지나지 않아 뇌출혈로 병사한다.

### 6 Granma Joad

Tom의 할머니이다. 할아버지가 죽고 얼마 지나지 않아 건강이 나빠져 서부로 이동하던 중 죽는다. Tom의 어머니는 사막을 건너야 한다는 일념 하에, 캘리포니아주 경계선에 도달할 때까지 할머니의 죽음을 가족들에게 알리지 않는다.

### 7 John Joad

Tom의 삼촌이자 Tom의 아버지의 형이다. 부인이 복통으로 힘들어했지만, 의사를 부르지 않아 부인은 맹장염으로 죽게 된다. 죽은 아내에 대한 죄책감을 갖고 있다.

### 8 Noah Joad

Tom의 형으로 장남이다. 태어날 때 입은 상처의 영향으로 정신지체가 있다. 콜로라도강에서 낚시를 하며 살겠다고 하며 가족들을 떠난다.

### 9 Al Joad

Tom과 함께 운전 기술을 익힌 그의 동생으로, 집안의 셋째 아들이다. 자동차 정비공이 되고 싶어 한다.

### 10 Rosasharn Joad(샤론의 장미)

Tom의 여동생이고 집안의 첫 번째 딸이다. 'Rose of Sharon'으로 불린다. 1살 연상의 Connie Rivers와 결혼한 지 얼마 안 된 임산부이다. 캘리포니아에 도착한 지 얼마 되지 않아 남편에게 버림받고, 굶주림과 고된 이주 생활로 아이를 사산한다. 비극을 겪으면서 작품 말미에 참다운 인간적 모습을 보여준다.

### 11 Ivy and Sairy Wilsons

서부로 가던 중 만나게 된 이주민 부부. 이 부부의 천막에서 할아버지가 사망했고, 이후 같이 떠나지만 병약한 Wilson 부인은 더 가지 못하게 되어 다시 헤어지게 된다. 얼마 못 가 사망한 듯하다.

## 12 Ruthie Joad

둘째 딸로 Tom의 동생이다. 한 여자아이와 싸우다가 자신의 오빠인 Tom이 사람을 두 명이나 죽였다고 말하는 바람에 Tom이 체포 위험에 빠지게 된다.

## 제6절 작품의 구조와 시점 및 기법

### 1 구조

총 30장인 이 작품은 이야기를 진행하는 짝수 장과, 일종의 보조적인 역할을 하는 홀수 장으로 구성된다. 각 장은 Joad 가족의 이주 이야기와 '삽입 장'(interchapter)을 사용하는데 이 삽입 장은 작품의 중심 내용 전개와는 직접 관련이 없다. 열네 개의 삽입 장은 Joad 가족과 관련된 보충 설명을 하거나 배경을 서술한다. 이를테면 경제 대공황의 원인이나 당시 사회적 상황 등을 언급한다. 짝수 장(12, 14장은 예외)은 Joad 집안을 중심으로 내용을 전개하나 홀수 장에서는 작품의 배경을 다룬다. 이러한 전개 양식에 따라 경제 대공황 시기에 오클라호마주의 자연재해와 농업 기계화에 의해 고향을 떠나 캘리포니아의 낙원 건설을 꿈꾸며 서부로 향하는 Joad 집안의 가난과 분노, 참혹한 현실을 묘사한다.

① 1장 ~ 10장 : Joad 가족이 고향을 떠난다.
② 11장 ~ 18장 : 콜로라도강과 사막을 지나 이동한다.
③ 19장 ~ 24장 : 캘리포니아에 도착한다.
④ 25장 ~ 30장 : 고난과 역경에 좌절하지 않고 생명력을 보여준다.

| 홀수 장(삽입 장) | 짝수 장 |
|---|---|
| • 1장 : 먼지폭풍<br>• 3장 : 땅거북<br>• 5장 : 소작농과 지주의 대립<br>• 7장 : 중고차 시장<br>• 9장 : 가져갈 것과 팔 것<br>• 11장 : 버려진 농가와 땅<br>• 12장 : 66번 하이웨이<br>• 13장 : 할아버지의 죽음<br>• 14장 : 나와 우리, 공동사회<br>• 15장 : 도로변의 풍경<br>• 17장 : 도로변의 수용소<br>• 19장 : 캘리포니아의 지주들<br>• 21장 : 겁먹은 지주 등과 굶주린 노동자들<br>• 23장 : 수용소의 분위기<br>• 25장 : 분노의 포도<br>• 27장 : 목화 농장<br>• 29장 : 홍수 | • 2장 : Tom이 감옥에서 돌아옴<br>• 4장 : Tom이 Casy를 만남<br>• 6장 : Tom과 Casy가 Graves를 만남<br>• 8장 : Tom이 가족과 만남<br>• 10장 : Joad 가족이 떠날 준비를 함<br>• 16장 : 험난한 이동의 과정<br>• 18장 : 캘리포니아 도착, 할머니의 죽음<br>• 20장 : Casy가 체포됨<br>• 22장 : 위드패치 수용소<br>• 24장 : 토요일 밤<br>• 26장 : 파업, Casy가 피살됨<br>• 28장 : Tom이 떠남<br>• 30장 : 홍수, Rosasharn이 굶어 죽어가는 사람을 살림 |

## 2 시점

3인칭 전지적 화자의 시점으로 익명의 목소리를 통하여 서술된다.

## 3 기법과 문체

(1) 때로는 서정적이고 시적이며 때로는 신문기사처럼 군더더기 없는 문장, 또는 직접 생중계하는 것처럼 다양한 목소리를 작품에서 연출하면서 다양한 스타일의 글들을 주로 홀수인 짧은 챕터에서 사용한다.

(2) 사실주의적 소설이기 때문에 문체는 비속어나 사투리, 축약된 단어의 사용과 발음이 사용된다.

(3) 연대기적 서술방식으로 내용이 전개되며 이주민들의 열악한 삶을 서술할 때는 애도와 분노의 어조가 두드러진다.

## 4 상징

(1) 포도(grapes)

노동의 결과물이자 미래에 대한 희망과 꿈을 의미한다.

(2) 분노(wrath)

부당함과 불평등을 당하면서 솟구친 분노는 사람들에게 동지애를 심어주고 행동력을 일으키게 한다.

(3) 거북이

뜨거운 햇볕 아래 고속도로를 위태롭게 건너가는 거북이는 마침내 도로를 건너 자신의 길을 간다. Tom은 그 거북이를 코트에 감싸서 가져간다. 이 장면은 거북이처럼 느리고 위태로운 상황을 연상시키는 Joad 가족이 고난을 견디고 형제애와 인간애로 살아남음을 의미한다.

(4) 이동

Joad 가족이 캘리포니아로 이동하는 것은 부패와 타락의 사회에서 때 묻지 않고 순수한 사회, 노동의 가치가 인정되는 희망을 품은 이동이다.

(5) Jim Casy

Tom의 죄를 대신 치르거나 노동자들에게 정당한 임금을 주기 위해 파업을 이끄는 헌신적인 인물이자 희생양이다.

## 제7절 The Grapes of Wrath의 일부

### Chapter 30

In the boxcar camp[1] the water stood in puddles,[2] and the rain splashed in the mud. Gradually the little stream crept up the bank toward the low flat where the boxcars stood.

On the second day of the rain Al took the tarpaulin[3] down from the middle of the car. He carried it out and spread it on the nose[4] of the truck, and he came back into the car and sat down on his mattress. Now, without the separation, the two families in the car were one. The men sat together, and their spirits were damp. Ma kept a little fire going in the stove, kept a few twigs burning, and she conserved her wood. The rain poured down on the nearly flat roof of the boxcar.

On the third day the Wainwrights grew restless. "Maybe we better go 'long," Mrs. Wainwright said.

And Ma tried to keep them. "Where'd you go an' be sure of a tight roof?"

"I dunno, but I got a feelin' we oughta go along." They argued together, and Ma watched Al.

Ruthie and Winfield tried to play for a while, and then they too relapsed[5] into sullen inactivity, and the rain drummed down on the roof.

On the third day the sound of the stream could be heard above the drumming rain.[6] Pa and Uncle John stood in the open door and looked out on the rising stream. At both ends of the camp the water ran near to the highway, but at the camp it looped away[7] so that the highway embankment surrounded the camp at the back and the stream closed it in on the front. And Pa said, "How's it look to you[8] John? Seems to me if that crick[9] comes up, she'll flood us."

Uncle John opened his mouth and rubbed his bristling chin. "Yeah," he said. "Might at that."[10]

Rose of Sharon was down with a heavy cold, her face flushed and her eyes shining with fever. Ma sat beside her with a cup of hot milk. "Here," she said. "Take this here. Got bacon grease in it for strength. Here, drink it!"

Rose of Sharon shook her head weakly. "I ain't hungry."

Pa drew a curved line in the air with his finger. "If we was all to get our shovels an' throw up a bank, I bet we could keep her out. On'y have to go from up there down to there."

---

1) in the boxcar camp : 야영 숙박 시설
2) the water stood in puddles : 물이 고여 이곳저곳 웅덩이를 이루었다
3) tarpaulin : 방수 외투
4) nose : 앞부분
5) relapse : 되돌아가다, 다시 빠지다〈into〉
6) drumming rain : 북치듯 쏟아지는 빗소리
7) loop away : 빙 돌아나가다
8) How's it look to you : 자네 생각은 어떤가?
9) crick : (목·등 따위의) 근육(관절) 경련, 급성 경직
10) Might at that : 그럴 것 같아요

"Yeah," Uncle John agreed. "Might. Dunno if them other fellas'd wanta. They'd maybe ruther move somewheres else."

"But these here cars is dry," Pa insisted. "Couldn' find no dry place as good as this. You wait." From the pile of brush in the car he picked a twig. He ran down the cat-walk,[11] splashed through the mud to the stream and he set his twig upright on the edge of the swirling water. In a moment he was back in the car. "Jesus, ya get wet through," he said.

Both men kept their eyes on the little twig on the water's edge. They saw the water move slowly up around it and creep up the bank. Pa squatted down in the doorway. "Co min' up fast," he said. "I think we oughta go talk to the other fellas. See if they'll help ditch up.[12] Got to git outa here if they won't." Pa looked down the long car to the Wainwright end. Al was with them, sitting beside Aggie. Pa walked into their precinct. "Water's risin'," he said. "How about if we threwed up a bank? We could do her if ever'body helped."

Wainwright said, "We was jes' talkin'. Seems like we oughta be gettin' outa here."

Pa said, "You been aroun'. You know what chancet we got a gettin' a dry place to stay."

"I know. But jes' the same-"

Al said, "Pa, if they go, I'm a-goin' too."

Pa looked startled. "You can't, Al. The truck-We ain't fit to drive that truck."

"I don' care. Me an' Aggie got to stick together."

"Now you wait," Pa said. "Come on over here." Wainwright and Al got to their feet[13] and approached the door. "See?" Pa said, pointing. "Jus' a bank from there an' down to there." He looked at his stick. The water swirled about it now, and crept up the bank.

"Be a lot a work, an' then she might come over anyways," Wainwright protested.

"Well, we ain't doin' nothin', might's well be workin'. We ain't gonna find us no nice place to live like this. Come on, now. Le's go talk to the other fellas. We can do her if ever'body helps."

Al said, "If Aggie goes, I'm a-goin' too."

Pa said, "Look, Al, if them fellas won't dig, then we'll all hafta go. Come on, le's go talk to 'em." They hunched their shoulders and ran down the cat-walk to the next car and up the walk into its open door.

Ma was at the stove, feeding a few sticks to the feeble flame. Ruthie crowded close beside her. "I'm hungry," Ruthie whined.

"No, you ain't," Ma said. "You had good mush."

"Wisht I had a box a Cracker Jack.[14] There ain't nothin' to do. Ain't no fun."

"They'll be fun," Ma said. "You jus' wait. Be fun purty soon. Git a house an' a place, purty soon."

"Wisht we had a dog," Ruthie said.

"We'll have a dog; have a cat, too."

---

11) cat-walk : 좁은 통로(한쪽에 마련된); (패션쇼 따위의) 객석으로 튀어나온 좁다란 무대
12) ditch up : 둑을 쌓다
13) got to their feet : 일어서다
14) Cracker Jack : 크래커 잭(당밀로 뭉쳐 놓은 팝콘, 상표명)

"Yella cat?"

"Don't bother me," Ma begged. "Don't go plaguin' me now, Ruthie. Rosasharn's sick. Jus' you be a good girl[15] a little while. They'll be fun." Ruthie wandered, complaining, away.

From the mattress where Rose of Sharon lay covered up there came a quick sharp cry, cut off in the middle. Ma whirled and went to her. Rose of Sharon was holding her breath and her eyes were filled with terror.

"What is it?" Ma cried. The girl expelled her breath and caught it again. Suddenly Ma put her hand under the covers. Then she stood up. "Mis' Wainwright," she called. "Oh, Mis' Wainwright!"

The fat little woman came down the car. "Want me?"

"Look!" Ma pointed at Rose of Sharon's face. Her teeth were clamped on her lower lip and her forehead was wet with perspiration, and the shining terror was in her eyes.

"I think it's[16] come," Ma said. "It's early."

The girl heaved a great sigh and relaxed. She released her lip and closed her eyes. Mrs. Wainwright bent over her.

"Did it kinda grab you all over — quick? Open up an' answer me." Rose of Sharon nodded weakly. Mrs. Wainwright turned to Ma. "Yep," she said. "It's come. Early, ya say?"

"Maybe the fever brang it."

"Well, she oughta be up on her feet.[17] Oughta be walkin' aroun'."

"She can't," Ma said. "She ain't got the strength."

"Well, she oughta." Mrs. Wainwright grew quiet and stern with efficiency. "I he'ped with lots," she said. "Come on, le's close that door, nearly. Keep out the draf."[18] The two women pushed on the heavy sliding door, boosted it along until only a foot was open. "I'll git our lamp, too," Mrs. Wainwright said. Her face was purple with excitement. "Aggie," she called. "You take care of these here little fellas."

Ma nodded, "Tha's right. Ruthie! You an' Winfiel' go down with Aggie. Go on now."

"Why?" they demanded.

"'Cause you got to. Rosasharn gonna have her baby."

"I wanta watch, Ma. Please let me."

"Ruthie! You git now. You git quick." There was no argument against such a tone.[19] Ruthie and Winfield went reluctantly down the car. Ma lighted the lantern. Mrs. Wainwright brought her Rochester lamp down and set it on the floor, and its big circular flame lighted the boxcar brightly.

Ruthie and Winfield stood behind the brush pile and peered over. "Gonna have a baby, an' we're a-gonna see," Ruthie said softly. "Don't you make no noise now. Ma won't let us watch. If she looks this-a-way, you scrunch down behin' the brush. Then we'll see."

---

15) be a good girl : 얌전히 있어라
16) it : 출산의 진통
17) be up on her feet : 서 있다
18) draf : 찬바람
19) There was no argument against such a tone : 그런 어조에는 항의할 수 없었다

"There ain't many kids seen it," Winfield said.

"There ain't no kids seen it," Ruthie insisted proudly. "On'y us."

Down by the mattress, in the bright light of the lamp, Ma and Mrs. Wainwright held conference. Their voices were raised a little over the hollow beating of the rain. Mrs. Wainwright took a paring knife from her apron pocket and slipped it under the mattress. "Maybe it don't do no good,"[20] she said apologetically.[21] "Our folks always done it.[22] Don't do no harm, anyways."

Ma nodded. "We used a plow point. I guess anything sharp'll work, long as it can cut birth pains. I hope it ain't gonna be a long one."

"You feelin' awright now?"

Rose of Sharon nodded nervously. "Is it a-comin'?"

"Sure," Ma said, "Gonna have a nice baby. You jus' got to help us. Feel like you could get up an' walk?"

"I can try."

"That's a good girl," Mrs. Wainwright said. "That is a good girl. We'll he'p you, honey. We'll walk with ya." They helped her to her feet and pinned a blanket over her shoulders. Then Ma held her arm from one side, and Mrs. Wainwright from the other. They walked her to the brush pile and turned slowly and walked her back, over and over; and the rain drummed deeply on the roof.

Ruthie and Winfield watched anxiously. "When's she goin' to have it?" he demanded.

"Sh! Don't draw 'em. We won't be let to look."

Aggie joined them behind the brush pile. Aggie's lean face and yellow hair showed in the lamplight, and her nose was long and sharp in the shadow of her head on the wall.

Ruthie whispered, "You ever saw a baby bore?"

"Sure," said Aggie.

"Well, when's she gonna have it?"

"Oh, not for a long, long time."

"Well, how long?"

"Maybe not 'fore tomorrow mornin'."

"Shucks!" said Ruthie. "Ain't no good watchin' now, then. Oh! Look!"

The walking women had stopped. Rose of Sharon had stiffened, and she whined[23] with pain. They laid her down on the mattress and wiped her forehead while she grunted and clenched her fists. And Ma talked softly to her. "Easy," Ma said. "Gonna be all right — all right. Jus' grip ya hans'. Now then, take your lip inta your teeth. Tha's good — tha's good." The pain passed on. They let her rest awhile, and then helped her up again, and the three walked back and forth, back and forth between the pains.

Pa stuck his head in through the narrow opening. His hat dripped with water. "What ya shut the door for?"

---

20) don't do no good : 소용이 없다
21) apologetically : 미안해하며
22) it : 과도를 매트리스 안에 두기
23) whine : 애처로운 소리로 울다, 흐느껴 울다

he asked. And then he saw the walking women.

Ma said, "Her time's[24] come."

"Then — then we couldn' go 'f we wanted to."

"No."

"Then we got to buil' that bank."

"You got to."

Pa sloshed[25] through the mud to the stream. His marking stick was four inches down. Twenty men stood in the rain. Pa cried, "We got to build her. My girl got her pains."

The men gathered about him.

"Baby?"

"Yeah. We can't go now."

A tall man said, "It ain't our baby. We kin go."

"Sure," Pa said. "You can go. Go on. Nobody's stoppin' you. They's only eight shovels." He hurried to the lowest part of the bank and drove his shovel into the mud. The shovelful[26] lifted with a sucking sound. He drove it again, and threw the mud into the low place on the stream bank. And beside him the other men ranged themselves.[27] They heaped the mud up in a long embankment, and those who had no shovels cut live willow whips and wove them in a mat[28] and kicked them into the bank. Over the men came a fury of work, a fury of battle. When one man dropped his shovel, another took it up. They had shed their coats and hats. Their shirts and trousers clung tightly to their bodies, their shoes were shapeless blobs of mud. A shrill scream came from the Joad car. The men stopped, listened uneasily, and then plunged to work again. And the little levee[29] of earth extended until it connected with the highway embankment on either end. They were tired now, and the shovels moved more slowly. And the stream rose slowly. It edged above the place where the first dirt had been thrown.

Pa laughed in triumph. "She'd come over if we hadn' a built up!" he cried. The stream rose slowly up the side of the new wall, and tore at the willow mat.[30] "Higher!" Pa cried. "We got to git her higher!"[31] The evening came, and the work went on. And now the men were beyond weariness.[32] Their faces were set and dead. They worked jerkily, like machines. When it was dark the women set lanterns in the car doors, and kept pots of coffee handy.[33] And the women ran one by one to the Joad car and wedged[34] themselves inside.

---

24) Her time : 출산 시간
25) slosh : 흙탕물을 튀기다, 진창 속을 뛰어다니다
26) shovelful : 한 삽의 흙
27) ranged themselves : 가지런히 줄을 서다
28) wove them in a mat : 그것들을 엮어 돗자리를 만들었다
29) levee : 제방, 둑
30) willow mat : 버드나무 매트
31) git her higher : 둑을 더 높이 쌓다
32) were beyond weariness : 기진맥진 했다
33) handy : 손에 닿기 쉬운
34) wedg : ~을 억지로 밀어 넣다

The pains were coming close now, twenty minutes apart. And Rose of Sharon had lost her restraint. She screamed fiercely under the fierce pains. And the neighbor women looked at her and patted her gently and went back to their own cars.

Ma had a good fire going now, and all her utensils, filled with water, sat on the stove to heat. Every little while Pa looked in the car door. "All right?" he asked.

"Yeah! I think so," Ma assured him.

As it grew dark, someone brought out a flashlight to work by. Uncle John plunged on, throwing mud on top of the wall.

"You take it easy," Pa said. "You'll kill yaself."

"I can't he'p it. I can't stan' that yellin'. It's like-it's like when-"

"I know," Pa said. "But jus' take it easy."

Uncle John blubbered,[35] "I'll run away. By God, I got to work or I'll run away."

Pa turned from him. "How's she stan' on the last marker?"

The man with the flashlight threw the beam on the stick. The rain cut whitely through the light. "Comin' up."

"She'll come up slower now," Pa said. "Got to flood purty far on the other side."

"She's comin' up, though."

The women filled the coffee pots and set them out again. And as the night went on, the men moved slower and slower, and they lifted their heavy feet like draft horses. More mud on the levee, more willows interlaced. The rain fell steadily. When the flashlight turned on faces, the eyes showed staring, and the muscles on the cheeks were welted out.[36]

For a long time the screams continued from the car, and at last they were still.

Pa said, "Ma'd call me if it was bore." He went on shoveling the mud sullenly.

The stream eddied and boiled against the bank. Then, from up the stream there came a ripping crash. The beam of the flashlight showed a great cottonwood[37] toppling. The men stopped to watch. The branches of the tree sank into the water and edged around with the current while the stream dug out the little roots. Slowly the tree was freed, and slowly it edged down the stream. The weary men watched, their mouths hanging open. The tree moved slowly down. Then a branch caught on a stump, snagged[38] and held. And very slowly the roots swung around and hooked themselves on the new embankment. The water piled up behind. The tree moved and tore the bank. A little stream slipped through. Pa threw himself forward and jammed mud in the break. The water piled against the tree. And then the bank washed quickly down, washed around ankles, around knees. The men broke and ran, and the current worked smoothly into the flat, under the cars, under the automobiles.

---

35) blubber : 엉엉 울다
36) welt out : 때리다, 채찍 자국을 내다
37) cottonwood : 사시나무의 일종(북아메리카 산)
38) snagged : (물속에) 잠긴 나무가 많은; 잠긴 나무에 막힌; 잠긴 나무의 해를 입은; 혹투성이인

Uncle John saw the water break through. In the murk[39] he could see it. Uncontrollably his weight pulled him down. He went to his knees, and the tugging[40] water swirled about his chest.

Pa saw him go. "Hey! What's the matter?" He lifted him to his feet. "You sick? Come on, the cars is high,"

Uncle John gathered his strength. "I dunno," he said apologetically. "Legs give out. Jus' give out."[41] Pa helped him along toward the cars.

When the dike swept out, Al turned and ran. His feet moved heavily. The water was about his calves when he reached the truck. He flung the tarpaulin off the nose and jumped into the car. He stepped on the starter. The engine turned over and over, and there was no bark of the motor. He choked[42] the engine deeply. The battery turned the sodden[43] motor more and more slowly, and there was no cough.[44] Over and over, slower and slower. Al set the spark high. He felt under the seat for the crank and jumped out. The water was higher than the running board. He ran to the front end. Crank case was under water now. Frantically he fitted the crank and twisted around and around, and his clenched hand on the crank splashed in the slowly flowing water at each turn. At last his frenzy gave out. The motor was full of water, the battery fouled by now. On slightly higher ground two cars were started and their lights on. They floundered in the mud and dug their wheels down until finally the drivers cut off the motors and sat still, looking into the headlight beams. And the rain whipped white streaks through the lights. Al went slowly around the truck, reached in, and turned off the ignition.[45]

When Pa reached the cat-walk, he found the lower end floating. He stepped it down into the mud, under water. "Think ya can make it awright,[46] John?" he asked.

"I'll be awright. Jus' go on."

Pa cautiously climbed the cat-walk and squeezed himself in the narrow opening. The two lamps were turned low. Ma sat on the mattress beside Rose of Sharon, and Ma fanned her still face with a piece of cardboard. Mrs. Wainwright poked dry brush into the stove, and a dank[47] smoke edged out around the lids and filled the car with a smell of burning tissue.[48] Ma looked up at Pa when he entered, and then quickly down.

"How-is she?" Pa asked.

Ma did not look up at him again. "Awright, I think. Sleepin'."

---

39) murk : 암흑, 어둠
40) tug : 힘껏 잡아당기다
41) give out : (다리에서) 힘이 빠지다
42) choke : (더 잘 연소하도록) 공기의 공급을 줄이다(끊다)
43) sodden : 흠뻑 젖은, (물에) 불은
44) cough : (내연 기관의) 불연소음, 시동 걸리는 소리
45) ignition : 점화장치
46) make it awright : (사닥다리 발판에) 잘 올라가다
47) dank : 축축한
48) tissue : 얇은 천, 거즈

The air was fetid and close with the smell of the birth.[49] Uncle John clambered[50] in and held himself upright against the side of the car. Mrs. Wainwright left her work and came to Pa. She pulled him by the elbow toward the corner of the car. She picked up a lantern and held it over an apple box in the corner. On a newspaper lay a blue shriveled little mummy.[51]

"Never breathed," said Mrs. Wainwright softly. "Never was alive."

Uncle John turned and shuffled tiredly down the car to the dark end. The rain whished softly on the roof now, so softly that they could hear Uncle John's tired sniffling from the dark.

Pa looked up at Mrs. Wainwright. He took the lantern from her hand and put it on the floor. Ruthie and Winfield were asleep on their own mattress, their arms over their eyes to cut out the light.[52]

Pa walked slowly to Rose of Sharon's mattress. He tried to squat down, but his legs were too tired. He knelt instead. Ma fanned her square of cardboard back and forth. She looked at Pa for a moment, and her eyes were wide and staring, like a sleepwalker's eyes.

Pa said, "We — done what we could."

"I know."

"We worked all night. An' a tree cut out the bank."

"I know."

"You can hear it;[53] under the car."

"I know. I heard it."

"Think she's gonna be all right?"

"I dunno."

"Well — couldn' we — of did nothin'?"

Ma's lips were stiff and white. "No. They was on'y one thing to do — ever — an' we done it."

"We worked till we dropped, an' a tree — Rain's lettin' up some." Ma looked at the ceiling, and then down again. Pa went on, compelled to talk. "I dunno how high she'll rise. Might flood the car."

"I know."

"You know ever'thing."

She was silent, and the cardboard moved slowly back and forth.

"Did we slip up?"[54] he pleaded. "Is they anything we could of did?"

Ma looked at him strangely. Her white lips smiled in a dreaming compassion. "Don't take no blame. Hush! It'll be awright. They's changes — all over."

"Maybe the water — maybe we'll have to go,"

---

49) the air was fetid and close with the smell of the birth : 공기는 출산의 냄새로 숨이 탁 막히고 악취가 났다
50) clamber : (힘들게) 기어오르다
51) mummy : 미라, 바싹 마른 시체
52) to cut out the light : 불빛을 가리기 위해
53) it : 물소리
54) slip up : 실수를 하다

"When it's time to go — we'll go. We'll do what we got to do. Now hush. You might wake her."

Mrs. Wainwright broke twigs and poked them in the sodden, smoking fire.

From outside came the sound of an angry voice. "I'm goin' in an' see the son-of-a-bitch myself."

And then, just outside the door, Al's voice, "Where you think you're goin'?"

"Goin' in to see that bastard Joad."

"No, you ain't. What's the matter'th you?"

"If he didn't have that fool idear about the bank, we'd a got out. Now our car is dead."[55]

"You think ours is burnin' up the road?"[56]

"I'm a-goin' in."

Al's voice was cold. "You're gonna fight your way in."

Pa got slowly to his feet and went to the door. "Awright, Al, I'm comin' out. It's awright, Al." Pa slid down the cat-walk. Ma heard him say, "We got sickness. Come on down here."

The rain scattered lightly on the roof now, and a new-risen breeze blew it along in sweeps. Mrs. Wainwright came from the stove and looked down at Rose of Sharon. "Dawn's a-comin' soon, ma' am. Whyn't you git some sleep? I'll set with her,"

"No," Ma said. "I ain't tar'd."

"In a pig's eye,"[57] said Mrs. Wainwright. "Come on, you lay down awhile."

Ma fanned the air slowly with her cardboard. "You been frien'ly," she said. "We thank you."

The stout woman smiled. "No need to thank. Ever'body's in the same wagon. S'pose we was down. You'd a give us a han'."

"Yes," Ma said, "we would."

"Or anybody."

"Or anybody. Use' ta be the fambly was fust. It ain't so now. It's anybody. Worse off we get, the more we got to do."

"We couldn' a saved it."

"I know," said Ma.

Ruthie sighed deeply and took her arm from over her eyes. She looked blindly at the lamp for a moment, and then turned her head and looked at Ma. "Is it bore?" she demanded. "Is the baby out?"

Mrs. Wainwright picked up a sack and spread it over the apple box in the corner.

"Where's the baby?" Ruthie demanded.

Ma wet her lips. "They ain't no baby. They never was no baby. We was wrong."

"Shucks!" Ruthie yawned. "I wisht it had a been a baby."

Mrs. Wainwright sat down beside Ma and took the cardboard from her and fanned the air. Ma folded her

---

55) dead : 못쓰게 된, 망친
56) burnin' up the road : (차가 고장 나지 않아서) 길거리를 씽씽 달리고 있는
57) In a pig's eye : never

hands in her lap, and her tired eyes never left the face of Rose of Sharon, sleeping in exhaustion. "Come on," Mrs. Wainwright said. "Jus' lay down. You'll be right beside her. Why, you'd wake up if she took a deep breath, even."

"Awright, I will." Ma stretched out on the mattress beside the sleeping girl. And Mrs. Wainwright sat on the floor and kept watch.

Pa and Al and Uncle John sat in the car doorway and watched the steely dawn come. The rain had stopped, but the sky was deep and solid with cloud. As the light came, it was reflected on the water. The men could see the current of the stream, slipping swiftly down, bearing black branches of trees, boxes, boards. The water swirled into the flat where the boxcars stood. There was no sign of the embankment left.[58] On the flat the current stopped. The edges of the flood were lined with yellow foam. Pa leaned out the door and placed a twig on the cat-walk, just above the water line. The men watched the water slowly climb to it, lift it gently and float it away. Pa placed another twig an inch above the water and settled back to watch.

"Think it'll come inside the car?" Al asked.

"Can't tell. They's a hell of a lot of water got to come down from the hills yet. Can't tell. Might start up to rain again."

Al said, "I been a-thinkin'. If she come in, ever'thing'll get soaked."

"Yeah."

"Well, she won't come up more'n three-four feet in the car 'cause she'll go over the highway an' spread out first."

"How you know?" Pa asked.

"I took a sight on her, off the end of the car." He held his hand. "'Bout this far up she'll come."

"Awright," Pa said. "What about it? We won't be here."

"We got to be here. Truck's here. Take a week to get the water out of her[59] when the flood goes down."

"Well — what's your idear?"

"We can tear out the side-boards of the truck an' build a kinda platform in here to pile our stuff an' to set up on."

"Yeah? How'll we cook — how'll we eat?"

"Well, it'll keep our stuff dry."

The light grew stronger outside, a gray metallic light. The second little stick floated away from the cat-walk. Pa placed another one higher up. "Sure climbin'," he said. "I guess we better do that."

Ma turned restlessly in her sleep. Her eyes started wide open. She cried sharply in warning, "Tom! Oh, Tom! Tom!"

Mrs. Wainwright spoke soothingly. The eyes flicked closed again and Ma squirmed under her dream. Mrs. Wainwright got up and walked to the doorway. "Hey!" she said softly. "We ain't gonna git out soon." She

---

58) There was no sign of the embankment left : 둑은 떠내려가고 흔적도 남아 있지 않았다
59) get the water out of her : 차에서 물을 빼내다

pointed to the corner of the car where the apple box was. "That ain't doin' no good. Jus' cause trouble and sorra. Couldn' you fellas kinda — take it out an' bury it?"

The men were silent. Pa said at last, "Guess you're right. Jus' cause sorra. 'Gainst the law to bury it."

"They's lots a things 'gainst the law that we can't he'p doin'."

"Yeah,"

Al said, "We oughta git them truck sides tore off[60] 'fore the water comes up much more."

Pa turned to Uncle John. "Will you take an' bury it while Al an' me git that lumber in?"

Uncle John said sullenly, "Why do I got to do it? Why don' you fellas? I don' like it." And then, "Sure. I'll do it. Sure, I will. Come on, give it to me." His voice began to rise. "Come on! Give it to me."

"Don' wake 'em up," Mrs. Wainwright said. She brought the apple box to the doorway and straightened the sack decently over it.

"Shovel's standin' right behin' you," Pa said.

Uncle John took the shovel in one hand. He slipped out the doorway into the slowly moving water, and it rose nearly to his waist before he struck bottom.[61] He turned and settled the apple box under his other arm.

Pa said, "Come on, Al. Le's git that lumber in."

In the gray dawn light Uncle John waded around the end of the car, past the Joad truck; and he climbed the slippery bank to the highway. He walked down the highway, past the boxcar flat, until he came to a place where the boiling stream ran close to the road, where the willows grew along the road side. He put his shovel down, and holding the box in front of him, he edged through[62] the brush until he came to the edge of the swift stream. For a time he stood watching it swirl by, leaving its yellow foam among the willow stems. He held the apple box against his chest. And then he leaned over and set the box in the stream and steadied[63] it with his hand. He said fiercely, "Go down an' tell 'em. Go down in the street an' rot an' tell 'em that way. That's the way you can talk. Don' even know if you was a boy or a girl. Ain't gonna find out. Go on down now, an' lay in the street. Maybe they'll know then." He guided the box gently out into the current and let it go. It settled low in the water, edged sideways, whirled around, and turned slowly over. The sack floated away, and the box, caught in the swift water, floated quickly away, out of sight, behind the brush. Uncle John grabbed the shovel and went rapidly back to the boxcars. He sloshed[64] down into the water and waded to the truck, where Pa and Al were working, taking down the one-by-six planks.

Pa looked over at him. "Get it done?"

"Yeah."

"Well, look," Pa said. "If you'll he'p Al, I'll go down the store an' get some stuff to eat."

"Get some bacon," Al said. "I need some meat."

---

60) git them truck sides tore off : 트럭 옆의 널빤지를 떼어야 한다
61) struck bottom : 밑바닥에 닿았다
62) edged through : 사이를 헤치고 나아갔다
63) steadied : 흔들리지 않게
64) slosh : 흙탕물을 튀기다

"I will," Pa said. He jumped down from the truck and Uncle John took his place."

When they pushed the planks into the car door, Ma awakened and sat up. "What you doin'?"

"Gonna build up a place to keep outa the wet."

"Why?" Ma asked. "It's dry in here."

"Ain't gonna be.[65] Water's comin' up."

Ma struggled up to her feet[66] and went to the door. "We got to git outa here."

"Can't," Al said. "All our stuff's here. Truck's here. Ever'thing we got."

"Where's Pa?"

"Gone to get stuff for breakfas'."

Ma looked down at the water. It was only six inches down from the floor by now.

She went back to the mattress and looked at Rose of Sharon. The girl stared back at her.

"How you feel?" Ma asked.

"Tar'd. Jus' tar'd out,"

"Gonna get some breakfas' into you."

"I ain't hungry."

Mrs. Wainwright moved beside Ma. "She looks all right. Come through it fine."[67]

Rose of Sharon's eyes questioned Ma, and Ma tried to avoid the question. Mrs. Wainwright walked to the stove.

"Ma?"

"Yeah? What you want?"

"Is-it-all right?"

Ma gave up the attempt. She kneeled down on the mattress. "you can have more," she said. "We done ever'thing we knowed."

Rose of Sharon struggled and pushed herself up. "Ma!"

"you couldn' he'p it."

The girl lay back again, and covered her eyes with her arms. Ruthie crept close and looked down in awe. She whispered harshly, "She sick, Ma? She gonna die?"

"'Course not. She's gonna be awright. Awright."

Pa came in with his armload of packages. "How is she?"

"Awright," Ma said. "She's gonna be awright."

Ruthie reported to Winfield. "She ain't gonna die. Ma says so."

And Winfield, picking his teeth with a splinter[68] in a very adult manner, said, "I knowed it all the time."

"How'd you know?"

---

65) Ain't gonna be : 젖지 않은 상태로 있진 않을 겁니다
66) struggled up to her feet : 애써 일어섰다
67) Come through it fine : 이겨내다, 극복하다
68) picking his teeth with a splinter : 나무 조각으로 이를 쑤시면서

"I won't tell," said Winfield, and he spat out a piece of the splinter.[69]

Ma built the fire up with the last twigs and cooked the bacon and made gravy.[70] Pa had brought store bread. Ma scowled[71] when she saw it. "We got any money lef?"

"Nope," said Pa. "But we was so hungry."

"An' you got store bread," Ma said accusingly.

"Well, we was awful hungry. Worked all night long."

Ma sighed. "Now what we gonna do?"

As they ate, the water crept up and up. Al gulped[72] his food and he and Pa built the platform. Five feet wide, six feet long, four feet above the floor. And the water crept to the edge of the doorway, seemed to hesitate a long time, and then moved slowly inward over the floor. And outside, the rain began again, as it had before, big heavy drops splashing on the water, pounding hollowly on the roof.

Al said, "Come on now, let's get the mattresses up. Let's put the blankets up, so they don't git wet." They piled their possessions up on the platform, and the water crept over the floor. Pa and Ma, Al and Uncle John, each at a corner, lifted Rose of Sharon's mattress, with the girl on it, and put it on top of the pile.

And the girl protested, "I can walk. I'm a wright." And the water crept over the floor, a thin film of it. Rose of Sharon whispered to Ma, and Ma put her hand under the blanket and felt her breast and nodded.

In the other end of the boxcar, the Wainwrights were pounding, building a platform for themselves. The rain thickened, and then passed away.

Ma looked down at her feet. The water was half an inch deep on the car floor by now. "You Ruthie-Winfiel'!" she called distractedly. "Come get on top of the pile. You'll get cold." She saw them safely up, sitting awkwardly beside Rose of Sharon. Ma said suddenly, "We got to git out."

"We can't," Pa said. "Like Al says, all our stuff's here. We'll pull off the boxcar door an' make more room to set on."[73]

The family huddled on the platforms, silent and fretful.[74] The water was six inches deep in the car before the flood spread evenly over the embankment and moved into the cotton field on the other side. During that day and night the men slept soddenly, side by side on the boxcar door. And Ma lay close to Rose of Sharon. Sometimes Ma whispered to her and sometimes sat up quietly, her face brooding. Under the blanket she hoarded the remains of the store bread.

The rain had become intermittent now-little wet squalls and quiet times. On the morning of the second day Pa splashed through the camp and came back with ten potatoes in his pockets. Ma watched him sullenly while he chopped out part of the inner wall of the car, built a fire, and scooped water into a pan. The family

---

69) splinter : 부서진(쪼개진) 조각; 지저깨비; (나무·대나무 따위의) 가시
70) gravy : (요리할 때의) 고기국물; 고기 국물 소스
71) scowl : 얼굴을 찌푸리다, 매섭게 쏘아보다, 노려보다
72) gulp : 꿀꺽 마시다
73) room to set on : 앉을 자리
74) silent and fretful : 조용히, 애를 태우면서

ate the steaming boiled potatoes with their fingers. And when this last food was gone, they stared at the gray water; and in the night they did not lie down for a long time.

When the morning came they awakened nervously. Rose of Sharon whispered to Ma.

Ma nodded her head. "Yes," she said. "It's time for it." And then she turned to the car door, where the men lay. "We're a-gettin' outa here,"[75] she said savagely, "gettin' to higher groun'. An' you're comin' or you ain't comin', but I'm takin' Rosasharn an' the little fellas outa here."

"We can't!" Pa said weakly.

"Awright, then. Maybe you'll pack Rosasharn to the highway, anyways, an' then come back. It ain't rainin' now, an' we're a'goin'."

"Awright, we'll go," Pa said.

Al said, "Ma, I ain't goin'."

"Why not?"

"Well-Aggie-why, her an' me — "

Ma smiled. "'Course," she said. "You stay here, AL Take care of the stuff. When the water goes down — why, we'll come back. Come quick, 'fore it rains again," she told Pa. "Come on, Rosasharn. We're goin' to a dry place."

"I can walk."

"Maybe a little, on the road. Git your back bent,[76] Pa."

Pa slipped into the water and stood waiting. Ma helped Rose of Sharon down from the platform and steadied her across the car. Pa took her in his arms, held her as high as he could, and pushed his way carefully through the deep water, around the car, and to the highway. He set her down on her feet and held onto her. Uncle John carried Ruthie and followed. Ma slid down into the water, and for a moment her skirts billowed[77] out around her.

"Winfiel', set on my shoulder. Al — we'll come back soon's the water's down. Al — " She paused. "If — if Tom comes — tell him we'll be back. Tell him be careful. Winfiel'! Climb on my shoulder — there! Now, keep your feet still." She staggered off through the breast-high water. At the highway embankment they helped her up and lifted Winfield from her shoulder.

They stood on the highway and looked back over the sheet of water, the dark red blocks of the cars, the trucks and automobiles deep in the slowly moving water. And as they stood, a little misting rain began to fall.

"We got to git along," Ma said. "Rosasharn, you feel like you could walk?"

"Kinda[78] dizzy," the girl said. "Feel like I been beat."

Pa complained, "Now we're a-goin', where we goin'?"

"I dunno. Come on, give your han' to Rosasharn." Ma took the girl's right arm to steady her, and Pa her

---

75) We're a-gettin' outa here : 이곳을 떠납시다
76) Git your back bent : 허리를 좀 굽히세요
77) billow : 크게 굽이치다; 부풀다(out)
78) Kinda : kind of

left. "Goin' someplace where it's dry. Got to. You fellas ain't had dry clothes on for two days." They moved slowly along the highway. They could hear the rushing of the water in the stream beside the road. Ruthie and Winfield marched together, splashing their feet against the road. They went slowly along the road. The sky grew darker and the rain thickened. No traffic moved along the highway.

"We got to hurry," Ma said. "If this here girl gits good an' wet — I don't know what'll happen to her."

"You ain't said where-at we're a-hurryin' to," Pa reminded her sarcastically.

The road curved along beside the stream. Ma searched the land and the flooded fields. Far off the road, on the left, on a slight rolling hill a rain-blackened[79] barn stood. "Look!" Ma said. "Look there! I bet it's dry in that barn. Let's go there till the rain stops."

Pa sighed. "Prob'ly get run out[80] by the fella owns it."

Ahead, beside the road, Ruthie saw a spot of red. She raced to it. A scraggly[81] geranium gone wild, and there was one rain-beaten[82] blossom on it. She picked the flower. She took a petal carefully off and stuck it on her nose. Winfield ran up to see.

"Lemme have one?" he said.

"No, sir! It's all mine. I faun' it," She stuck another red petal on her forehead, a little bright-red heart.

"Come on, Ruthie! Lemme have one. Come on, now." He grabbed at the flower in her hand and missed it, and Ruthie banged him in the face with her open hand. He stood for a moment, surprised, and then his lips shook and his eyes welled.[83]

The others caught up. "Now what you done?" Ma asked. "Now what you done?"

"He tried to grab my fl'ar,"

Winfield sobbed, "I — on'y wanted one — to — stick on my nose."

"Give him one, Ruthie."

"Leave him find his own. This here's mine."

"Ruthie! You give him one."

Ruthie heard the threat in Ma's tone, and changed her tactics. "Here," she said with elaborate kindness. "I'll stick on one for you." The older people walked on. Winfield held his nose near to her. She wet a petal with her tongue and jabbed it cruelly on his nose. "You little son-of-a-bitch," she said softly. Winfield felt for the petal with his fingers, and pressed it down on his nose. They walked quickly after the others. Ruthie felt how the fun was gone. "Here," she said. "Here's some more. Stick some on your forehead."

From the right of the road there came a sharp swishing. Ma cried, "Hurry up. They's a big rain. Le's go through the fence here. It's shorter. Come on, now! Bear on, Rosasharn." They half dragged the girl across the ditch, helped her through the fence. And then the storm struck them. Sheets of rain fell on them. They

---

79) rain-blackened : 비를 맞아 검게 보이는
80) get run out : 쫓겨나다
81) scraggly : 덥수룩한, 들쑥날쑥한
82) rain-beaten : 비에 젖은, 비를 맞은
83) his eyes welled : 그의 눈에 눈물이 고였다

plowed[84] through the mud and up the little incline. The black barn was nearly obscured by the rain. It hissed and splashed, and the growing wind drove it along. Rose of Sharon's feet slipped and she dragged between her supporters.

"Pa! Can you carry her?"

Pa leaned over and picked her up. "We're wet through anyways," he said. "Hurry up. Winfiel' — Ruthie! Run on ahead."

They came panting[85] up to the rain-soaked barn and staggered into the open end.

There was no door in this end. A few rusty farm tools lay about[86] a disk plow and a broken cultivator,[87] an iron wheel. The rain hammered on the roof and curtained the entrance. Pa gently set Rose of Sharon down on an oily box. "God Awmighty!" he said.

Ma said, "Maybe they's hay inside. Look, there's a door." She swung the door on its rusty hinges. "They is hay," she cried. "Come on in, you."

It was dark inside. A little light came in through the cracks between the boards.

"Lay down, Rosasharn," Ma said. "Lay down an' res'. I'll try to figger[88] some way to dry you off."

Winfield said, "Ma!" and the rain roaring on the roof drowned his voice. "*Ma!*"

"What is it? What you want?"

"Look! In the corner."

Ma looked. There were two figures in the gloom; a man who lay on his back, and a boy sitting beside him, his eyes wide, staring at the newcomers. As she looked, the boy got slowly up to his feet and came toward her. His voice croaked.[89] "You own this here?"

"No," Ma said. "Jus' come in outa the wet. We got a sick girl. You got a dry blanket we could use an' get her wet clothes off?"

The boy went back to the corner and brought a dirty comfort[90] and held it out to Ma.

"Thank ya," she said. "What's the matter'th that fella?"

The boy spoke in a croaking monotone. "Fust he was sick — but now he's starvin'."

"What?"

"Starvin'. Got sick in the cotton. He ain't et for six days."

Ma walked to the corner and looked down at the man. He was about fifty, his whiskery face gaunt, and his open eyes were vague and staring. The boy stood beside her. "Your pa?" Ma asked.

"Yeah! Says he wasn' hungry, or he jus' et. Give me the food. Now he's too weak. Can't hardly move."

---

84) plow : 헤치고 나아가다
85) panting : 숨을 헐떡이면서, 숨을 몰아쉬면서
86) lay about : 널려 있다
87) cultivator : 경운기
88) figger : figure
89) croak : 목쉰 소리를 내다; 음울한 소리로 투덜대다
90) comfort : 깃털 이불

The pounding of the rain decreased to a soothing swish on the roof. The gaunt man moved his lips. Ma knelt beside him and put her ear close. His lips moved again.

"Sure," Ma said. "You jus' be easy. He'll be awright. You jus' wait'll I get them wet do'es off n my girl."

Ma went back to the girl. "Now slip 'em off," she said. She held the comfort up to screen her from view. And when she was naked, Ma folded the comfort about her.

The boy was at her side again explaining, "I didn' know. He said he et, or he wasn' hungry. Las' night I went an' bust a winda an' stoled some bread. Made 'im chew 'er down. But he puked[91] it all up, an' then he was weaker. Got to have soup or milk. You folks got money to git milk?"

Ma said, "Hush. Don' worry. We'll figger somepin[92] out."

Suddenly the boy cried, "He's dyin', I tell you! He's starvin' to death, I tell you."

"Hush," said Ma. She looked at Pa and Uncle John standing helplessly gazing at the sick man. She looked at Rose of Sharon huddled in the comfort. Ma's eyes passed Rose of Sharon's eyes, and then came back to them. And the two women looked deep into each other. The girl's breath came short and gasping.

She said "Yes."

Ma smiled. "I knowed you would. I knowed!" She looked down at her hands, tight-locked in her lap.

Rose of Sharon whispered, "Will — will you all — go out?" The rain whisked lightly[93] on the roof.

Ma leaned forward and with her palm she brushed the tousled[94] hair back from her daughter's forehead, and she kissed her on the forehead. Ma got up quickly. "Come on, you fellas," she called. "You come out in the tool shed."

Ruthie opened her mouth to speak. "Hush," Ma said. "Hush and git." She herded[95] them through the door, drew the boy with her; and she closed the squeaking door.

For a minute Rose of Sharon sat still in the whispering barn. Then she hoisted her tired body up[96] and drew the comfort about her. She moved slowly to the corner and stood looking down at the wasted face, into the wide, frightened eyes. Then slowly she lay down beside him. He shook his head slowly from side to side. Rose of Sharon loosened one side of the blanket and bared her breast. "You got to," she said. She squirmed[97] closer and pulled his head close. "There!" she said. "There." Her hand moved behind his head and supported it. Her fingers moved gently in his hair. She looked up and across the barn, and her lips came together and smiled mysteriously.

---

91) puke : 토하다
92) somepin : something
93) The rain whisked lightly : 비가 가볍게 왔다
94) tousle : 헝클어뜨리다
95) herd : 몰아내다
96) she hoisted her tired body up : 그녀는 그녀의 지친 몸을 들어올렸다
97) squirm : 꿈틀거리다, 움직거리다, 꿈틀거리며 나아가다

# 제 5 장 | 실전예상문제

01　The Grapes of Wrath는 Joad 일가가 오클라호마에서 캘리포니아로 이주하는 여정을 그린다.

**01** *The Grapes of Wrath*와 관련이 없는 설명은?

① 미국의 경제 대공황을 배경으로 한다.
② 흉년에 은행 이자를 갚지 못한 농민들은 토지를 몰수당하고, 이주를 해야만 한다.
③ 가난한 소작인 가족인 Joad 일가를 다루는 작품이다.
④ Joad 일가는 캘리포니아에서 오클라호마로 이주한다.

02　John Steinbeck은 스탠포드대학교 영문학과를 입학했지만, 어려운 가정형편으로 중퇴한 후 소설가로 이름을 알리기 전까지 일용직 노동자로 일하였다.

**02** 존 스타인벡(John Steinbeck)의 작품 세계에 대한 설명으로 옳지 않은 것은?

① 그가 태어난 캘리포니아 살리나스는 그의 소설 배경이 된다.
② 비평적, 상업적으로 성공을 거둔 첫 작품은 *Tortilla Flat*이다.
③ 스탠포드대학교 영문학과를 졸업하고 바로 소설가로 이름을 드러내었다.
④ 경제 대공황의 시기에 어려움에 처한 사람들의 이야기를 그린다.

**정답** 01 ④　02 ③

03 다음 설명에 해당하는 인물은 누구인가?

> 전도사였으나 욕망과 성직자로서의 책임감 사이에 갈등하다 그만두었고, 이주민들에게 정당한 임금을 주기 위해 파업을 이끌지만 경찰관에 의해 살해당한다.

① Tom Joad
② Jim Casy
③ John Joad
④ Noah Joad

03 John Joad는 Tom의 삼촌이자 Tom의 아버지의 형으로 죽은 아내에 대한 죄책감을 갖고 있는 인물이다. Noah Joad는 Tom의 형으로 장남이다. 태어날 때 입은 상처의 영향으로 정신지체가 있다.

04 *The Grapes of Wrath*의 인물 중 소설의 마지막 장면에서 굶주려 죽어가는 남자를 살리는 인물은?

① Ma Joad
② Granma Joad
③ Grampa Joad
④ Rosasharn Joad

04 Rosasharn Joad는 Tom의 여동생이고 집안의 첫 번째 딸이다. 'Rose of Sharon'으로 불린다. 결혼한 지 얼마 안 된 임산부인데, 캘리포니아에 도착한 지 얼마 되지 않아 남편에게 버림받고, 굶주림과 고된 이주 생활로 아이를 사산한다. 비극을 겪으면서 작품 끝에서 참다운 인간적 모습을 보여주는데, 굶어 죽어가는 남자에게 젖을 주어 살린다.

05 *The Grapes of Wrath*에서 다루고 있는 내용이 아닌 것은?

① 현대 자본주의의 어두운 그늘
② 아메리칸 드림
③ 경제 대공황
④ 빈민층과 하층민의 비참한 현실

05 아메리칸 드림을 다루고 있는 작품은 Fitzgerald의 *The Great Gatsby*이다.

정답 03 ② 04 ④ 05 ②

06 Tom Joad는 소설의 주인공으로 정당방위였지만 살인으로 4년간 감옥에서 지낸 다음 가석방되어 고향으로 돌아온다. 가족의 생계에 책임감을 갖고 굶주린 가족을 이끌고 새로운 터전을 찾아 고향을 떠나는데, 실질적인 가장의 역할을 한다.

06 *The Grapes of Wrath*에서 실질적으로 Joad 집안을 이끄는 가장의 역할을 하는 인물은?

① Tom Joad
② Jim Casy
③ John Joad
④ Rosasharn Joad

07 이 작품에서 'wrath'(분노)는 부당함과 불평등을 당하면서 솟구친 분노는 사람들에게 동지애를 심어주고 행동력을 일으키게 한다. 그러나 풍요로운 상황의 변화는 기대하기 힘들다.

07 *The Grapes of Wrath*에서 'wrath'(분노)의 의미와 거리가 먼 것은?

① 대지주의 횡포에 대한 분노이다.
② 구체적인 행동을 이끈다.
③ 사람들에게 동지애를 심어준다.
④ 분노로 인하여 풍요로움을 얻게 된다.

08 Pa Joad는 농부로서 선량한 인물이지만 변화하는 현실에 적응을 잘 못한다. Joad 가족의 생계에 책임감을 실질적인 가장의 역할을 하는 인물은 Tom Joad이다.

08 *The Grapes of Wrath*의 등장인물에 대한 설명으로 옳지 않은 것은?

① Pa Joad : 농부로서 선량한 인물로 책임감 있는 가장이다.
② Tom Joad : Casy를 살해한 경관을 죽이고 가족을 떠나 도피 생활을 한다.
③ Jim Casy : 헌신적이고 봉사정신이 강하며 인간적인 인물이다.
④ Rosasharn Joad : 굶주림과 고된 이주생활로 아이를 사산한다.

정답  06 ①  07 ④  08 ①

09 *The Grapes of Wrath*의 작품 구성과 관련이 <u>없는</u> 것은?

① 총 30장으로 구성되어 있다.
② 이야기를 진행하는 홀수 장과, 보조적인 역할을 하는 짝수 장으로 구성된다.
③ 보조적인 역할을 하는 '삽입 장'(interchapter)은 내용 전개와는 관련이 없다.
④ '삽입 장'(interchapter)은 작품의 배경을 다룬다.

09 *The Grapes of Wrath*는 총 30장으로 구성되어 있으며, 이야기를 진행하는 짝수 장. 일종의 보조적인 역할을 하는 홀수 장으로 구성된다.

10 *The Grapes of Wrath*와 관련이 <u>없는</u> 인물은?

① Jim Casy
② Tom Joad
③ Jake Barns
④ Pa Joad

10 Jake Barns는 Hemingway의 *The Sun Also Rises*의 주인공이다.

**정답** 09 ② 10 ③

## 주관식 문제

**01** The Grapes of Wrath의 3장에서 전개되는 '거북이'가 의미하는 바를 간략히 서술하시오.

**01 정답**
뜨거운 햇볕 아래 고속도로를 위태롭게 건너가는 거북이는 마침내 도로를 건너 자신의 길을 간다. Tom은 그 거북이를 코트에 감싸서 가져간다. 이 장면은 거북이처럼 느리고 위태로운 상황을 연상시키는 Joad 가족이 고난을 견디고 형제애와 인간애로 살아남음을 의미한다.

**02** The Grapes of Wrath의 구성상의 특징을 간략히 서술하시오.

**02 정답**
총 30장인 이 작품은 이야기를 진행하는 짝수 장과, 일종의 보조적 역할을 하는 홀수 장으로 구성된다. 각 장은 Joad 가족의 이주 이야기와 '삽입 장'(interchapter)을 사용하는데 이 삽입 장은 작품의 중심 내용 전개와는 직접 관련이 없다. 열네 개의 삽입장은 Joad 가족과 관련된 보충 설명을 하거나 배경을 서술한다. 이러한 전개 양식에 따라 경제 대공황 시기에 오클라호마주의 자연 재해와 농업 기계화에 의해 고향을 떠나 캘리포니아의 낙원 건설을 꿈꾸며 서부로 향하는 Joad 집안의 가난과 분노, 참혹한 현실을 묘사한다.

# 제6장 Thomas Pynchon – *The Crying of Lot 49*

| 단원 개요 |

인간 역사와 발전을 관통하는 대서사(grand narrative)에 대한 회의가 두드러지는 작가인 Pynchon은, 이 작품에서 미국의 정치적·문화적 현실을 배경으로 민권운동에 대한 유토피아적 시각을 드러내며, 신선하고 이상적인 발돋움을 시도한다.

| 출제 경향 및 수험 대책 |

비밀 우편제도인 '트리스테로'를 둘러싼 탐색과 실마리를 찾는 과정에서, Pierce Inverarity는 땅의 모습을 변화시키고 꿈을 현실로 실현하려는 미국 자체를 상징하는 인물로 이해해야 하며, Oedipa가 49호 품목의 경매를 기다리며 끝나는 열린 결말은 현실에 대한 불만족을 초월적으로 지향하려는 작가의 의도를 드러내는 장치임을 염두에 두고 작품을 분석해야 한다.

## 제1절 작가의 생애[1]

토머스 핀천(Thomas Pynchon, 1937~ )은 그의 첫 장편인 *V*(1963)로 윌리엄 포크너 상, *The Crying of Lot 49*(1966)으로 미국예술원에서 수여하는 로젠솔 상, *Gravity's Rainbow*(1973)로 미국 최고의 문학상인 내셔널 북 어워드를 수상하는 등 미국 내 주요 문학상을 수상한 작가이다. 그럼에도 Pynchon은 공식 석상에 자신을 드러내지 않고 있다. Pynchon에 대해 확인할 수 있는 정보는 객관적 기록에 한정되며, 이에 따르면 그는 뉴욕주 롱아일랜드에서 태어나 Oyster Bay High School을 차석으로 졸업한 뒤, Cornell University 공업 물리학부에 입학하였다가 영문학과로 전과한 것으로 알려져 있다. 대학교 2학년 때 해군에 입대해 통신부대에서 복무했으며, 이후 영문학과에 복학하여 1959년 우수한 성적으로 졸업한 것으로 알려져 있다.

Pynchon은 학창 시절에 대학 문예지의 편집위원으로 활동하며 작품을 쓰기 시작하였고, 대학 졸업 전에 몇 편의 단편을 발표하였다. 그는 1963년에 첫 장편인 *V*를 발표하면서 문학 비평계의 주목을 받게 되었다. 이후 1966년 *The Crying of Lot 49*(1966)과 1973년에 *Gravity's Rainbow*의 출간으로 그에 대한 독자와 비평계의 관심은 최고조에 이르렀다. Pynchon은 초기 단편들을 엮은 *Slow Learner*(1984)를 발표한 후 오랜 공백 기간을 가진다. 이후 그는 새로운 장편인 *Vineland*(1990)와 *Mason & Dixon*(1997), *Against the Day*(2006), *Inherent Vice*(2009), *Bleeding Edge*(2013)를 출간하였다.

---

[1] 한국영어영문학회, 『미국 근현대소설(워싱턴 어빙부터 이창래까지)』, 한국문화사, 2017.

## 제2절 작품 세계

### 1 작품 세계

Pynchon은 주요 인물이 진리를 편집증적으로 추구하는 과정을 탐정소설 기법으로 묘사한다. 특히 Pynchon은 편집증적 추구 방식을 평범하고 일상적인 현대인의 삶을 들여다보는 것으로 사용한다. 이러한 그의 기법은 독자들이 미국의 이면을 보다 심층적이고 진지하게 이해하게 한다.

### 2 주요 작품

**(1) *The Crying of Lot 49*(1966)**

샌프란시스코에 사는 Oedipa Maas가 옛 연인의 유언 집행자로 지명되면서 벌어지는 이야기로, 그녀가 광범위한 음모와 비밀 우편 시스템인 '트리스테로'(Tristero)의 존재를 밝혀내고, 현실과 망상 사이의 경계가 모호해지는 혼란을 그린다. 독자는 명확한 결론 없이, 진실의 실체에 대한 불확실성과 해석의 가능성을 마주하게 된다.

**(2) *Gravity's Rainbow*(1973)**

이 소설은 제2차 세계대전 말 유럽을 배경으로, 과학·기술·전쟁·권력·성(性) 등의 주제를 아우르며 인간 존재와 세계의 의미를 탐구한다.

**(3) *Slow Learner*(1984)**

Thomas Pynchon의 초기 작품들을 모아 놓은 것으로, Pynchon 특유의 복잡하고 다층적인 서사, 해학과 비극이 뒤섞인 분위기, 그리고 과학, 역사, 문화 등이 담겨있다. 각 단편은 개별적인 이야기를 담고 있지만, 권위와 체제에 대한 의심, 소외된 존재들의 고뇌, 그리고 현실과 환상 사이의 모호한 경계 등을 보여준다.

**(4) *Vineland*(1990)**

이 소설은 1980년대 레이건 시대의 미국을 배경으로 정부의 감시와 탄압, 그리고 이상주의가 퇴색해 버린 사회의 모습을 드러낸다. Pynchon은 이 소설에서 과거에 대한 향수와 비판적 시각을 동시에 담아낸다.

## 제3절 | *The Crying of Lot 49*의 줄거리[2]

이 작품은 Oedipa Maas가 옛 애인이자 기업의 총수였던 Pierce Inverarity가 사망한 후, 그의 유산에 대한 유언 집행인으로 임명되었다는 편지를 받는 순간부터, 비밀 우편제도 '트리스테로'(Tristero)의 위조 우표가 경매에 부쳐지기 직전까지의 '수 주일' 동안의 사건을 시간의 흐름에 따라 전개한 소설이다. 작품의 주요 무대는 Oedipa Maas가 유언 집행을 수행하는 LA 근방의 샌나르시소(San Narciso)이며, '트리스테로'에 대한 정보를 얻기 위해 찾아가는 버클리와 샌프란시스코, 그리고 LA와 샌프란시스코 중간에 위치한 그녀의 거주지 키너렛 등이다. 작품의 배경은 캘리포니아 근방을 벗어나지 않는다.

Pierce Inverarity의 유언 집행을 맡기 전, Oedipa는 전형적인 미국 중산층 여성으로, 획일화된 일상을 반복하며 살아가고 있었다. 그러나 Pierce Inverarity의 유산을 집행하는 과정에서 그가 은밀한 고대 지하 우편체제인 '트리스테로'를 사용해 온 것을 알게 된다. '트리스테로'는 공식적인 것은 우편체제는 아니다. 그러나 Oedipa는 '트리스테로'를 확인하기 위해 그 역사를 추적한다. Oedipa는 '트리스테로' 시스템에 대한 많은 실마리를 찾아가지만, 그것이 실제로 존재했는지, 아니면 단순히 조작된 음모인지, 또는 자신이 그저 환상에 잠긴 것인지에 대한 판단을 내리지 못한다. 이 추적의 과정에서 그녀는 이전까지 자신의 삶에서 접할 수 없었던 사람들, 이를테면 그녀의 삶에서 배제되었던 이들의 존재를 목격하게 된다. 예를 들면, 얼굴이 일그러진 용접공, 로션, 담배, 직물, 밀랍 등을 받아들이도록 위를 훈련시킨 '아이보리 비누'를 갉아 먹는 나이 먹은 야경꾼, 술주정뱅이, 부랑자, 동성애자들, 창녀, 산책 나온 정신질환자들을 보면서 Oedipa는 이전까지 그녀의 일상에서 드러나지 않았던 새로운 세계에 눈을 뜬다. Oedipa는 이러한 소외된 사람들이 공식적인 우편체제를 거부하고 비밀리에 '트리스테로'라는 우편제도를 사용하고 있으며 그녀가 여태 알고 있지 못한 다른 세계가 있음을 알게 된다. 그들이 사용하는 '트리스테로'의 우표에 쓰인 'WASTE'라는 표시는 '우리는 조용한 트리스테로 제국을 기다린다'(We Await Silent Tristero's Empire)의 첫 글자를 따서 만든 모토였다. '트리스테로'는 은밀하고 비밀스럽지만, 언젠가는 역사의 전면으로 나올 것을 기대하고 그들 제국의 도래를 기다리고 있는 것이다.

작품은 Oedipa가 '트리스테로'의 실재를 입증할 수 있는 결정적 증거인 '제49호 품목'의 경매에 참가하여 그 시작을 기다리는 장면으로 끝난다. 그러나 '트리스테로'는 명확히 밝혀지지 않은 채 열린 결말로 소설은 끝난다.

---

[2] 한국영어영문학회, 『미국 근현대소설(워싱턴 어빙부터 이창래까지)』, 한국문화사, 2017.

## 제4절 작품의 주제

### 1 열린 해석과 타자성 수용

*The Crying of Lot 49*은 명확한 의미를 제시하지 않고 해석 가능한 기호와 단서들만 흩뿌림으로써, 독자가 단일한 결론을 내려는 강박에서 벗어나도록 만든다. Pynchon은 텍스트를 열린 구조로 설계하여, 다양성과 다의성, 그리고 타자의 존재를 수용하는 사고방식을 제안하고 있으며, 이는 독자가 세계를 해석하는 방식 자체를 돌아보게 하는 장치로 작동한다.

### 2 엔트로피와 질서 붕괴의 은유

Pynchon은 엔트로피 개념을 활용해 소통의 불가능성과 질서의 붕괴를 은유하며, 획일적이고 폐쇄적인 사회 체제가 필연적으로 파멸로 향한다는 사실을 보여준다. 이러한 구조 속에서 독자는 명확한 해답이 존재하지 않는 세계에서 흑백논리를 넘어서려는 태도의 중요성을 깨닫게 된다. 문학 및 문화 이론에서의 엔트로피는 텍스트나 의미 체계 내에서 질서와 혼란, 반복과 쇠퇴를 설명하는 개념으로 사용되며, 이는 주로 반복되는 서사 구조나 상징체계의 붕괴 등을 통해 나타난다. *The Crying of Lot 49*에서 Pynchon은 이러한 엔트로피적 관점을 통해 독자에게 세계가 본질적으로 혼란스럽고, 그 안에서의 해석은 결코 단일하지 않다는 사실을 끊임없이 상기시킨다.

### 3 보이지 않는 질서의 탐색

*The Crying of Lot 49*은 미국 사회의 이면에서 존재하는 비가시적 구조물, 예컨대 '트리스테로'라는 실체 없는 조직을 추적하는 과정을 통해, 독자 스스로가 현실의 이면에 깃든 추상적 메시지를 탐색하게 만든다. 이처럼 Pynchon은 사회의 중심부가 아닌 주변부에 주목함으로써 존재와 의미에 대한 질문을 제기한다.

### 4 기술 문명에 대한 풍자와 성찰

Pynchon은 미국 사회와 문화에 내재된 구조적 부조리를 탐색하는 가운데, 기술 문명의 발전과 그것이 인간 존재와 정체성에 미치는 영향을 풍자한다. 특히 우편 시스템, 모호한 역사적 조직들, 정보 과잉의 문제를 다루며 독자로 하여금 과학과 기술의 의미, 그리고 그 안에 숨겨진 권력 구조에 대한 함축적 성찰을 유도한다.

## 제5절 등장인물

### 1 Oedipa Maas

소설의 주인공인 Oedipa Maas는, 전 남자친구 Pierce Inverarity가 남긴 거대하고 복잡한 재산의 유언 집행인으로 지명된다. 유언 집행 과정에서 Oedipa는 남부 캘리포니아에서 일어나고 있는 거대하고 은밀한 고대 지하 우편체제인 '트리스테로'를 발견하고 이를 파헤치려 한다. Oedipa는 이 작품에서 일종의 탐정과도 같은 역할을 한다.

### 2 Mucho Maas

Oedipa의 남편이다. Mucho는 한때 중고차 판매장에서 일했지만, 최근에는 키네레트에 있는 KCUF 라디오의 디스크자키로 일하고 있다. 소설의 후반부에서 그는 LSD에 빠져든다.

### 3 Pierce Inverarity

Oedipa의 전 남자친구이자, 막대한 부를 지닌 부동산 재벌이다. Pierce Inverarity는 작품 속에서 직접적으로 등장하지는 않지만, 그가 성악가처럼 노래하는 Oedipa를 좋아했다는 기억을 통해 간접적으로 묘사된다. 소설을 통해 추측할 수 있는 것은, Pierce가 실생활에서 농담을 좋아했고 트리스테로 음모를 고안했을 가능성이 있다는 것뿐이다.

### 4 Metzger

Warpe, Wistfull, Kubitschek 및 McMingus에서 일하는 변호사이다. 그는 Oedipa가 Pierce의 재산을 집행하도록 돕는 임무를 맡았다. 그와 Oedipa는 '트리스테로'의 수수께끼를 풀기 위해 잠시 만나는데, 소설 중반쯤에 사라진다.

### 5 Miles, Dean, Serge, Leonard

파라노이드(The Paranoids)라는 히피 밴드의 멤버들이다. 1960년대 중반 남부 캘리포니아의 청년 히피 문화를 풍자한다.

### 6 Mike Fallopian

우익 반정부 단체인 피터 핀기드 소사이어티(Peter Pinguid Society)의 회원이다. Oedipa와 Metzger는 3장 초반에 'The Scope'라는 술집에서 Mike를 만난다. 소설에서 산발적으로 등장하는 인물이다.

### 7 Dr. Hilarius

Oedipa의 정신과 의사인 그는 나치의 의사였다. 놀라운 표정을 짓는 것을 좋아한다.

### 8 Stanley Koteks

요요다인의 직원. Oedipa는 요요다인의 사무실을 배회하다가 그를 만난다. 그는 '트리스테로'에 대해 뭔가를 알고 있지만 자신이 알고 있는 것을 그녀에게 밝히려고 하지 않는다.

### 9 Genghis Cohen

Pierce의 광범위한 우표 수집을 조사하기 위해 Oedipa가 고용한 우표 전문가이다. Genghis는 Oedipa가 '트리스테로' 미스터리를 풀 수 있도록 몇 가지 단서를 제공한다.

## 제6절 작품의 구조와 시점 및 기법

### 1 구조

이 작품은 미스테리 장르와 관련되는 요소들로 시작한다. 부동산 재벌 Pierce Inverarity가 사망한 후, Oedipa는 그의 유언을 집행하는 과정에서 마치 탐정처럼 기묘한 단서들을 추적하게 된다. 그녀는 이 과정에서 무언가 기이하고 위험한 것이 숨어있을지도 모른다는 불안과 두려움을 느끼게 된다. 소설이 전개될수록 독자는 은밀한 음모의 불확실성 속에서 끝내 답을 찾지 못한다. Oedipa의 탐색 과정은 결말을 보여주지 않으며 트리스테로 집단에 대한 무수한 실마리만 남긴 채 끝난다.

## 2 시점

3인칭 관찰자 시점이다.

## 3 기법

Pynchon은 주인공인 Oedipa가 진실을 파헤치고 찾아가는 탐정소설 기법으로 묘사한다. 그녀의 탐색 과정에서 작가는 평범하고 일상적인 현대인의 삶을 들추어내며 전개한다. 이러한 작가의 서술 기법은 미국 사회의 겉과 속을 보다 진지하고 심층적으로 이해하게 한다.

## 4 상징

### (1) 품목 49호

'49'의 숫자는 예수가 부활하고 49일째 되던 날 예수가 제자들에게 찾아와 부활절 이후 7번째 일요일에 거행되는 성령 강림절(Pentecost)을 암시한다. 그러나 작품에서는 어떠한 정체도 드러나지 않는다.

### (2) 장소의 이름[3)]

샌나르시소(San Narciso)는 Oedipa의 추적과 모험이 시작되는 도시 이름이다. 그녀가 숙박하는 모텔의 이름은 에코 코트(Echo Court)이다. 샌나르시소(San Narciso)와 에코 코트(Echo Court)는 그리스 신화의 주인공인 '나르시스'(Narcissus: 물에 비친 자기 모습을 연모하다가 빠져 죽어서 수선화가 된 미모의 소년)와 '에코'(Echo: Narcissus에 대한 사랑이 이루어지지 않아 비탄에 젖은 나머지 소리만이 남아 메아리가 되었다고 함)를 연상시키며 자아도취적인 미국을 상징적으로 드러낸다. 이 지역과 장소에 거주하는 Oedipa 역시 자아의 탐색에만 갇혀 있음을 암시한다.

### (3) Oedipa

오이디푸스(Oedipus: 고대 그리스 테바이의 왕으로 신탁에 따라 아버지를 죽이고 어머니와 결혼하는 비극적인 운명을 겪은 그리스 신화 속에 등장하는 인물이다. 오이디푸스는 비극적인 삶의 고통을 겪게 되지만, 그의 고뇌 속에는 '나는 누구인가' 그리고 '인간은 어떤 존재인가'라고 하는 근원적 질문을 담고 있어 그리스 철학의 태동에 밑거름이 되었다)의 이름에서 따왔다고 볼 수 있다. Oedipa가 트리스테로에 둘러싸인 음모와 수수께끼를 풀어가는 과정이 오이디푸스가 자신과 부모와의 관계를 풀어가는 모습과 유사하게 볼 수 있기 때문이다.

---

3) 한국영어영문학회, 『미국 근현대소설(워싱턴 어빙부터 이창래까지)』, 한국문화사, 2017.

## 5 문체와 어조

Pynchon의 텍스트는 의미의 모호성을 담고 있다. 그의 텍스트가 지닌 불확실함과 다층성을 두고 여러 비평가들의 연구가 시도되고 있다. 그의 문체와 기법은 제한된 틀에 구속되지 않는 진정한 의미를 찾기 위한 시도의 결과라고 볼 수 있다.

## 제7절 *The Crying of Lot 49*의 일부

**Chapter 1**

One summer afternoon Mrs Oedipa Maas came home from a Tupperware party[4] whose hostess had put perhaps too much kirsch[5] in the fondue[6] to find that she, Oedipa, had been named executor, or she supposed executrix,[7] of the estate of one Pierce Inverarity, a California real estate mogul[8] who had once lost two million dollars in his spare time but still had assets numerous and tangled enough to make the job of sorting it all out more than honorary. Oedipa stood in the living room, stared at by the greenish dead eye of the TV tube, spoke the name of God, tried to feel as drunk as possible. But this did not work. She thought of a hotel room in Mazatlán[9] whose door had just been slammed, it seemed forever, waking up two hundred birds down in the lobby; a sunrise over the library slope at Cornell University that nobody out on it had seen because the slope faces west; a dry, disconsolate tune[10] from the fourth movement of the Bartók Concerto for Orchestra; a whitewashed bust of Jay Gould[11] that Pierce kept over the bed on a shelf so narrow for it she'd always had the hovering fear it would someday topple[12] on them. Was that how he'd died, she wondered, among dreams, crushed by the only ikon in the house? That only made her laugh, out loud and helpless: You're so sick, Oedipa, she told herself, or the room, which knew.

The letter was from the law firm of Warpe, Wistfull, Kubitschek and McMingus, of Los Angeles, and signed by somebody named Metzger. It said Pierce had died back in the spring, and they'd only just now found the will. Metzger was to act as co-executor and special counsel in the event of any involved litigation. Oedipa had been named also to execute the will in a codicil dated a year ago. She tried to think back to

---

4) Tupperware party : 밀폐용기 제조 회사인 Tupperware에서 제품 판매를 위하여 벌이는 모임
5) kirsch : 버찌 브랜디 술
6) fondue : 버터・치즈를 녹여서 달걀을 풀어 만든 요리
7) executrix : 여자 지정 유언 집행자
8) mogul : 중요 인물
9) Mazatlan : 멕시코의 도시
10) a dry, disconsolate tune : 무미건조한 불협화음
11) Jay Gould : 19세기 후반에 미국의 운송과 통신사업을 했던 재벌
12) topple : 비틀거리다, (푹) 쓰러지다, 와해하다, 흔들리다

whether anything unusual had happened around then. Through the rest of the afternoon, through her trip to the market in downtown Kinneret-Among-The-Pines to buy ricotta and listen to the Muzak (today she came through the bead-curtained entrance around bar 4 of the Fort Wayne Settecento Ensemble's variorum recording of the Vivaldi Kazoo Concerto, Boyd Beaver, soloist); then through the sunned gathering of her marjoram and sweet basil from the herb garden, reading of book reviews in the latest *Scientific American*, into the layering of a lasagna, garlicking of a bread, tearing up of romaine leaves, eventually, oven on, into the mixing of the twilight's whiskey sours against the arrival of her husband, Wendell ("Mucho") Maas from work, she wondered, wondered, shuffling back through a fat deckful of days which seemed (wouldn't she be first to admit it?) more or less identical, or all pointing the same way subtly like a conjurer's deck, any odd one readily clear to a trained eye. It took her till the middle of Huntley and Brinkley to remember that last year at three or so one morning there had come this long-distance call, from where she would never know (unless now he'd left a diary) by a voice beginning in heavy Slavic[13] tones as second secretary at the Transylvanian Consulate, looking for an escaped bat; modulated to comic-Negro, then on into hostile Pachuco dialect, full of chingas and maricones; then a Gestapo officer asking her in shrieks[14] did she have relatives in Germany and finally his Lamont Cranston voice, the one he'd talked in all the way down to Mazatlán. "Pierce, please," she'd managed to get in, "I thought we had — "

"But Margo," earnestly, "I've just come from Commissioner Weston, and that old man in the fun house was murdered by the same blowgun[15] that killed Professor Quackenbush," or something.

"For God's sake," she said. Mucho had rolled over and was looking at her.

"Why don't you hang up on him," Mucho suggested, sensibly.

"I heard that," Pierce said. "I think it's time Wendell Maas had a little visit from The Shadow." Silence, positive and thorough, fell. So it was the last of his voices she ever heard. Lamont Cranston. That phone line could have pointed any direction, been any length. Its quiet ambiguity shifted over, in the months after the call, to what had been revived: memories of his face, body, things he'd given her, things she had now and then pretended not to've heard him say. It took him over, and to the verge of being forgotten. The shadow waited a year before visiting. But now there was Metzger's letter. Had Pierce called last year then to tell her about this codicil?[16] Or had he decided on it later, somehow because of her annoyance and Mucho's indifference? She felt exposed, finessed,[17] put down. She had never executed a will in her life, didn't know where to begin, didn't know how to tell the law firm in L. A. that she didn't know where to begin.

"Mucho, baby," she cried, in an access of helplessness.

Mucho Maas, home, bounded through the screen door. "Today was another defeat," he began.

"Let me tell you," she also began. But let Mucho go first.

---

13) Slavic : 슬라브족의; 슬라브어(語)의
14) shriek : 날카로운(새된) 소리, 부르짖음; 비명
15) blowgun : 불어서 내쏘는 화살(통), 바람총; 분무기
16) codicil : 유언 보족서(補足書); 추가 조항, 부록
17) finessed : 정교한

He was a disk jockey who worked further along the Peninsula and suffered regular crises of conscience about his profession. "I don't believe in any of it, Oed," he could usually get out. "I try, I truly can't," way down there, further down perhaps than she could reach, so that such times often brought her near panic. It might have been the sight of her so about to lose control that seemed to bring him back up.

"You're too sensitive." Yeah, there was so much else she ought to be saying also, but this was what came out. It was true, anyway. For a couple years he'd been a used car salesman and so hyperaware[18] of what that profession had come to mean that working hours were Exquisite torture to him. Mucho shaved his upper lip every morning three times with, three times against the grain to remove any remotest breath of a moustache, new blades he drew blood invariably but kept at it; bought all natural-shoulder suits, then went to a tailor to have the lapels[19] made yet more abnormally narrow, on his hair used only water, combing it like Jack Lemmon to throw them further off. The sight of sawdust, even pencil shavings, made him wince,[20] his own kind being known to use it for hushing sick transmissions, and though he dieted he could still not as Oedipa did use honey to sweeten his coffee for like all things viscous it distressed him, recalling too poignantly what is often mixed with motor oil to ooze[21] dishonest into gaps between piston and cylinder wall. He walked out of a party one night because somebody used the word "creampuff," it seemed maliciously, in his hearing. The man was a refugee Hungarian pastry cook talking shop, but there was your Mucho: thin-skinned.

Yet at least he had believed in the cars. Maybe to excess: how could he not, seeing people poorer than him come in, Negro, Mexican, cracker, a parade seven days a week, bringing the most godawful of trade-ins: motorized, metal extensions of themselves, of their families and what their whole lives must be like, out there so naked for anybody, a stranger like himself, to look at, frame cockeyed, rusty underneath, fender repainted in a shade just off enough to depress the value, if not Mucho himself, inside smelling hopelessly of children, supermarket booze, two, sometimes three generations of cigarette smokers, or only of dust — and when the cars were swept out you had to look at the actual residue of these lives, and there was no way of telling what things had been truly refused (when so little he supposed came by that out of fear most of it had to be taken and kept) and what had simply (perhaps tragically) been lost: clipped coupons promising savings of 5 or 10¢, trading stamps, pink flyers advertising specials at the markets, butts, tooth-shy combs, help-wanted ads, Yellow Pages torn from the phone book, rags of old underwear or dresses that already were period costumes, for wiping your own breath off the inside of a windshield with so you could see whatever it was, a movie, a woman or car you coveted, a cop who might pull you over just for drill, all the bits and pieces coated uniformly, like a salad of despair, in a gray dressing of ash, condensed exhaust, dust, body wastes — it made him sick to look, but he had to look. If it had been an outright junkyard,[22] probably he could have stuck things out, made a career: the violence that had caused each wreck being infrequent enough, far enough away

---

18) hyperaware : 과민하게 의식하는
19) lapels : (보통 pl.) (양복의) 접은 옷깃
20) wince : 주춤하다, 질리다, 움츠리다
21) ooze : 스며나오다
22) junkyard : 고물 수집장

from him, to be miraculous, as each death, up till the moment of our own, is miraculous. But the endless rituals of trade-in, week after week, never got as far as violence or blood, and so were too plausible for the impressionable[23] Mucho to take for long. Even if enough exposure to the unvarying gray sickness had somehow managed to immunize him, he could still never accept the way each owner, each shadow, filed in only to exchange a dented,[24] malfunctioning version of himself for another, just as futureless, automotive projection of somebody else's life. As if it were the most natural thing. To Mucho it was horrible. Endless, convoluted[25] incest.

Oedipa couldn't understand how he could still get so upset even now. By the time he married her he'd already been two years at the station, KCUF, and the lot on the pallid, roaring arterial was far behind him, like the Second World or Korean Wars were for older husbands. Maybe, God help her, he should have been in a war, Japs in trees, Krauts in Tiger tanks, gooks with trumpets in the night he might have forgotten sooner than whatever it was about the lot that had stayed so alarmingly with him for going on five years. Five years. You comfort them when they wake pouring sweat or crying out in the language of bad dreams, yes, you hold them, they calm down, one day they lose it: she knew that. But when was Mucho going to forget? She suspected the disk jockey spot (which he'd got through his good buddy the KCUF advertising manager, who'd visited the lot once a week, the lot being a sponsor) was a way of letting the Top 200, and even the news copy that came jabbering[26] out of the machine — all the fraudulent[27] dream of teenage appetites — be a buffer between him and that lot.

He had believed too much in the lot, he believed not at all in the station. Yet to look at him now, in the twilit[28] living room, gliding like a large bird in an updraft toward the sweating shakerful of booze, smiling out of his fat vortex ring's centre, you'd think all was flat calm, gold, serene.[29]

Until he opened his mouth. "Today Funch," he told her, pouring, "had me in, wanted to talk about my image, which he doesn't like." Funch being the program director, and Mucho's great foe. "I'm too horny, now. What I should be is a young father, a big brother. These little chicks call in with requests, naked lust, to Funch's ear, throbs in every word I say. So now I'm supposed to tape all the phone talk. Funch personally will edit out anything he considers offensive, meaning all of my end of the conversation. Censorship, I told him, 'fink,' I muttered, and fled." He and Funch went through some such routine maybe once a week.

She showed him the letter from Metzger. Mucho knew all about her and Pierce: it had ended a year before Mucho married her. He read the letter and withdrew along a shy string of eyeblinks.

"What am I going to do?" she said.

"Oh, no," said Mucho, "you got the wrong fella. Not me. I can't even make out our income tax right.

---

23) impressionable : 감수성이 예민한
24) dented : 움푹 파인
25) convoluted : 뒤얽힌, 매우 복잡한
26) jabbering : 주절거리는
27) fraudulent : 사기의, 부정한
28) twilit : 희미하게 밝은, 어슴푸레한
29) serene : 고요한, 잔잔한

Execute a will, there's nothing I can tell you, see Roseman." Their lawyer.

"Mucho. Wendell. It was over. Before he put my name on it."

"Yeah, yeah. I meant only that, Oed. I'm not capable."

So next morning that's what she did, went and saw Roseman. After a half hour in front of her vanity mirror drawing and having to redraw[30] dark lines along her eyelids that each time went ragged or wavered violently before she could take the brush away. She'd been up most of the night, after another three-in-the-morning phone call, its announcing bell clear cardiac terror,[31] so out of nothing did it come, the instrument one second inert,[32] the next screaming. It brought both of them instantly awake and they lay, joints unlocking, not even wanting to look at each other for the first few rings. She finally, having nothing she knew of to lose, had taken it. It was Dr Hilarius, her shrink or psychotherapist. But he sounded like Pierce doing a Gestapo officer.

"I didn't wake you up, did I," he began, dry. "You sound so frightened. How are the pills, not working?"

"I'm not taking them," she said.

"You feel threatened by them?"

"I don't know what's inside them."

"You don't believe that they're only tranquilizers."

"Do I trust you?" She didn't, and what he said next explained why not.

"We still need a hundred-and-fourth for the bridge." Chuckled aridly. The bridge, die Brücke, being his pet name for the experiment he was helping the community hospital run on effects of LSD-25, mescaline, psilocybin, and related drugs on a large sample of suburban housewives. The bridge inward. "When can you let us fit you into our schedule."

"No," she said, "you have half a million others to choose from. It's three in the morning."

"We want you." Hanging in the air over her bed she now beheld the well-known portrait of Uncle that appears in front of all our post offices, his eyes gleaming unhealthily, his sunken yellow cheeks most violently rouged, his finger pointing between her eyes. I want you. She had never asked Dr Hilarius why, being afraid of all he might answer.

"I am having a hallucination now, I don't need drugs for that."

"Don't describe it," he said quickly. "Well. Was there anything else you wanted to talk about."

"Did I call you?"

"I thought so," he said, "I had this feeling. Not telepathy. But rapport with a patient is a curious thing sometimes."

"Not this time." She hung up. And then couldn't get to sleep. But would be damned if she'd take the capsules he'd given her. Literally damned. She didn't want to get hooked in any way, she'd told him that.

"So," he shrugged, "on me you are not hooked? Leave then. You're cured."

---

30) redraw : (선)을 다시 긋다
31) cardiac terror : 심장을 덜컥 내려앉게 할 공포
32) inert : 생기가 없는

She didn't leave. Not that the shrink held any dark power over her. But it was easier to stay. Who'd know the day she was cured? Not him, he'd admitted that himself. "Pills are different," she pleaded. Hilarius only made a face at her, one he'd made before. He was full of these delightful lapses[33] from orthodoxy. His theory being that a face is symmetrical like a Rorschach blot, tells a story like a TAT picture, excites a response like a suggested word, so why not. He claimed to have once cured a case of hysterical blindness with his number 37, the "Fu-Manchu" (many of the faces having like German symphonies both a number and nickname), which involved slanting the eyes up with the index fingers, enlarging the nostrils with the middle fingers, pulling the mouth wide with the pinkies and protruding the tongue. On Hilarius it was truly alarming. And in fact, as Oedipa's Uncle Sam hallucination faded, it was this Fu-Manchu face that came dissolving in to replace it and stay with her for what was left of the hours before dawn. It put her in hardly any shape to see Roseman.

But Roseman had also spent a sleepless night, brooding over[34] the Perry Mason television program the evening before, which his wife was fond of but toward which Roseman cherished a fierce ambivalence, wanting at once to be a successful trial lawyer like Perry Mason and, since this was impossible, to destroy Perry Mason by undermining him.

Oedipa walked in more or less by surprise to catch her trusted family lawyer stuffing with guilty haste a wad of different-sized and colored papers into a desk drawer. She knew it was the rough draft of *The Profession v. Perry Mason, A Not-so-hypothetical Indictment*,[35] and had been in progress for as long as the TV show had been on the air.

"You didn't use to look guilty, as I remember," Oedipa said. They often went to the same group therapy sessions, in a car pool with a photographer from Palo Alto who thought he was a volleyball. "That's a good sign, isn't it?"

"You might have been one of Perry Mason's spies," said Roseman. After thinking a moment he added, "Ha, ha."

"Ha, ha," said Oedipa. They looked at each other. "I have to execute a will," she said.

"Oh, go ahead then," said Roseman, "don't let me keep you."

"No," said Oedipa, and told him all.

"Why would he do a thing like that," Roseman puzzled, after reading the letter.

"You mean die?"

"No," said Roseman, "name you to help execute[36] it."

"He was unpredictable." They went to lunch. Roseman tried to play footsie with her under the table. She was wearing boots, and couldn't feel much of anything. So, insulated, she decided not to make any fuss.

"Run away with me," said Roseman when the coffee came.

---

33) lapse : (시간의) 경과, 흐름, 추이
34) brooding over : 곰곰이 생각하며
35) Indictment : 기소, 고발; 기소(고발)장
36) execute : (계획 따위를) 실행하다, 실시하다; (목적·직무 따위를) 수행(달성, 완수)하다

"Where?" she asked. That shut him up.

Back in the office, he outlined what she was in for: learn intimately the books and the business, go through probate, collect all debts, inventory the assets, get an appraisal of the estate, decide what to liquidate and what to hold on to, pay off claims, square away taxes, distribute legacies...

"Hey," said Oedipa, "can't I get somebody to do it for me?"

"Me," said Roseman, "some of it, sure. But aren't you even interested?"

"In what?"

"In what you might find out."

As things developed, she was to have all manner of revelations. Hardly about Pierce Inverarity, or herself; but about what remained yet had somehow, before this, stayed away. There had hung the sense of buffering, insulation, she had noticed the absence of an intensity, as if watching a movie, just perceptibly out of focus, that the projectionist refused to fix. And had also gently conned herself into the curious, Rapunzel-like role of a pensive[37] girl somehow, magically, prisoner among the pines and salt fogs of Kinneret, looking for somebody to say hey, let down your hair. When it turned out to be Pierce she'd happily pulled out the pins and curlers and down it tumbled in its whispering, dainty avalanche, only when Pierce had got maybe halfway up, her lovely hair turned, through some sinister sorcery,[38] into a great unanchored wig, and down he fell, on his ass. But dauntless, perhaps using one of his many credit cards for a shim, he'd slipped the lock on her tower door and come up the conchlike stairs, which, had true guile come more naturally to him, he'd have done to begin with. But all that had then gone on between them had really never escaped the confinement of that tower. In Mexico City they somehow wandered into an exhibition of paintings by the beautiful Spanish exile Remedios Varo: in the central painting of a triptych, titled "Bordando el Manto Terrestre," were a number of frail girls with heart-shaped faces, huge eyes, spun-gold hair, prisoners in the top room of a circular tower, embroidering a kind of tapestry which spilled out the slit[39] windows and into a void,[40] seeking hopelessly to fill the void: for all the other buildings and creatures, all the waves, ships and forests of the earth were contained in this tapestry, and the tapestry was the world. Oedipa, perverse, had stood in front of the painting and cried. No one had noticed; she wore dark green bubble shades. For a moment she'd wondered if the seal around her sockets were tight enough to allow the tears simply to go on and fill up the entire lens space and never dry. She could carry the sadness of the moment with her that way forever, see the world refracted[41] through those tears, those specific tears, as if indices as yet unfound varied in important ways from cry to cry. She had looked down at her feet and known, then, because of a painting, that what she stood on had only been woven together a couple thousand miles away in her own tower, was only by accident known as Mexico, and so Pierce had taken her away from nothing, there'd been no escape.

---

37) pensive : 생각에 잠긴, 시름에 잠긴 듯한; 구슬픈
38) sinister sorcery : 불길한 마법
39) slit : 틈새
40) void : 공허한
41) see the world refracted : 굴절된 상태로 세상을 보는 것

What did she so desire escape from? Such a captive maiden, having plenty of time to think, soon realizes that her tower, its height and architecture, are like her ego only incidental: that what really keeps her where she is is magic, anonymous[42] and malignant,[43] visited on her from outside and for no reason at all. Having no apparatus except gut fear and female cunning to examine this formless magic, to understand how it works, how to measure its field strength, count its lines of force, she may fall back on superstition, or take up a useful hobby like embroidery,[44] or go mad, or marry a disk jockey. If the tower is everywhere and the knight of deliverance[45] no proof against its magic, what else?

---

42) anonymous : 익명의, 가명의
43) malignant : 악의 있는
44) embroidery : 자수, 수(놓기)
45) deliverance : 구조, 구출, 석방

# 제 6 장 실전예상문제

**01** The Crying of Lot 49에 대한 설명으로 옳은 것은?

① 비밀 우편제도인 트리스테로를 둘러싼 탐색과 실마리를 찾는 과정이다.
② 49호 품목의 경매로 트리스테로의 실체가 밝혀지며 소설이 끝난다.
③ 주인공이 진실을 향해 가는 과정을 초현실주의기법으로 묘사한다.
④ 고대의 사람들의 삶을 파헤치는 과정이다.

**01**
② 49호 품목의 경매로 트리스테로는 열린 결말로 끝나며 그 실체를 확인하지 못한 채 소설이 끝난다.
③ 주인공이 진실을 향해 가는 과정을 탐정소설 기법으로 묘사한다.
④ 일상적인 현대인의 삶을 들여다보는 기법으로 작품이 전개된다.

**02** The Crying of Lot 49의 작품 주제에 대한 설명으로 알맞지 않은 것은?

① 타자에 대한 열린 사고의 필요성을 보여준다.
② 양극화된 세계를 인정하며 다양성을 추구해야 한다.
③ 획일적인 닫힌사회, 흑백논리에서 벗어나야 한다.
④ 역사적 사건에 대한 풍부한 함축적 의미를 고민하게 한다.

**02** 임박한 인류의 종말을 피하려면 양극화의 극복과 다양성의 추구가 필요하다.

**정답** 01 ① 02 ②

03 *The Crying of Lot 49*의 작품 내용으로 적절한 설명은?

① Oedipa Maas는 옛 직장 동료 Pierce Inverarity의 유산 집행인으로 임명되었다.
② Oedipa는 전형적인 미국 빈민층의 일상을 살아가는 인물이다.
③ Oedipa는 Pierce가 고대 지하 우편체제 '트리스테로'를 사용한 것을 알게 된다.
④ Oedipa는 '트리스테로'의 증거인 '제49호 품목'을 얻는다.

04 *The Crying of Lot 49*의 인물에 대한 설명으로 옳지 않은 것은?

① Oedipa Maas는 이 작품에서 일종의 탐정과도 같은 역할을 한다.
② Mucho Maas는 라디오의 디스크자키였지만 현재는 중고차 판매업자이다.
③ Pierce Inverarity는 Oedipa의 전 남자친구였다.
④ Dr. Hilarius는 Oedipa의 정신과 의사이다.

05 *The Crying of Lot 49*에 대한 설명으로 옳지 않은 것은?

① 3인칭 관찰자 시점으로 전개된다.
② 미스터리 장르와 관련되는 요소들로 시작한다.
③ 진실을 파헤치고 찾아가는 탐정소설 기법으로 진행된다.
④ 소설이 진행되면서 은밀한 음모의 불확실성이 정리된다.

---

03 ① Oedipa Maas는 옛 애인이자 재벌 총수였던 Pierce Inverarity의 유산에 대한 유언의 집행인으로 임명되었다.
② Oedipa는 전형적인 미국 중산층의 일상을 살아가는 인물이다.
④ 작품의 마지막에 Oedipa가 트리스테로의 존재를 입증할 수 있는 증거인 '제49호 품목'의 경매에 참가하여 그 경매를 기다리는 장면으로 끝난다. 트리스테로는 명확히 밝혀지지 않은 채 열린 결말로 소설은 끝난다.

04 Mucho Maas는 한때 중고차 판매장에서 일했지만, 최근에는 라디오의 디스크자키로 일하고 있다.

05 소설이 전개될수록 독자는 은밀한 음모의 불확실성 속에서 끝내 답을 찾지 못한다. Oedipa의 탐색 과정은 결말을 보여주지 않으며 트리스테로 집단에 대한 무수한 실마리만 남긴 채 끝난다.

**정답** 03 ③ 04 ② 05 ④

06 작품에서 '제49호 품목'의 어떠한 정체도 드러나지 않는다.

06 *The Crying of Lot 49*에 대한 설명으로 알맞지 않은 것은?
① 작가의 문체는 불확실함과 의미의 모호성을 담고 있다.
② 작품의 마지막에 '제49호 품목'의 정체가 드러난다.
③ 작가는 평범하고 일상적인 현대인의 삶을 들추며 전개한다.
④ 미국 사회의 겉과 속을 보다 진지하고 심층적으로 이해하게 한다.

07 ① '트리스테로'는 은밀한 고대 지하 우편체제로 공식적인 것이 아니다.
② Oedipa는 이전까지는 접할 수 없었던 사람들, 이를테면 소외된 채 그녀의 삶에서 배제되었던 타자들의 존재를 실제로 목격하면서 그녀의 일상에서 드러나지 않았던 소외된 이들을 목격한다.
③ Oedipa는 소외된 사람들이 공식적인 우편체제를 거부하고 비밀리에 '트리스테로'라는 우편제도를 사용하고 있음을 알게 된다.

07 *The Crying of Lot 49*의 작품 내용으로 적절한 설명은?
① '트리스테로'는 고대부터 지속된 공식적인 우편체제이다.
② Oedipa는 그녀의 일상에서 늘 소외된 이들과 교류해 왔다.
③ 소외된 사람들은 '트리스테로'를 사용하지 않는다.
④ 작품이 전개되는 장소는 캘리포니아 근방을 벗어나지 않는다.

정답  06 ②  07 ④

## 주관식 문제

**01** *The Crying of Lot 49*의 주제를 간략히 서술하시오.

**01 정답**
미국 사회와 문화의 부조리에 내재된 과학과 기술, 모호한 역사적 사건에 대한 고민과 그 함축적 의미를 탐색하게 한다. 현대 사회의 양극화의 극복과 다양성의 추구, 타자를 포용하는 열린 사고가 필요함을 제시한다.

**02** *The Crying of Lot 49*에서 등장하는 장소인 샌나르시소(San Narciso)와 에코 코트(Echo Court)가 상징하는 바를 간략히 서술하시오.

**02 정답**
샌나르시소(San Narciso)는 Oedipa의 추적과 모험이 시작되는 도시 이름이다. 그녀가 숙박하는 모텔의 이름은 에코 코트(Echo Court)이다. 샌나르시소(San Narciso)와 에코 코트(Echo Court)는 그리스 신화의 주인공인 '나르시스'(Narcissus: 물에 비친 자기 모습을 연모하다가 빠져 죽어서 수선화가 된 미모의 소년)와 '에코'(Echo: Narcissus에 대한 사랑이 이루어지지 않아 비탄에 젖은 나머지 소리만이 남아 메아리가 되었다고 함)를 연상시키며 자아도취적인 미국을 상징적으로 드러낸다. 이 지역과 장소에 거주하는 Oedipa 역시 자아의 탐색에만 갇혀 있음을 암시한다.

# 제 7 장 | Toni Morrison - Beloved

### 단원 개요

*Beloved*는 미문학의 기념비적인 작품이다. 저항이나 고발의 관점이 중심이었던 기존의 흑인 노예제를 소재로 한 작품보다 더 깊이 노예제를 폭로한다. 처절한 역사를 담고 있는 흑인들이 앞으로 어떠한 방식으로 살아갈 것인지, 그리고 지워져 버린 흑인의 역사를 어떻게 복원할 것인지에 대한 문제의식을 담고 있다.

### 출제 경향 및 수험 대책

Morrison은 사실주의 기법이 아닌 인물들의 의식의 흐름이나 과거와 미래가 교차하는 방식으로 작품을 전개한다. 유령과 같은 초자연적인 요소를 도입하기도 한다. 이러한 비현실적이고 의식의 내면에 집중하는 작품 전개가 흑인의 노예 경험을 그 어떤 작품보다도 현실적이고 강렬하게 드러낸다는 것에 중점을 두고 작품 분석이 필요하다.

## 제1절 작가의 생애

토니 모리슨(Toni Morrison, 1931~2019)은 오하이오주 로레인에서 태어났다. Morrison은 하워드대학교를 졸업하고 코넬대학교에서 William Faulkner에 대한 논문으로 영문학 석사학위를 받았다. 텍사스서던대학교에서 교수를 하였고, 1957년에 하워드대학교에서 강의를 하였다. Morrison은 이 시기부터 본격적인 글을 쓰기 시작하였다. 1958년에 자메이카 출신의 건축가 Harold Morrison과 결혼하여 두 아들을 낳았고 1964년에 이혼했다. Morrison은 1964년에 뉴욕주 시러큐스에서 랜덤하우스 계열의 출판사에서 일을 하기 시작하였고, 1968년부터 뉴욕시 랜덤하우스 출판사 편집자로 일하였다.

Morrison은 39세에 자신의 첫 소설인 *The Bluest Eye*(1970)를 완성하였으나 계속 출판 거절을 당하다가 1970년에 출판하였다. 이후 *Sula*(1973)로 전미도서상을 수상했고, *Song of Solomon*(1977)으로 전미도서비평가상을 받으며 문단과 학계의 주목을 받기 시작하였다. 비평가들은 이 두 작품에서 시적이고 정교한 Morrison의 언어에 주목하였지만, 그후 작품이 거듭되면서 Morrison은 흑인 역사와 경험에 대한 심도 있는 통찰과 상상력으로 주목을 받았다. *Tar Baby*(1981)가 베스트셀러가 되면서, Morrison은 미국을 대표하는 작가이자 흑인 여성 작가로서의 입지를 확고히 다졌다. 이후 Morrison은 *Beloved*(1987)와 *Jazz*(1992)를 발표하였고, 1993년에 노벨 문학상을 수상하였다. 1989년부터 프린스턴대학교에서 문예창작 전공 교수로 재직하였고 2006년에 은퇴하였다. Morrison은 소설 이외에도 단편소설, 희곡, 오페라 대본, 에세이, 평론 등을 발표하였고 인종 문제를 포함한 미국의 정치와 사회의 사건과 이슈에 대한 지속적인 목소리를 내었다. Morrison은 2019년 8월 5일 뉴욕시에서 88세의 나이로 세상을 떠났다.

## 제2절  작품 세계

### 1 작품 세계 종요

(1) Morrison은 과거의 상처로 인해 여전히 온전함을 갖지 못한 흑인 노예들의 후손들과, 마찬가지로 온전함을 회복하지 못한 흑인 노예주들의 후손들이 비참했던 과거의 역사를 더 이상 망각하지 말고 새롭게 인식함으로써 보다 평등한 사회가 되기를 희망한다. Morrison은 1960~1970년대의 사회 운동의 흐름하에 등장한 흑인 중산층들을 주된 독자로 두었다. 특히 주목할 점은, Morrison이 백인들의 시선을 의식하지 않고 특히 흑인 여성들의 삶을 진솔하게 그려냈다는 것이다. 흑인 여성들의 역사와 문화를 드러내면서 노예제도가 어떻게 현대의 미국 사회와 미국인들에게 영향을 주고 있는지를 탐색하였다. 노예제도를 소재나 주제로 삼은 이전의 작품들과의 차이점은 백인 사회에 대항하는 고발문학에 머물지 않았다는 것이다. 노예제를 경험한 흑인들의 삶과 그들의 문화, 언어를 탐색하고 그들의 심리를 깊이 있게 다루었다는 점이 중요하다. 역사를 복원하면서 그 상처를 치유한다는 것이 Morrison 문학의 큰 특징이라 할 수 있다.

(2) Morrison은 흑인의 삶에 대한 문화적 역사적 인식과 탁월한 언어구사력, 실험적인 소설형식, 새로운 여성 등장인물을 창조하고 Morrison만의 독창적인 여성적 시각을 보여주는 작가이다. Morrison은 기존의 문학적 틀에 머물거나 거부하는 태도가 아닌 과거의 문학과 상호작용을 하면서 이 과정을 통해 새로운 의미와 비전을 제시한다.

(3) Morrison의 작품은 인종주의에 물든 언어, 인종주의로 점철된 역사, 인종주의로 인한 상처로 왜곡된 의식과 무의식까지 통찰하며 흑인들의 경험을 다루고 있다. Morrison의 글쓰기는 인종주의에 물들지 않은 언어와 의식, 감정을 표현하는 과정이라고 할 수 있다.

### 2 주요 작품

(1) *The Bluest Eye*(1970)

흑인 사회 속 소녀를 다루면서 폐쇄적인 흑인 사회에서 여성의 성장을 다룬다.

(2) *Sula*(1973)

흑인의 심리적 문제와 가족 갈등, 남녀 갈등을 조명한 작품이다.

### (3) Song of Solomon(1977)

'Milkman'이라 불리는 한 흑인 남성의 성장을 다루고 있는 작품이다. 흑인들의 민담을 이용하여 'Milkman'의 조상의 이야기를 풀어나가면서 흑인 문화를 개인의 기억과 역사적 기록의 중요한 방법과 내용으로 제시한다.

### (4) A Mercy(2008)

미국 건국 이전의 흑인과 여성, 원주민의 시각과 경험을 그리면서 역사 다시쓰기를 시도한 작품이다.

## 제3절 Beloved의 줄거리

작품의 배경은 노예해방령이 선포되기 전인 1856년부터 남북전쟁이 끝나고 남부 재건이 끝날 무렵인 1874년까지이다. 이야기의 시작은 스위트홈(Sweet Home)이라는 소농장의 노예였던 Sethe가 농장으로부터 탈주한 지 17년이 지난 후, 오하이오주 신시내티의 124번지에서 시작된다. 딸 Denver와 살고 있는 Sethe는 매일 유령의 출현으로 시달리고 있는 상태이다. Sethe의 두 아들인 Howard와 Buglar는 열세 살이 되던 해에 가출했다.

예전 켄터키에서 함께 노예 생활을 했던 Paul D가 18년 만에 Sethe를 찾아온다. Sethe는 Paul D에게 백인들이 자신을 채찍질한 흔적을 보여주고 그들에게 강간당했다는 사실을 고백한다. 그 와중에 오랜 동안 Sethe 가족을 괴롭힌 유령이 또 다시 행패를 부리자 Paul D는 큰 소리를 질러 그 유령을 내쫓는다. Paul D는 Sethe와 함께 살기로 결정한다. 그가 온 후 Sethe와 Denver는 긍정적으로 변화하며 살고자 한다. 그런데 Beloved라는 19살 정도의 소녀가 갑자기 나타난다. Beloved는 갈 곳이 없어 보였고 Paul D는 Beloved를 내쫓고 싶었지만 Sethe와 Denver가 만류한다.

Sethe는 시어머니인 Baby Suggs가 사는 신시내티 124번지로 탈출을 시도했었다. Sethe는 탈출 후 Baby Suggs와 함께 생활한 28일 동안 노예가 아닌 삶을 살 수 있었다. Paul D 역시 탈출을 감행했지만 실패하였고 조지아주 앨프리드 수용소에서 처참한 삶을 살았다. 운 좋게 수용소에서 탈출한 Paul D는 인디언들의 도움으로 델라웨어로 도망칠 수 있었다.

Baby Suggs는 농장주 Garner가 살아있을 때 스위트홈에서 일했었다. Garner는 다른 농장주와 달랐는데, 흑인들에게 임금을 지불하였고 몸값을 치르면 노예에서 해방되도록 해주었다. Baby Suggs는 아들 Halle(Sethe의 남편)가 몇 년간 일해 모은 돈으로 노예 신분에서 벗어나 자유인이 될 수 있었고, 신시내티에서 흑인들과 함께 잠시나마 평화로운 삶을 누렸다. 그러나 그 평온은 오래가지 못했고, Baby Suggs의 삶은 참혹한 사건을 겪으며 결국 파탄에 이르고 만다. Baby Suggs는 자신의 며느리인 Sethe가 탈출에 성공하고 집에 무사히 온 것을 기념하여 마을 사람들을 초대하고 잔치를 열었다. 그러나 Baby Suggs를 시기하던 이웃들은, 도망친 Sethe를 잡으러 노예 사냥꾼과 보안관이 찾아왔다는 사실을 알고도 그녀에게 도망치라고 말해주지를 않았다. Sethe는 스위트홈 농장의 주인인 Schoolteacher가 바로 앞에 왔다는 것을 뒤늦게 알고 헛간으로 도망친다. 그러나 Sethe는 자신이 다시 노예로 끌려갈 것을 알게 되자, 자식들이 자신처럼 노예가 되어 비참한 삶을 살아가느니 차라리 죽는 것이 낫다고 생각한다. 그녀는 결국 사랑하는 자식들을 죽이려고 하고 결국 어린 딸을 죽인다. 노예 농장주가 Sethe를 발견했을 당시에 그녀의 아들 둘은 피를 흘리고 있었고 딸 하나는 목이 잘린 채 죽어있었으며 갓난아기는 벽에 던져지기 직전이었다. 그때 겨우 죽음을 면한 갓난아기가 바로 Denver였다. Paul D는 이러한 사건이 있었다는 것을 전혀 몰랐고, Sethe에게 그 사건의 당사자가 맞는지를 묻는다. Sethe는 부인하지 않고 자식들을 스위트홈으로 보내지 않고 안전한 곳으로 보냈다고만 대답한다. 충격을 받은 Paul D는 Sethe의 집을 떠난다.

Sethe는 Beloved의 행동을 보면서 자신이 직접 톱으로 죽인 딸임을 알게 된다. 그녀는 자신이 죽인 딸의 무덤에 비석을 세우려 했지만 돈이 없어 석공에게 자신의 몸을 팔았던 일을 떠올리며 Beloved가 살아 돌아온 것에 감사한다.

124번지에서 살고 있는 Sethe와 Denver, 그리고 Beloved는 처음에는 행복한 듯했다. Sethe는 죄책감에서 Beloved에게 모든 시간과 돈을 쓰지만 Beloved를 돌보느라 일하러 가지 않게 되면서 직장을 잃는다. Beloved는 점점 요구사항이 많아지고 까다로워지면서 자신의 뜻대로 되지 않을 때는 마구 화를 냈다. Beloved의 존재는 Sethe의 생명력을 점점 빼앗아 간다. Sethe는 거의 먹지 않는 반면에, Beloved는 점점 몸이 커져 결국 임산부의 모습이 되었다. Sethe와 Beloved의 목소리는 구별할 수 없을 정도로 비슷해지고, Denver는 Beloved가 Sethe를 더 닮아가는 것을 알게 된다.

Denver는 흑인 커뮤니티에 도움을 요청한다. 흑인 커뮤니티는 Baby Suggs의 특권에 대한 부러움과 Sethe가 Beloved를 살해한 사건에 대한 공포 때문에 고립되어 있었다. 그러나 Denver의 이야기를 들은 30명의 흑인 여성들은 Beloved를 기도로 몰아내기 위해 다 같이 124번지에 찾아온다. 백인 남자 Mr. Bodwin도 이 집에 도착한다. 상황을 잘못 파악한 Sethe는 Mr. Bodwin이 Beloved를 데리러 오는 스위트 홈 노예 농장주 Schoolteacher인 줄 알고 얼음곡괭이로 그를 공격한다. 마을 여인들과 Denver는 그녀를 붙잡고 Beloved는 사라진다.

Denver는 지역 사회의 일하는 구성원이 되고, Paul D는 침대에 누운 Sethe를 찾아온다. Sethe는 Beloved가 사라진 것에 절망한다. Paul D는 Sethe에게 우리에게는 내일이 필요하다며 Sethe가 자신의 보배라고 말하면서 그녀를 위로한다. 시간이 지남에 따라 사람들은 Beloved를 잊고 지낸다.

## 제4절 작품의 주제

### 1 기억과 망각의 윤리

Morrison은 Beloved에서 주인공 Sethe의 내면세계를 통해 흑인들의 참혹한 노예 경험을 기억할 것인지, 혹은 망각할 것인지에 대한 문제를 제시한다. 하지만 그녀는 단순한 선택의 문제를 넘어서, 트라우마적 기억이 개인의 의지와 무관하게 반복적으로 되살아나는 현실을 보여준다. 기억은 피하거나 지울 수 있는 것이 아니라, 반드시 마주하고 감당해야 할 문제로 제시된다. 이처럼 Morrison은 기억의 윤리, 즉 과거의 고통스러운 기억을 어떻게 감당하고 재구성할 것인가를 중심에 둔다.

### 2 재기억(rememory) 개념의 문학적 기능

Morrison은 'rememory'라는 독창적인 개념을 통해 과거의 기억이 단순한 회상이 아닌, 현재 속에 되살아나는 살아 있는 경험임을 강조한다. Sethe는 자신의 의지와 무관하게 과거의 고통스러운 순간들이 현실처럼 반복되며, 이는 기억이 개인의 내부를 넘어 외부 환경과도 연결되어 있다는 점을 시사한다. 문학적으로 'rememory'는 기억의 외재성과 지속성을 드러내는 장치이며, 공간·사물·타인의 존재를 통해 기억이 다시 살아나는 과정을 보여준다.

### 3 개인과 집단 기억의 연결

Morrison은 노예제라는 역사적 경험을 단지 개인적인 트라우마로 국한시키지 않고, 이를 집단적 기억과 연결 지으려 한다. 그녀는 과거를 반드시 역사적 맥락 속에서 이해해야 하며, 개인의 기억이 공동체 전체의 서사와 결합되어야 한다고 본다. 이러한 기억의 작업은 단순히 고통을 반복하는 것이 아니라, 그 고통을 직시함으로써 현재를 살아갈 수 있는 힘을 회복하는 과정이 된다. 따라서 Beloved는 과거를 외면하거나 망각하지 않고, 공동체 차원에서 그것을 감당하려는 윤리적 태도를 요청한다.

### 4 재기억의 확장과 역사 전승

작품의 마지막 장에서 Morrison은 "이 이야기는 잊어서는 안 된다"라며 재기억의 문제를 제시한다. 다시 말하면, 이 작품이 담고 있는 이야기가 너무 비참하고 참혹하여 이런 역사를 다시는 반복되면 안 되기 때문에 그냥 지나쳐서는 안 된다는 의미이다. 이 작품에서 재기억은 점차 그 의미를 확장하게 된다. 나쁜 기억들이 불현듯 떠올라서 당사자를 괴롭히는 트라우마적 재기억과 흩어진 기억들이 다시 합쳐지고 정리되는 통합적 재기억이다. 그러나 가장 중요한 재기억은 소설의 마지막 장에 보여주듯 옳지 못한 역사적 과오를 결코 잊어서는 안 되며 후손들에게 전승해야 함을 담고 있다.

## 제5절  등장인물

### 1 Sethe

도망친 노예였고 현재는 식당에서 일하며 딸 Denver와 살고 있다. 두 아들은 열세 살이 되던 해에 가출하였다. 그녀의 집에는 아기 유령이 붙어 있고 Sethe의 폐쇄적인 마음과 생활로 인해서 그 지역 마을 사람들은 그녀의 집 근처에 오지 않는다. Sethe는 자녀에게 헌신적인 여성이다. 그녀는 자신의 어머니에 대해 거의 알지 못하지만, 강한 모성 본능은 그녀의 가장 두드러진 특징이다. 스위트홈에서 노예로 지내면서 겪은 육체적·정서적·성적 학대의 기억을 자식에게 물려주고 싶지 않았던 그녀는, 결국 자식을 살해하는 극단적인 선택을 하게 된다. 그녀는 여전히 과거의 상처에 사로잡혀 괴로워하고 있으며, Beloved가 18년 전 자신이 죽인 딸이 돌아온 것이라고 믿고 있다.

### 2 Denver

Sethe의 딸로, 18살이며 작품에서 가장 활기 있는 인물이다. 총명하고 내성적이며 예민한 Denver는 수년간 사람들과 단절된 채 고립된 환경에서 성장한다. Denver는 Sethe가 노예의 몸으로 탈출을 감행할 때 백인 처녀의 도움을 받아 태어났다. Pual D가 124번지 자신의 집에 왔을 때 그에게 적대감을 드러낸다. Beloved가 나타났을 때는 그녀가 자신의 죽은 언니임을 직감하고 자신의 곁에 둔다. Beloved의 악행이 점점 커지면서 Sethe의 목숨까지도 위협하는 상황이 되자 Denver는 Lady Jones를 찾아가 일자리를 부탁하고 Ella를 비롯한 마을의 주민에게 도움을 요청한다. 일자리를 찾고 대학에 진학하려는 Denver의 시도는 독립과 자아를 찾기 위한 그녀의 적극적 삶의 태도를 보여준다.

### 3 Beloved

Sethe와 Pual D, Denver가 지쳐 쓰러진 그녀를 발견하고, Denver의 극진한 간호로 그녀는 건강을 회복한다. 이후 124번지에 머물며 Sethe 곁을 맴돈다. 그녀는 Sethe가 자신의 손으로 죽인 딸의 유령이 육신을 입고 나타난 존재로, 집착하듯 Sethe를 쫓아다닌다.
Beloved의 정체는 애매하고 불가사의하기도 하다. 작품에서는 그녀는 살해된 Sethe의 딸의 영혼이 잃어버린 유아기를 되찾고자 나타난 것이다. 소설이 진행됨에 따라 점점 더 악의적이고 기생적으로 커지는 그녀의 존재는 궁극적으로 Sethe, Pual D, Denver의 정서적 성장과정의 촉매 역할을 한다.

## 4 Paul D

스위트홈 농장의 흑인 노예 중 마지막 생존자이다. 그는 스위트홈을 떠난 후 18년 동안 어떤 곳에서도 정착하지 못하고 힘든 생활을 하다가 Sethe를 찾아와 함께 살게 된다. 그는 아기 유령을 쫓아내고 이 일로 Denver의 반감을 사게 된다. Beloved가 나타나기 전까지 Pual D와 Sethe는 별 문제가 없으나 Beloved의 끈질긴 성적 유혹에 넘어간다. Sethe가 18년 전에 저지른 일을 알게 된 후 그 집을 떠나지만 다시 Sethe의 집에 돌아온다.

## 5 Baby Suggs

Sethe의 시어머니이자 Halle의 어머니이다. 스위트홈의 노예였으나 자신의 아들 Halle의 돈으로 자유를 얻어 124번지로 오게 되었다. 그녀는 Clearing이라는 장소에서 종교 모임을 열고 사람들에게 그들의 목소리, 몸, 마음을 사랑하도록 가르치면서 흑인 주민들에게 감정적, 영적 영감의 원천이 된다. 사람들은 그녀를 'Baby Suggs, holy'라고 부른다. 그러나 Sethe가 자신의 아이를 죽인 사건 이후 Baby Suggs는 설교를 중단하고 침대에 틀어박혀 지낸다. Denver가 마을 주민들에게 Beloved의 악행에 대한 도움을 요청할 때 마을 주민들이 도와주는 것은 부분적으로 Baby Suggs에 대한 존경심에서 비롯된 것이기도 하다.

## 6 Stamp Paid

Baby Suggs와 마찬가지로 Stamp paid 역시 마을에서 구원의 인물로 간주되며 마을의 모든 집에서 환영받는 인물이다. Ella와 함께 노예의 탈출을 돕는다. 18년 전 Sethe의 사건을 목격한 인물로 특히 Denver에게 애정을 가진다. 18년 전의 사건을 모르는 Pual D에게 그 사건을 알려준 후 죄책감을 느낀다.

## 7 Schoolteacher

Garner의 죽음 이후 Garner 부인의 친척인 Schoolteacher가 스위트홈을 맡게 된다. 차갑고, 가학적이며, 극심한 인종 차별주의자인 Schoolteacher는 엄격한 규칙과 처벌의 억압적인 체제로 노예들을 다룬다. Schoolteacher 일당이 탈출한 Sethe를 잡으러 왔을 때 Sethe는 비록 자신은 매질과 강간을 당하더라도 자식들에게는 그 삶을 주고 싶지 않아 자식을 죽인다.

## 8 Halle

Sethe의 남편이자 Baby Suggs의 아들인 Halle는 관대하고 친절하며 성실한 인물이다. 아이들의 미래를 위해 탈출 계획을 하고 실행에 옮기지만 Schoolteacher에게 들켜 붙잡힌다. 아내인 Sethe가 자신의 눈앞에서 유린을 당하는 것을 보고도 아무것도 할 수 없는 자신의 처지에 괴로워하며 미치게 된다.

### 9 Lady Jones

흑인과 백인 사이에서 태어난 자신을 수치스럽게 여긴다. 그녀는 주변에서 가장 피부가 검은 흑인과 결혼한다. 그녀는 블루스톤 로드에서 흑인 아이들을 가르치고 빵을 구우며 살아간다. Denver가 도움을 요청할 때 기꺼이 도와주고자 한다.

### 10 Ella

Stamp Paid와 함께 흑인 노예들의 탈출을 도왔다. 그녀는 노예였을 때 유린을 당하여 아이가 생기는데 그 아이에게 젖을 물리지 않아서 죽었다. 그녀는 자신의 손으로 자식을 죽일 수밖에 없는 Sethe의 상황을 이해하면서도 감옥에서 출소한 후 오만한 태도를 보이는 Sethe에게 실망해서 등을 돌린다. 그러나 Denver가 도움을 요청하자 다른 흑인 여성들을 모아 124번지 유령을 내쫓기로 한다.

### 11 Mrs. Garner

스위트홈 농장의 안주인이다. 흑인 노예들에게 자상하게 대하며 인간적으로 대우한다. 남편이 죽은 후 건강이 악화되자 Schoolteacher를 부르게 된다.

### 12 Amy Denver

Sethe가 탈출 과정에서 만난 백인 여자아이이다. Sethe의 등의 상처를 치료해 주고 그녀를 도와준다. 그녀로 인해 Denver가 태어날 수 있었기에 Sethe는 딸의 이름을 Denver라고 짓는다.

### 13 Sixo

스위트홈에서 Sethe, Pual D와 함께 일했던 노예이다. 탈출 계획에 참여하지만 백인들에게 잡혀 결국 화형을 당한다. Pual D는 Sixo를 자신의 가치를 아는 남성성을 지닌 인물로 기억한다.

## 제6절 작품의 구조와 시점 및 기법

### 1 작품의 배경

오하이오(Ohio)주 신시내티(Cincinnati)의 교외에 있는 블루스톤 로드(Bluestone Road) 124번지가 장소이다. 시대적 배경은 노예해방령이 선포되기 전인 1856년부터 남북전쟁이 끝나고 남부 재건(1866~1877)이 끝날 무렵인 1874년까지이다.

### 2 구조

3부 28장으로 구성되어 있다. 오하이오주의 작은 마을을 배경으로 Sethe가 노예 생활을 하다가 탈출하여 자유를 얻는 여정, Sethe가 겪는 정신적 고통, 가족에 대한 사랑과 죄책감, 구원의 테마를 다룬다. 이 작품은 시간 순서로 전개되지 않는 비선형적인 시간 구조와 초자연적인 요소를 결합하였다.

### 3 기법

(1) 작가는 노예들의 심리적 피해를 조명하기 위해 사실주의적 기법에 의존하기보다는 인물들의 의식의 흐름, 과거와 미래가 교차하는 내면 의식을 중심으로 줄거리를 전개한다.

등장인물들의 내면세계는 소설의 배경인 1856년부터 1874년 사이를 교차할 뿐만 아니라 주인공 Sethe의 어머니 세대, 그리고 아프리카에서 노예를 운송하는 시간까지도 거슬러 올라간다. 또한 작가는 초자연적인 요소들을 도입하면서 등장인물들의 무의식적인 심층에까지 접근한다.

(2) Morrison의 재기억 전략은 2부에서 잘 나타나는데 그것은 20장부터 23장까지 각각 Sethe, Denver, Beloved가 화자가 되어 이야기하는 모놀로그이다. 그런데 23장에서는 세 모녀가 한 목소리가 되어 이야기를 전개한다. 특이한 것은 Beloved의 독백은 정상적인 문장이 아니라 마침표 혹은 따옴표가 없고 문장이 엉성해 마치 어린애가 만든 문장처럼 보인다. 이것은 두 살 때 죽은 Beloved의 유아적인 독백으로 여겨지기도 하지만 Beloved는 이미 단순히 두 살 때 죽은 딸을 넘어서 아프리카와 노예선에서 죽어간 모든 흑인을 대변하는 존재가 된다.

## 4 이미지, 문체와 어조

**(1)** 작가는 서정적인 문체를 사용하여 비사실적인 기법으로 작품을 전개하지만, 그것이 현실을 회피하려는 의도는 아니다. 작가는 비사실적인 기법을 사용하면서 흑인들의 형언할 수 없는 노예 경험을 재구성하여 공식적인 역사에서 지워져 버린 흑인 노예의 역사를 드러낸다.

**(2)** Beloved의 등장으로 Sethe는 과거의 기억을 하나씩 떠올리게 된다. Beloved는 Sethe가 죽인 딸이지만 또 다른 면에서 보면, 비참하게 죽은 흑인들, 노예제를 겪으면서 스스로 자신이 인간임을 인식하고 생존하고자 애쓰는 흑인들을 의미한다.

**(3)** Beloved는 흑인들의 집단의식을 상징하는데, 처절한 역사에서 지워져 버린 흑인들을 기억하기 위한 존재이다. 다시 말하면, 과거의 상처를 치유하기 위한 기억의 회복 역할을 Beloved가 하고 있다.

## 제7절 *Beloved*의 일부

124 WAS SPITEFUL. Full of a baby's venom.[1] The women in the house knew it and so did the children. For years each put up with the spite[2] in his own way, but by 1873 Sethe and her daughter Denver were its only victims. The grandmother, Baby Suggs, was dead, and the sons, Howard and Buglar, had run away by the time they were thirteen years old — as soon as merely looking in a mirror shattered it (that was the signal for Buglar); as soon as two tiny hand prints appeared in the cake (that was it for Howard). Neither boy waited to see more; another kettleful of chickpeas[3] smoking in a heap on the floor; soda crackers crumbled and strewn in a line next to the doorsill. Nor did they wait for one of the relief periods: the weeks, months even, when nothing was disturbed. No. Each one fled at once — the moment the house committed what was for him the one insult not to be borne or witnessed a second time.[4] Within two months, in the dead of winter, leaving their grandmother, Baby Suggs; Sethe, their mother; and their little sister, Denver, all by themselves in the gray and white house on Bluestone Road. It didn't have a number then, because Cincinnati didn't stretch that far. In fact, Ohio had been calling itself a state only seventy years when first one brother and then the next stuffed quilt packing into his hat, snatched up his shoes,[5] and crept away from the lively spite the

---

1) venom : 악의, 원한
2) spite : 악의(malice), 심술; 원한(grudge), 앙심
3) kettleful of chickpeas : 병아리콩 한 솥
4) the moment the house committed what was for him the one insult not to be borne or witnessed a second time : 그가 다시는 눈뜨고 보지 못할 견디기 힘든 모욕이라고 여겨지는 짓을 그 집이 저지르자마자
5) stuffed quilt packing into his hat, snatched up his shoes : 누비천을 모자 속에 쑤셔 넣고 신발을 낚아채며

house felt for them.

Baby Suggs didn't even raise her head. From her sickbed she heard them go but that wasn't the reason she lay still. It was a wonder to her that her grandsons had taken so long to realize that every house wasn't like the one on Bluestone Road. Suspended between the nastiness of life and the meanness of the dead,[6] she couldn't get interested in leaving life or living it, let alone the fright of two creeping-off boys. Her past had been like her present — intolerable — and since she knew death was anything but forgetfulness, she used the little energy left her for pondering color.[7]

"Bring a little lavender in, if you got any. Pink, if you don't."

And Sethe would oblige her with anything from fabric to her own tongue. Winter in Ohio was especially rough if you had an appetite for color. Sky provided the only drama, and counting on a Cincinnati horizon for life's principal joy was reckless[8] indeed. So Sethe and the girl Denver did what they could, and what the house permitted, for her. Together they waged a perfunctory battle[9] against the outrageous behavior of that place; against turned-over slop jars,[10] smacks on the behind, and gusts of sour air. For they understood the source of the outrage as well as they knew the source of light.

Baby Suggs died shortly after the brothers left, with no interest whatsoever[11] in their leave-taking or hers, and right afterward Sethe and Denver decided to end the persecution[12] by calling forth the ghost that tried them so. Perhaps a conversation, they thought, an exchange of views or something would help. So they held hands and said, "Come on. Come on. You may as well just come on."

The sideboard took a step forward but nothing else did.

"Grandma Baby must be stopping it," said Denver. She was ten and still mad at Baby Suggs for dying.

Sethe opened her eyes. "I doubt that," she said.

"Then why don't it come?"

"You forgetting how little it is," said her mother. "She wasn't even two years old when she died. Too little to understand. Too little to talk much even."

"Maybe she don't want to understand," said Denver.

"Maybe. But if she'd only come, I could make it clear to her."[13] Sethe released her daughter's hand and together they pushed the sideboard back against the wall. Outside a driver whipped his horse into the gallop[14] local people felt necessary when they passed 124.

"For a baby she throws a powerful spell,"[15] said Denver.

---

6) Suspended between the nastiness of life and the meanness of the dead : 남루한 삶과 비열한 죽음 사이에 매달린 채
7) pondering color : 색깔을 곰곰히 생각하는
8) reckless : 분별없는, 무모한
9) perfunctory battle : 내키지 않는 전쟁
10) slop jar : 요강
11) whatsoever : whatever
12) persecution : 성가시게(끈질기게) 졸라댐, 괴롭힘
13) I could make it clear to her : (알아듣게) 잘 타이를 수 있는데
14) whipped his horse into the gallop : 채찍을 휘둘러 황급히 말을 몰았다
15) For a baby she throws a powerful spell : 아기치고는 꽤 힘이 세네

"No more powerful than the way I loved her," Sethe answered and there it was again. The welcoming cool of unchiseled headstones;[16] the one she selected to lean against on tiptoe, her knees wide open as any grave. Pink as a fingernail it was, and sprinkled with glittering chips. Ten minutes, he said. You got ten minutes I'll do it for free.

Ten minutes for seven letters. With another ten could she have gotten "Dearly" too? She had not thought to ask him and it bothered her still that it might have been possible — that for twenty minutes, a half hour, say, she could have had the whole thing, every word she heard the preacher say at the funeral (and all there was to say, surely) engraved on her baby's headstone: Dearly Beloved. But what she got, settled for, was the one word that mattered. She thought it would be enough, rutting among the headstones with the engraver, his young son looking on, the anger in his face so old; the appetite in it quite new. That should certainly be enough. Enough to answer one more preacher, one more abolitionist[17] and a town full of disgust.

Counting on the stillness of her own soul, she had forgotten the other one: the soul of her baby girl. Who would have thought that a little old baby could harbor so much rage? Rutting among the stones under the eyes of the engraver's son was not enough. Not only did she have to live out her years in a house palsied by the baby's fury at having its throat cut, but those ten minutes she spent pressed up against dawn-colored stone studded with star chips, her knees wide open as the grave, were longer than life, more alive, more pulsating than the baby blood that soaked her fingers like oil.

"We could move," she suggested once to her mother-in-law.

"What'd be the point?" asked Baby Suggs. "Not a house in the country ain't packed to its rafters[18] with some dead Negro's grief. We lucky this ghost is a baby. My husband's spirit was to come back in here? or yours? Don't talk to me. You lucky. You got three left. Three pulling at your skirts and just one raising hell from the other side. Be thankful, why don't you? I had eight. Every one of them gone away from me. Four taken, four chased, and all, I expect, worrying somebody's house into evil." Baby Suggs rubbed her eyebrows. "My first-born. All I can remember of her is how she loved the burned bottom of bread. Can you beat that?[19] Eight children and that's all I remember."

"That's all you let yourself remember," Sethe had told her, but she was down to one herself — one alive, that is — the boys chased off by the dead one, and her memory of Buglar was fading fast. Howard at least had a head shape nobody could forget. As for the rest, she worked hard to remember as close to nothing as was safe. Unfortunately her brain was devious. She might be hurrying across a field, running practically, to get to the pump quickly and rinse the chamomile sap from her legs. Nothing else would be in her mind. The picture of the men coming to nurse her was as lifeless as the nerves in her back where the skin buckled like a washboard. Nor was there the faintest scent of ink or the cherry gum and oak bark from which it was made. Nothing. Just the breeze cooling her face as she rushed toward water. And then sopping the chamomile away

---

16) unchiseled headstones : 이름 없는 비석(이름이 새겨지지 않은 비석)
17) abolitionist : 노예 폐지론자
18) rafter : 서까래
19) Can you beat that? : 네 처지를 그것에 비하겠니?

with pump water and rags, her mind fixed on getting every last bit of sap off — on her carelessness in taking a shortcut across the field just to save a half mile, and not noticing how high the weeds had grown until the itching was all the way to her knees. Then something. The plash of water,[20] the sight of her shoes and stockings awry on the path where she had flung them; or Here Boy lapping in the puddle near her feet, and suddenly there was Sweet Home rolling, rolling, rolling out[21] before her eyes, and although there was not a leaf on that farm that did not make her want to scream, it rolled itself out before her in shameless beauty. It never looked as terrible as it was and it made her wonder if hell was a pretty place too. Fire and brimstone[22] all right, but hidden in lacy groves. Boys hanging from the most beautiful sycamores[23] in the world. It shamed her — remembering the wonderful soughing trees[24] rather than the boys. Try as she might to make it otherwise, the sycamores beat out the children every time and she could not forgive her memory for that.

When the last of the chamomile was gone, she went around to the front of the house, collecting her shoes and stockings on the way. As if to punish her further for her terrible memory, sitting on the porch not forty feet away was Paul D, the last of the Sweet Home men. And although she could never mistake his face for another's, she said, "Is that you?"

"What's left." He stood up and smiled. "How you been, girl, besides barefoot?"

When she laughed it came out loose and young. "Messed up my legs back yonder.[25] Chamomile."

He made a face as though tasting a teaspoon of something bitter. "I don't want to even hear 'bout it. Always did hate that stuff."

Sethe balled up her stockings and jammed them into her pocket. "Come on in."

"Porch is fine, Sethe. Cool out here." He sat back down and looked at the meadow on the other side of the road, knowing the eagerness he felt would be in his eyes.

"Eighteen years," she said softly.

"Eighteen," he repeated. "And I swear I been walking every one of em. Mind if I join you?" He nodded toward her feet and began unlacing his shoes.

"You want to soak them? Let me get you a basin of water." She moved closer to him to enter the house.

"No, uh uh. Can't baby feet. A whole lot more tramping they got to do yet."[26]

"You can't leave right away, Paul D. You got to stay awhile."

"Well, long enough to see Baby Suggs, anyway. Where is she?"

"Dead."

"Aw no. When?"

"Eight years now. Almost nine."

---

20) plash of water : 철벅거리는 물소리
21) rolling, rolling, rolling out : 끝없이 펼쳐지는
22) brimstone : 지옥불
23) sycamore : 플라타너스 나무
24) soughing trees : 바람에 소리 나는 나무들
25) back yonder : 저 뒤에서
26) A whole lot more tramping they got to do yet : 아직 한참을 더 걸어야 해

"Was it hard? I hope she didn't die hard."

Sethe shook her head. "Soft as cream. Being alive was the hard part. Sorry you missed her though. Is that what you came by for?"

"That's some of what I came for. The rest is you. But if all the truth be known, I go anywhere these days. Anywhere they let me sit down."

"You looking good."

"Devil's confusion. He lets me look good long as I feel bad." He looked at her and the word "bad" took on another meaning.

Sethe smiled. This is the way they were — had been. All of the Sweet Home men, before and after Halle, treated her to a mild brotherly flirtation, so subtle you had to scratch for it.[27]

Except for a heap more hair and some waiting in his eyes, he looked the way he had in Kentucky. Peachstone skin;[28] straight-backed. For a man with an immobile face it was amazing how ready it was to smile, or blaze or be sorry with you. As though all you had to do was get his attention and right away he produced the feeling you were feeling. With less than a blink, his face seemed to change — underneath it lay the activity.

"I wouldn't have to ask about him, would I? You'd tell me if there was anything to tell, wouldn't you?" Sethe looked down at her feet and saw again the sycamores.

"I'd tell you. Sure I'd tell you. I don't know any more now than I did then." Except for the churn,[29] he thought, and you don't need to know that. "You must think he's still alive."

"No. I think he's dead. It's not being sure that keeps him alive."

"What did Baby Suggs think?"

"Same, but to listen to her, all her children is dead. Claimed she felt each one go the very day and hour."

"When she say Halle went?"

"Eighteen fifty-five. The day my baby was born."

"You had that baby, did you? Never thought you'd make it." He chuckled. "Running off pregnant."

"Had to. Couldn't be no waiting." She lowered her head and thought, as he did, how unlikely it was that she had made it.[30] And if it hadn't been for that girl looking for velvet, she never would have.

"All by yourself too." He was proud of her and annoyed by her. Proud she had done it; annoyed that she had not needed Halle or him in the doing.

"Almost by myself. Not all by myself. A whitegirl helped me."

"Then she helped herself too, God bless her."

"You could stay the night, Paul D."

"You don't sound too steady in the offer."

---

27) so subtle you had to scratch for it : 애써 의중을 파악해야 할 만큼 은근한 농담이었다
28) Peachstone skin : 복숭아씨 같은 피부
29) churn : 버터를 만드는 큰 (양철)통
30) how unlikely it was that she had made it : 자신도 아기를 무사히 낳았다는 것이 믿기지 않았다

Sethe glanced beyond his shoulder toward the closed door. "Oh it's truly meant. I just hope you'll pardon my house. Come on in. Talk to Denver while I cook you something."

Paul D tied his shoes together, hung them over his shoulder and followed her through the door straight into a pool of red and undulating light[31] that locked him where he stood.

"You got company?" he whispered, frowning.

"Off and on," said Sethe.

"Good God." He backed out the door onto the porch. "What kind of evil you got in here?"

"It's not evil, just sad. Come on. Just step through."

He looked at her then, closely. Closer than he had when she first rounded the house on wet and shining legs, holding her shoes and stockings up in one hand, her skirts in the other. Halle's girl — the one with iron eyes and backbone to match. He had never seen her hair in Kentucky. And though her face was eighteen years older than when last he saw her, it was softer now. Because of the hair. A face too still for comfort; irises[32] the same color as her skin, which, in that still face, used to make him think of a mask with mercifully punched-out eyes. Halle's woman. Pregnant every year including the year she sat by the fire telling him she was going to run. Her three children she had already packed into a wagonload of others in a caravan of Negroes crossing the river. They were to be left with Halle's mother near Cincinnati. Even in that tiny shack,[33] leaning so close to the fire you could smell the heat in her dress, her eyes did not pick up a flicker of light. They were like two wells into which he had trouble gazing. Even punched out they needed to be covered, lidded, marked with some sign to warn folks of what that emptiness held. So he looked instead at the fire while she told him, because her husband was not there for the telling. Mr. Garner was dead and his wife had a lump[34] in her neck the size of a sweet potato and unable to speak to anyone. She leaned as close to the fire as her pregnant belly allowed and told him, Paul D, the last of the Sweet Home men.

There had been six of them who belonged to the farm, Sethe the only female. Mrs. Garner, crying like a baby, had sold his brother to pay off the debts that surfaced the minute she was widowed. Then schoolteacher arrived to put things in order. But what he did broke three more Sweet Home men and punched the glittering iron out of Sethe's eyes, leaving two open wells that did not reflect firelight.

Now the iron was back but the face, softened by hair, made him trust her enough to step inside her door smack into a pool of pulsing red light.

She was right. It was sad. Walking through it, a wave of grief soaked him so thoroughly he wanted to cry. It seemed a long way to the normal light surrounding the table, but he made it — dry-eyed and lucky.[35]

"You said she died soft. Soft as cream," he reminded her.

"That's not Baby Suggs," she said.

---

31) a pool of red and undulating light : 일렁이는 붉은 빛의 웅덩이
32) iris : (안구의) 홍채
33) shack : (초라한) 오두막
34) lump : 혹, 종기, 부스럼, 응어리
35) he made it — dry-eyed and lucky : 운 좋게도 울지는 않았다

"Who then?"

"My daughter. The one I sent ahead with the boys."

"She didn't live?"

"No. The one I was carrying when I run away is all I got left. Boys gone too. Both of em walked off just before Baby Suggs died."

Paul D looked at the spot where the grief had soaked him. The red was gone but a kind of weeping clung to the air where it had been.

Probably best, he thought. If a Negro got legs he ought to use them. Sit down too long, somebody will figure out a way to tie them up. Still… if her boys were gone…

"No man? You here by yourself?"

"Me and Denver," she said.

"That all right by you?"

"That's all right by me."

She saw his skepticism and went on. "I cook at a restaurant in town. And I sew a little on the sly."[36]

Paul D smiled then, remembering the bedding dress. Sethe was thirteen when she

came to Sweet Home and already iron-eyed. She was a timely present for Mrs. Garner who had lost Baby Suggs to her husband's high principles. The five Sweet Home men looked at the new girl and decided to let her be. They were young and so sick with the absence of women they had taken to calves. Yet they let the iron-eyed girl be, so she could choose in spite of the fact that each one would have beaten the others to mush to have her. It took her a year to choose — a long, tough year of thrashing on pallets eaten up with dreams of her. A year of yearning, when rape seemed the solitary gift of life. The restraint they had exercised possible only because they were Sweet Home men — the ones Mr. Garner bragged[37] about while other farmers shook their heads in warning at the phrase.

"Y'all got boys," he told them. "Young boys, old boys, picky[38] boys, stroppin boys. Now at Sweet Home, my niggers is men every one of em. Bought em thataway, raised em thataway. Men every one."

"Beg to differ, Garner. Ain't no nigger men."

"Not if you scared, they ain't." Garner's smile was wide. "But if you a man yourself, you'll want your niggers to be men too."

"I wouldn't have no nigger men round my wife."

It was the reaction Garner loved and waited for. "Neither would I," he said. "Neither would I," and there was always a pause before the neighbor, or stranger, or peddler, or brother-in-law or whoever it was got the meaning. Then a fierce argument, sometimes a fight, and Garner came home bruised and pleased, having demonstrated one more time what a real Kentuckian was: one tough enough and smart enough to make and

---

36) on the sly : 남몰래
37) brag : 자랑하다
38) picky : 삐딱한, 까다로운

call his own niggers men.

And so they were: Paul D Garner, Paul F Garner, Paul A Garner, Halle Suggs and Sixo, the wild man. All in their twenties, minus women, fucking cows, dreaming of rape, thrashing on pallets, rubbing their thighs and waiting for the new girl — the one who took Baby Suggs' place after Halle bought her with five years of Sundays. Maybe that was why she chose him. A twenty-year-old man so in love with his mother he gave up five years of Sabbaths[39] just to see her sit down for a change was a serious recommendation.

She waited a year. And the Sweet Home men abused cows while they waited with her. She chose Halle and for their first bedding she sewed herself a dress on the sly.

"Won't you stay on awhile? Can't nobody catch up on eighteen years in a day."

Out of the dimness of the room in which they sat, a white staircase climbed toward the blue-and-white wallpaper of the second floor. Paul D could see just the beginning of the paper; discreet flecks of yellow sprinkled among a blizzard of snowdrops all backed by blue. The luminous white of the railing and steps[40] kept him glancing toward it. Every sense he had told him the air above the stairwell was charmed and very thin. But the girl who walked down out of that air was round and brown with the face of an alert doll.

---

39) Sabbath : 안식일
40) luminous white of the railing and steps : 눈부시게 새하얀 난간과 계단

# 제 7 장 실전예상문제

01 *Beloved*에 대한 설명으로 적절한 것은?

① Morrison은 과거의 상처를 극복한 흑인 노예들의 후손들을 묘사한다.
② 흑인 노예의 후손들이 과거의 역사를 잊고 새로운 사회를 꿈꾸길 희망한다.
③ Morrison은 1960~1970년대에 등장한 백인 중산층들이 주된 독자였다.
④ Morrison은 백인의 관점을 의식하지 않고 흑인 여성들의 삶을 진솔하게 그린다.

02 *Beloved*가 이전의 흑인을 소재로 한 작품과 구분되는 것은?

① 백인 여성들의 역사와 문화를 드러내면서 진솔하게 풀어나갔다.
② 노예제도가 어떻게 현대의 미국 사회와 미국인들에게 영향을 주고 있는지를 탐색하였다.
③ 백인 사회에 대항하는 고발문학에 머물지 않고 역사를 복원하면서 상처를 치유하고 있다.
④ 노예제를 경험하지 못한 현대 흑인들의 삶과 문화, 언어를 탐색하고 깊이 있게 다루었다.

---

01 ① Morrison은 과거의 상처로 여태껏 온전함을 갖지 못하는 흑인 노예 후손들의 이야기를 다룬다.
② 흑인 노예의 후손들에게 과거의 비참한 역사를 망각하지 않고 과거를 새롭게 인식하면서 좀 더 평등한 사회를 희망하고 있다.
③ Morrison은 1960, 70년대의 사회운동의 흐름하에 등장한 흑인 중산층들을 주된 독자로 두었다.

02 ① Morrison은 특히 흑인 여성들의 삶을 진솔하게 그려나가면서 흑인 여성들의 역사와 문화를 드러내었다.
② 노예제도가 어떻게 현대의 유럽 사회와 유럽인들에게 영향을 주고 있는지를 탐색하였다.
④ 노예제를 경험한 흑인들의 삶과 그들의 문화, 언어를 탐색하고 그들의 심리를 깊이 있게 다루었다는 점이 중요하다.

**정답** 01 ④  02 ③

03 Morrison은 기존의 문학적 틀에 머물거나 거부하는 태도가 아닌 과거의 문학과 상호작용을 하면서 이 과정을 통해 새로운 의미와 비전을 제시한다.

03 토니 모리슨(Toni Morrison)의 작품 세계에 대한 설명으로 적절하지 <u>않은</u> 것은?

① 흑인의 삶에 대한 문화적 역사적 인식과 탁월한 언어구사력을 나타낸다.
② 재기억을 서술하면서 실험적인 소설 형식을 보여준다.
③ Morrison만의 독창적인 여성적 시각을 보여주는 작가이다.
④ 기존의 문학적 틀에 머물기를 거부하고 창조적 비전을 제시한다.

04 Sethe는 딸 Denver와 살고 있다. 그녀의 아들인 Howard와 Buglar는 열세 살이 되던 해에 가출했다.

04 Beloved의 배경 및 인물에 관한 설명으로 적절하지 <u>않은</u> 것은?

① 노예해방령이 선포되기 전(1856)부터 남부 재건이 끝날 무렵인 1874년까지이다.
② 스위트홈(Sweet Home)이라는 농장의 노예였던 Sethe가 주인공이다.
③ Sethe는 오하이오주 신시내티의 124번지에서 살고 있다.
④ Sethe는 딸 Denver, 두 아들인 Howard, Buglar와 살고 있다.

05 Garner는 다른 농장주와 달랐는데, 흑인들에게 임금을 지불하였고 몸값을 치르면 노예에서 해방되도록 하 주었다. Baby Suggs는 자신의 아들인 Halle(Sethe의 남편)가 몇 년간 일하고 모은 돈으로 Garner에게 돈을 주었고 자유인이 될 수 있었다.

05 Beloved의 내용과 관련이 <u>없는</u> 것은?

① Garner는 다른 농장주와 달랐는데, 흑인들에게 임금을 지불하였다.
② Baby Suggs는 농장주 Garner가 살아있을 때 스위트홈에서 일했었다.
③ Garner는 Baby Suggs가 불쌍하여 노예에서 해방시켜 주었다.
④ Baby Suggs는 자유를 얻은 후 신시내티에서 흑인들과 살았다.

정답  03 ④  04 ④  05 ③

06 *Beloved*의 등장인물에 대한 설명으로 적절하지 않은 것은?

① Sethe는 농장에서 탈출하기 위해 자녀를 죽인 무자비한 여성이다.
② 함께 노예 생활을 했던 Pual D가 18년 만에 Sethe를 찾아왔다.
③ Denver는 마을의 흑인 커뮤니티에 도움을 요청한다.
④ Beloved의 존재는 Sethe의 생명력을 점점 빼앗아 간다.

06 Sethe는 스위트홈 농장의 주인인 Schoolteacher가 탈출한 자신을 잡으러 온 것을 알고 헛간으로 도망친다. 그러나 다시 노예로 끌려갈 것을 알게 되자 Sethe는 자신의 비참한 삶을 자식에게 그대로 전해주기 싫었다. 그녀는 자식들이 노예가 되어 사느니 차라리 죽는 것이 낫다고 여기면서 자식들을 죽이려고 했고 결국 어린 딸을 죽인다.

07 *Beloved*에 대한 설명으로 적절하지 않은 것은?

① 이 작품은 시간 순서로 전개되지 않는 비선형적인 시간 구조로 전개된다.
② Morrison은 노예들의 심리적 폐해를 조명하기 위해 사실적인 서술 기법을 사용한다.
③ Sethe가 겪는 정신적 고통, 가족에 대한 사랑과 죄책감, 구원의 테마를 다룬다.
④ Morrison의 재기억 전략은 2부에서 잘 나타난다.

07 Morrison은 흑인 노예의 심리적 피해를 조명하기 위해 사실주의적 기법에 의존하기 보다는 인물들의 의식의 흐름, 과거와 미래가 교차하는 내면 의식을 중심으로 줄거리를 전개하는데 초자연적인 요소를 결합한다.

08 *Beloved*의 등장인물에 관한 서술로 옳지 않은 것은?

① Schoolteacher : 차갑고, 가학적이며, 극심한 인종 차별주의자이다.
② Baby Suggs : 흑인 주민들에게 감정적, 영적 영감의 원천이 된다.
③ Paul D : 아기 유령을 쫓아내고, 이 일로 Denver의 반감을 사게 된다.
④ Lady Jones : 흑인과 백인 사이에서 태어난 자신을 자랑스럽게 여긴다.

08 흑인과 백인 사이에서 태어난 자신을 수치스럽게 여긴다. 그녀는 주변에서 가장 피부가 검은 흑인과 결혼한다. 그녀는 블루스톤 로드에서 흑인 아이들을 가르치고 빵을 구우며 살아가며 Denver가 그녀에게 도움을 요청할 때 기꺼이 도와주고자 한다.

정답  06 ① 07 ② 08 ④

## 주관식 문제

**01** Beloved에의 마지막 장에서 "이 이야기는 잊어서는 안 된다"라며 재기억의 문제를 제시한다. 이 문장이 의미하는 바를 간략히 서술하시오.

**02** Beloved의 2부 23장의 Beloved의 독백 문장은 어린아이의 문장처럼 보인다. 이러한 문장과 문체를 구성한 작가의 의도를 간략히 설명하시오.

---

**01** 정답

"이 이야기는 잊어서는 안 된다"는 이 작품이 담고 있는 이야기가 너무 비참하고 참혹하여 이런 역사는 다시는 반복하면 안 되기 때문에 그냥 지나쳐서는 안 된다는 의미이다. 이 작품에서 재기억은 점차 그 의미를 확장하게 된다. 나쁜 기억들이 불현듯 떠올라서 당사자를 괴롭히는 트라우마적 재기억과 흩어진 기억들이 다시 합쳐지고 정리되는 통합적 재기억이다. 그러나 가장 중요한 재기억은 소설의 마지막 장에 보여주듯이 옳지 못한 역사적 과오를 결코 잊어서는 안 되며 후손들에게 전승해야 함을 담고 있다.

**02** 정답

Morrison은 Beloved의 2부 20장부터 23장까지를 Sethe, Denver, Beloved가 각각 화자가 되어 이야기하는 모놀로그로 전개한다. 23장에서는 세 모녀가 한 목소리가 되어 이야기를 전개하는데, 특이한 것은 Beloved의 독백이 정상적인 문장이 아니라 마침표 혹은 따옴표가 없고 문장이 엉성해 마치 어린애가 만든 문장처럼 보인다는 점이다. 이것은 두 살 때 죽은 Beloved의 유아적인 독백으로 보이기도 하지만, Beloved는 이미 단순히 두 살 때 죽은 딸을 넘어서 아프리카와 노예선에서 죽어간 모든 흑인을 대변하는 존재임을 암시한다. Beloved는 Sethe가 죽인 딸이지만 또 다른 면에서 보면, 비참하게 죽은 흑인들을 의미한다.

# 부록

## 최종모의고사

최종모의고사 제1회
최종모의고사 제2회
정답 및 해설

교육이란 사람이 학교에서 배운 것을 잊어버린 후에 남은 것을 말한다.

– 알버트 아인슈타인 –

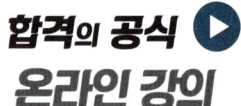

보다 깊이 있는 학습을 원하는 수험생들을 위한
시대에듀의 동영상 강의가 준비되어 있습니다.
www.sdedu.co.kr ➡ 회원가입(로그인) ➡ 강의 살펴보기

# 제1회 최종모의고사 | 20세기 영미소설

제한시간 : 50분 | 시작 ___시 ___분 – 종료 ___시 ___분

정답 및 해설 297p

**01** *The Sound and the Fury*에 대한 설명으로 옳은 것은?

① 사건은 시간적 순서를 따르며 의식의 흐름을 쫓아간다.
② 미국 남부인들의 방향 상실과 정체성의 위기를 담고 있다.
③ 미국 포스트모더니즘의 문학적 특성이 잘 드러나는 작품이다.
④ 산업 경제를 유지해 온 미국 남부에 북부의 농경사회가 유입되는 혼란을 묘사한다.

**02** *Heart of Darkness*의 등장인물 중 Marlow에 대한 설명으로 옳지 <u>않은</u> 것은?

① Marlow가 아프리카 콩고강 유람용 범선에서 동승자에게 경험했던 이야기를 들려준다.
② Marlow는 벨기에 회사에 소속된 콩고강의 증기선 선장이 된다.
③ Marlow는 콩고강에 관심이 있었고, 선원이 된 후 그는 콩고강에 가려고 결심했다.
④ Marlow는 브뤼셀의 사무실에 가서 검은 털실로 뜨개질 하는 두 여인을 만난다.

**03** *Sons and Lovers*에 대한 설명으로 옳은 것은?

① Paul Morel의 성장을 그리면서 당대 사회에 대한 작가의 관찰과 문제의식을 담고 있다.
② 중류 계급인 D. H. Lawrence의 아버지와 어머니의 계급 차이에서 오는 불화가 투영된다.
③ Mrs. Morel은 남편과 아들들에게 모든 사랑과 정성을 쏟는다.
④ 모자간의 특별한 애착관계는 공동체적 토대가 더욱 강해짐을 보여준다.

**04** *Sons and Lovers*의 등장인물에 대한 설명으로 알맞지 <u>않은</u> 것은?

① Mrs. Morel은 엄격한 아버지의 뜻에 따라 Walter Morel과 결혼했다.
② Mr. Morel은 낙천적이고 성실한 인물이다.
③ Paul은 Mrs. Morel의 둘째 아들로 각별한 애정을 받는다.
④ 큰아들 William은 폐렴을 앓다가 갑자기 젊은 나이에 죽게 된다.

05 20세기 미국소설의 흐름에 대한 설명으로 옳지 않은 것은?

① 산업의 발달로 인간의 존엄성이 무너지고, 인간을 소외시키는 모습이 나타났다.
② 사회적 분위기는 자연주의(Naturalism)의 발생을 이끌었다.
③ 제2차 세계대전의 승리 후 '잃어버린 세대'(Lost Generation)가 생겨났다.
④ 1930년대의 미국 문학은 저항의 성격이 두드러졌다.

06 미국의 모더니즘 문학과 관련된 설명으로 옳지 않은 것은?

① 초창기의 미국 문학은 유럽의 모더니즘 운동의 영향을 거부하였다.
② '잃어버린 세대'(Lost Generation)가 대표적인 모습이다.
③ 대표작가로 Ernest Hemingway와 William Faulkner를 들 수 있다.
④ 전쟁의 상처가 만들어낸 상실감과 허무의식, 전후의 사회적 현실을 보여준다.

07 F. Scott Fitzgerald의 작품에 해당하지 않는 것은?

① *This Side of Paradise*
② *The Great Gatsby*
③ *Tender is the Night*
④ *The Sun Also Rises*

08 하드보일드 문체(Hard-boiled Style)와 관련이 없는 것은?

① '잃어버린 세대'(Lost Generation) 작가들이 즐겨 쓰는 문체이다.
② 작품 속에서 형용사의 수사적인 표현의 사용을 절제한다.
③ 단문이나 중문으로 문장을 구성하며 사건을 최대한 세밀하게 묘사한다.
④ 작가의 감정과 설명을 가능한 한 배제한다.

09 The Sun Also Rises에 관한 설명으로 적절한 것은?

① 소설의 전반은 스페인의 팜플로나, 후반은 프랑스 파리가 배경이다.
② 정신적·육체적으로 상처를 입은 이들의 진정한 사랑이 가능함을 보여준다.
③ 전후 세대들이 전통적인 가치관들을 부정하는 허무한 세계를 그린다.
④ Brett의 경험과 생각으로 내용이 전개되는 1인칭 시점이다.

10 '잃어버린 세대'(Lost Generation)에 관한 설명으로 적절하지 않은 것은?

① 전쟁의 경험에서 온 허무주의와 비관주의는 사회에 새로운 흐름을 불러일으켰다.
② 세계대전 후 삶의 환멸을 느낀 미국 지식계급 및 예술파 청년들에게 주어진 명칭이다.
③ 이 명칭은 Ernest Hemingway가 한 말에서 유래하였다.
④ 기존의 가치와 신앙에 담겨있는 속물주의에 대해 비판했다.

11 20세기 영국소설 작품과 작가들에 관한 설명으로 옳지 않은 것은?

① '의식의 흐름'은 Sigmund Freud의 무의식과 Henri Bergson의 시간 철학을 기반으로 탐구한다.
② Joseph Conrad는 전통적인 리얼리즘의 기법을 사용하면서 사회에 비판적인 입장이었다.
③ Henry James는 영국에 귀화한 작가로, 미국과 유럽의 문화를 대비하는 주제를 다루었다.
④ '의식의 흐름' 기법을 사용한 모더니즘 소설은 그 전개가 시간 순서로 이루어지지 않는다.

12 The Sound and the Fury의 설명으로 옳지 않은 것은?

① 제1차 세계대전 후의 세계에 환멸을 느끼며 전후의 상처를 예술 주제로 다루었다.
② 실재하는 장소인 '요크나파토파'(Yoknapatawpha Country)에서 전개된다.
③ Compsons 집안의 비극적인 역사를 다루고 있다.
④ 첫 장의 배경은 부활절 전날 토요일인 1928년 4월 7일 오후이다.

13 Heart of Darkness의 등장인물에 관한 설명으로 적절한 것은?

① Marlow : 콩고강을 거슬러 Kurtz를 만나는 여정에서 인간 내면의 선함을 인식한다.
② Kurtz : 서구 문명을 아프리카의 오지에 전파하겠다는 이상적 신념을 구현한다.
③ The Intended : Kurtz의 부인으로 Kurtz가 죽으면서 남긴 유품이 무엇이냐고 묻는다.
④ Marlow : Marlow는 영국으로 돌아온 후 유럽인들의 위선에 찬 행동에 대해 냉소한다.

14 Joseph Conrad의 작품 세계에 대한 설명으로 알맞지 않은 것은?

① 영국소설의 전통을 따르는 작품 세계를 보여준다.
② 다양하고 혁신적인 소설 기법을 표현하고 있다.
③ 인간과 사회의 도덕적 문제에 대한 진지한 통찰을 담고 있다
④ 후기 빅토리아조와 초기 모더니즘 문화의 전환기에 작품 활동을 하였다.

15 The Grapes of Wrath에 대한 설명으로 옳지 않은 것은?

① 경제 대공황 시기에 자본주의의 어두운 그늘을 드러낸다.
② 설교자 Jim Casy는 소설 속에서 메시아 역할을 한다.
③ 총 30장으로 홀수 장은 이야기를 진행하고, 짝수 장은 보조적인 구성이다.
④ 캘리포니아의 낙원 건설을 꿈꾸며 서부로 향하는 Joad 집안의 이야기이다.

16 The Grapes of Wrath에 대한 설명으로 알맞지 않은 것은?

① 자연과 인간, 변화하는 도시를 사실적 묘사하였다.
② 사회의 주요한 계급 문제를 드러내고 있다.
③ 당시의 사회를 충실히 반영하며 고통 받는 하층민의 삶을 그렸다.
④ 은행 이자를 갚지 못해 난민이 되어 이주해야 하는 상황을 쓴 작품이다.

17 The Remains of the Day에 대한 설명으로 옳지 않은 것은?

① 이 작품은 과거에 대한 회상을 중심으로 한 액자형 구성이다.
② Stevens의 회상 형식으로 전개되는 3인칭 전지적 작가 시점이다.
③ 지극히 격식을 차린 어조와 단어 선택으로 전개된다.
④ 집사의 삶에 대한 허망함에 대한 인식, 대영제국의 몰락 등이 담겨있다.

18 The Remains of the Day에서 등장인물인 Miss Kenton에 대한 설명으로 옳지 않은 것은?

① Stevens의 방에 꽃을 두는 등 따뜻함과 개성을 지닌 여성이다.
② Stevens에게 마음이 끌리는 Miss Kenton은 그가 먼저 고백하기를 기다린다.
③ Stevens으로부터 상처를 받고 저택을 떠나 다른 사람과 결혼한다.
④ Stevens의 아버지가 Miss Kenton을 고용하였다.

19 The Sun Also Rises의 내용과 관련이 없는 것은?

① 작품의 주인공이자 화자는 영국인 여성 Brett Ashley이다.
② Jake Barnes는 파리에 주재하는 미국인 신문기자이다.
③ Jake의 친구 Bill Gorton은 미국에서 인기 있는 소설가이다.
④ Jake와 Bill은 스페인 팜플로나에 가서 투우를 관람하기로 계획한다.

20 '잃어버린 세대'(Lost Generation)에 대한 서술로 옳지 않은 것은?

① 작품 속에 자신들의 경험과 유럽에서 배운 문체 및 화법을 사용했다.
② Gertrude Stein이 한 말이다.
③ 전쟁의 경험에서 온 허무주의와 비관주의가 사회에 새로운 흐름을 불러일으켰다.
④ 제1차 세계대전 후 환멸을 느낀 영국 지식인 및 예술파 청년에게 주어진 명칭이다.

21 *Beloved*에 대한 설명으로 옳은 것은?

① 사실주의 기법으로 작품을 전개한다.
② 배경은 노예해방령 이후인 1856년부터 남부 재건이 끝날 무렵인 1874년까지이다.
③ Sethe는 시어머니 Baby Suggs가 사는 신시내티 124번지로 탈출을 시도했다.
④ Baby Suggs는 자신이 일하고 모은 돈으로 자유인이 될 수 있었다.

22 *Beloved*의 등장인물 Paul D에 대한 설명으로 알맞지 않은 것은?

① 스위트홈 농장의 흑인 노예 중 마지막 생존자이다.
② Sethe의 집에 있는 아기 유령을 쫓아낸다.
③ 스위트홈을 떠난 후 18년 만에 Sethe를 찾아온다.
④ Sethe의 남편이자 Baby Suggs의 아들이다.

23 *To the Lighthouse*에 대한 설명으로 알맞지 않은 것은??

① Virginia Woolf의 소설 중에서 자전적인 요소가 가장 강한 작품이다.
② Ramsay 부부는 Virginia Woolf 자신과 남편을 모델로 하고 있다.
③ 의식과 시간의 상관관계에 초점이 맞추어져 있다.
④ 2장은 긴 시간이지만(10년) 작품에서 서술된 의식은 복잡하지 않다.

24 Virginia Woolf의 작품 세계에 대한 설명으로 옳지 않은 것은?

① 작품에서 의식의 흐름은 주인공 화자의 의식에서 이루어진다.
② '의식의 흐름' 기법을 주로 사용하였다.
③ 다양한 시점과 상징, 문체 등을 작품에 담고 있다.
④ 직선적인 시간관을 벗어난다.

주관식 문제

01 Toni Morrison의 작품이 이전의 노예제도를 소재나 주제로 삼은 다른 작가들의 작품과의 차이점은 무엇인지 간략히 서술하시오.

02 *A Portrait of the Artist as a Young Man*은 자서전적인 소설이라는 평을 받는 성장소설이다. 이 작품이 다른 성장소설과는 차별되는 점을 간략히 서술하시오.

03 *Heart of Darkness*의 주제 중 하나는 제국주의(imperialism)와 식민주의(colonialism)에 대한 비판이다. 이 주제가 작품에서 무엇을 의미하는지 간략히 서술하시오.

04 '의식의 흐름'(Stream of consciousness) 기법에 대하여 서술하시오.

## 제2회 최종모의고사 | 20세기 영미소설

제한시간 : 50분 | 시작 ___시 ___분 – 종료 ___시 ___분

정답 및 해설 301p

**01** *Sons and Lovers*의 내용에 대한 설명으로 옳지 <u>않은</u> 것은?

① Paul은 Miriam과 사귀면서 순결하고 성스러운 성모마리아 같은 느낌을 받는다.
② Mrs. Morel은 Paul이 Miriam과 사귀는 것에 흔쾌히 허락한다.
③ Paul은 육감적이고 관능적인 매력을 지닌 Clara에게 끌린다.
④ Paul은 암으로 죽어가는 어머니에게 모르핀을 과다 투여해서 안락사시킨다.

**02** *Sons and Lovers*에 대한 설명으로 옳지 <u>않은</u> 것은?

① 현대 청년의 비극적 정신생활을 묘사하며 사실적인 필치로 구성하였다.
② 당대 사회에 대한 작가의 관찰과 문제의식을 고스란히 내비친다.
③ Paul은 어머니의 삶을 자신과 동일시하면서 이성과 원만한 관계 수립을 한다.
④ 작품의 배경은 공업화에 의해 잠식되어 가는 자연의 모습으로 그려진다.

**03** *Heart of Darkness*에 대한 설명으로 적절하지 <u>않은</u> 것은?

① 소설의 열린 결말은 결국 진리란 알 수 있는 것이 아니라는 인식론적 회의를 보여준다.
② 이 소설은 지금까지도 식민주의 또는 탈식민주의 문제를 논하는 틀이 되고 있다.
③ Joseph conrad는 Kurtz를 통해 19세기 말 서구 사회를 반성적으로 비판한다.
④ Joseph conrad의 지속적인 탐색 주제는 이상주의적 인물들의 성공과 그 요인이다.

**04** *The Great Gatsby*의 등장인물에 관한 설명으로 옳은 것은?

① George Wilson : Myrtle의 남편으로 Gatsby를 죽이고 사살된다.
② Meyer Wolfsheim : Gatsby와 사업적 교류한 인물로 Gatsby 장례식에 온 인물이다.
③ Myrtle Wilson : Wilson의 아내이자 Gatsby의 불륜 상대이다.
④ Tom Buchanan : 신분과 재산은 상류층이나 인격적으로 이기적이다.

05  다음 중 *Beloved*의 작품성과 문학적 의의와 관련이 없는 것은?

① 노예제도를 소재로 백인 사회에 대항하는 고발문학을 대표한다.
② 과거를 새롭게 인식하면서 좀 더 평등한 사회를 희망하고 있다.
③ 1960~1970년대의 사회운동의 흐름하에 등장한 흑인 중산층이 주된 독자이다.
④ 특히 흑인 여성들의 삶을 진솔하게 그려나갔다.

06  *To the Lighthouse*에 관한 내용으로 알맞지 않은 것은?

① Mrs. Ramsay는 가정을 결속시키는 중요한 역할을 한다.
② 화가인 Lily Briscoe는 결혼을 간절히 원하는 여성이다.
③ 막내 James는 등대에 못 갈 수 있다는 아버지의 말에 적개심을 품는다.
④ 결국 날씨가 좋지 않아 Ramsay 가족의 등대 여행 계획은 미뤄진다.

07  *The Remains of the Day*에 대한 설명으로 적절하지 않은 것은?

① 주인을 더 잘 모시겠다는 Stevens의 다짐은 한 인간의 고집과 나약함을 보여준다.
② 노년을 맞이하는 한 인간의 애달픔과 허무함을 드러낸다.
③ Stevens를 통하여 삶의 후회가 직접적으로 드러난다.
④ Stevens는 집사를 '위대하게' 만드는 특성으로 품위가 필수 요소라고 생각한다.

08  *The Remains of the Day*의 등장인물에 대한 설명으로 옳지 않은 것은?

① Darlington 경은 Darlington 저택에서 회의를 열어 베르사유 조약을 개정하는 방법을 논의할 수 있게 한다.
② Lord Darlington은 Darlington 저택의 현재 주인으로 Stevens의 극진한 보살핌을 받는다.
③ 제2차 세계대전 이후, Lord Darlington은 나치 동조자이자 반역자로 낙인찍히게 된다.
④ Lord Darlington은 자신의 명성이 훼손되면서 삶에 대한 환멸에 빠진다.

09 The Sound and the Fury에 관한 설명으로 옳지 않은 것은?

① Compson 가문 자녀들의 의식 흐름을 연결해 주는 것은 Benjy에 대한 기억이다.
② 'Benjy의 장'에서 등장하는 Benjy는 3살의 지능을 갖고 있는 33살의 백치이다.
③ 첫 장의 배경은 부활절 전날 토요일인 1928년 4월 7일 오후이다.
④ Quentin은 누이동생 Caddy의 순결에 병적으로 집착한다.

10 To the Lighthouse의 등장인물에 관한 설명으로 적절하지 않은 것은?

① Mr. Ramsay : 남성성의 상징으로 냉소적인 현실주의자의 모습을 보인다.
② Mrs. Ramsay : 여성성의 상징으로 남편과 자녀, 타인을 위해 희생적인 삶을 산다.
③ Lily Briscoe : 독신이자 화가로 작품에 대한 불안감 때문에 그림을 완성하지 못한다.
④ Charles Tansley : 열등의식 때문에 우쭐대거나 자기주장을 열성적으로 내세운다.

11 다음의 제시문이 설명하는 작품으로 알맞은 것은?

> Stephen이 유년기와 청소년기 그리고 청년기를 보내면서 겪게 되는 갈등과 기존 사회에서 탈출하여 자유스러운 예술 세계로 비상하는 과정이 다루어진다. Stephen의 이러한 변화는 진리와 불멸을 상징하는 종교로부터 속박을 받지 않는 창의적인 예술 세계로의 전환을 의미한다.

① *Dubliners*
② *A Portrait of the Artist as a Young Man*
③ *Ulysses*
④ *Finnegan's Wake*

12 The Crying of Lot 49에 대한 설명으로 적절하지 않은 것은?

① 미국 사회와 문화의 부조리에 대한 함축적 의미를 고민하게 한다.
② 소설의 전개는 Oedipa Maas가 진실을 파헤치고 찾아가는 탐정소설 기법으로 묘사된다.
③ 일상적인 현대인의 삶을 들추어내면서 미국 사회를 보다 심층적으로 이해하게 한다.
④ Oedipa Maas의 탐색 과정은 트리스테로 집단의 실체를 적나라하게 드러내며 끝난다.

13  *To the Lighthouse*의 등장인물인 막내아들 James에 대한 설명으로 옳지 <u>않은</u> 것은?

① 어머니에게는 애정을, 아버지에게는 적대감을 가진다.
② 어린 James는 어머니인 Mrs. Ramsay와 등대로 구경 갈 것을 약속한다.
③ 막내아들 James는 아버지인 Mr. Ramsay와 함께 등대로의 여정을 실행에 옮긴다.
④ 배를 잘 다루지 못한다는 아버지의 비난 때문에 등대에 도착해서도 갈등은 풀리지 않는다.

14  *The Sound and the Fury*의 등장인물인 Benjy에 대한 설명으로 옳지 <u>않은</u> 것은?

① Benjy는 3살 아이로 대화가 불가능하며 사물을 인식하는 방법은 촉각이나 후각이다.
② "Caddy"라고 부르는 소리를 듣자, 누나 Caddy가 없는 것에 슬퍼한다.
③ 시간개념이 없기 때문에 과거를 현재처럼 연상하면서 의식을 펼쳐나간다.
④ 이름이 Maury에서 Benjy로 바뀌어서 울었던 것을 기억한다.

15  다음 제시문이 설명하는 작품의 작가로 알맞은 것은?

> 이 소설은 제1차 세계대전 때 참전 중 부상을 겪은 미국인 신문 기자 Jake Barnes 시점의 1인칭 소설이다. Jake는 전쟁 중 Brett Ashley를 만나 서로 사랑하게 되지만, 두 사람은 육체적인 사랑을 나누지는 못한다. 작가는 이 소설을 통해 '잃어버린 세대'의 생활과 허무주의적 가치관을 그렸다.

① William Faulkner
② Ernest Hemingway
③ F. Scott Fitzgerald
④ John Steinbeck

16  *The Grapes of Wrath*에 대한 설명으로 적절하지 <u>않은</u> 것은?

① 경제 대공황의 시기에 고통받는 이들의 이야기를 그린 작품이다.
② '캘리포니아 소설들'(California novels) 중 하나이다.
③ 1940년에 노벨 문학상을 수상한 작품이다.
④ 이주 농민들이 캘리포니아에서 겪는 극한 상황을 처절하게 묘사한다.

17 *Beloved*의 등장인물인 Sethe에 대한 설명으로 옳지 않은 것은?

① Sethe는 딸 Denver, 두 아들 Howard, Buglar와 살고 있다.
② 시어머니인 Baby Suggs가 사는 신시내티 124번지로 탈출을 시도했었다.
③ Sethe는 Beloved를 돌보느라 일하러 가지 않게 되면서 직장을 잃는다.
④ Beloved가 자신이 18년 전에 죽인 딸이 자신에게 돌아온 것이라고 믿고 있다.

18 다음 중 *To the Lighthouse*의 내용 전개에 대한 설명으로 알맞지 않은 것은?

① Virginia Woolf의 작품 중 가장 자전적인 작품이다.
② 1부 '창문'의 중심은 Mrs. Ramsay, 3부 '등대'의 중심은 Lily의 의식이다.
③ 2부 '시간이 흐른다'는 Mrs. Ramsay의 죽음과 제1차 세계대전을 그린다.
④ 작품은 세 부분으로 나누어져 있으며, 1부와 3부는 20년이라는 시간 차이가 있다.

19 *The Sound and the Fury*의 설명으로 옳지 않은 것은?

① 가족 관계의 분열을 보여주면서 남부인의 방황과 정체성의 위기를 드러낸다.
② Caddy는 영원히 이룰 수 없는 소망에 불과하고 명확한 실체가 없다.
③ Caddy는 정신적 방황의 근원이자 회복 불가능성을 상징한다.
④ Benjy는 인식 능력의 부족한 백치이나, Quentin은 지성인으로서 각자의 모습을 제대로 본다.

20 다음 설명에 해당하는 작가로 알맞은 것은?

> 흑인의 삶에 대한 문화적 역사적 인식과 탁월한 언어구사력, 실험적인 소설형식, 새로운 여성 등장인물을 창조하면서 독창적인 여성적 시각을 보여주는 작가이다. 인종주의에 물든 언어, 인종주의로 점철된 역사, 인종주의로 인한 상처로 왜곡된 의식과 무의식까지 통찰하며 흑인들의 경험을 다루고 있다. 이 작가의 글쓰기는 인종주의에 물들지 않은 언어와 의식, 감정을 표현하는 과정이라고 할 수 있다.

① William Faulkner
② D. H. Lawrence
③ Virginia Woolf
④ Toni Morrison

21  *The Great Gatsby*에 관한 설명으로 옳지 않은 것은?

① 작품은 총 9장으로 구성되어 있다.
② Gatsby는 이 소설의 화자이자 관찰자이다.
③ 이스트 에그(East Egg)는 상류층이 사는 곳이다.
④ 재의 계곡(Valley of Ashes)은 희망 없는 삶을 상징한다.

22  *The Crying of Lot 49*과 관련이 없는 것은?

① 민권운동에 대한 유토피아적 시각을 지향하고 드러내는 작품이다.
② 주요 인물이 진리를 탐색하는 과정을 탐정소설 기법으로 묘사한다.
③ 사회의 구석을 넘어선 존재의 탐색을 통해 구체적 메시지에 귀 기울이게 유도한다.
④ 비밀 우편제도인 '트리스테로'를 둘러싼 탐색과 실마리를 찾는 과정이다.

23  다음의 설명과 관련된 작품으로 알맞은 것은?

> 이 소설은 작가의 선원 생활 경험을 바탕으로 한 자전적 기록이다. 특히 아프리카 콩고 여행은 그의 삶과 인식에서 전환점을 이루는 중요한 사건으로, 아프리카 여행을 통해 작가는 탐험에 대한 낭만적 동경이나 문명과 빛을 전파한다는 식민주의의 이데올로기가 순전히 허상이었음을 인식하게 된다.

① *The Remains of the Day*
② *A Portrait of the Artist as a Young Man*
③ *The Sound and the Fury*
④ *Heart of Darkness*

24  *The Crying of Lot 49*의 등장인물에 대한 설명으로 옳지 않은 것은?

① Mucho Maas : Oedipa의 남편으로 라디오의 디스크자키이다.
② Oedipa Maas : Pierce Inverarity의 회사 변호사이다.
③ Dr. Hilarius : Oedipa의 정신과 의사이다.
④ Metzger : Oedipa가 Pierce의 재산을 집행하도록 돕는 임무를 맡은 변호사이다.

## 주관식 문제

**01** *Heart of Darkness*은 액자소설의 구조이다. 이 작품의 전개가 어떠한 방식으로 액자소설 구성을 보여주는지 간략히 설명하시오.

**02** *The Great Gatsby*의 배경인 '재즈시대'(Jazz Age)에 대하여 간략히 서술하시오.

**03** *The Great Gatsby*에서 '녹색 불빛'(the green light)이 상징하는 바를 간략히 서술하시오.

**04** *A Portrait of the Artist as a Young Man*에서 작가가 작품에서 표현한 '에피퍼니'(Epiphany)의 장면을 간략히 서술하시오.

# 제1회 정답 및 해설 | 20세기 영미소설

| 01 | 02 | 03 | 04 | 05 | 06 | 07 | 08 | 09 | 10 | 11 | 12 |
|----|----|----|----|----|----|----|----|----|----|----|----|
| ② | ① | ① | ① | ③ | ① | ④ | ① | ③ | ③ | ② | ② |
| 13 | 14 | 15 | 16 | 17 | 18 | 19 | 20 | 21 | 22 | 23 | 24 |
| ④ | ① | ③ | ① | ② | ④ | ① | ④ | ③ | ④ | ② | ① |

| | 주관식 정답 |
|---|---|
| 01 | Toni Morrison은 흑인 노예들의 후손들과 흑인 노예주들의 후손들이 과거의 비참한 역사를 망각하지 말고 과거를 새롭게 인식함으로써 보다 평등한 사회가 되기를 희망한다. Toni Morrison은 백인들의 관점을 의식하지 않았는데, 특히 흑인 여성들의 삶을 진솔하게 그려나갔다. 흑인 여성들의 역사와 문화를 드러내면서 노예제도가 미국 사회와 미국인에게 어떠한 영향을 주고 있는지를 탐색하였다. 노예제도를 소재나 주제로 삼은 이전의 작품들과 Morrison의 차이점은 백인 사회에 대항하는 고발문학에 머물지 않았다는 것이다. 노예제를 경험한 흑인들의 삶과 문화, 언어를 탐색하고 그들의 심리를 깊이 있게 다루면서 그 상처를 치유한다는 것이 Morrison 문학의 큰 특징이다. |
| 02 | *A Portrait of the Artist as a Young Man*은 Stephen의 성장과정이 주로 '의식의 흐름'과 '에피퍼니'라는 기법을 통해 그려지기 때문에 다른 성장소설과는 차별을 보인다. Stephen이 유년기와 청소년기, 청년기에서 겪는 갈등과 자유로운 예술 세계로 비상하는 과정에서 '의식의 흐름'과 '에피퍼니'가 다루어진다. |
| 03 | Joseph Conrad는 자본주의와 제국주의로 인해 평범한 인간이 평범한 영웅으로 평가될 수 있는 세계가 무너졌으며, 공동체에 대한 헌신과 인간 결속에 대한 충실성 등이 현대사회에서 상실되었다고 보았다. 그는 백인 문명의 가치관과 그들의 시선에서 본 원시적 국가들의 가치에 대한 문명사회의 가치관과 폭력성을 들추어낸다. Joseph Conrad는 식민주의 정책이 아프리카나 아시아인들에게 문명을 전파한다는 식으로 식민주의를 정당화한다 해도 실상은 탐욕과 정복욕으로 변모하여 원주민들을 억압하고 착취하는 모습이라는 것을 작품에 표현하면서 인간의 사악함과 제국주의의 이상의 변질을 드러낸다. |
| 04 | '의식의 흐름' 기법은 줄거리에 따라 전개하는 방식에서 벗어나, 개인의 의식으로 구성되어 가는 과정을 내적인 독백으로 적어 나가는 기법이다. '의식의 흐름'이란 용어는 심리학자 William James가 자신의 저서 *The Principles of Psychology*에서 처음으로 사용하였으며, 문학에서 James Joyce, William Faulkner, Virginia Woolf 등이 이 기법을 작품 전개에 이용하여 유명해졌다. 예를 들면, Virginia Woolf의 작품은 줄거리는 별로 없지만 작가의 의식이 연상에 의해 자연스럽게 흘러감에 따라 시간이 바뀌기도 하고, 과거의 기억과 연결되기도 하고, 때로는 이런 인상들이 별다른 연관성 없이 뒤섞이기도 한다. |

## 01 정답 ②

① 사건이 시간적 순서를 따르지 않고 있으며 의식의 움직임을 쫓아간다.
③ 미국 모더니즘의 문학적 특성이 잘 드러나는 작품이다.
④ Faulkner는 농경사회를 유지해 온 미국 남부에 북부의 산업 경제가 유입되면서 미국 남부 사회가 혼란을 겪는 상황을 작품에서 묘사한다.

## 02 정답 ①

Marlow는 런던 템스강(Thames River)의 유람용 범선 넬리호(Nellie)에서 썰물을 기다리면서, 배에 동승한 네 사람에게 경험했던 이야기를 들려준다.

03 정답 ①
② 광부였던 Lawrence의 아버지와 중류 계급인 어머니의 계급 차이에서 오는 불화는 작품 속 Morel 부부의 모습으로 투영이 된다.
③ 남편에 대한 애정이 식은 상태에서 Mrs. Morel은 아들들에게 모든 사랑과 정성을 쏟는다.
④ 모자간의 특별한 애착관계는 공동체적 토대가 희박해지면서 폐쇄적 가족 관계의 중압감이 가중됨을 그린다.

04 정답 ①
Mrs. Morel은 크리스마스 파티에서 남편 Morel을 만났다. 그녀는 엄격한 금욕주의자였던 자신의 아버지와는 다른 Morel에게 호감을 갖게 되었고 그와 결혼하였다.

05 정답 ③
'잃어버린 세대'(Lost Generation)는 제1차 세계대전의 승리로 엄청난 경제적 이득을 취한 미국의 상업주의와 속물주의에 대한 반발감에서 발현되었다.

06 정답 ①
초창기의 미국 문학은 유럽의 모더니즘 운동의 영향하에 있었다.

07 정답 ④
The Sun Also Rises는 Ernest Hemingway의 작품으로, 제1차 세계대전에서 부상을 입어 성불구가 된 미국인 신문기자 Jake가 1인칭 시점으로 서술하는 소설이며 '잃어버린 세대'의 생활과 허무주의적 가치관을 그린 작품이다.

08 정답 ①
하드보일드 문체(Hard-boiled Style)는 Ernest Hemingway의 특징적인 서술 기법이다.

09 정답 ③
① 소설의 전반은 프랑스 파리를 배경으로 펼쳐지며, 후반은 스페인의 팜플로나를 배경으로 펼쳐진다.
② Jake와 Brett의 관계를 통하여 정신적·육체적으로 상처를 입은 이들의 진정한 사랑이 불가능함을 보여준다.
④ 미국인 신문기자 Jake Barnes가 이야기하는 방식의 1인칭 소설이다.

10 정답 ③
이 명칭은 Gertrude Stein이 "당신들은 모두 길을 잃어버린 세대"(You are all a lost generation)라고 한 말을 Ernest Hemingway가 자신의 작품 The Sun Also Rises의 서문에 인용한 데서 유래했다.

11 정답 ②
Henry James와 Joseph Conrad는 리얼리즘의 양식에서 벗어나 의식의 내면묘사 기법을 사용하면서 이전의 소설과는 다른 면을 보여주었다.

12 정답 ②
William Faulkner의 소설은 상상과 신화적 공간인 '요크나파토파'(Yoknapatawpha Country)에서 전개된다.

## 13 정답 ④

① Marlow : Kurtz를 만나기 위한 여정에서, 제국주의의 명목하에 벌어지는 잔혹함을 목격하면서 인간 내면의 악의 존재를 인식한다.
② Kurtz : 아프리카에 서구 문명을 전파하겠다는 이상을 품고 왔지만, 식민주의의 실상을 마주한 뒤 자신 역시 탐욕과 정복의 화신으로 변한다.
③ The Intended : Kurtz의 약혼자로, 그녀는 기대를 품고 Kurtz가 죽으면서 한 말이 무엇이냐고 Marlow에게 묻는다. 그녀의 의도를 알고 있는 Marlow는 Kurtz가 죽으면서 그녀의 이름을 불렀다고 거짓말을 한다.

## 14 정답 ①

Joseph Conrad는 현재의 우크라이나 베르디치우에서 태어났으며 국외자로서 영어로 작품을 썼지만 20여 년 동안 선원 생활을 했던 전기적 배경 때문에 그의 작품이 영국소설의 전통을 따르고 있다고 보기는 어렵다.

## 15 정답 ③

총 30장인 이 작품은 이야기를 진행하는 짝수 장과, 일종의 보조적인 역할을 하는 홀수 장으로 구성된다.

## 16 정답 ①

*The Grapes of Wrath*에서 자연과 인간, 변화하는 농촌을 사실적 묘사하였다.

## 17 정답 ②

Stevens의 회상 형식으로 전개되는 1인칭 시점이다.

## 18 정답 ④

Miss Kenton은 달링턴 저택에 Stevens의 아버지와 동시에 고용되었다.

## 19 정답 ①

*The Sun Also Rises*의 작품의 주인공이자 화자는 Jake Barnes이다.

## 20 정답 ④

제1차 세계대전 후 도덕성과 가치관의 흔들림을 겪으며 삶의 환멸을 느낀 미국의 지식계급 및 예술파 청년들에게 주어진 명칭이다.

## 21 정답 ③

① 사실주의 기법이 아닌 인물의 의식의 흐름이나 과거와 미래가 교차하는 방식으로 작품을 전개한다.
② 작품의 배경은 노예해방령이 선포되기 전인 1856년부터 남북전쟁이 끝나고 남부 재건이 끝날 무렵인 1874년까지이다.
④ Baby Suggs는 아들인 Halle(Sethe의 남편)가 몇 년간 일하고 모은 돈을 농장주 Garner에게 주고 자유인이 될 수 있었다.

## 22 정답 ④

Sethe의 남편이자 Baby Suggs의 아들은 Halle이다.

## 23 정답 ②

이 작품에 등장하는 Ramsay 부부는 Virginia Woolf의 부모를 모델로 하고 있다.

**24** 정답 ①

Virginia Woolf의 작품 속 화자는 모든 인물의 마음을 넘나든다. 거침없이 이 인물의 생각에서 저 인물의 생각으로 이동하고 다양한 관점을 드러낸다.

## 주관식 해설

**01** 정답

Toni Morrison은 흑인 노예들의 후손들과 흑인 노예주들의 후손들이 과거의 비참한 역사를 망각하지 말고 과거를 새롭게 인식함으로써 보다 평등한 사회가 되기를 희망한다. Toni Morrison은 백인들의 관점을 의식하지 않았는데, 특히 흑인 여성들의 삶을 진솔하게 그려나갔다. 흑인 여성들의 역사와 문화를 드러내면서 노예제도가 미국 사회와 미국인에게 어떠한 영향을 주고 있는지를 탐색하였다. 노예제도를 소재나 주제로 삼은 이전의 작품들과 Morrison의 차이점은 백인 사회에 대항하는 고발문학에 머물지 않았다는 것이다. 노예제를 경험한 흑인들의 삶과 문화, 언어를 탐색하고 그들의 심리를 깊이 있게 다루면서 그 상처를 치유한다는 것이 Morrison 문학의 큰 특징이다.

**02** 정답

*A Portrait of the Artist as a Young Man*은 Stephen의 성장과정이 주로 '의식의 흐름'과 '에피퍼니'라는 기법을 통해 그려지기 때문에 다른 성장소설과는 차별을 보인다. Stephen이 유년기와 청소년기, 청년기에서 겪는 갈등과 자유스러운 예술 세계로 비상하는 과정에서 '의식의 흐름'과 '에피퍼니'가 다루어진다.

**03** 정답

Joseph Conrad는 자본주의와 제국주의로 인해 평범한 인간이 평범한 영웅으로 평가될 수 있는 세계가 무너졌으며, 공동체에 대한 헌신과 인간 결속에 대한 충실성 등이 현대사회에서 상실되었다고 보았다. 그는 백인 문명의 가치관과 그들의 시선에서 본 원시적 국가들의 가치에 대한 문명사회의 가치관과 폭력성을 들추어낸다. Joseph Conrad는 식민주의 정책이 아프리카나 아시아인들에게 문명을 전파한다는 식으로 식민주의를 정당화한다 해도 실상은 탐욕과 정복욕으로 변모하여 원주민들을 억압하고 착취하는 모습이라는 것을 작품에 표현하면서 인간의 사악함과 제국주의의 이상의 변질을 드러낸다.

**04** 정답

'의식의 흐름' 기법은 줄거리에 따라 전개하는 방식에서 벗어나, 개인의 의식으로 구성되어 가는 과정을 내적인 독백으로 적어 나가는 기법이다. '의식의 흐름'이란 용어는 심리학자 William James가 자신의 저서 *The Principles of Psychology*에서 처음으로 사용하였으며, 문학에서 James Joyce, William Faulkner, Virginia Woolf 등이 이 기법을 작품 전개에 이용하여 유명해졌다. 예를 들면, Virginia Woolf의 작품은 줄거리는 별로 없지만 작가의 의식이 연상에 의해 자연스럽게 흘러감에 따라 시간이 바뀌기도 하고, 과거의 기억과 연결되기도 하고, 때로는 이런 인상들이 별다른 연관성 없이 뒤섞이기도 한다.

# 제2회 정답 및 해설 | 20세기 영미소설

| 01 | 02 | 03 | 04 | 05 | 06 | 07 | 08 | 09 | 10 | 11 | 12 |
|----|----|----|----|----|----|----|----|----|----|----|----|
| ② | ③ | ④ | ④ | ① | ② | ③ | ② | ① | ③ | ② | ④ |
| 13 | 14 | 15 | 16 | 17 | 18 | 19 | 20 | 21 | 22 | 23 | 24 |
| ④ | ① | ② | ③ | ① | ④ | ④ | ④ | ② | ③ | ④ | ② |

| | 주관식 정답 |
|---|---|
| 01 | 액자소설은 이야기 속의 이야기를 전개하는 구조이다. 이 작품은 Marlow가 진술하는 내용, 그리고 그 진술을 듣는 1인칭 화자의 이야기가 합쳐진 액자소설이다. Marlow라는 인물이 유람용 범선인 넬리호에서 썰물을 기다리면서, 동승하고 있던 네 사람(회사 중역, 변호사, 회계사, 1인칭 화자)에게 젊은 시절 자신이 콩고강에서 경험했던 이야기를 서술하면서 소설이 전개된다. |
| 02 | 미국은 제1차 세계대전 이후 1920년대에 경제적 호황을 맞이하였지만, 전쟁의 경험은 전통적 가치와 도덕성을 위태롭게 하였다. 재즈시대(Jazz Age)는 당시 물질적 만족에 대한 추구와 함께 새롭게 각광을 받기 시작한 재즈를 비롯한 활동들이 향락과 퇴폐로 인식되면서 불린 명칭이다. 남부 흑인들이 도입한 재즈가 향락 문화를 대표하는 용어로 변화한 것은 당시에 유행했던 클럽 문화의 영향이 컸다. 감각적이고 관능적인 재즈의 선율이 방종과 사치의 대명사로 인식되었다. 재즈시대는 1929년 경제 대공황과 함께 사라졌다. |
| 03 | '녹색 불빛'(the green light)은 *The Great Gatsby*에서 아메리칸 드림을 상징하는 대표적인 이미지이다. 소설 첫 장에서 Gatsby가 Daisy의 저택 부두의 녹색 불빛을 향해 몸을 떠는 장면이나 소설의 마지막 장에서 Nick이 Gatsby의 집 앞 해변에 앉아 300여 년 전 아메리카 대륙을 처음 마주한 네덜란드 선원들의 눈앞에 펼쳐진 '신대륙의 신선한 녹색 가슴(들판)'을 떠올리는데 이는 아메리칸 드림을 의미한다. |
| 04 | 예술의 길을 모색하던 Stephen은 바닷가에 서 있는 한 소녀의 모습에서 상징적 새의 이미지를 발견하며 '에피퍼니'를 경험한다. 그는 홀로 생각에 잠기다가 해변에서 물장난을 치는 그 소녀를 바라보며 새로운 깨달음을 얻는다. Stephen은 치마를 걷어 올리고 물가를 거니는 소녀의 모습에서 바닷새를 연상하며 새와 같은 그 소녀를 통해 아름다움의 상징이자 자신이 기대했던 아름다움의 완벽한 대상으로 느낀다. 그는 자신이 창조할 새로운 예술의 비전을 소녀의 모습을 통해 체험한다. |

## 01 정답 ②

Paul이 Miriam을 사귀는 것을 어머니가 심하게 반대를 하자, 어머니와 아들 사이에 긴장감이 조성된다.

## 02 정답 ③

Paul은 어머니의 삶을 자신의 것과 동일시 한 결과 이성과의 원만한 관계 수립에 어려움을 겪는다.

## 03 정답 ④

이상주의적 인물들이 어떻게 좌절하고 타락하는가, 그리고 이들이 실패할 수밖에 없는 내외적 요인이 무엇인가의 문제는 Conrad의 지속적인 탐색 주제이다.

## 04 정답 ④

① George Wilson : Myrtle Wilson의 남편으로, Myrtle Wilson을 죽인 범인이 Gatsby라는 거짓말에 속아 Gatsby를 죽이고 자살한다.
② Meyer Wolfsheim : Gatsby와 사업적으로 많은 교류가 있었지만, Gatsby가 죽고 나서는 장례식에 오지 않았다.
③ Myrtle Wilson : George Wilson의 아내이자 Tom Buchanan의 불륜 상대이다. Tom에 대한 사랑이 절대적이어서 그에게 얻어맞고 폭언을 들어도 그를 포기하지 않는다.

## 05 정답 ①

노예제도를 소재나 주제로 삼으면서 백인 사회에 대항하는 고발문학에 머물지 않고, 노예제도를 경험한 흑인들의 삶과 그들의 문화, 언어를 탐색하고 그들의 심리를 깊이 있게 다루었다.

## 06 정답 ②

Ramsay 가족이 머무르고 있는 별장에 온 손님인 화가 Lily Briscoe는 William Bankes라는 나이 든 식물학자와 산책하며 자연 풍경을 즐긴다. Mrs. Ramsay는 Lily Briscoe와 William Bankes이 결혼하기를 바란다. 그러나 Lily는 결혼에 구애받는 생활을 원치 않는 여성이다.

## 07 정답 ③

Stevens는 이 작품에서 자신의 삶에 대한 '후회'를 직접적으로 드러내지는 않는다.

## 08 정답 ②

Lord Darlington은 Darlington 저택의 전 주인으로 Stevens의 서술 시점에서 3년 전에 사망한 상황이다.

## 09 정답 ①

처음 세 장은 Compson 가(家) 세 형제의 독백(의식의 흐름)으로 구성되는데 이들의 의식의 흐름을 연결해 주는 것은 누이 Caddy에 대한 기억이다.

## 10 정답 ③

Lily는 초반에는 작품에 대한 불안감을 갖고 있었으나, '비전'(vision)과 '위대한 계시'(great revelation)를 통해 자신이 그리던 그림을 완성한다.

## 11 정답 ②

① *Dubliners* : 14편의 단편과 1편의 중편을 모아놓은 단편집으로 유년기, 청년기, 성년기, 공적인 삶이라는 4단계로 구분하여 더블린 시민들의 생활상을 묘사한다.
③ *Ulysses* : 더블린을 배경으로 6월 16일 아침 8시부터 다음 날 새벽 2시 45분까지 일어난 일을 서술한 작품으로, Leopold Bloom, Molly Bloom, Stephen Dedalus 세 사람의 '의식의 흐름'을 묘사한 작품이다.
④ *Finnegan's Wake* : James Joyce의 마지막 작품으로, 주인공이 1938년 3월 21일 하룻밤에 꾸는 꿈 이야기이다.

## 12 정답 ④

소설이 전개될수록 독자는 은밀한 음모의 불확실성 속에서 끝내 답을 찾지 못한다. Oedipa Maas의 탐색 과정은 결말을 보여주지 않은 채 트리스테로 집단에 대한 무수한 실마리만 남긴다.

13 정답 ④
Mr. Ramsay가 아들 James에게 배를 잘 다루지 못한다고 간섭하자, James는 아버지에 대한 반감이 더 커진다. 그러나 배가 등대에 가까워질수록 Mr. Ramsay는 아들의 배 다루는 기술을 칭찬하고, James도 아버지에 대한 적대감이 사라지면서 가족 간의 갈등이 해소된다. Ramsay 가족은 등대에 도착한다.

14 정답 ①
Benjy는 3살 수준의 지능을 지닌, 대화가 거의 불가능한 33살의 백치이다. 그는 과거를 기억하지만 그 의미는 이해하지 못하며, 현재와 과거, 시간의 개념을 모르고 있다.

15 정답 ②
제시문은 Ernest Hemingway의 *The Sun Also Rises*에 대한 설명이다.
① William Faulkner – *The Sound and the Fury*
③ F. Scott Fitzgerald – *The Great Gatsby*
④ John Steinbeck – *The Grapes of Wrath*

16 정답 ③
John Steinbeck은 *The Grapes of Wrath*로 미국 서점협회가 선정한 최고의 소설로 평가받았으며, 1940년에 퓰리처상을 수상하고, 1962년에는 노벨 문학상을 받았다.

17 정답 ①
Sethe는 딸 Denver와 살고 있다. 두 아들 Howard와 Buglar는 가출했다.

18 정답 ④
작품은 세 부분으로 나누어져 있으며, 1부와 3부는 10년이라는 시간 차이가 있다.

19 정답 ④
Benjy는 백치로 인식 능력이 부족하고, Quentin은 지성인이지만 관념적인 고뇌에 빠져 있으며, Jason은 속물적인 탐욕에 빠져 있기에 이들은 서로 각자의 모습을 제대로 볼 수가 없다.

20 정답 ④
① William Faulkner : 미국 남부지역에 주목하면서 그 지역의 역사와 현실을 소재로 미국적인 주제에 집중한 작가이다. 그의 작품에는 미국 남부 방언이 생생하게 재현되며 독창적이고 실험적인 서술 기법이 특징이다.
② D. H. Lawrence : 기존 사회질서와 양식에 대한 저항을 담고 있다. 당대(20세기 초)의 영국 사회는 생명력이 결여되어 있고, 진정한 인간적 욕구가 발현되지 못한다고 보았다.
③ Virginia Woolf : 과거와 현재, 미래가 끊임없이 흐르고 겹치는 시간관을 작품 속에 그려낸다. 인간의 심리적 흐름에 따르는 주관적이고 유동적인 시간관을 보여준다.

21 정답 ②
이 소설의 화자이자 관찰자는 Nick Carraway이다.

**22** 정답 ③

사회의 구석을 넘어선 존재의 탐색을 통하여 추상적 메시지에 귀를 기울이도록 독자를 유도한다.

**23** 정답 ④

제시문은 Joseph Conrad의 *Heart of Darkness*에 대한 설명이다.
① *The Remains of the Day* : Kazuo Ishiguro
② *A Portrait of the Artist as a Young Man* : James Joyce
③ *The Sound and the Fury* : William Faulkner

**24** 정답 ②

Oedipa Maas는 Pierce Inverarity의 유언에 따라 유언 집행인으로 지명 받았을 뿐, 변호사는 아니다.

## 주관식 해설

**01** 정답

액자소설은 이야기 속의 이야기를 전개하는 구조이다. 이 작품은 Marlow가 진술하는 내용, 그리고 그 진술을 듣는 1인칭 화자의 이야기가 합쳐진 액자소설이다. Marlow라는 인물이 유람용 범선인 넬리호에서 썰물을 기다리면서, 동승하고 있던 네 사람(회사 중역, 변호사, 회계사, 1인칭 화자)에게 젊은 시절 자신이 콩고강에서 경험했던 이야기를 서술하면서 소설이 전개된다.

**02** 정답

미국은 제1차 세계대전 이후 1920년대에 경제적 호황을 맞이하였지만, 전쟁의 경험은 전통적 가치와 도덕성을 위태롭게 하였다. 재즈시대(Jazz Age)는 당시 물질적 만족에 대한 추구와 함께 새롭게 각광을 받기 시작한 재즈를 비롯한 활동들이 향락과 퇴폐로 인식되면서 불린 명칭이다. 남부 흑인들이 도입한 재즈가 향락 문화를 대표하는 용어로 변화한 것은 당시에 유행했던 클럽 문화의 영향이 컸다. 감각적이고 관능적인 재즈의 선율이 방종과 사치의 대명사로 인식되었다. 재즈시대는 1929년 경제 대공황과 함께 사라졌다.

**03** 정답

'녹색 불빛'(the green light)은 *The Great Gatsby*에서 아메리칸 드림을 상징하는 대표적인 이미지이다. 소설 첫 장에서 Gatsby가 Daisy의 저택 부두의 녹색 불빛을 향해 몸을 떠는 장면이나 소설의 마지막 장에서 Nick이 Gatsby의 집 앞 해변에 앉아 300여 년 전 아메리카 대륙을 처음 마주한 네덜란드 선원들의 눈앞에 펼쳐진 '신대륙의 신선한 녹색 가슴(들판)'을 떠올리는데 이는 아메리칸 드림을 의미한다.

**04** 정답

예술의 길을 모색하던 Stephen은 바닷가에 서 있는 한 소녀의 모습에서 상징적 새의 이미지를 발견하며 '에피퍼니'를 경험한다. 그는 홀로 생각에 잠기다가 해변에서 물장난을 치는 그 소녀를 바라보며 새로운 깨달음을 얻는다. Stephen은 치마를 걷어 올리고 물가를 거니는 소녀의 모습에서 바닷새를 연상하며 새와 같은 그 소녀를 통해 아름다움의 상징이자 자신이 기대했던 아름다움의 완벽한 대상으로 느낀다. 그는 자신이 창조할 새로운 예술의 비전을 소녀의 모습을 통해 체험한다.

# 연도 전공시험과정인정시험 답안지(객관식)

컴퓨터용 사인펜만 사용

★ 수험생은 수험번호와 응시과목 코드번호를 표기(마킹)한 후 일치여부를 반드시 확인할 것.

| 성명 | |
| --- | --- |
| 전공분야 | |

### 답안지 작성시 유의사항

1. 답안지는 반드시 컴퓨터용 사인펜을 사용하여 다음 [보기]와 같이 표기할 것.
   [보기] 잘된 표기: ● 잘못된 표기: ⊗ⓧ◐◑○
2. 수험번호 (1)에는 아라비아 숫자로 쓰고, (2)에는 " ● "와 같이 표기할 것.
3. 과목코드는 뒷면 "과목코드번호"를 보고 해당과목의 코드번호를 찾아 표기하고, 응시과목란에는 응시과목명을 한글로 기재할 것.
4. 교시코드는 문제지 전면 의 교시를 해당란에 " ● "와 같이 표기할 것.
5. 한번 표기한 답은 긁거나 수정액 및 스티커 등 어떠한 방법으로도 고쳐서는 아니되고, 고쳐 표기한 문항은 "0"점 처리함.

[이 답안지는 마킹연습용 모의답안지입니다.]

# 년도 전공시험과정 인정시험 답안지(주관식)

**전공분야**

**성 명**

★ 수험생은 수험번호와 응시과목 코드번호를 표기(마킹)한 후 일치여부를 반드시 확인할 것.

| 번호 | ※1차<br>점수 | ※1차<br>채점 | 응시과목 | ※2차<br>채점 | ※2차<br>점수 |
|---|---|---|---|---|---|
| 1 | ⓪①②③④⑤⑥⑦⑧⑨⑩ | | | | ⓪①②③④⑤⑥⑦⑧⑨⑩ |
| 2 | ⓪①②③④⑤⑥⑦⑧⑨⑩ | | | | ⓪①②③④⑤⑥⑦⑧⑨⑩ |
| 3 | ⓪①②③④⑤⑥⑦⑧⑨⑩ | | | | ⓪①②③④⑤⑥⑦⑧⑨⑩ |
| 4 | ⓪①②③④⑤⑥⑦⑧⑨⑩ | | | | ⓪①②③④⑤⑥⑦⑧⑨⑩ |
| 5 | ⓪①②③④⑤⑥⑦⑧⑨⑩ | | | | ⓪①②③④⑤⑥⑦⑧⑨⑩ |

※1차확인

※2차확인

**과목코드**
①②③④⑤⑥⑦⑧⑨⓪ (4줄)

**교시코드**
①②③④

**수험번호**
(1) 3
(2) ①②●④

### 답안지 작성시 유의사항

1. ※란은 표기하지 말 것.
2. 수험번호 (2)란, 과목코드, 교시코드 표기는 반드시 컴퓨터용 싸인펜으로 표기할 것.
3. 교시코드는 문제지 전면 의 교시를 해당란에 컴퓨터용 싸인펜으로 표기할 것.
4. 답안은 반드시 흑·청색 볼펜 또는 만년필을 사용할 것. (연필 또는 적색 필기구 사용불가)
5. 답안을 수정할 때에는 두줄(=)을 긋고 수정할 것.
6. 답란이 부족하면 해당답란에 "뒷면기재"라고 쓰고 뒷면 '추가답란'에 문제번호를 기재한 후 답안을 작성할 것.
7. 기타 유의사항은 객관식 답안지의 유의사항과 동일함.

※ 감독관 확인란

[이 답안지는 마킹연습용 모의답안지입니다.]

# 년도 학위취득종합시험 답안지(객관식)

## 컴퓨터용 사인펜만 사용

★ 수험생은 수험번호와 응시과목 코드번호를 표기(마킹)한 후 일치여부를 반드시 확인할 것.

| 전공분야 | |
|---|---|
| 성 명 | |

### 수험번호

(1) 4 — — —

(2) ① ② ③ ●

### 응시과목 / 과목코드 / 교시코드

| 과목코드 | 교시코드 | 응시과목 |
|---|---|---|
| | ①②③④ | 1 ①②③④  14 ①②③④ |
| | | 2 ①②③④  15 ①②③④ |
| | | 3 ①②③④  16 ①②③④ |
| | | 4 ①②③④  17 ①②③④ |
| | | 5 ①②③④  18 ①②③④ |
| | | 6 ①②③④  19 ①②③④ |
| | | 7 ①②③④  20 ①②③④ |
| | | 8 ①②③④  21 ①②③④ |
| | | 9 ①②③④  22 ①②③④ |
| | | 10 ①②③④  23 ①②③④ |
| | | 11 ①②③④  24 ①②③④ |
| | | 12 ①②③④ |
| | | 13 ①②③④ |

### 답안지 작성시 유의사항

1. 답안지는 반드시 컴퓨터용 사인펜을 사용하여 다음 보기와 같이 표기할 것.
   보기 잘 된 표기: ●
   잘못된 표기: ⊗ ⊙ ◐ ○ ◑
2. 수험번호 (1)에는 아라비아 숫자로 쓰고, (2)에는 "●"와 같이 표기할 것.
3. 과목코드는 뒷면 "응시과목란"에 응시과목명을 한글로 기재할 것.
4. 교시코드는 문제지 전면의 교시를 해당란에 "●"와 같이 표기할 것.
5. 한번 표기한 답은 긁거나 수정액 및 스티커 등 어떠한 방법으로도 고쳐서는 아니되고, 고친 문항은 "0"점 처리함.

[이 답안지는 마킹연습용 모의답안지입니다.]

※ 감독관 확인란
인

### 관리번호
(연번)
(응시자수)

# 년도 학위취득 종합시험 답안지(주관식)

[이 답안지는 마킹연습용 모의답안지입니다.]

★ 수험생은 수험번호와 응시과목 코드번호를 표기(마킹)한 후 일치여부를 반드시 확인할 것.

**전공분야**

**성명**

**수험번호** (1) 4 - (2) ③ ●

**과목코드**

**교시코드** ① ② ③ ④

### 답안지 작성시 유의사항

1. ※란은 표기하지 말 것.
2. 수험번호 (2)란, 과목코드, 교시코드 표기는 반드시 컴퓨터용 싸인펜으로 표기할 것
3. 교시코드는 문제지 전면 의 교시를 해당란에 컴퓨터용 싸인펜으로 표기할 것.
4. 답란은 반드시 흑·청색 볼펜 또는 만년필을 사용할 것. (연필 또는 적색 필기구 사용불가)
5. 답안을 수정할 때에는 두줄(=)을 긋고 수정할 것.
6. 답란이 부족하면 해당답란에 "뒷면기재"라고 쓰고 뒷면 '추가답란'에 문제번호를 기재한 후 답안을 작성할 것.
7. 기타 유의사항은 객관식 답안지의 유의사항과 동일함.

※ 감독관 확인란         (인)

# 참고문헌

- 구인환, 『문학 용어사전』, 신원문화사, 2006.
- 윤희수, 『영미문학의 길잡이』, 부경대학교출판부, 2013.
- 영미문학연구회, 『영미문학의 길잡이1(영국문학)』, 창비, 2007.
- 한국영어영문학회, 『미국 근현대소설(워싱턴 어빙부터 이창래까지)』, 한국문화사, 2017.
- 한국영어영문학회, 『영국 현대소설(조지프 콘래드부터 이언 매큐언까지)』, 한국문화사, 2015.

얼마나 많은 사람들이 책 한 권을 읽음으로써
인생에 새로운 전기를 맞이했던가.

– 헨리 데이비드 소로 –

### 시대에듀 독학사 영어영문학과 3·4단계 20세기 영미소설

| | |
|---|---|
| **초 판 발 행** | 2026년 01월 05일 (인쇄 2025년 08월 19일) |
| **발 행 인** | 박영일 |
| **책 임 편 집** | 이해욱 |
| **편  저** | 서지윤 |
| **편 집 진 행** | 천다솜 |
| **표지디자인** | 박종우 |
| **편집디자인** | 신지연 · 이다희 |
| **발 행 처** | (주)시대고시기획 |
| **출 판 등 록** | 제10-1521호 |
| **주  소** | 서울시 마포구 큰우물로 75 [도화동 538 성지 B/D] 9F |
| **전  화** | 1600-3600 |
| **팩  스** | 02-701-8823 |
| **홈 페 이 지** | www.sdedu.co.kr |

| | |
|---|---|
| **I S B N** | 979-11-383-9250-1 (13840) |
| **정  가** | 24,000원 |

※ 이 책은 저작권법의 보호를 받는 저작물이므로 동영상 제작 및 무단전재와 배포를 금합니다.
※ 잘못된 책은 구입하신 서점에서 바꾸어 드립니다.

합격의 공식 시대에듀

# 시대에듀 독학사
# 영어영문학과

## 왜? 독학사 영어영문학과인가?

4년제 영어영문학과 학위를 최소 시간과 비용으로 단 1년 만에 초고속 취득 가능!

현대인에게 필수 외국어라 할 수 있는 영어의 체계적인 학습에 적합

토익, 토플, 텝스, 지텔프, 플렉스 등 공무원/군무원 시험 대체검정능력시험 준비에 유리

일반 기업 및 외국계 기업, 교육계, 언론계, 출판계, 번역 · 통역, 관광 · 항공 등 다양한 분야로 취업 가능

## 영어영문학과 과정별 시험과목(2~4과정)

1~2과정 교양 및 전공기초과정은 객관식 40문제 구성
3~4과정 전공심화 및 학위취득과정은 객관식 24문제+**주관식 4문제** 구성

### 2과정(전공기초)
- 영어학개론
- 영문법
- 영어음성학
- 중급영어
- 영국문학개관
- 19세기 영미소설

> 

### 3과정(전공심화)
- 영어발달사
- 영어통사론
- 고급영문법
- 고급영어
- 20세기 영미소설
- 미국문학개관

> 

### 4과정(학위취득)
- 영어학개론 (2과정 겸용)
- 고급영어 (3과정 겸용)
- 영미문학개관 (2+3과정 겸용)
- 영미소설 (2+3과정 겸용)

## 시대에듀 영어영문학과 학습 커리큘럼

기본이론부터 실전문제풀이 훈련까지!
시대에듀가 제시하는 각 과정별 최적화된 커리큘럼에 따라 학습해 보세요.

**STEP 01**
기본이론
핵심이론 분석으로
확실한 개념 이해

> 

**STEP 02**
문제풀이
실전예상문제를 통해
문제 유형 파악

> 

**STEP 03**
모의고사
최종모의고사로
실전 감각 키우기

1과정 교양과정 | 심리학과 | 경영학과 | 컴퓨터공학과 | 국어국문학과 | **영어영문학과** | 간호학과 | 4과정 교양공통

## 독학사 영어영문학과 2~4과정 교재 시리즈

독학학위제 공식 평가영역을 100% 반영한 이론과 문제로 구성된 완벽한 최신 기본서 라인업!

**START**

**2과정**

▶ 전공 기본서 [전 6종]
- 영어학개론
- 영문법
- 영어음성학
- 중급영어
- 영국문학개관
- 19세기 영미소설

**3과정**

▶ 전공 기본서 [전 6종]
- 영어발달사
- 영어통사론
- 고급영문법
- 고급영어
- 20세기 영미소설
- 미국문학개관

**4과정**

▶ 전공 기본서
- 영어학개론 (2과정 겸용)
- 고급영어 (3과정 겸용)
- 영미문학개관 (2+3과정 겸용)
- 영미소설 (2+3과정 겸용)

※ 표지 이미지 및 구성은 변경될 수 있습니다.

**GOAL!**

➕ 독학사 전문컨설턴트가 개인별 맞춤형 학습플랜을 제공해 드립니다.

시대에듀 홈페이지 **www.sdedu.co.kr**　상담문의 **1600-3600**　평일 9~18시 · 토요일 · 공휴일 휴무

시대에듀 동영상 강의　|　www.sdedu.co.kr

# 나는 이렇게 합격했다

당신의 합격 스토리를 들려주세요
추첨을 통해 선물을 드립니다

**베스트 리뷰**
갤럭시탭 / 버즈 2

**상/하반기 추천 리뷰**
상품권 / 스벅커피

**인터뷰 참여**
백화점 상품권

## 이벤트 참여방법

**합격수기**

시대에듀와 함께한 도서 or 강의 **선택** ▷ 나만의 합격 노하우 정성껏 **작성** ▷ 상반기/하반기 추첨을 통해 선물 증정

**인터뷰**

시대에듀와 함께한 강의 **선택** ▷ 합격증명서 or 자격증 사본 **첨부**, 간단한 소개 **작성** ▷ 인터뷰 완료 후 백화점 상품권 증정

### 이벤트 참여방법
다음 합격의 주인공은 바로 여러분입니다!

**QR코드 스캔하고** ▷▷▷
**이벤트 참여**하여 푸짐한 경품받자!

합격의 공식